ミネルヴァ日本評伝選

藤氏のはじめて摂政・関白したまう

藤原良房・基経

瀧浪貞子著

ミネルヴァ書房

刊行の趣意

「学問は歴史に極まり候ことに候」とは、先哲荻生徂徠のことばである。歴史のなかにこそ人間の智恵は宿されている。人間の愚かさもそこにはあらわだ。この歴史を探り、歴史に学んでこそ、人間はようやくみずからの正体を知り、いくらかは賢くなることができる。新しい勇気を得て未来に向かうことができる。徂徠はそう言いたかったのだろう。

「ミネルヴァ日本評伝選」は、私たちの直接の先人について、この人間知を学びなおそうという試みである。日本列島の過去に生きた人々の言行を、深く、くわしく探って、そこに現代への批判を聴きとろうとする試みである。日本人ばかりではない。列島の歴史にかかわった多くの異国の人々の声にも耳を傾けよう。

先人たちの書き残した文章をそのひだにまで立ち入って読み、彼らの旅した跡をたどりなおし、彼らのなしとげた事業を広い文脈のなかで注意深く観察しなおす――そのとき、はじめて先人たちはいまの私たちのかたわらによみがえってくる。彼らのなまの声で歴史の智恵を、また人間であることのよろこびと苦しみを、私たちに伝えてくれもするだろう。

この「評伝選」のつらなりのなかから、列島の歴史はおのずからその複雑さと奥ゆきの深さをもって浮かび上がってくるはずだ。これを読むとき、私たちのなかに新たな自信と勇気が湧いてきて、その矜持と勇気をもって「グローバリゼーション」の世紀に立ち向かってゆくことができる――そのような「ミネルヴァ日本評伝選」にしたいと、私たちは願っている。

平成十五年（二〇〇三）九月

上横手雅敬
芳賀　徹

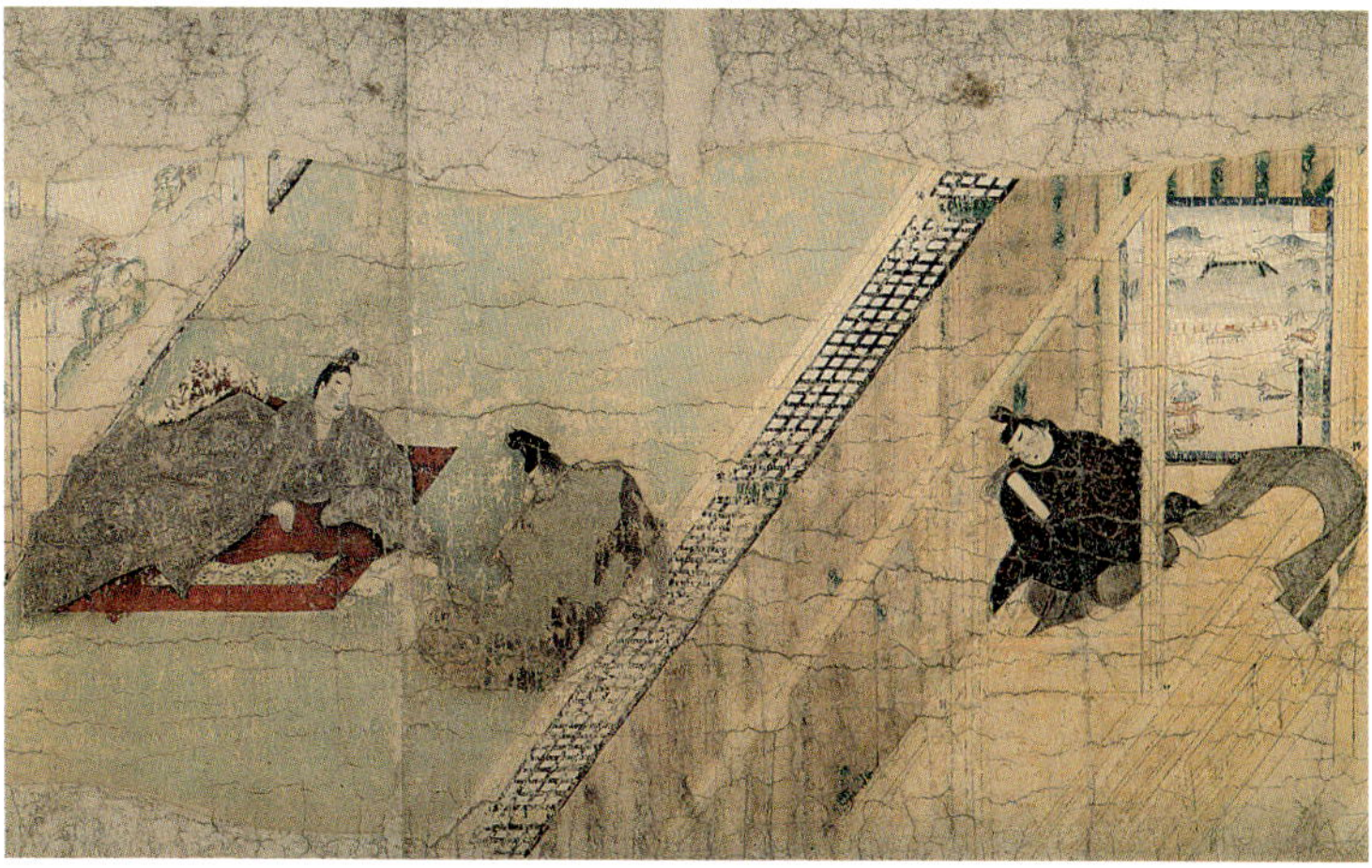

清和天皇と良房（右端の人物は基経か）

宮中の諸行事が書かれた年中行事障子（左奥）

炎上

応天門

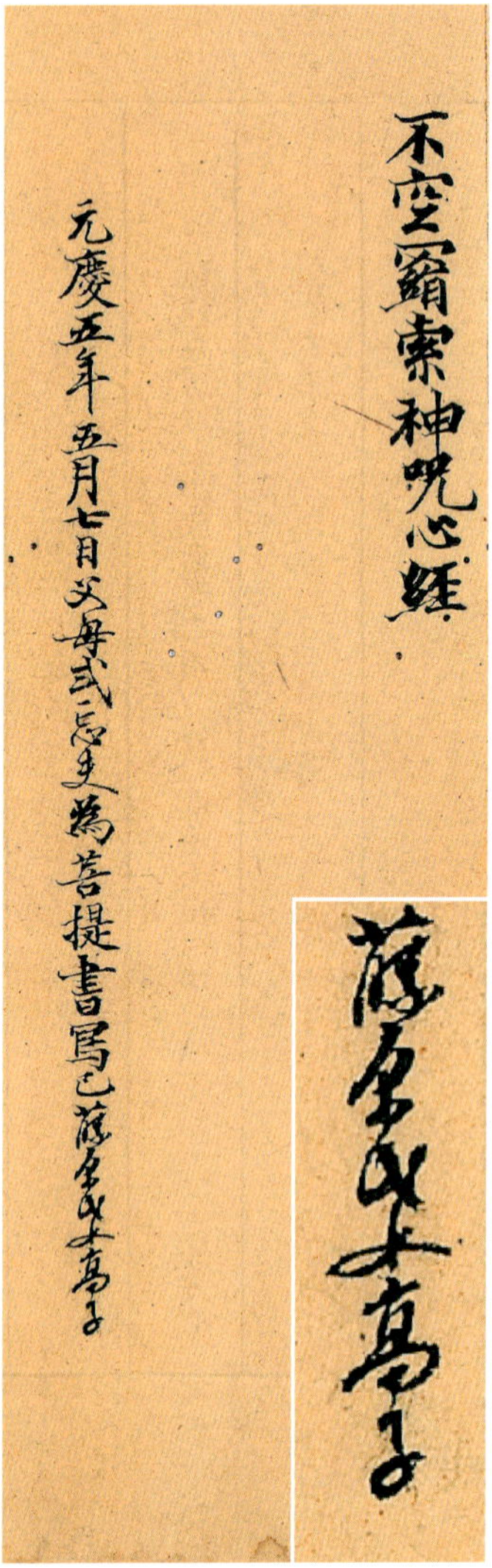
不空羂索神呪心経
元慶五年五月七日

高子署名（拡大）

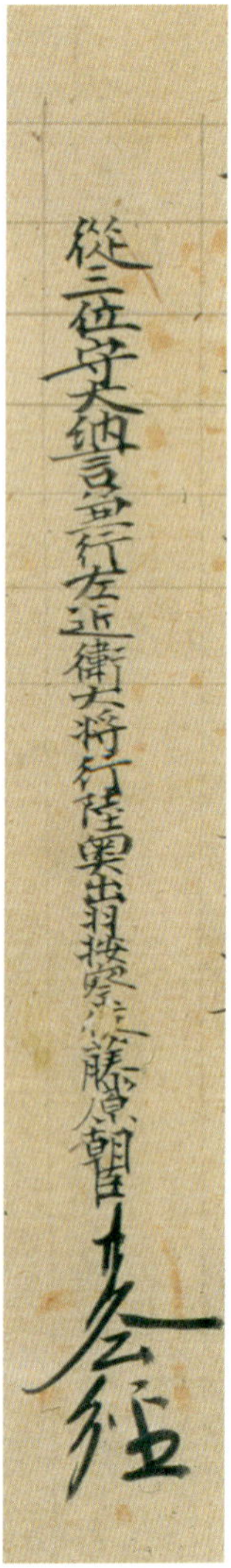
従三位守大納言兼行左近衛大将行陸奥出羽按察使藤原朝臣

基経署名

はしがき

摂政と関白

藤原良房は五十歳前後の頃、娘で文徳天皇の中宮となっていた明子を前にして、次のような歌を詠んでいる（『古今和歌集』五十二）。

年ふれば　齢は老いぬ　しかはあれど　花をし見れば　物思ひもなし

長い年月を生きてきたので、すっかり老人になってしまった。しかし、こうして美しい花を見ていると、何の憂いも悩みもないことよ。

側らには満開の桜が花瓶に挿されてあり、面前の明子をその桜に重ねて詠ったものであることはいうまでもない。

嘉祥三年（八五〇）、明子所生の皇子惟仁親王（良房の孫）が生後八か月で皇太子に立てられ、良房は外戚への第一歩を手中に収めていた。右の歌はおそらくこの頃に詠まれたものであろう。後年、藤原道長は望月にわが身の栄華を託したが（「望月の歌」）、良房にとっては咲きにおう桜花が、文字通り栄華の象徴であった。

しかしこの時の良房に、まったく不安がなかったわけではない。文徳の第一皇子惟喬親王を押さえて、孫である惟仁の立太子を実現したとはいえ、惟仁が即位出来るという保証はどこにもなかったからである。それに、良房には明子以外に子供（男子）がいなかった。惟仁の外戚として権力を手に入れたとしても、それを盤石なものとして継承する跡継ぎがいなかったのである。

そこで良房は惟仁即位にむけて権謀術策を講じるいっぽうで、兄長良の子基経を養嗣子とし、早い時期から自身の後継者に選んでいたとするのが一般的な理解である。しかし、果たしてそうであろうか。

惟仁の即位実現のために政治的画策を施したことは確かであるが、わたくしの見るところ、後継者として基経を選ぶようになったのは、晩年のことである。当初良房が期待していたのは、弟の良相であった。九歳年下の良相は良房の忠実な部下であり、惟仁即位後は、いわば二人三脚で清和朝を支えている。もっとも、良相が優れた政治的手腕の持ち主だっただけに、良房が多少の危機感を抱いていたことは確かである。しかし「事」がなければ、良相とその嫡男常行が後継者のポストについたはずで、基経が良房の養子になったとしても、政界のトップに立つことなくその生涯を終えていたろう。

それが「事」、すなわち応天門事変によって良相と良房が敵対するようになる。そして事変の最中、良房は正式に摂政に就任する。これが人臣初の「摂政」である。六世紀末、推古朝での厩戸皇子をはじめ、古くは皇族がこれに任ぜられたが、臣下としては良房が最初であった。

ただしこれ以前、良房は太政大臣として文徳が没した後、九歳の清和が即位するに及び、事実上の「摂政」となっている。したがって応天門事変後の就任は、それまでの良房の立場を追認したものにすぎないが、大事な点は良房の「摂政」が、文徳が亡くなったことで得られた立場だったということである。

清和の即位は、文徳からの禅譲によるものではない。文徳が亡くなったことによって実現したものである。すなわち良房の「摂政」は、良房が、亡くなった文徳に代わる上皇の立場に立ったことでもあり、摂政とはもともと上皇の権能に他ならなかったということである。

「摂政」となった良房は、敵対する良相を切り捨て基経を後継者とすることを決断し、基経に対して異例の抜擢を行って廟堂に参画させている。ついで基経の妹高子を清和の女御として入内させ、北家の地位と政治的立場を確固たるものとしたのであった。『大鏡』(上)に、「この殿ぞ、藤氏のはじめて太政大臣・摂政したまう。めでたき御有様なり」と記された理由である。

良房が亡くなったのは「摂政」就任から六年後、六十九歳であった。その間大病を患うこともあったが、後継者を基経に据え、なすべきことをし終えている。そんな良房に思い残すことはなかったろう。

いっぽう基経は、良房没後右大臣となり名実ともに良房の跡継ぎとなった。妹高子が生んだ陽成天皇が九歳で即位すると基経は摂政となり、元慶四年(八八〇)、太政大臣に就任、養父良房の路線を継承している。しかし、陽成が十五歳で元服するやその粗暴な振る舞いに手を焼き、摂政の辞表を提出して自宅に引きこもってしまった。ついで禁中で起こした格殺事件を口実に陽成を退位に追いやり、五十五歳の光孝天皇を立てたのである。

この時、基経に血縁関係のある人物がいなかったわけではない。幼少の甥（陽成の弟）や基経の孫（娘佳珠子と清和との間に生まれた皇子）がおり、基経が幼帝の後見者として「摂政」となることは、当然可能だったはずである。それが良房の敷いたレールでもあったはずである。しかし基経は、その「摂政」の座を放棄してまでも光孝を擁立したのである。それは、陽成（時に十七歳）より遙かに年長の光孝を立てることで陽成の家父長権、すなわち上皇としての立場を封じ込め、政治介入を阻止しようとしたのである。上皇がいないことによって「摂政」となった養父良房と、上皇が存在した基経の立場との決定的な違いである。摂政とはもともと上皇の権能に他ならなかったことを、基経は熟知していたのである。

しかし、はからずも擁立された光孝は基経に恩義を感じ、基経は光孝即位後、事実上の「関白」として遇されている。そして次の宇多天皇が即位した直後、基経に対して関白の詔が下されたのであり、これが「関白」の詔の初見である。

こうした「摂政」と「関白」に、それぞれ良房と基経が就任した経緯を考えてみると、それはなかば偶然の所産であったといってよい。良房の「摂政」は上皇となるべき文徳が亡くなったことで就任したものであり、基経の「関白」は五十五歳という高齢の光孝を擁立したことから生じた立場であった。ただし、良房・基経時代の、いわゆる出現期の「摂政」や「関白」の立場・権限は未成熟であり、のちのそれとは大きな違いがあったことはいうまでもない。摂政は天皇が元服前、元服後は関白という原則はまだなかったのである。

ちなみに基経の上表文に対して下された宇多天皇の詔の中に、「阿衡の任をもって卿の任とすべし」という文言があったことから、これを虚職とみなし、政治をサボタージュして天皇に精神的圧迫をかけている。いわゆる阿衡事件（紛議とも）であるが、不満をサボタージュの形で表すのが、基経の常套手段であった。その意味で政治家としてのスケールは良房に及ばなかったようにも思われるが、良房には見られなかったストイックな一面を基経は持っていたようで、それが基経の政治の特徴ともなっている。

いずれにせよ良房が摂政となり、後継者の基経が摂政ついで関白となったことから、摂政・関白による政治形態が始まった。ただし、先に述べたように当初、摂政と関白の立場・権限が明確でなく、そのために阿衡事件が起こり、事件後一時期の中断を経て、基経の子忠平の時には両者の概念は明確なものとなっている。すなわち妹穏子の生んだ幼帝朱雀の摂政となった忠平は、天皇の元服後は関白に改められている。

しかしこうして定着した摂政・関白は、しだいにミウチ関係だけが肥大化し、その結果外祖父であることが要件となり、上皇の存否とは無関係となっていったのは当然の結果である。それに拍車をかけたのが、ミウチ関係に配慮するあまり、自らの立場を放棄する上皇が相次いで登場したことで、出現期の摂政・関白が大きく変貌していくことになる。

こうしてみると良房・基経は、王朝時代を牽引した摂政・関白を中枢とする貴族政治の成熟・発展を促した人物であったといってよい。その意味で、歴史における二人の存在とその生き様には大変興味深いものがあり、また二人が果たした役割は非常に大きいと考える。

良房・基経に関連して、もう一つ付け加えておきたいのが、二人のルーツである藤原北家の立ち位置である。

二郎の大臣の御流

改めて述べるまでもなく、平安時代を通して摂関家として繁栄したのは良房・基経の子孫、すなわち藤原氏のなかでも北家の人びとであったが、そうした北家について、『今昔物語』（二二―一）に次のような話が収められている。

此の四家（不比等の四人の息子たち）の流々（子孫）、此の朝に満ちひろごりてひまなし。其の中にも二郎の大臣（次男の房前）の御流は、氏の長者を継ぎて、今に摂政関白として栄え給ふ。世をほしいまゝにして、天皇の御後見として、政《まつりごと》ち給ふ。たゞ此の御流（房前の子孫）なり。太郎の大臣（長男の武智麻呂）の南家にも人は多けれども、末に及びては大臣公卿などにもなる人難し。

藤原氏が不比等のあと武智麻呂・房前・宇合・麻呂の四家に分かれたが、その中で次男の房前（北家）が優越し、氏長者を継承し摂政・関白となって繁栄していることを述べたものである。

知られるように藤原氏では奈良時代、嫡男武智麻呂（南家）流が不比等の衣鉢を継いだが、称徳朝で仲麻呂がクーデターを起こして敗死、代わって三男宇合(式家)流の百川が桓武擁立に尽力したことから、桓武朝では百川の甥、種継が抜擢された。しかし長岡京の造営中に暗殺され、その子仲成・薬子の兄妹が事件を起こしたことから、式家を含め政界における藤原氏の立場は急速に衰えた。それを復活させたのが桓武・平城・嵯峨の三代に仕えた北家の内麻呂であった。

この内麻呂は房前の孫である。『今昔物語』の次の段(二二—三)は、内麻呂が「二郎の大臣の御流」をついだ人物であることを述べたものだが、わたくしが言いたいのは、この内麻呂の父の真楯(八束)は房前の嫡男ではなく三男で、内麻呂も真楯の三男、良房はこの内麻呂の孫にあたるが、良房の父冬嗣も内麻呂の次男で、良房も冬嗣の嫡男ではなくて次男、良房の養子になった基経も父長良の三男だということである。

これまで誰も気付かなかったことが不思議でさえあるが、房前以下道長に至るまで、いわゆる摂関時代、北家の主流は嫡男ではなく、次男もしくは三男の家筋で推移してきた。北家において嫡男筋が政界の主導権を握ったことは、皆無であったといってよい。北家だけではない。そういえば不比等自身、鎌足の次男だった(長男は貞恵)。

偶然の結果ではあるが、それぞれ次男・三男が嫡男を凌ぐだけの資質や境涯、条件があったからに違いない。その典型が本書の主人公、良房であり基経であるが、たんに偶然や条件だけで政界のトップに立つことが出来たとは思えない。運命を左右する決定的要因があったはずである。さらにいえばその根底には、かれらの始祖である房前の生き様が無意識のなかで継承されていたように、わたくしには思われるのである。良房・基経の実像を説き明かすに当たって、彼らのルーツである房前に遡って考察を始める理由である。

「二郎の大臣の御流」に潜在する生き様とは、いったい何なのか。その房前から四代目、良房はどのような想いを抱き、養子基経に何を期待したのであろうか。いっぽう基経はその養父良房の行動をどのように受け止めていたのであろうか。

本書では、良房と基経に対するこれまでの先入観を捨て、多様な視点から照射することによって二人の実像を歴史のなかで浮かび上がらせてみたい。その上でそれぞれの生き様を通して、平安初期という時代をダイナミックに描き出したいと思う。

なお本文中の年譜・系図・表の類は、とくにことわらない限り六国史をはじめ『公卿補任』『尊卑分脈』などによって作成している。

藤原良房・基経——藤氏のはじめて摂政・関白したまう

目次

第三章　承和の変と良房……147

図版写真一覧

写真

図　表

第一章　良房・基経のルーツ

1　庶子の家

良房誕生

藤原良房《ふじわらのよしふさ》が、冬嗣《ふゆつぐ》と藤原美都子《ふじわらのみつこ》の次男として誕生したのは桓武天皇《かんむてんのう》の時代、延暦二十三年（八〇四）である。『三代実録』貞観十四年（八七二）九月二日条に、この日没した良房について、「年六十九」と記しており、それから逆算しての生年である。生まれた月日はわからない。

この年は、桓武天皇が長岡京を棄てて平安京に遷って十年が経ち、平安新京の主要部分はほぼ完成していた。桓武のもう一つの大事業であった東北経営についても、征夷大将軍に任命された坂上田村麻呂《さかのうえのたむらまろ》によって胆沢城《いさわじょう》・志波城《しわじょう》が築かれ、蝦夷《えみし》の反乱もあらかた鎮静化していた。即位以来、桓武天皇が二十年近く進めてきた二大政策、造都事業と東北経営はようやく終息に向かいつつあった頃で

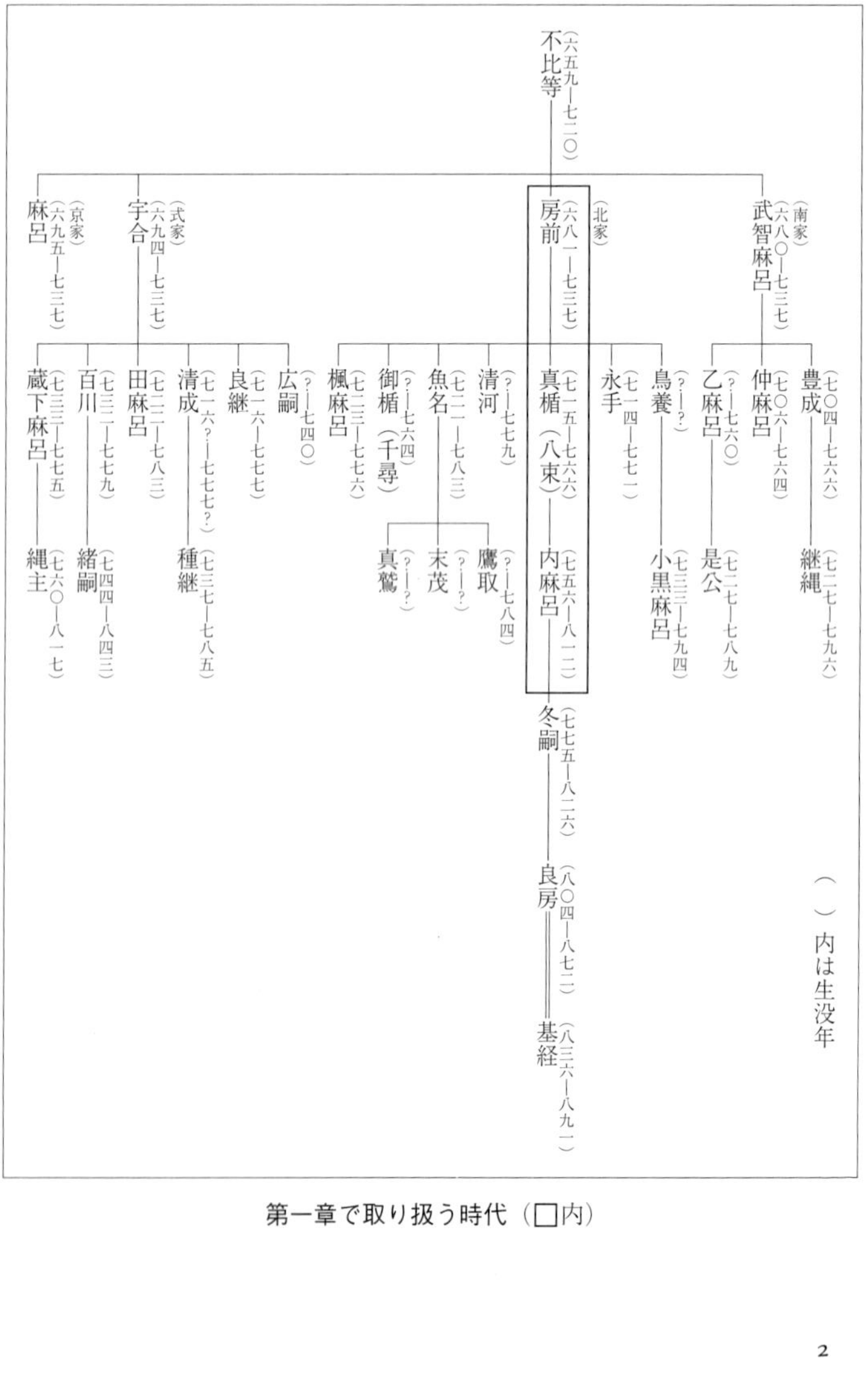

第一章で取り扱う時代（□内）

ある。

良房が生まれた延暦二十三年（八〇四）は、日本の仏教史に大きな影響を与えた年でもあった。最澄《さいちょう》と空海《くうかい》という逸材が、この年に発遣された遣唐使船に乗り込み、入唐している。正確にいうと、遣唐使一行が難波の港を出発したのは前年（延暦二十二年）四月である。宝亀十年（七七九）以来、二十五年ぶりの発遣であった。しかし九州沖で暴風雨に遭って船が破損し、出発が翌年に延期されたのである。

じつは、発遣の延期がなかったら、空海がこの遣唐使船に乗ることはなかったろう。当時、桓武天皇の寵僧として名声を得ていた最澄は、還学生《げんがくしょう》（短期留学を目的とした、いわば特別研究員）として入唐を命じられ、乗船メンバーに指名されていたのに対して、空海はまだ名もなき一僧侶にすぎず、当初の名簿に名前がなかったからである。そんな空海が乗船できたのは、発遣の延期を知って、遣唐使船が修理を終えるまでの一年間、あらゆるツテを求めて積極的に働きかけた結果である。

再出発の時最澄と空海は、乗った船（最澄は第二船、空海は第一船）も場所（最澄は前年から都に戻らず、九州で待機していて肥前《ひぜん》田ノ浦から、空海は摂津《せっつ》難波から乗船）も異なるが、この二人が渡航しなければ、日本仏教の新しい展開は期待できなかったろう。また、帰国後、嵯峨朝に展開される、いわゆる唐風《とうふう》文華《ぶんか》が開花することもなかったであろう。

桓武朝の晩年は、平安京を舞台とする貴族政治の展開に向けて、着々と準備が進められていた時代といってよい。

のちに良房は人臣最初の摂政となって摂関時代の端緒を開き、王朝文化の礎を築くことになる。そんな良房が、新時代の胎動が感じられる時代に誕生したのは、偶然とはいえ、不思議な気さえする。

良房の生い立ちや性格・資質などについては、わからない。古代史の常として、それを物語る十分な資料がないのである。そこで良房のルーツである藤原北家の誕生から説きおこし、藤原一族内における北家の立場や、他家との関係を明らかにすることで、良房が育った生活環境を探ってみたい。北家は、後に述べるように一族内でも微妙な立場にあり、それが良房をはじめ北家の人びとの動向を特徴づけることになっているからである。

不比等
- （南家）武智麻呂（六八〇年生）
- （北家）房前（六八一年生）
- （式家）宇合（六九四年生）
- （京家）麻呂（六九五年生）

藤原四兄弟

嫡子と庶子

しばらく話は、良房から遡ることおよそ一世紀、良房の高祖父の時代になる。時に、元明《げんめい》女帝が平城遷都（七一〇年）を実現して間もない頃である。

元明女帝のブレーンとして活躍した藤原不比等《ふひと》には、知られるように四人の息子、武智麻呂《むちまろ》・房《ふさ》前《さき》・宇合《うまかい》・麻呂《まろ》、いわゆる藤原四子（四兄弟）がいた。のち、それぞれが南家・北家・式家・京家の祖とされた人物である。北家の始祖、房前が良房の高祖父にあたる。

四兄弟について、長男武智麻呂と次男房前、三男宇合と四男麻呂が、それぞれ一歳違いであり、武智麻呂・房前兄弟と宇合・麻呂兄弟のとの間には、十数年の年齢差があった。『尊卑分脈』には、武智麻呂・房前・宇合の三人が同母（蘇我連子《むらじこ》娘の娼子《しょうし》）で、麻呂の母は五百重《いおえ》夫人（鎌足娘）と記している。

四兄弟のうち、不比等の後継者として、その地位と立場を約束されていたのは、むろん嫡男の武智麻呂である。しかし一般に、武智麻呂は凡庸で無気力な貴公子、これに対して房前の政治的才能は抜群で、武智麻呂を陰で操っていたのが房前であると見るのが通説である。すなわち父の不比等は、武智麻呂を長嫡子として表向きの後継者とし、房前を実質的な後継者にするという使い分けをしたというのであるが、それは正しい理解でない。

年	武智麻呂	年齢		房前
大宝元年（七〇一）	正六位上	22	21	正六位下
慶雲二年（七〇五）	従五位下	26	25	従五位下
和銅四年（七一一）	従五位上	32	31	従五位上
和銅六年（七一三）	従四位下	34	33	←
霊亀元年（七一五）	従四位上	36	35	従四位下
養老三年（七一九）	正四位下	40	39	従四位上
養老五年（七二一）	従三位	42	41	従三位
神亀元年（七二四）	正三位	45	44	正三位
天平六年（七三四）	従二位	55	54	←
天平宝字四年（七六〇）	正一位（薨去直前）	58	57	正三位（贈正一位）

武智麻呂と房前（位階が並んだ時を□で囲んだ）

　確かに武智麻呂が青年時代、弟の房前と位階が並び、房前重視を思わせることがあった。

『家伝《かでん》』（『藤氏家伝』とも）には大宝元年（七〇一）、武智麻呂は正六位上に叙せられ、内舎人《うどねり》に任じられて初出仕したとある。二十二歳の時である。これに対して房前の方の出仕は二年遅く、東海道巡察使《じゅんさつし》に任命された記事（『続日本紀』大宝三年正月二日条）が初見である。時に正六位下、二十三歳であった。房前の場合、この正六位下が最初の位階で、初叙における武智麻呂（正六位上）との一階差は、嫡子と庶子との違いによる。施行されたばかりの大宝令《たいほうりょう》（七〇一年施行）の規定に準拠しての扱いであった。

しかし、嫡男武智麻呂は体調が思わしくなかったのか、出仕から二年後の大宝三年四月、病気を理由に官（中判事《ちゅうはんじ》。大宝二年に任命）を辞している。復職は翌年（大宝四年）の三月であった。じつは武智麻呂のこの休職が、復帰後、位階の上で後遺症として残ることになる。房前より一階級の上位差をもって官人社会でのスタートをきった武智麻呂だったが、復帰の翌年、慶雲二年（七〇五）十二月、正六位上から従五位下に昇叙された時、房前（時に正六位下）も従五位下に叙され、同等位となったからである。和銅四年（七一一）四月の昇叙でも同様で、ともに従五位上となっている。

二人の並列位が終止符を打つのは二年後の和銅六年（七一三）正月、近江守であった武智麻呂が房前に先んじて従四位下に叙された時で、武智麻呂自身の近江守としての実績が評価されての昇叙であった。そして、以降は再び武智麻呂が一階をリードすることになる。

こうしてみると、基本的には兄の武智麻呂が上位にあったといってよい。武智麻呂に病気のハンディがなければ、当初の一階差は守られていたわけで、武智麻呂＝藤原家の嫡子と、房前＝藤原家の庶子の立場や扱いは、厳密に区別されていたわけである。むろんそれは、父不比等の意向によるものであった。

有官的と無官的

そのことは、二人の官職についても明白である。武智麻呂が中判事から大学助、同頭を経て図書頭《ずしょのかみ》兼侍従・近江守・式部大輔《たいふ》などを歴任したのに比して、房前は出仕以来、文武天皇大葬造山陵司と東海・東山道巡察使（東海道は大宝三年と和銅二年の二回）に任じられたにすぎない。武智麻呂が主に京官《きょうかん》（内官）を通して昇進していったのに比して、明らかに房前のそれは短期間の臨時職で、しかも地方官的性格が強いといえる。定例の除目《じもく》で任官された武智麻呂に対して、房前のそれはいわば嘱託であり、こうした二人の官職歴について、かりに武智麻呂を「有官的経歴」と名付けるならば、定まった官職に就けない房前の場合、「無官的経歴」といえるように思う（瀧浪「武智麻呂政権の成立」『日本古代宮廷社会の研究』）。これは、房前についての史料的な不足と思われそうだが、そうではない。武智麻呂・房前の弟である宇合や麻呂についても、こうした武智麻呂との立場や官職上の違いがあてはまる（八・九頁）。

それは大伴《おおとも》氏や多治比《たじひ》氏をはじめ、他氏族の嫡子と庶子にも共通する事態であった。たとえば大伴氏の場合、嫡男旅人《たびと》は左将軍に任じられたのを手始めに、中務卿・中納言・大納言など、武智麻呂に匹敵する官職経歴であり、これに対して弟の宿奈麻呂《すくなまろ》は房前的であったといえる（一〇頁）。

多治比氏では、それがさらに顕著で、嫡男池守《いけもり》が民部卿・右京大夫・大宰帥《だざいのそち》を経て中納言・大納言へと武智麻呂的であったのに比して、次男の県守《あがたもり》は房前的である。三男の広成《ひろなり》も下野守《しもつけのかみ》・迎新羅使左将軍など地方官や臨時的官職に任じられただけで、官職歴は県守とかわりがない。四男の広足《ひろたり》に

藤原四兄弟の任官表

年	武智麻呂（嫡男）	年齢	房前（次男）	年齢	宇合（三男）	年齢	麻呂（四男）	年齢
大宝元（七〇一）	内舎人	22		21		8		7
大宝二（七〇二）	中判事	23		22		9		8
大宝三（七〇三）		24	東海道巡察使	23		10		9
慶雲二（七〇五）	大学助（この年以前に任命）	26		25		12		11
慶雲三（七〇六）	大学頭	27		26		13		12
慶雲四（七〇七）		28	造山陵司（文武崩御による）	27		14		13
和銅元（七〇八）	図書頭　兼　侍従	29		28		15		14
和銅二（七〇九）		30	東海道・東山道巡察使	29		16		15
和銅五（七一二）	近江守	33		32		19		18
霊亀二（七一六）	式部大輔	37		36	遣唐副使	23		22
養老元（七一七）		38	参議朝政	37		24	美濃介（この年以前に任命）	23
養老二（七一八）	式部卿	39		38		25		24
養老三（七一九）		40		39	常陸守（この年以前に任命）安房国・上総・下野国按察使	26		25

養老五（七二一）	中納言　兼　造宮卿	42	内臣	41		28	左右京大夫	27
養老六（七二二）		43	授刀頭	42		29		28
神亀元（七二四）		45		44	式部卿（この年以前に任命） 征夷持節大将軍 知造難波宮事	31		30
神亀三（七二六）	知造宮司事	47	近江国・若狭国按察使	46	非参議	33	装束司（聖武播磨行幸による）	32
天平元（七二九）	大納言	50	中務卿 中衛大将（この年以前に任命）	49		36		35
天平三（七三一）	大宰帥を兼任	52	中衛大将	51	参議 副惣管	38	兵部卿（この年以前に任命） 参議 山陰道鎮撫使	37
天平四（七三二）		53	東海道・東山道節度使	52	西海道節度使 大宰帥	39		38
天平六（七三四）	右大臣	55		54		41		40
天平八（七三六）		57	民部卿（この年以前に任命）	56		43		42
天平九（七三七）	左大臣 没	58	没 贈左大臣	57	没	44	陸奥持節大使（この年以前に任命） 没	43

年	旅人（嫡男）	年齢	宿奈麻呂	年齢
和銅7（714）	左将軍	50		—
霊亀元（715）	中務卿	51	左衛士督	—
養老2（718）	中納言	54		—
養老3（719）	山城国摂官	55	備後守（この年以前に任命） 安芸国・周防国按察使	—
養老4（720）	征隼人持節大将軍	56		—
神亀3（726）	知山城国事	62		—
神亀4（727）頃	大宰帥	63	没？	—
天平2（730）	大納言	66		
天平3（731）	没	67		

大伴氏（旅人・宿奈麻呂）の任官表

至ってはさらに極端で、出仕以来、任じられたのは上総守《かずさのかみ》・武蔵守《むさしのかみ》といった地方官だけである（十二頁）。

ただし、嫡男池守が亡くなった後は次男県守が京官として活躍し、その県守没後に三男広成が、広成没後は四男広足が、多治比氏の長として政界で地位を得て活躍している。それは先の大伴氏についても同様で、庶子が中央の政界で地位を得ることが出来るのは、嫡男の没後であり、それが当時の氏族社会における慣習となっていた。庶子の場合、嫡男の死没を待つ以外に政界での活躍は、まず有り得なかったということである。

「参議」任命

そうした房前の立場が一変する。養老元年（七一七）十月、房前が元正《げんしょう》天皇の「参議《さんぎ》」に抜擢されたからである。ただし留意しなければいけないのは、房前の場合、のちに公卿の末端に位置づけられる参議、すなわち大臣・大納言など国政を審議するという立場でないということである。この時期の「参議」は、あくまでも天皇の下問に対して意見を具申する、いわば天皇のブレーンという個人的な性格を持つ存在である（瀧浪「参議論の再検討」『日本古代宮廷社会の研究』）。とはいえ、房前に格別の功績があっての取り立てであったとは思えない。異例の抜擢であったことは明白で、これが嫡男武智麻呂を刺激したことはいうまでもない。房前は三十七歳、従四位下であった。

房前を抜擢したのは時の太上天皇元明と天皇元正であるが、抜擢の背景には継母の県犬養《あがたいぬかいの》橘《たちばなの》三千代《みちよ》の働きかけがあったと、わたくしは見ている。

三千代の働きかけ

後宮で実力を保持していた三千代は、知られるように不比等の後妻となったから、武智麻呂や房前らにとって継母にあたるが、房前に、前夫美努王《みぬおう》との間に生まれた牟漏《むろ》女王《じょうおう》を娶せている。したがって三千代にとって房前は娘婿でもあるという、二重の親子関係にあった。婚姻の時期は和銅七年（七一四）、房前が三十四歳になった前後と思われる。

和銅七年といえば、六月に不比等の娘宮子《みやこ》と文武《もんむ》天皇との間に生まれた首《おびと》皇子が立太子し、藤原氏が外戚としての地位を確立した年である。しかも二年後、霊亀二年（七一六）には不比等のもう一人の娘光明子《こうみょうし》が皇太子首皇子（のちの聖武《しょうむ》天皇）に入内する。房前が「参議」に抜擢されたのはその翌年で、それは、こうした藤原氏がとった一連の政治的動きと無関係であったとは思えない。

当時の慣例からいって、庶子であり、しかも嫡男武智麻呂とはわずか一歳違いでしかなかった房前が、政界で活躍する機会は皆無であった。そうしたことを考えると、藤原氏が政治的主導権を確立していく過程で、三千代が日陰の立場にある房前を引き立てようと働きかけたのは、むしろ当然といえ

多治比氏（池守・県守・広成・広足）の任官表

年	池守（嫡男）	年齢	県守（次男）	年齢	広成（三男）	年齢	広足（四男）	年齢
和銅元（七〇八）	民部卿 造平城京司長官	—		41	下野守	—		18
和銅三（七一〇）	右京大夫	—		43		—		21
和銅七（七一四）		—		47	迎新羅使左副将軍	—		24
霊亀元（七一五）	非参議 大宰帥	—	造宮卿	48		—		25
霊亀二（七一六）		—	遣唐押使	49		—		26
養老元（七一七）	中納言	—		50		—		27
養老三（七一九）		—	武蔵守（この年以前に任命） 相模国・上野国・下野国按察使	52	越前守（この年以前に任命） 能登国・越中国・越後国按察使	—		29
養老四（七二〇）		—	播磨国按察使 持節征夷将軍	53		—		30
養老五（七二一）	大納言	—	中務卿	54		—	造宮大輔	31
神亀三（七二六）		—		59		—	造頓宮司（聖武播磨行幸による）	36
天平元（七二九）		—	大宰大弐（この年以前に任命） 権参議	62		—		39

天平二（七三〇）	没	—		63		—		40
天平三（七三一）			民部卿（この年以前に任命）参議 山陽道鎮撫使	64		—		41
天平四（七三二）			中納言 山陰道節度使	65	遣唐大使	—		42
天平五（七三三）				66		—	上総守	43
天平九（七三七）			没	70	参議 中納言	—		47
天平十（七三八）					式部卿	—	武蔵守	48
天平十一（七三九）					没	—		49
天平十八（七四六）							刑部卿	56
天平十九（七四七）							兵部卿	57
天平二〇（七四八）							参議	58
天平勝宝元（七四九）							中納言	59
天平勝宝六（七五四）							造山造司（藤原宮子崩御による）	64
天平勝宝八（七五六）							造山造司（聖武崩御による）	66
天平宝字元（七五七）							辞中納言	67
天平宝字四（七六〇）							没	70

るかも知れない。

ちなみに兄の武智麻呂は、この時、従四位上・式部大輔《たいふ》であった。位では一階差（房前は従四位下）を保っているが、「参議」という立場を持たない点では房前よりは劣位にあり、事実上房前の立場は兄を超えたことになる。しかもそれが、三千代を介しての個人的な抜擢であったことが、武智麻呂の反発を招くであろうことは容易に察せられる。

ただし、すべては不比等も承知した上での措置であったことを見逃してはいけない。果たせるかな、養老二年（七一八）九月、武智麻呂は式部大輔から式部卿に昇格する。また翌三年正月、大極殿で元正女帝拝朝の儀が行われた時には、多治比県守《たじひのあがたもり》と二人で皇太子首皇子先導の任に当たり（同二日）、正四位下に昇叙（同十三日）、さらに同年七月、東宮傅《とうぐうふ》に任じられるという、短期間での昇進が目立つ。なお武智麻呂の昇位と同じ日、房前も従四位上に叙されているが、位階差は依然一階が保たれていた。

不比等の後継者

武智麻呂にとって式部卿（相当位は正四位下、任命時、武智麻呂は従四位上）・東宮傅（相当位は正四位上、任命時、武智麻呂は正四位下）は、ともに大宝令で規定された相当位を超える官職であり、当時としては注目すべき昇進であったといわねばならない。しかもこの短期間の昇任が、房前の「参議」任命（養老元年）の翌年、養老二年から三年にかけてであり、それが房前に対応する人事であったことは明らかである。とくに東宮傅の就任は、藤原氏の唯一の切り札ともいうべき外孫首皇子の後見役に、武智麻呂が当てられたことを意味する。この事実は、不比等のもつ地位と役割が武智麻呂に約束されたことを示している。武智麻呂が嫡男である以上、当然の措置であろう。不比等の後継者が、名実ともに武智麻呂であったことは明白である。房前が凡庸な武智麻呂を陰で操っていたという通説には、とても従えない。

兄武智麻呂を差し置いて「参議」に抜擢された房前だが、庶子という自らの立場は十分にわきまえていた。武智麻呂を刺激し挑発するような行動は、一切していない。

不比等の死

しかし、そうした兄弟の間に亀裂を生じかねない事態が起こった。養老四年（七二〇）八月、父の不比等が亡くなり、元明太上天皇・元正天皇側が皇親体制の復活・強化を意図して、房前重視の姿勢を露骨に打ち出すようになる。

その一つが、それまで保たれてきた兄弟の一階差がなくなったことである。

不比等が亡くなった翌年（養老五年）正月、長屋王《ながやおう》を右大臣として首班の座にすえ、多治比池守を大納言に、武智麻呂を中納言に昇任する。中納言（議政官）の任官は、むろん不比等の衣鉢を継がせることにあるが、気になるのはこれに先立ちその日、武智麻呂が従三位に叙せられたのと同時に、房前も従三位に昇叙されていることである。しかもこの昇叙は、武智麻呂の二階に対して房前の方は一挙に三階も特進されたことになり、またまた位階上は同等となった（五頁）。

房前重視、武智麻呂軽視の姿勢はエスカレートする。同年五月頃から病気を伝えられていた元明太上天皇は十月十三日、右大臣長屋王と「参議」房前を枕頭に召して、自らの葬送について指示している。しかしそれは表向きのことで、この二人に後事を託したのである。すなわち同十月二十四日、房前を「内臣《うちつおみ》」に任じて「内外を計会」し、「帝業を輔翼《ほよく》し永く国家を寧《やすん》ずべし」（『続日本紀』）と言い渡し、元正天皇を輔佐するように命じている。先の十三日、長屋王と房前を呼び出したのは、この「内臣」任命のための布石であり、二人はその時点で、元明の内意を打ち明けられていたとみて間違いない。

「内臣」任命

「内臣」は房前の祖父、鎌足《かまたり》が天智天皇から任じられたのが最初で、律令に規定された地位ではなく、いわば天皇の私的ブレーンである。それを不比等の嫡男武智麻呂ではなく、次男の房前に求めたのは、むろん元明に考えあってのことである。元明は、このことが藤原氏の分裂をもたらしかねないことを承知の上で、その措置をとったものとわたくしは見る。

元明は息子文武の没後、文武の一粒種（元明にとっては孫）の首《おびと》皇子の即位に向けて、親王や諸王の藩屏化につとめてきた。それは不比等（藤原氏）の意向に添う形で実現されている。しかし不比等が亡くなって以後、元明たちの不安は東宮傅（皇太子の教育係）武智麻呂の専権に向けられたに違いない。まして首は母も妻も藤原氏という、がんじ搦めのミウチ関係にあった。そこで房前を「内臣」にすることで皇親側に取り込み、政界での武智麻呂の孤立化を図ったものと考える。

もっとも武智麻呂にとっての救いは、「内臣」が房前自身の求めた地位ではなく、房前に政治的野心もなかったことで、そのために二人の関係は破滅にまでは至らなかった。

元明が、長屋王の政治的パートナーとして武智麻呂ではなく房前を選んだのには、理由があった。王と房前との親密な間柄である。もっとも不比等の娘長娥子《ながこ》が長屋王の妃になっており、王と姻戚関

長屋王墓

係にある点では兄弟共通だが、兄武智麻呂とは違って房前には詩歌の才能があり、長屋王主催の詩宴に招かれるなど、詩文の交歓を通じて王と格別な親交があったようだ（『懐風藻《かいふうそう》』）。また房前の妻牟漏《むろ》女王（父は美努王、母は県犬養橘三千代）や、妻の兄葛城王《かずらきおう》（のちの橘諸兄《たちばなのもろえ》）・佐為《さい》王（のちの橘佐為）などの王族を介しても、その関係が深められていったことは間違いない。一般に、武智麻呂には文学的才能がなく、長屋王の詩宴に招かれたことはないと見られているが、その点でも武智麻呂よりは房前の方が皇親的立場に近い。元明が房前に白羽の矢を立てたのも当然であった。

房前はずし

不比等の没後、元明太上天皇が長屋王を首班にすえて進めた皇親体制はど、武智麻呂を刺激したものはないであろう。ことに長屋工のパートナーとして弟の房前を「内臣」に任じたのは、武智麻呂の立場をないがしろにしたものであり、武智麻呂は、藤原一門の分裂の危機さえ感じていたかも知れない。

この時点で武智麻呂がとるべき道は、長屋王と房前を抑え、皇親勢力を打破することであった。それ以外に退勢を挽回する道はなかったといってよい。そのためにデッチ上げられたのが長屋王事件である。

それは神亀六年（七二九）二月のこと、突如、左大臣長屋王が聖武天皇から死を賜り、自経した。自ら首を括ったのである。長屋王が陥れられたことは、当時、公然の秘密となっていた。事件の詳細については省略するが（瀧浪『帝王聖武』参照）、留意しておきたいのは、房前がこの事件に関わった形跡がまったくないことである。

このことについても、事件のかなめには実力者である内臣房前が隠れており、首謀者は房前であったとする意見が出されているが（野村忠夫「武智麻呂と房前」『律令政治の諸様相』）、房前が隠れねばならない理由がない。自身が隠れたのではなく、武智麻呂によってこの一件から意図的に除外されたものと考える。房前を封じ込めるためである。武智麻呂としては皇親側に立つ弟を許せなかったろうが、ことさら対決的な措置を取らなかったのは、先に述べたように、房前自身に政治的な野心や動きがなかったからである。

武智麻呂政権の誕生

長屋王事件が終わった三月四日、武智麻呂は中納言から大納言へと昇進している。事件後の人事異動はこの一件だけという特別の人事であった。この時廟堂《びょうどう》には知太政官事《ちだいじょうかんじ》の舎人《とねり》親王と大納言の多治比池守がいたが、ともに老齢の身であったから、この結果、武智麻呂が事実上、政界のトップとなった。翌四月三日、武智麻呂は役人たちが、それまで朝堂《ちょうどう》では舎人親王に対して下座の礼をとっていたのを廃止している。これも皇親勢力の弱体化をはかったものとみてよい。すべて武智麻呂の思惑通りに事が運んだことになる。

五年後の天平六年（七三四）正月、武智麻呂は従二位となり、父不比等と同じ右大臣に就任した。

この昇任の結果、それまで保たれてきた房前（正三位）との同等位は再び崩れ、武智麻呂は名実ともにポスト不比等の座に着いたのだった。この間、弟の宇合・麻呂も房前と同じ参議に任命され、武智麻呂を除く三兄弟が肩を並べた。おのずから藤原一門における房前の地位は低下した。

こうして武智麻呂は皇親勢力を抑えて政権を握っただけでなく、一門に対しては房前を抑え、兄弟の上位に立った。一般にこの当時の政治史を語る場合、便宜的に「不比等政権」とか「長屋王政権」など、首班の名で呼ぶことが多いが、その意味では「武智麻呂政権」の誕生といってよい。

四兄弟の急死

しかし、「武智麻呂政権」は長く続かなかった。武智麻呂が右大臣に就任して三年後、疫病が猛威を振るい、武智麻呂をはじめ藤原四兄弟の命をすべて奪ってしまったからである。

豌豆瘡《わんとうそう》（俗に裳瘡《もがさ》とも）と呼ばれた天然痘が、天平七年の夏から冬にかけて大宰府で流行し、いったんは治まったかにみえたが、同九年（七三七）に至り平城京に飛び火して蔓延したのである。『続日本紀』によると、どうやら帰国した遣新羅使たちが媒体となったようだ。大使の阿倍継麻呂《あべのつぐまろ》は帰国途次、対馬で没し、副使の大伴三中《おおとものみなか》も「病に染《そ》みて京に入ることを得」なかったという（天平九年正月）。入京したのは大判官《だいはんがん》壬生宇太麻呂《みぶのうだまろ》らであったが、どうやらこの一行の中に

官職	位階	名前
知太政官事	一品	舎人親王
右大臣	従二位	藤原武智麻呂
中納言	正三位	多治比県守
参議	正三位	藤原房前
参議	正三位	藤原宇合
参議	従三位	藤原麻呂
参議	従三位	鈴鹿王
参議	従三位	葛城王
参議	正四位下	大伴道足
非参議	従三位	藤原弟貞

武智麻呂政権（天平6年の廟堂）

感染者がいて、疫病を都に持ち込んだものらしい。それが正月のことで、四月に入って死者が急増し、四位以上の者だけでも十一人（四月に一人、六月に四人、七月に四人、八月に二人）にのぼっている。その中に武智麻呂ら四兄弟も含まれていたのだった。

負い目

最初に亡くなったのは房前（参議民部卿、正三位、五十七歳）である。四月十七日のことで、『続日本紀』当日条には、「送るに大臣の葬儀をもってせむを、その家固く辞して受けず」とある。葬儀を「大臣」扱いとしたのは、房前が内臣（生前、元明太上天皇から任じられたもの）であったことからすれば、当然の処遇であるが、それを「その家」（遺族）がかたくなに拒んだのは、武智麻呂（家）に対する遠慮からであった、とわたくしは見る。房前は生前、自ら求めたものではなかったにせよ、兄武智麻呂の意に反して皇親側に立ったことへの負い目をもち、それを遺族も引きずっていたように思われる。

しかし、その武智麻呂（従二位、五十八歳）も七月二十五日に亡くなっている。末弟の麻呂（七月十三日に没。参議兵部卿、従三位、四十三歳）の死後、二週間と経ってはいなかった。『武智麻呂伝』によれば、死の前日（二十四日）、光明皇后（兄弟の異母妹）自らが見舞いに訪れたといい、訃報を聞いた聖武は「羽《う》葆《ほう》鼓《こ》吹《すい》」（鳥の羽で作った飾り物、葬送に用いる）を与えたという。また『続日本紀』には正一位左大臣を授けられ、即日に没した（『武智麻呂伝』には翌日）とあり、一門における武智麻呂の卓越した立場が知られる。最後に残った兄弟の一人、宇合（参議式部卿兼大宰師、正三位、四十四歳）も八月五日に世を去っている。

「その家」

ちなみに武智麻呂が亡くなって三か月後（十月）、房前に正一位左大臣が贈られ、二十年という期限つきながら食封《じきふ》二千戸が「その家」に与えられている。このたびは「その家」も辞退しなかった。そしてこれにより房前は、没後ではあるが、武智麻呂と位階（正一位）・官職（左大臣）の上でふたたび並んだことになる（のち天平宝字四年六月には、仲麻呂により両者に太政大臣が贈られる）。これは、明らかに房前（家）の優遇策であり、その復権が図られたことを物語るが、先に述べた生前の関係からいって、それが元正太上天皇や聖武天皇の意向によるものであったことは言うまでもない。

以上が、北家の始祖房前の官僚人生である。振り返ってみると、兄武智麻呂との亀裂を避けるために、心を砕き続けた生涯であったといってよい。それは庶子たる者の宿命であり、このたち北家に生を受けた人びとを呪縛するとともに、その生き方を制約し続けることにもなっていくことを銘記しておきたい。

2　北家の三兄弟（永手・八束・千尋）

一変した政界地図

予想だにしなかった藤原四兄弟の急死によって、政界地図は一変した。話は武智麻呂・房前らの子どもたち、すなわち良房の曾祖父の時代に入る。

武智麻呂が没して二か月後、天平九年（七三七）九月二十八日、生き残った鈴鹿王《すずかおう》（従三位）が知太政官事《ちだいじょうかんじ》、橘諸兄（従三位）が大納言、多治比広成（正四位上）が中納言に任命されている。十二月に入って、武智麻呂の長男豊成《とよなり》が参議に任じられ、これ以前（天平三年）参議に補充されていた大伴道足《みちたり》（正四位下）を合わせて公卿は五人となり、ようやく政界の再建がなったといってよい。ただし、藤原氏が公卿の大半を占めた武智麻呂時代とは、明らかに様相が異なっている。

なかでも、鈴鹿王は故長屋王の弟で、鈴鹿王が就任した知太政官事とは文字通り、「太政官の事を知らしめる」役割、すなわち親王（皇室の藩屏）として太政官の政務を総知するのが任務である。また大納言に任命された葛城王こと橘諸兄は、敏達《びだつ》天皇の曽孫、美努王《みぬおう》の子で（『尊卑分脈』）、前年十一月、亡き母県犬養橘三千代が賜姓された橘姓を継いで、臣籍に降下していた。新中納言の多治比広成についても「真人」姓から知られるように、ルーツは皇族であるから、王族を中心とする、いわゆる皇親政治を全面に打ち出しているのが武智麻呂没後、新廟堂の特徴である。

留意されるのは翌天平十年正月、聖武の娘、阿倍《あべ》内親王が立太子され、その日、知太政官事鈴鹿王が正三位に昇叙されるとともに、大納言諸兄が従三位から正三位に叙された上、右大臣に任じられていることである。諸兄は前年九月、中納言を経ないで大納言に任命されたばかりであったから、右大臣の任命は異例の抜擢であったといってよい。皇親勢力の復権・強化をめざす元正太上天皇・聖武天皇による引き立てであったことはいうまでもなく、諸兄の右大臣任官は当初から予定された人事だったことも明白である。

藤原一族の弱体化

こうして武智麻呂政権に代わり、諸兄政権が誕生した。元正・聖武らの思惑は、はからずも疫病によって一挙に実現したことになる。その結果、政界における藤原氏一族の立場や役割は、大きく低下していった。

すなわち武智麻呂没後から二か月、天平九年九月、南家では長男豊成（正五位上）が従四位下に叙され、十二月には参議に任命されている。時に三十四歳であった。同じく九月、房前の北家でも次男の永手《ながて》が、式家宇合の嫡男広嗣《ひろつぐ》とともに、従六位上から一挙に三階昇叙され、従五位下に叙されている。法令では五位以上が貴族とされ、経済的な給付をはじめ様々な特権、待遇が与えられた。先の豊成とともに、永手と広嗣も貴族の仲間入りをしたわけで、それぞれ北家・式家の代表者に位置づけられたことを示す。永手は二十四歳、広嗣は二十一、二歳であったろうか。ただ、麻呂の京家だけはこの時の昇叙にあずかった者がいない。蔭位《おんい》によって五、六位があたえられるのは大体二十〜二十五歳前後であったことを考えると、年齢的に相応しい男子がいなかったのかも知れない。

藤原氏一門の惣領は、当然ながら、嫡男家（南家）の豊成である。豊成の参議任命は、一族の代表（のちの氏長者）として与えられたポストである。

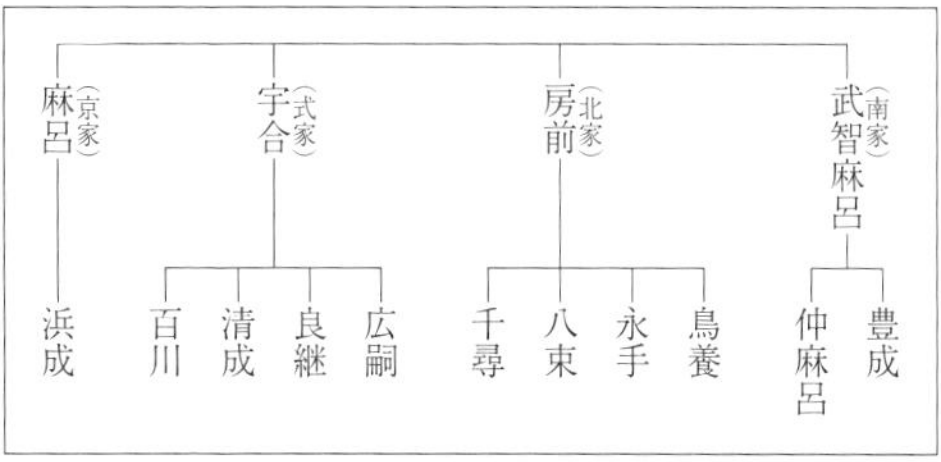

藤原四兄弟の子供たち

ただし、藤原一族で廟堂に列したのは豊成一人でしかない。政界の要枢を独占した武智麻呂時代とは隔絶の様相で、それも公卿の末席の参議に加えられたにすぎないという現状である。その豊成にはさして能力はなく、政治力もなかったとなれば、藤原一族の弱体化は明白であった。

クーデター

そうした現状に不満を抱き、諸兄政権を批判したのが、式家の広嗣である。当時大宰小弐《しょうに》として九州にあった広嗣は、時の政権を指弾し、諸兄が重用する玄昉《げんぼう》と吉備真備《きびのまきび》を排斥するように強く要請した。しかし、聖武天皇はこれを拒絶する。それを知って挙兵した広嗣は、結局、捕らえられて殺された。天平十二年（七四〇）十一月のこと、父宇合が亡くなってからわずか三年後である。

南家の豊成の弟、仲麻呂《なかまろ》も藤原氏の権力失墜に我慢ができなかった一人で、広嗣の敗死に刺激されたのか、藤原氏の政権奪回を強くめざす。天平勝宝元年（七四九）七月、聖武の娘孝謙《こうけん》天皇が即位すると、仲麻呂は叔母の光明皇太后の信任を得てついに諸兄政権を倒し、兄豊成を抑えて権勢を極めた。しかしこれも後述するように、孝謙女帝の寵を受けた僧道鏡《どうきょう》が台頭すると挙兵し、殺された（天平宝字八年九月）。

この時、北家（房前）の子どもたちは動かなかった。権勢の奪還をめざしてクーデターを起こした南家・式家に比して、北家の者だけは政治的に表だった行動をとってはいない。亡き父房前は皇親側に取り込まれ、諸兄の妹を妻とするなど、北家が皇室や皇親と近い関係にあったということが、その背景にあったのかも知れない。房前の息子たちは息を潜め、政界における権力闘争の推移を見守っていたのである。

その北家から誕生した良房・基経が摂政・関白に就任し、藤原氏の氏長者《うじのちょうじゃ》を独占するのは、まだ先のことで、いましばらく、北家の人びとの生き様を追ってみよう。

北家の長は永手

房前亡き後、北家を継承したのは藤原永手《ながて》である。生母は橘諸兄の同母妹、牟漏女王だから、諸兄の甥にあたる。諸兄にとって永手は、血縁関係をもたない南家や式家の息子たちに比して、親しみのある存在だったに違いない。牟漏女王は房前との間に永手の他、

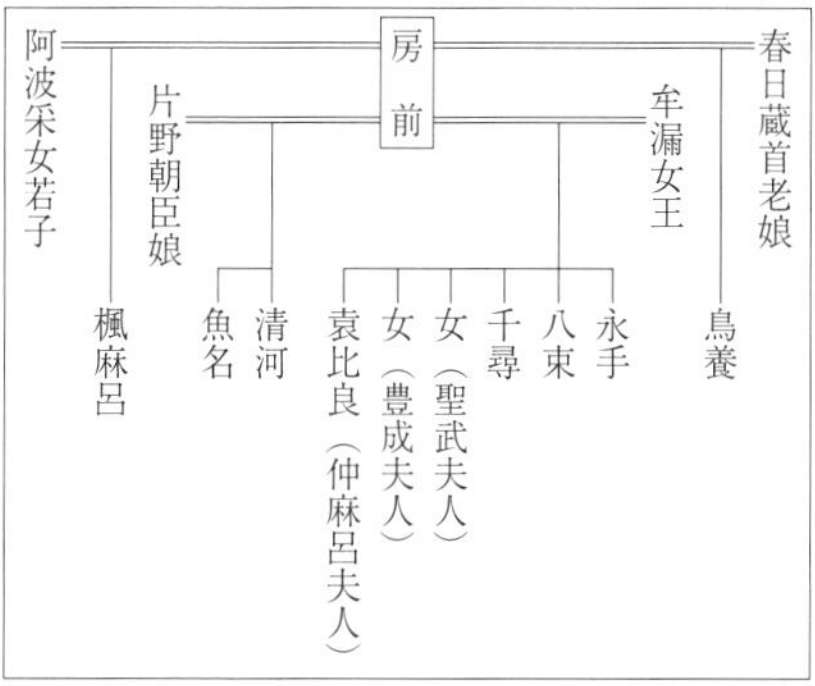

房前の妻・子女たち

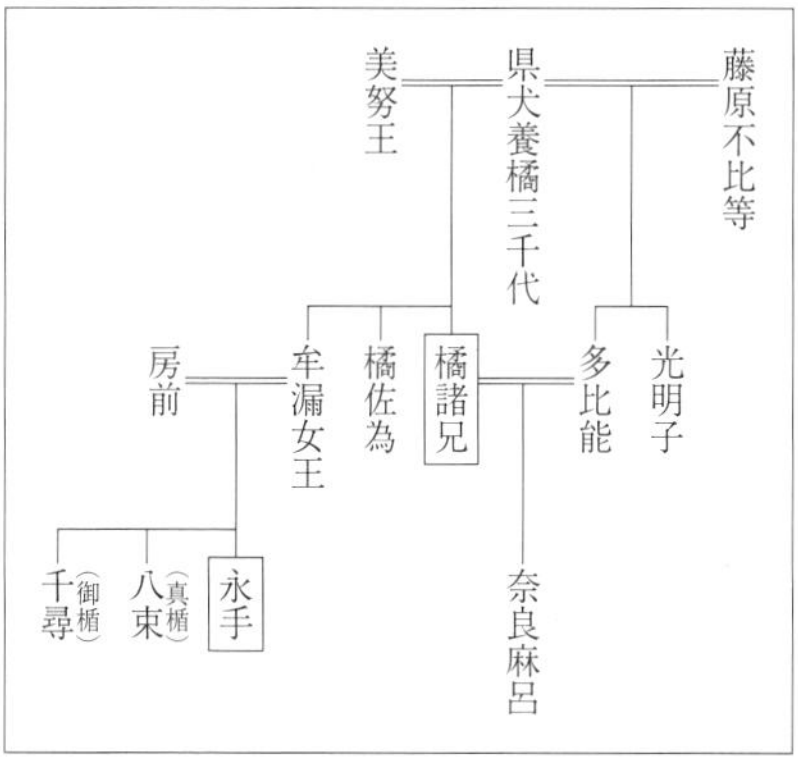

永手と諸兄

八束《やつか》・千尋《ちひろ》の三兄弟を生んでいる。

ただし、永手は房前の長男ではない。次男である。長男は鳥養《とりかい》で、母は従五位下春日蔵首老《かすがのくらおびとのおゆ》の娘と記されているが（『尊卑分脈』）、この鳥養が嫡子とされた可能性は低い。出自からいって、牟漏女王を母とする永手が房前の後継者とされたことは、まず間違いない。

ちなみに鳥養の生年や経歴については、ほとんど明らかでない。唯一知られるのは天平元年（七二九）八月、正六位上から従五位下に叙爵されていることである。次男永手が叙爵されるのは、それから八年後、天平九年（七三七）であったことから推測すると、鳥養は永手より八歳前後年長であったろうか。ただし叙爵以後、鳥養の名は史料上に見えないこと、この従五位下が極位《ごくい》と記されている（『尊卑分脈』）ことなどから、通説では叙爵されて数年後に没したものと考えられている。鳥養の次男小黒麻呂《おぐろまろ》が天平五年（七三三）生まれであるから、天平四、五年頃まで生存していたことは確かであるが、父房前（天平九年没）が没する前に亡くなっていた可能性も高い。

それはさておき、永手が北家を継いだのは二十四歳の時であった。天平九年九月、父房前が急逝して二か月後、一挙に三階昇叙されて従五位下に昇り、貴族の仲間入りを果たしている。北家の家長として、永手の立場を保証するものであったことはいうまでもない。

八束の厚遇

ところが永手のその後の経歴は、じつに不可解である。従五位下に叙されて以降、天平勝宝元年（七四九）四月、従四位下を与えられるまでの十二年間、ただの一度も昇叙がない。にもかかわらず、この間、弟の八束は天平十二年（七四〇）正月、正六位上から従五位下に叙され、兄の永手と位階上で同等となっている（時に八束は二十六歳）。さらに同年十一月には従五位上、三年後（天平十五年）の五月には二階昇進して正五位上、翌十六年十一月には従四位下に昇叙され、永手（従五位下）より四階も上位に据えられている（三八頁）。また官職も右衛士督・式部大輔などを兼任している。従五位下のまま、無為に過ごしている永手（官職は不明）に比して、八束の処遇はまるで北家の長であるかのような扱いである。

永手と八束は一歳違いで、牟漏女王を母とする実の兄弟である。房前没後、ただちに従五位下に叙された兄永手の扱いから判断して、永手が北家の嫡子であったことは間違いない。にもかかわらず、諸兄政権における永手の冷遇と八束に対する厚遇は、まったく理解に苦しむ。兄弟の父房前も位階・官職の上で兄武智麻呂を越えた時はあったが、それはほんの一時期のことで、これほど長期にわたり逆転した扱いを受けた事例も珍しい。

このことについて、当時の官人社会の慣習として事例のあることで、永手の位階の停滞は必ずしも不自然だったとはいえない、との理解もある。しかし仮にそうであったとしても、四年の間に、兄永手の下位にあった弟八束が四階も上位に据えられるなど、その処遇は尋常でない。明らかに八束に対する優遇であり、重視の表れであったことを思わせる。

聖武天皇の寵臣

これほどまでに八束を偏寵したのは、じつは聖武天皇その人であった。『続日本紀』に収める八束の薨伝（天平神護二年三月十二日条）には、「度量弘深《こうしん》にして公輔《こうふ》の才あり」（度量が広くて深く、宰相として天子を補佐する才能があった）とあり、「官に在《あ》りては公廉《こうれん》にして慮《おもい》私《わたくし》に及ばず。感神《かんじん》聖武《しょうむ》皇帝《こうてい》、寵遇特に渥《あつ》し」（官職にあっては公平で、行いが潔く私情に流されることがなかった。そのため聖武天皇の寵臣として厚遇をうけた）と記している。実直な政治家八束像を彷彿とさせるとともに、聖武の厚い信頼と寵愛の深さを思わせる。

聖武天皇にこれほど親近感を抱かせたのは、八束の持つ文学的才能であり、詩文を通して築かれた交友関係にあった、とわたくしは見ている。

八束は若い頃から歌を通じて、山上憶良《やまのうえのおくら》や大伴家持《おおとものやかもち》らと親交があった。また叔父の諸兄は、しばしば私邸に廷臣文人たちを招いて詩宴を開いているが、その諸兄とは、北家のどの兄弟たちよりも親しい間柄だったようである。天平勝宝四年（七五二）十一月、時に左大臣であった諸兄の邸宅で催された肆宴《とよのあかり》（聖武太上天皇主催の酒宴）に招かれた八束（時に右大弁）が、聖武や諸兄、大伴家持らとともに詠んだ歌がある。その時のやり取りを再現すると、次のようになろうか。

聖武はすでに譲位していたが、諸兄宅を訪れたのは初めてであった。そこで聖武が、

よそのみに見ればありしを今日見ては　年に忘れず思ほえむかも
（外ながらに見るだけであった以前ならともかく、今日、こうして訪れて見たからには、もう毎年忘れず、思い出されることであろうな）

と詠んで訪れた喜びを表し、諸兄邸を賛美した（『万葉集』巻十九―四二六九）。これに応えて家主の諸

兄が、「葎《むぐら》延《は》ふ賤《いや》しきやども」（こんなむさ苦しい我が家）においで下さるなら「玉敷かましを」（玉を敷きつめておくのでしたのに）と謙遜しながら歌を詠んでいる（『万葉集』巻十九―四二七〇）。この諸兄の歌を承けて、八束が詠んだ歌（『万葉集』巻十九―四二七一）が、

松陰の清き浜辺に玉敷かば　君来まさむか清き浜辺に

（このお庭の松の木陰の清らかな浜辺に、玉を敷いてお待ち申し上げたならば、大君はまたお出ましくださるでしょうか、この清らかな浜辺に）

というものであった。

「君」は聖武太上天皇をさし、聖武の行幸を再度願う気持ちが詠い込まれている。そしてここには、諸兄が「賤しきやど」と謙遜した屋敷を「清き浜辺」と称揚し、諸兄をさりげなくサポートする八束の優しさと配慮がうかがわれ、二人の間に結ばれた絆の深さが偲ばれる。

『万葉集』には、こうした歌三首（聖武・諸兄・八束）に感興を催して、家持が作った歌（巻六―四二七二）が続いて収められ、和やかな雰囲気が今に伝わってくるようだ。聖武を中心に、いわば文化サロンが形成され、そうした中で八束は諸兄や家持らと交流をもち、情報を共有しあっていたのである。

なお、この宴に永手が参加していたかどうか、明らかではないが、この宴席で永手が歌を詠んだ形跡がないことだけは確かである。

安積親王グループ

これに関連して留意されるのが、八束が、諸兄や家持らを介して安積親王《あさかしんのう》とも当然親しい関係にあったことである。

諸兄と安積親王の交流を直接示すものはないが、安積の生母県犬養広刀自《あがたいぬかいのひろとじ》は諸兄の母三千代の縁戚であり、広刀自が皇太子時代の首皇子（聖武天皇）に入内したのも、三千代の意向によるものであった（瀧浪『帝王聖武』）。諸兄がそうした安積に親近感を抱いていたことはいうまでもない。

いっぽう、家持が県犬養系の皇子、安積と親しい関係にあったことは、『万葉集』に収める次の歌からも知られる。

一つは、聖武が平城京を離れていた、恭仁《くに》京時代の天平十五年（七四三）の秋から冬にかけてと推定される時期、藤原八束の邸宅に安積親王を迎えて催された宴での歌である。

安積親王、左少弁藤原八束の朝臣の家に宴せし日、内舎人《うどねり》大伴宿禰家持の作れる歌一首

ひさかたの雨は降りしく念ふ子が　宿に今夜は明かして行かむ（巻六―一〇四〇）

（雨は存分に降ってほしい、いとしい子の家で今夜は夜明かしをしていこう）

家持が、安積親王に代わって家主八束への感謝を述べたもので、歌の内容から、安積と家持とは気の置けない間柄であったことが知られる。安積を迎えてなごやかに時を過ごしたそれぞれの様子が、目に浮かぶようである。残念ながら安積の歌は知られない。また、八束の家の場所も明らかではない。

もう一つが翌十六年（七四四）正月十一日、活道岡《いくじがおか(の)》に登って催された酒宴で家持が詠んだ歌で、安積との関係を示すものとして注目されている。

同じ月（正月）の十一日、活道の岡に登り、一株《ひともと》の松の下に集ひて飲《うたげ》せる歌二首
（一首のうち市原王の歌一首は略。市原王は天智天皇の曾孫、安貴王の子）
たまきはる寿《いのち》は知らず松が枝を　結ぶこころは長くとぞ念《おも》ふ（巻六―一〇四二）
（人の寿命はわからないもの、今こうして松の枝を結んでいる私の心中は、ただただ命長かれと願っている）

この活道岡（山）は、現在の加茂《かも》町（京都府木津川市）瓶原《みかのはら》地区の流岡山とも、和束《わつか》町（京都府相楽郡）白栖村付近ともいわれて明かではないが、安積親王の恭仁京時代の邸宅のあった所と考えられている。その安積の長寿を参加者たちが祈ったのがこの宴であり、世の無常を知る家持の情が切々と詠われているのが印象的である。この時安積親王は十六歳、家持は二十六歳だった。時に三十歳であった八束も、橘諸兄を中心とするこうした安積シンパともいうべき勢力の一人であったといってよい。

親王と親交を結んでいた貴族たちは、安積の将来に期待をかけていた。この時期、安積親王は聖武の唯一の皇子となっていたからである。

八束と安積親王との関係を理解するために、回り道をするようであるが、皇位継承における安積の立場をもう少し詳しく述べておきたい。

聖武の後継者

安積親王は、聖武の第一皇子ではない。しかしこの時期の聖武にとって、安積はすでに大事な存在となっていた。

聖武の嫡男は、不比等の娘光明子所生の基王《もといおう》（某王の誤りとの見方もあるが、本書では基王とする）で、神亀四年（七二七）閏九月二十九日に誕生し、生後三十三日に早々と皇太子に立てられている。一歳未満の立太子は、平安時代に降れば清和天皇（九か月）や冷泉《れいぜい》天皇（三か月）などにみられるが、生後一か月の皇太子は、それまでまったく例がない。いかに待ち望まれた皇子であったかが知られよう。だが基王は翌年（七二八年）九月、満一歳の誕生日を迎える前に亡くなってしまった。

聖武のもう一人の夫人、県犬養広刀自が皇子安積親王を生んだのは、この前後のことであった。そこで基王が亡くなった翌年、天平元年（七二九）八月、夫人の立場にあった光明子が、皇后は皇族（内親王）でなければならないという原則を無視して皇后に立てられたのである。

光明子の立后については、将来光明子を女帝に立てるための措置であったとする理解が根強いが、それは違う。当時、皇太子の生母は皇后であることが伝統となっており、慣習として定着していた。時に光明子は二十九歳、こののち皇子が生まれる可能性は十分にあった。皇子誕生が実現した場合、広刀自所生の安積親王を抑え、光明子所生の皇子の立太子を確実にするには、生母である光明子を皇后にしておくことが不可欠の要件だったからである（瀧浪「光明子の立后とその破綻」『日本古代宮廷社会の研究』）。

阿倍内親王の立太子

しかし皇子は生まれなかった。

聖武の長女、阿倍内親王が皇太子に立てられたのは、それから九年経った天平十年（七三八）正月である。すでに三十八歳になっていた光明子に、皇子出産の望みは事実上消えかけていた。そこでやむなくとられた措置が、阿倍内親王の立太子である。しかし、元明女帝や元正女帝の例にならい、阿倍が女帝となるのに立太子する必要はなかった。にもかかわらず皇太子に立てられたのは、阿倍を男帝に匹敵する、聖武の正統な後継者に仕立てるための手続きだった。

ただし誤解していけないのは、阿倍の立太子が安積の皇位継承権を否定したものではないということである。安積は嫡系ではないが、聖武にとって唯一の直系皇子である。未婚の女帝となるであろう阿倍のあとを考えれば、その後継者は安積以外に存在しなかった。といって、嫡系継承に固執してきた聖武・光明子にとって、女子であっても嫡系であり、安積よりも年長である阿倍を差し置いて、安積を皇位継承者とすることは到底考えられなかったろう。阿倍を安積に優先する皇位継承者に位置づけること、それが阿倍を立太子させた一番の理由である。

阿倍の立太子は、そのあとの安積への皇位継承を見据えての措置であり、安積自身、阿倍の立太子によって皇位継承へのパスポートが保証されたことを見逃してはいけない。

八束と安積親王

繰り返すと、基王が亡くなったあと、安積は嫡系ではないが、聖武にとって唯一の直系皇子となっていた。藤原系でない安積の存在を聖武は喜ばなかったという見方があるが、聖武が自らの皇子、安積の皇位継承権を否定するわけがない。というより、むしろ期待をしていたのである。そしてそれがまた、大方の貴族たち共通の認識にもなっていたことを、理解すべきである。

時に左少弁であった八束も、安積の将来を期待し心を寄せる一人であった。聖武が、藤原氏の中でも八束をことさら可愛がったのは、詩文を通して諸兄や家持ら安積派の貴族たちと深い交わりを持ち、そうした人脈を介して、いわば安積の親衛隊ともなっていたからである。安積に期待する聖武にとって、「度量弘深にして公輔の才あり」という八束の政治的才覚は、頼もしく受けとめられていたに違いない。

以上が、聖武が八束を寵臣として抜擢した理由と考える。

ちなみにこの時期、南家の仲麻呂はようやく従五位上に叙された（阿倍内親王立太子の翌年、天平十一年）ばかりであり、聖武の関心を買って頭角を表すのは、もう少し先のことである。

安積親王の急死

しかし、期待された聖武の皇子安積親王は天平十六年（七四四）閏正月、聖武の難波《なにわ》行幸に扈従《こしょう》の途中、不調を訴え、桜井頓宮《とんぐう》から恭仁京（当時、聖武は平城京を離れていた）に引き返し、二日後に亡くなった。活道岡での集宴からわずか一か月、安積は十七歳であった。

家持の落胆ぶりは大変なものであった。『万葉集』には家持が詠んだ挽歌《ばんか》（六首）を収めるが、「我が大君皇子《みこ》の命《みこと》、万代《よろづよ》に見したまはまし大日本久邇《おおやまとくに》の都」（わが大君、皇子の命が万代までもお治めになるはずの大日本久邇の都）といった表現（巻三―四七五）に、安積に対して抱く家持の衷情が示されている。それは「天地《あめつち》といや遠長《とおなが》に万代にかくしもがもと憑《たの》めりし皇子《みこ》の御門《みかど》」（天地とともに遠く久しく、万代までもお仕えしたいと頼みにしてきた皇子の御殿）との表徴（巻三―四七八）に連なるものであり、安積親王を将来の皇位継承者として期待し、その安積への奉仕を願う家持の感情の表白とみてよいであろう。

安積親王の墓

留意すべきは、家持の挽歌に詠われているように、皇位継承者としての安積の立場が、決して山外を憚るようなものでなかったことである。哀惜の情をこれほど自然に詠み込むことができたのは、安積の将来に対する期待が家持だけの個人的なものでなく、ひろく貴族社会に共通した認識だったからである。安積を詠んだ家持の一連の歌は、いわば聖武の気持ちを代弁するものであった。

ただし安積親王の死については、あまりに突然であったことから疑惑がもたれ、暗殺されたとみる意見もある（横田健一「安積親王の死とその前後」『白鳳天平の世界』）。しかし暗殺説は、確証があってのものではない。確かに予期せざる事態ではあったが、安積の病状の推移を考えると、必ずしも不自然な死とはいえず、暗殺されたのではないと考える（瀧浪『帝王聖武』）。

確かなのは安積の死によって、聖武の描いてきた阿倍から安積へという皇位継承への構想が瓦解したことである。基王が亡くなり、いままた安積親王を失った聖武天皇、その悲しみには計り知れないものがあったろう。その結果、聖武は皇嗣問題に重大な決断を迫られることになる。

そしてもう一つ、この前後の出来事として見逃せないのが、聖武の大仏造立事業に藤原仲麻呂が積極的に関与し始めたことである。

仲麻呂の台頭

難波行幸の途中から引き返してきた安積が恭仁京で急死した時、仲麻呂は留守官《るすかん》として恭仁京に留まっていた。その仲麻呂が留守官を解かれ、紫香楽《しがらき》に赴いている。安積を失った悲しみで、ますます紫香楽での大仏造立事業にのめり込む聖武に、呼び寄せられたのである。仲麻呂は博学・博識で知られるが、とくに算術を学び、その道に精通していたというから、事務能力にたけていたのであろう。資材の調達や役民の徴発など、造立事業を推進する上では不可欠の人材であった。翌天平十七年（七四五）正月、紫香楽宮で行われた叙位で、従四位上から一挙に二階級特進して正四位上となり、同年九月には近江守に任じられている。おそらく仲麻呂は、造仏事業を進める聖武の補佐に当たったのであろう。仲麻呂の特進はその勧賞であったと思われる。

仲麻呂ほど人情の機微に通じ、人心をとらえることに長じた人物も、数多くはあるまい。紫香楽での事業が失敗し、五年ぶりに平城京に戻ってきた聖武は、凄まじい勢いで東大寺で大仏造立事業を再開する。その執念を感取した仲麻呂は、時に近江守であった立場から、同国より奴婢や財物をしばしば献上するだけでなく、個人的にも東大寺へ封戸《ふこ》の施入や寺田の買進をさかんに行うなど、聖武の意にそう形での積極的な関与が目につくようになる。この時期、聖武は仲麻呂に全幅の信頼を置き、皇太子阿倍内親王（孝謙）の補佐すら仲麻呂に期待するようになっていた。

こうして仲麻呂はしだいに権力を掌握していくが、そのことが政界における永手・八束兄弟の立場に大きな影響を及ぼすことになる。

八束はずし

それは天平二十一年（七四九）四月一日の人事においてであった。

この年二月、陸奥《むつ》国から黄金が出土したという知らせを受けた聖武は東大寺に行幸し、造営中の盧舎那仏《るしゃなぶつ》に礼拝して報謝している。有名な「三宝《さんぼう》の奴《やっこ》」としてお仕えいたしますと言上したのは、この時である。

人事というのは、その宣命《せんみょう》の中で、聖武はことさら県犬養《あがたいぬかいの》橘《たちばなの》三千代《みちよ》を持ち出し、三千代は不比等亡きあとも朝廷によく仕えてくれたので、孫たち一人、二人を褒賞しようと述べ、じじつ橘奈良《なら》麻呂《まろ》（従四位下→従四位上）や永手ら北家の兄弟たちが昇叙されている。いうまでもなく奈良麻呂は諸兄の子、すなわち三千代の孫である。また北家の三兄弟も、彼らの母である牟漏女王が三千代の娘だから、それぞれ孫に当たる。

この人事が問題となるのは、北家の三兄弟のうち、永手・千尋《ちひろ》がそれぞれ進階されているのに対して、八束《やつか》だけが恩賞を受けた形跡がないことである。すなわち正六位上であった千尋は従五位下に、従五位下の永手は四階特進されて従四位下に昇進している。しかも永手の場合は、じつに十二年ぶり

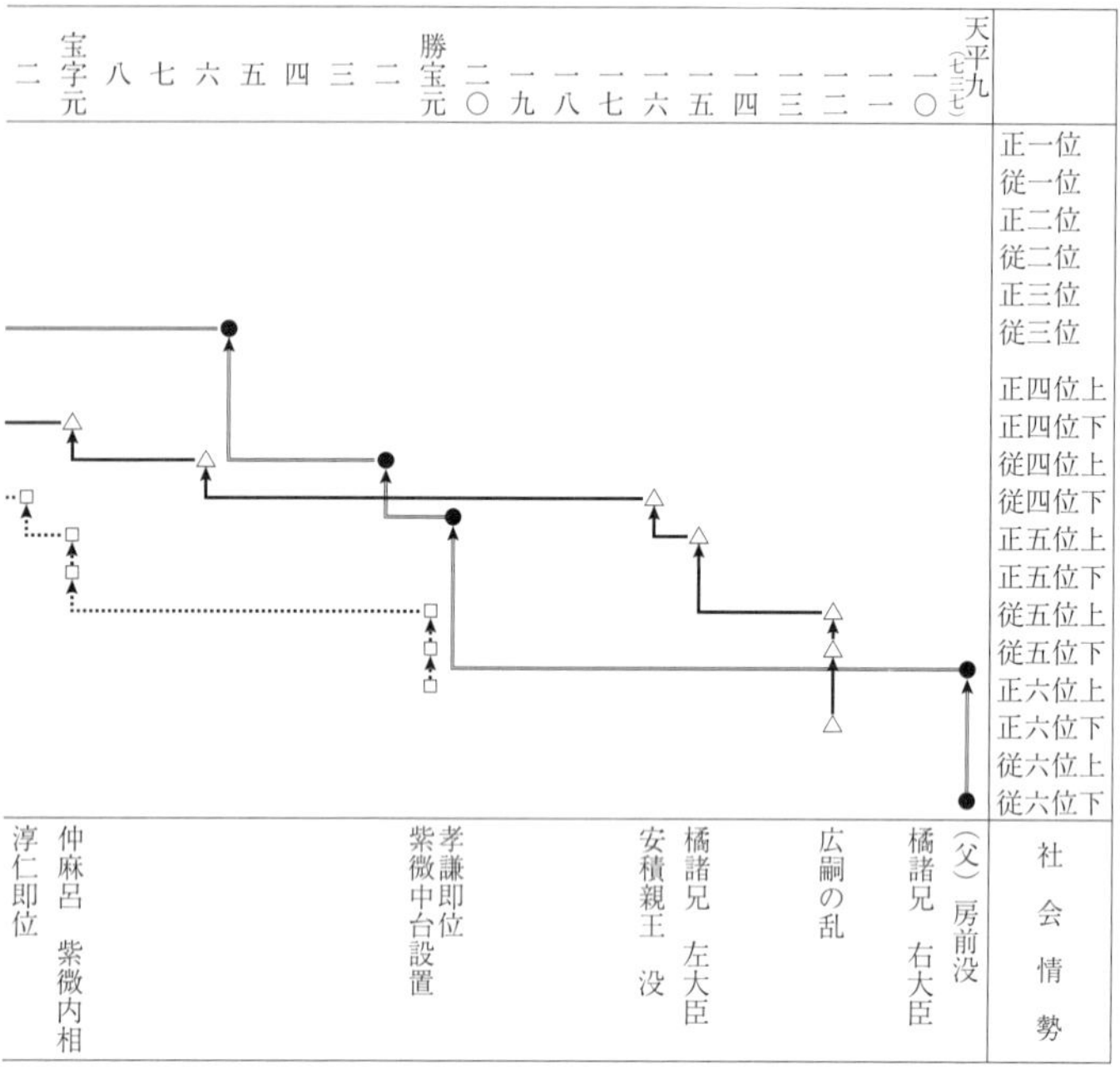

北家三兄弟の進階表

の進階で、その結果、位階上、弟の八束と同等になっている（ただし、官職では八束は前年、参議に任じられ、永手に先んじて公卿となっている）。

こうしてみると、三千代の重立った子や孫のなかで恩恵に与らなかったのは、八束ひとりということになる。まして八束は聖武の寵遇を得て、異例の進階を重ねてきた。そうした八束の格別な経歴を考えると、このたびの褒賞除外は、意図的な措置であったとしか思えない。明かに八束はずしである。

永手の復権

ちなみに、十二年ぶりに大抜擢された永手については、聖武天皇のも

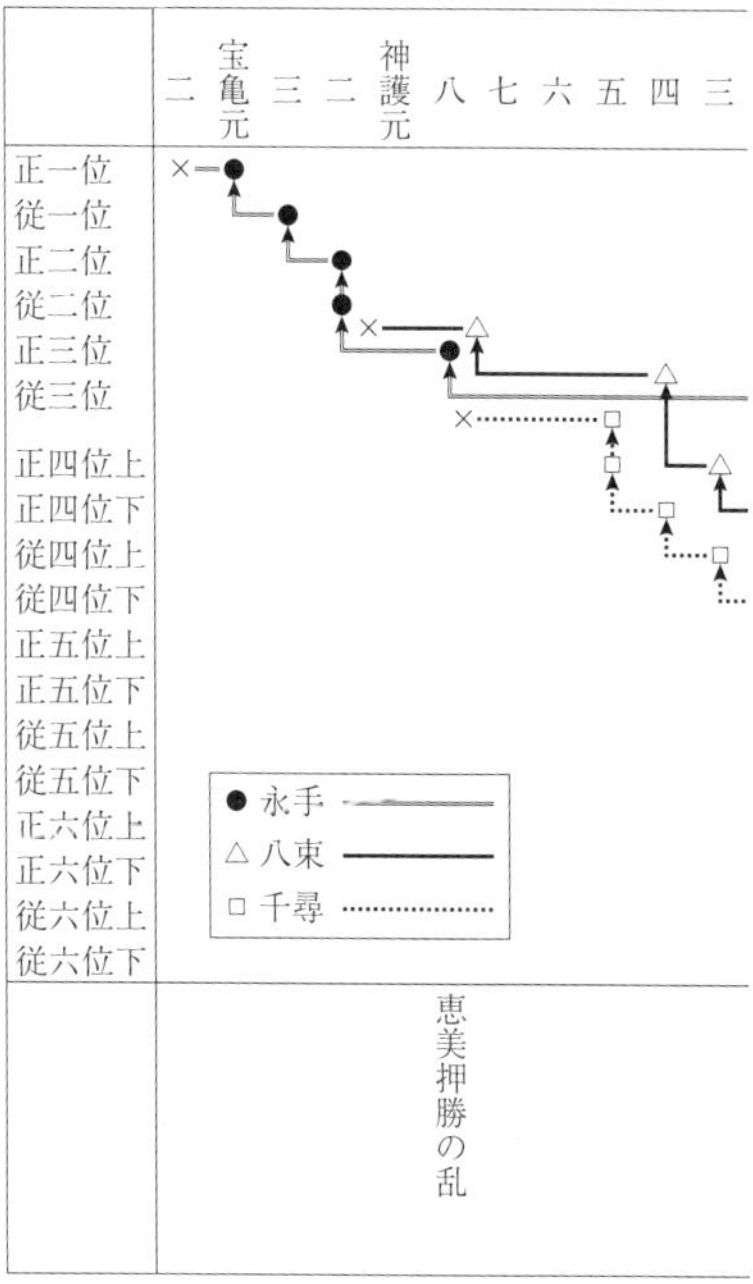

とで権勢を振るった諸兄らが八束を用いたことに対抗して、光明皇太后と仲麻呂が手を結び、聖武の意に反して永手を登用したとの見方が強い。しかし、そうではあるまい。聖武と光明子が対立したなどということは、有り得ないからである。聖武と光明子の二人は、幼いころから生活を共にしてお互いを知り尽くした夫婦であり、終生、強い絆で結ばれている。

それよりも留意したいのは、この時期、仲麻呂は聖武から全幅の信頼を得ており、その信望の厚さから、仲麻呂が人事にまで関与した形跡がみられることである。

仲麻呂は紫香楽における聖武の大仏造立に従って以来、驥足を展ばし、着々と実績をあげている。聖武の期待は当然ながら、諸兄や家持・八束から仲麻呂に移っていった。その端的な表れが天平勝宝元年（七四九）、孝謙が即位した日（七月二日）、仲麻呂（参議）が中納言を経ずに大納言に任命されていることである。この時中納言には石上乙麻呂・紀麻呂・多治比広足の三人が任じられ、大伴兄麻《えま》

年	永手	年齢（永手）	年齢（八束）	八束
天平九年（七三七）	**従六位下** ← **従五位下**	24	23	
天平一二年（七四〇）	—— □	27	26	正六位上 ← 従五位下（□） **従五位上** ←
天平一五年（七四三）		30	29	**正五位上**
天平一六年（七四四）	←	31	30	**従四位下**
勝宝元年（七四九）	従四位下（□）	36	35	□
勝宝二年（七五〇）	**従四位上**	37	36	←
勝宝六年（七五四）	**従三位**	41	40	従四位上
宝字元年（七五七）		44	43	正四位下
宝字三年（七五九）		46	45	正四位上
宝字四年（七六〇）	←	47	46	従三位
宝字八年（七六四）	正三位（□）	51	50	正三位（□）
神護二年（七六六）	従二位 ← 正二位	53	52	没
神護三年（七六七）	従一位	54		
宝亀元年（七七〇）	正一位	57		
宝亀二年（七七一）	没	58		

永手と八束（真楯）

・位階が並んだ時を□で囲んだ
・上位に叙された方を太字で示した

呂《ろ》・橘奈良麻呂・藤原清河《きよかわ》の三人は参議に任じられているから、仲麻呂だけの昇任ではなかったが、仲麻呂の就任した大納言がこの日の最高官であった。通例、即位当日に行われる任官・叙位は新政府、新天皇のブレーンの発表といった意味合いが強かったことを考えれば、この日の人事の眼目が仲麻呂にあったことは明らかである。左大臣諸兄・右大臣豊成・大納言巨勢奈弖麻呂《こせのなでまろ》が仲麻呂の上席にいたが、新天皇孝謙の信頼が仲麻呂にあることを、強烈に印象づけたことは間違いない。孝謙朝における仲麻呂の重みを示す上で、これほど効果的な人事はない。むろん、孝謙の後見者であった聖武太上天皇の意向を受けてのことであるが、その背後に仲麻呂の機略が見え隠れする。明らかにそれは、計算高い仲麻呂自身が案出した最高の政治的パフォーマンスであった。

仲麻呂の政治的動きは加速する。大納言就任から一か月後の八月十日、従来の皇后宮職《こうごうぐうしき》よりも格式が高く、規模も大きい紫微中台《しびちゅうだい》を設置し、自らがその長官である紫微令《しびれい》を兼任して、政治組織や人事に積極的に関与する。しかも翌天平勝宝二年（七五〇）正月に行われた定例の叙位で従二位に叙され、位階の上で兄の豊成と並んだが、紫微中台の長官を兼任する仲麻呂の権勢は、太政官だけを管轄する兄豊成をすでに凌いでいた。ちなみに、この日仲麻呂とともに昇叙された人物の大半は、仲麻呂の息のかかった人物で、これもまた仲麻呂主導による人事であった（木本好信「藤原永手について」『甲子園短期大学紀要』三〇）。

こうしてみると永手に対する破格の昇進も、八束の除外も、間違いなく仲麻呂が関与した人事である。聖武に巧みな言葉で耳打ちをし、実現したものに違いない。

それにしても、聖武が目をかけてきた八束の昇進をストップさせた仲麻呂の真意は、奈辺にあったのか。

北家分裂の危機

仲麻呂が権力を掌握するうえで、もっとも警戒したのは北家の兄弟たちである。なかでも聖武の寵遇を得て才華を発揮し、貴族間での評判もよかった八束に対しては、強烈な嫉妬心を抱いている。『続日本紀』（天平神護二年三月十二日条）に、仲麻呂が自分の才能を妬んでいることを知った八束は、病気と偽って家居し、ひたすら読書に親しんだと記されている。仲麻呂と八束（北家の三兄弟）とは従兄弟にあたるが、藤原氏といえども決して一枚岩ではなかった。というより、強烈な権力欲を持つ仲麻呂は、実兄の豊成でさえ常に貶める機会を狙っている（後述）。

そうしたことを考えると、八束はずしを画策する仲麻呂の魂胆が見えてくる。八束の孤立化である。仲麻呂が聖武の権臣となり、専権を振るうための要件は、北家の勢力を抑えること、とりわけ八束と聖武との関係を希薄にすることであった。そこで仲麻呂は八束の政治的立場を封じ込める一方で、永手の復権をはかったのである。十二年もの間、日陰に置かれてきた永手の立場を復活させることは、永手に対して恩を売り、永手を味方に引き入れることでもあった。永手重視＝八束軽視は、場合によっては北家兄弟の分裂をもたらしかねない。父の時代、武智麻呂と房前との関係を仲麻呂は持ち出し、永手を薬籠中のものにしようとしたのである。それはまた、八束と親交の深い仲麻呂の政敵、諸兄を掣肘することでもあった。

八束の家居

考えてみれば、北家の嫡男でありながら聖武や諸兄らから冷遇された永手の扱いは、明らかに不当であり、非合法であったといわざるを得ない。法令通の仲麻呂が異を唱えるとすればその点であり、永手の処遇に対して、聖武に非違を訴えたとしても不思議はない。永手の立場を聖武が知らなかったはずはないが、改めて仲麻呂から指摘され、聖武も同意せざるを得なかったのではないか。聖武にとって永手の昇進と八束はずしは、十二年もの間、日陰に追いやられてきた永手に対する、いわば贖罪でもあったと考える。

しかし、仲麻呂の思惑は聖武とは別のところにあった。

仲麻呂の企みを見抜いた八束が病気と偽って家居し、ひたすら読書に親しんだというのは、この間のことである。『続日本紀』に見えるこの記述について、家居したのは八束ではなく、永手の挙動が混同され、間違って挿入されたと理解する意見もあるが、疑う必要はない。仲麻呂と距離をおいたのは、八束である。しかしその八束が、兄の永手と表だった対立がなかったのは、父の房前同様、八束自身に政治的野心もなければ、その動きもなかったからである。時勢に敏感な八束は、仲麻呂の策謀に陥らず、時期到来を密かに待っていたのである。

永手と仲麻呂

仲麻呂が紫微令を兼任し、権力掌握に邁進しはじめた天平勝宝元年（七四九）から、紫微内相《しびないしょう》となって政界の主導権を完全に握った天平宝字元年（七五七）までの八年、永手はこの間八階（従五位下→従三位）も特進し、官職においても参議を経ずに中納言に抜擢されるなど、異例の昇進が目立つ。永手は、名実ともに北家の長に返り咲いたのである（時に八束は従四位上、参議）。むろん、仲麻呂の知略によるものであった。中納言への任用が、仲麻呂が紫微内相に就任したその日であり、しかも当日の人事で昇任したのが仲麻呂と永手だけであった事実が、二人の関係を端的に物語っていよう。

永手が仲麻呂に心を寄せ、心服していったのも無理はない。また、そうした永手が仲麻呂打倒を掲げる、いわゆる橘奈良麻呂《たちばなのならまろ》の変において、首謀者の壊滅にあらん限りの勇をふるって奉仕しようとしたのも当然であろう。奈良麻呂はかつての左大臣橘諸兄の息子で、聖武没後、孝謙女帝の下で権勢を強める仲麻呂の殺害を企てていたのである。

奈良麻呂の事件が発覚するまで、十数年にわたってくすぶり続けた経緯については省略する。

着意すべきは当初、逮捕された事件の関係者を勘問するため、勅使として派遣されたのが仲麻呂の兄、右大臣藤原豊成と中納言永手らだったことである。しかし尋問に対していずれも無実を訴え、事件への関与を否定したことから、翌日、永手が再び差し向けられ、「窮《きわ》め問わしめ」ると（きびしく尋問させたところ）、意外にも罪を認めすべてを自白したのである（天平宝字元年七月四日条）。一日で供述を覆す下手人たちの心情は理解しがたいようだが、前日に派遣されていた豊成が、この日は派遣されなかった点にカギがある。

奈良麻呂の尋問

温厚な豊成では、下手人たちを自白に追い込むことは不可能と判断したのであろう。判断したのは、むろん仲麻呂である。豊成は当時、右大臣として太政官のトップにあったが、実権を握っていたのは紫微内相の仲麻呂である。永手にしてみれば、右大臣豊成の自白のさせ方に異論があったとしても、指示を受けず、勝手に下手人を追い詰めるということは出来なかったろう。そのことを嗅ぎ取った仲麻呂は翌日、豊成をはずして永手をもう一度派遣し、厳しく追求させたところ、下手人たちはついに口を割ったというわけである。

この時点で、永手は仲麻呂の野望を見抜いていたとは思えない。少なくとも表面上では、仲麻呂自身、孝謙天皇や光明皇太后を補佐する藤原一族の忠臣としてふるまっていた。律儀で物堅い永手は、仲麻呂を信じきっていたはずで、聖武没後の政情不安に乗じて謀反を企てようとする者に、決して拷問の手を緩めることはなかったろう。

永手から、なぜ謀反を起こそうとしたのかと詰問された首謀者の奈良麻呂は、仲麻呂の専権横暴を指摘し、「東大寺を造りて、人民辛苦して、氏々の人等もまた是れを憂《うれい》とす」（東大寺を造営して人びとを苦しめ、氏人たちもこれに憂慮したことだ）と非難した。しかし、氏々とはいったいどの氏族をいうのか、そもそも東大寺の造営は汝の父諸兄の時に始まったのではないか、との永手の反論に、奈良麻呂は返す言葉もなかったという。

永手は仲麻呂に全幅の信頼を置いていたのである。社会を揺るがす不穏な動きを、迅速に処理していく仲麻呂の政治的手腕を、むしろ頼もしく感じていたのかも知れない。

改名の謎

しかし、仲麻呂と永手の蜜月時代は、長くは続かなかった。永手は中納言に任命されたのを最後に、再び人事の対象から外される。天平宝字二年（七五八）八月、淳仁《じゅんにん》天皇即位の日の叙位で、仲麻呂一族や数多くの仲麻呂派官人たちが昇叙されている。永手の末弟、千尋が一階昇叙（正五位上→従四位下）されているのは、仲麻呂の女婿としてその政権の一翼を担っていたからで、これによって千尋は兄の八束と同等位となっている。しかし、この日の人事に、永手の名前はなかった。

それから二十日ばかりのち、八月二十五日に発議された官号の改易においても、永手は排除されている。これは唐・渤海にならって太政大臣以下、太政官の官名を改称しようとするもので、仲麻呂の専権を象徴する施策といってよい。その官名決定の会議に、中納言の永手が出席した形跡がないのである。参議である八束も、むろん参加している。当時の議政官七人のうち、参加しなかったのは永手だけで、永手抜きで会議が行われている。改易に永手が反対であったからというのではなく、仲麻呂によって永手が意図的に外されたとしか思えない。

そのことに関連するのが、永手の弟八束と千尋の改名である。

もともと北家の三兄弟、永手・八束・千尋の名前は、いずれも数量的な内容を表している点で一脈相通じるものである（前田晴人「藤原八束（真楯）の改名問題」『東アジアの古代文化』八九・九二）。その兄弟に対して、淳仁天皇の即位後、時期は明らかではないが、八束に真楯《またて》、千尋に御楯《みたて》の名が賜与されている。真楯といい、御楯といい、いずれも軍事的な意がこめられた名であり、「真」「御」ともに朝廷や天皇に奉仕することを期待された嘉字である。淳仁朝における兄弟の立場が思われよう。ところが兄弟のうち永手だけには賜与がなく、旧名のまま放置されている。これもまた、永手排斥の表れである。

官名改易と同様、この改賜名も仲麻呂の発議によるものであった。八束・千尋の他、藤原浄弁・同執弓《とりゆみ》ら仲麻呂の子や親仲麻呂派の人物にも新しい名前が賜与されている。かれらはいわば、仲麻呂のブレーンたちである（吉川敏子「仲麻呂政権と藤原永手・八束（真楯）・千尋（御楯）」『続日本紀研究』二九四）。仲麻呂本人が姓に「恵美《えみ》」を加えられ、押勝の名を賜った（天平宝字二年八月）のと前後する時期のことで、一連の改名・賜姓とみてよい。そして、それまで阻害してきた八束に、またまた仲麻呂が触手を伸ばしている。

それもまた、明らかに権詐に満ちた仲麻呂の仕組むワナであった。

今度は永手を切り捨て、代わりに八束を取り込むことで、再び北家の分裂を狙ったものと思われる。

仲麻呂からの離反

それにしても仲麻呂と永手との間に、いったい何があったのか。むろん、両者に表だった対立があったわけではないが、わたくしは、永手の資性清潔、実直さが、仲麻呂から永手を離反させた最大の原因であったと見ている。仲麻呂の酷薄非情なやり方が許せなかったのではなかろうか。

仲麻呂は、右大臣として太政官のトップにあった兄豊成を、折りあらば貶めようと狙っていた。奈良麻呂の変の全容が明かとなって一週間後の七月九日、親仲麻呂派として知られる坂上犬養《さかのうえのいぬかい》とともに永手は豊成宅に派遣され、豊成の三男乙縄《おとなわ》をクーデターに関与したとして、身柄を拘束している。乙縄は十二日に日向員外掾《いんがいのじょう》に左降された。父豊成も、早くからクーデターを察知していたにもかかわらずそれを放置していたことを追求され、大宰員外帥《いんがいのそち》に左遷されている。これらすべてが仲麻呂の策謀であったことはいうまでもない。自身の覇権のためには、身内も蹴落とす仲麻呂の権勢欲を目の当たりにした永手は、おそらく心底から身震いしたに違いない。この一件があって以後、永手は仲麻呂から距離を置いたものと思われる。またそれに気付いた仲麻呂も、永手外しに躍起となったのであった。

仲麻呂の敗死

しかし永手の幸運は、仲麻呂の時代があっけなく終わってしまったことである。近江保良宮《ほら》で病気に陥った孝謙が、看病治癒にあたった道鏡《どうきょう》を寵愛したことから、孝謙と仲麻呂との亀裂が表面化する。仲麻呂はクーデターを企てるが、孝謙側に先手をとられ、斬首された。仲麻呂が専権をふるったのはわずか八年でしかない。

現在の勝野の鬼江

仲麻呂の謀反が発覚したその日（天平宝字八年九月十一日）、永手（時に従三位）は正三位に叙され、翌十二日には真楯（時に従三位）も正三位に昇叙されている。豊成が右大臣に復任されたのは十三日であった。謀反発覚の当日、ただちに叙位されたのが永手だけであったところに、仲麻呂追討に果たした永手の役割の大きさがうかがえる。仲麻呂から離反した永手は、孝謙が仲麻呂討滅に乗り出すや孝謙側に立ち、その中心的存在となったのである。

永手は、この年九月、大納言に任じられ（永手薨伝）、翌年（七六五年）正月、仲麻呂追討の功績によって真楯とともに勲《くん》二等が授けられている。仲麻呂に懐柔されたかに見えた真楯も、反仲麻呂軍として活躍したのである。なお末弟の御楯は、仲麻呂に先立ち急死している（天平宝字八年六月）。クーデターが発覚する三か月前で、岳父仲麻呂の破滅を目にすることはなかった。

事件から二年後（七六六年）の正月、永手（時に従二位）は、前年十一月に亡くなった豊成の後を承けて右大臣に、同十月、左大臣に任じられ、名実ともに藤原氏を代表する存在となっている。ちなみに真楯は、正月、右大臣に昇進した兄永手の後をうけて大納言に任じられるが、一か月後（三月）亡くなっている。

仲麻呂の敗死と、それに続く嫡男豊成の死によって、藤原一族における南家の立場は急速に衰えた。代わって中心的存在となったのが北家であり、永手ら兄弟である。

しのびごとの書

その永手の立場を象徴するものとして注目したいのが、「志乃比己止《しのびごと》の書《ふみ》」なるものである（瀧浪「藤原永手と藤原百川」『日本古代宮廷社会の研究』）。永手を右大臣に任命した折り、称徳の宣命に見えるもので、言葉を補いながら意訳すると、次のような内容である（『続日本紀』天平神護二年正月八日条）。

近淡海《おうみ》の大津宮にあって天下を治められた天皇（天智）の御世にお仕えしてきた藤原大臣（鎌足）、またのちの藤原大臣（不比等）に対して、（天皇）が賜った「しのびごとの書」に、「浄《きよ》く正しい心で朝廷に仕えてくれる汝らの子孫たちには、必ず報いて家（藤原氏）を断絶させるようなことはさせない」、とある。だから今、藤原永手に左大臣の官を授けよう。

「志乃比己止（誄詞）」とは、故人をしのんで哀悼の意を述べる言葉で、鎌足や不比等に対して、生前の徳行などを哀惜する詔が、歴代天皇（天智や元明あるいは元正天皇）から与えられていたことが知られる。具体的な内容は分からないが、そこには天皇家と藤原氏とのきわめて密接な関係が暗示されていよう。しかも、その「志乃比己止の書」には、「浄く正しい心で朝廷に仕えてくれる汝らの家を断絶させるようなことはしない」とあったというから、それはまさしく両者の連帯関係を約束するものであったと考えられる。

称徳は道鏡を寵愛し、法王に据えたことで知られるが、意図するところは、称徳自身と法王道鏡にとによる、いわば聖俗にわたる〝共治〟体制であった（瀧浪『最後の女帝孝謙天皇』）。そのためには、俗界のブレーンである藤原永手の協力が不可欠であった。永手は不比等の孫である。持統や元明・元正と不比等との協力関係を、永手との間に再現しようとしたのが称徳のこの宣命である。

今や称徳の信望は、完全に北家（永手）に移ったといってよい。

3 良房の祖父、内麻呂登場

北家三兄弟の死

しかしこれで、北家の覇権が確立したわけではない。良房が外孫清和の摂政として権力を手にするまでには、さらに半世紀という歳月を要している。そうした過程で留意されるのが良房の祖父、内麻呂《うちまろ》の存在である。この内麻呂こそ、北家覇権の足がかりを築いた人物であった。

内麻呂は永手の子ではない。永手の弟真楯《またて》（八束《やつか》）の子、それも三男である。先述したように、内麻呂の父真楯は北家の祖房前の三男で、聖武天皇の信任を得た文人官僚であったが、内麻呂が十一歳の時に早世している。しかも内麻呂は母（従五位下阿倍帯麿の娘）の出自も低かったから、一門における政治的立場は不利でさえあった。その内麻呂が、いかにして一族覇権の基盤を築いたのであろうか。

じつは内麻呂が政界に登場するまでには、藤原一門内における陰湿な主導権争いがあった。そこで、まずは藤原一族の内紛を見届け、その上で内麻呂の覇権への道程を跡づけてみたい。

話はもう一度、内麻呂の父と叔父、真楯と永手の時代に遡る。

仲麻呂追討に功があったことから、廟堂のトップに立った北家の永手（左大臣）は吉備真備らとはかって道鏡を排斥し、称徳の後継者として白壁王《しらかべおう》（光仁天皇）の擁立を実現する。そうしたことから永手は光仁天皇の信頼を得て、北家の政治的立場を不動のものとした。しかし光仁が即位した翌年、宝亀二年（七七一）二月、永手は急死する。五十八歳であった。

ちなみに弟の真楯は永手に先立つこと五年、天平神護二年（七六六）、五十二歳の若さで没している。右大臣に昇任された永手のあとを承け、大納言に任じられて二か月後のことで、まさにこれからという時であった。末弟の御楯は義父仲麻呂に先んじて亡くなっていたから、牟漏女王を母とする北家の三兄弟は、これですべて亡くなったことになる。

内臣になった良継

永手没後、一族の中で官職・位階ともにトップとなり、中心的存在となったのが式家の良継《よしつぐ》（初名は宿奈麻呂《すくなまろ》。宝亀二年に改名）、宇合の次男で、広嗣《ひろつぐ》の異母弟、式家から出た初めての氏の代表者（のちにいう氏長者。この時はまだ呼称が定着していない）である。永手らとともに仲麻呂を討伐し、光仁擁立に尽力したことから正三位・中納言に叙任されていた。永手が死去すると、宝亀二年、光仁《こうにん》の功臣として中納言から一挙に内臣《ないしん》に任じられ、右大臣大中臣《おおなかとみ》清麻呂に次ぐ太政官の次席となった。内臣にはこれ以前、房前が天皇の私的ブレーンとして任じられた例はあるが、良継の場合はそれと異なり、大納言より格上の新官職として位置づけられたものである。

良継は直情径行、苛烈な性格で、異母兄広嗣の謀反に連座して配流されたこともあれば、仲麻呂暗殺計画が漏洩した時などは仲間をかばって単独犯行を主張し、責めを独りで負ったということもある。そうした良継について、薨伝（『続日本紀』天平宝字八年九月十八日条）は、内臣という重い立場を得るや、内外の権力を握って政界を自在に操ったと記している。後述するように、良継は不可能と思えることでも可能にしてしまうほどの才覚と知略を兼ね備えた、剛胆な政治家であった。薨伝に見える人物評は、そうした良継の器才を端的に表している。

その良継の仕組んだ謀略が、図らずも山部《やまべ》親王（のちの桓武天皇）を歴史の表舞台に登場させることになる。

それは藤原永手が亡くなった翌年、宝亀三年（七七二）に起こった他戸《おさべ》親王の廃太子事件である。

他戸親王の廃太子

話は遡るが、そもそも称徳の後継者として、永手が白壁王こと光仁天皇を擁立したのは、称徳女帝の遺志を受けてのものである。またそれが、草壁《くさかべ》皇統＝聖武の嫡系継承を正統とする当時の状況においては、もっとも妥当な選択であった。白壁王《しらかべおう》自身は聖武と血縁関係を持たないが、妻の井上内親王は聖武の娘（母は県犬養広刀自）であったから、その井上を介して聖武の血脈に連なっていたからである。そして何よりも、井上所生である他戸の存在が大きかった。他戸は藤原系ではないが、母を通して聖武の皇統に連なっている。じじつ、光仁天皇が即位したとき皇太子に立てられたのは、第一皇子の山部親王（のちの桓武天皇）ではなく、第四皇子、井上所生の他戸親王であった。光仁自身というよりは、他戸立太子を見越しての光仁の擁立であったとの意見が出されるのも、故なしとしない。

とはいえ、光仁擁立について、貴族たちの意見が簡単にまとまったとは思えない。称徳が病床にあり、欠席の中での後継者決定会議であったことを考えると、意見の対立があって当然というものである。おそらく議論が錯綜したのではなかろうか。それらをまとめて白壁王・他戸王の擁立に一本化したのは、まさしく永手の力量であり、政治的手腕によるといってよい。式家の良継をはじめ藤原氏の人びとは、永手主導のもとに擁立の実現に向けて尽力したのである。

それが、永手の死によって一挙に崩壊してしまった。

式家兄弟の陰謀

他戸親王が立太子した翌年、宝亀三年のこと、井上皇后が光仁天皇を呪詛《じゅそ》したとして皇后の地位を剥奪され（三月）、ついで他戸が廃太子される（五月）という事件がおこった。翌四年正月、かわって皇太子とされたのが山部親王、すなわちのちの桓武天皇である。すべては式家の良継と異母弟百川《ももかわ》の仕業である。山部親王の立太子が実現した前後、良継は娘乙牟漏《おとむろ》を娶せ、のち皇后に立てられている。また百川も、娘旅子《たびこ》を山部の後宮に納れている。こうした事実から考えても、立太子を実現させたうえで山部と姻戚関係をもつというのが、良継・百川兄弟の狙いであったことは明白である。

当初、山部は生母高野新笠《たかののにいがさ》の家柄が低かったために、皇位継承という立場にはなかった。そんな山

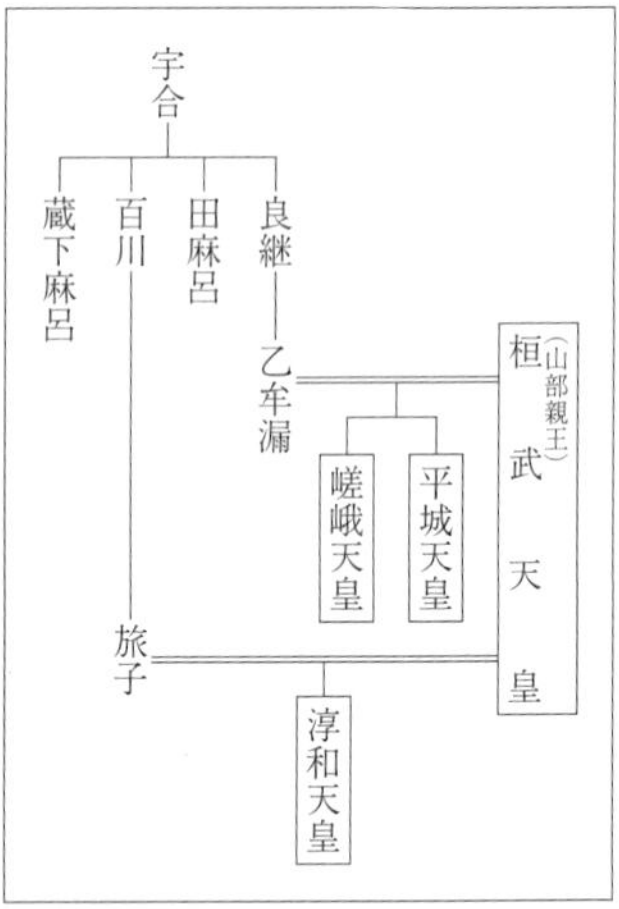

式家と桓武天皇

部であればこそ、与しやすいと見た良継たちは山部に白羽の矢を立て、他戸の廃太子事件をデッチ上げて、山部の立太子を実現したのである。

不比等の三男、宇合を始祖とする式家は、聖武天皇の時代、長兄広嗣が吉備真備と僧玄昉を非難したために誅殺され、家勢は振わなくなったが、光仁の擁立に尽力したことで挽回しつつあった。永手の急死は、そんな式家の兄弟、良継・百川にとって僥倖であったに違いない。

けだし良継・百川による他戸廃太子＝山部立太子の謀略は、突然に仕組まれたものではない。ひとつ間違えば式家の命取りになるほどの謀略が、単なる思いつきで断行されたとは考えられない。永手の生前から練られた計画で、それが、永手の死によって一挙に実行に移されたものと、わたくしは見る。

真相は明らかでないが、仕組まれた事件であったことは確かで、『公卿補任』によれば、百川が「奇計《きけい》」を用いて他戸を廃太子に追いこんだものという。のちに桓武は、百川の子の緒嗣《おつぐ》を二十九歳の若さで参議（公卿の一員）に抜擢した際、「緒嗣の父なかりせば、予、豈《あ》に帝位を践《ふ》むを得んや」（緒嗣の父がいなかったならば、朕は即位することは出来なかったであろう。『続日本後紀』承和十年七月二十三日条）と述べており、百川の働きが事実であったことを思わせるだけでなく、百川が良継以上の働きをしたことを物語っている。

なおひとつだけ付け加えておくと、白壁王（光仁天皇）の擁立について、「百川伝」に、百川が永手・良継らと白壁王（のちの光仁天皇）の即位を実現したと記していることから、通説では擁立の立役者を百川と見ているが、そうではない。この時点での百川は、政務決定に参加できるほどの高位・高官にあったわけではなく、擁立に口をはさみうるほどの権能をもっていたとは、とうてい考えられない。擁立を中心的に進めたのは永手であり、百川の活躍は、永手没後のことである（瀧浪「藤原永手と藤原百川」『日本古代宮廷社会の研究』）。

良継から魚名へ

こうして山部の立太子を実現させた良継は、永手（北家）に代わって藤原氏の代表者としての地位を築いたかに見えた。しかし良継が権力の座にあったのも束の間で、内臣から内大臣《ないだいじん》（右大臣に次ぐ地位）に任じられて八か月後、宝亀八年（七七七）九月に没している。ちなみに弟の百川も宝亀十年（七七九）七月、あっけなくこの世を去っている。兄弟が期待した山部が即位するのはそれから二年後（七八一年）であるから、二人とも即位を見ることなく没したのであった。

良継の死を承けて、次に内臣に任じられたのが北家の魚名《うおな》である。房前の五男、永手の異母弟である。良継亡き後、藤原氏の最長老（時に五十八歳）として抜擢され内臣《ないしん》に任じられるか、ほどなくその内臣の名称が「忠臣《ちゅうしん》」に改められている（宝亀九年三月）ところに、光仁天皇から厚い信望を得て

藤原百川墓

いたことが知られよう。

魚名も、光仁擁立に関わったひとりであった。そうしたことから光仁即位以後、急速に頭角を現し、宝亀十年（七七九）、内大臣に任命され、天応元年（七八一）、桓武天皇が即位すると正二位を授けられ、左大臣に昇叙されている。大納言から内臣に就任し、その内臣は忠臣と改称され、ついで内大臣となるなど、魚名はかつての良継（式家）が歩んだ道をほとんどなぞるようにたどっている。百川が存命であれば、兄良継が苦慮して築き上げた座を横取りしたものとして、嫉妬心に狂ったことであろう。

その百川がすでに二年前に亡くなっていたのは、魚名にとって幸いであった。しかし、間もなく第二の〝百川〟が出現し、なんぴとも予想だにしなかった悲劇が魚名を襲う。

魚名の左遷

延暦元年（七八二）六月、魚名は突然左大臣を罷免され、大宰府へ左遷されたのである。『続日本紀』には、「事に坐《つみ》せられて大臣を免ぜらる」と見え、氷上川継《ひかみのかわつぐ》事件に連座しての左降と考えられている。

氷上川継は、父の塩焼王《しおやきおう》（新田部親王の子）が天武の孫であり、母の不破《ふわ》内親王が聖武の娘という、天武の血脈を濃厚に承けていた。そんなことから桓武が即位するや、自らの皇位継承の正統性を主張し、「朝廷を傾けん」としてクーデターを起こそうとしたのである。結局は未遂に終わるが、事件に魚名が加担していたかどうか、真相は明らかではない。

左遷を命じられた魚名は、大宰府へ下向する途中、摂津で発病する。そのため摂津にあった別荘で療養することを許され、翌延暦二年（七八三）五月、都に召還されたが（薨伝には「居ること二年にして召されて京師に還る」とある）、二か月後に没した。六十三歳であった。

退勢となった北家の地位を復活したかと思われた魚名も、権勢の座にあったのはわずか五年にすぎなかった。

魚名左遷について、具体的なことはいっさい明らかでない。しかし没後五日目（七月三十日）、桓武天皇は詔を下し、「魚名は祖父不比等や父房前以来、代々功績があり、忠義を尽くして君に仕えてくれた。これは決して忘れることはない」と述べて、魚名に左大臣を贈り、免官左遷処分に関する一連の詔勅官符類を焼却するように命じ、名誉を回復させている。そうしたことから判断すると、魚名は無実であり、疑獄事件であった可能性大であるが、関係書類の滅却によってすべては謎となってしまった。

ただ不自然さが残る最大の理由は、魚名が大宰帥に左遷された時期である。すなわち川継の計画が発覚したのが天応二年（七八二）閏正月で、関係者がただちに逮捕・処罰され、この時点で事件は解決している。魚名の左遷はそれから五か月後の六月であるから、川継事件が左遷の口実に利用されたのは、ほぼ間違いのない事実ではなかろうか。そうだとすれば魚名を陥れ、その地位を奪ったのは、誰か。

確証があるわけではないが、わたくしは良継・百川の甥である種継《たねつぐ》が関与しているのではないかと考えている。

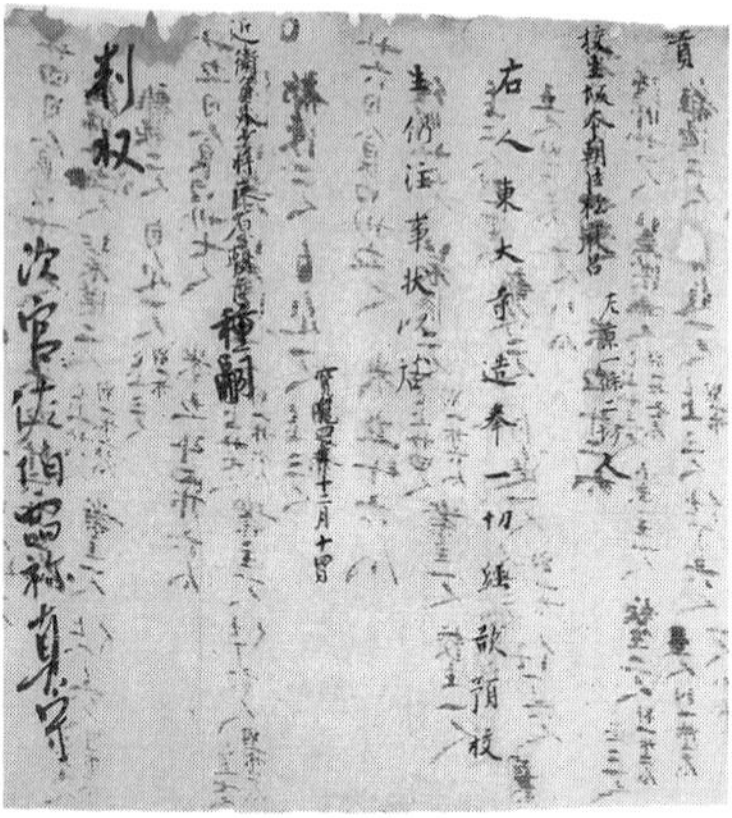

藤原種嗣（種継）自署

種継の野望

種継は、叔父の百川亡きあと、式家を代表する立場となっていく。天応元年（七八一）、桓武の即位直前から異常とも思える昇叙（前年十二月に正五位上、この年正月に従四位下、四月には桓武即位にともない従四位上など）をうけているのも百川の余光によるもので、即位の翌年には、たちまち参議ついで従三位に栄進している。その結果、「天皇甚《はなは》だ委任して中外の事、皆決《けつ》を取る」（桓武は種継を非常に信任し、そのため内外の事をみな決定した。『続日本紀』延暦四年九月二十四日条）といわれるほどに、桓武の信任を得るようになる。ただし当然のことながら、種継が百川の余光だけで栄達を勝ち取ったわけではない。その背後に、種継の強烈な野望と執念があった。

桓武は即位当初、魚名に格別の信頼を抱いていた。即位して数か月後、当時太政官の筆頭であった右大臣大中臣清麻呂《おおなかとみのきよまろ》が致仕《ちし》すると魚名（この時内大臣）は左大臣に任命され、政権を担うことになる。

桓武の期待が魚名にあったことを物語っている。時に魚名は六十一歳であった。これに対して種継は四十五歳で従四位上、左衛士督ついで近江守を兼任するが、議政官にはなっていない。年齢といい、官職といい、種継が魚名に太刀打ち出来る立場になかったことは明白である。

そんな時におこったのが氷上川継事件であった。

先述したように氷上川継事件は、聖武の血を承けていない桓武に対してこれを否定し、クーデターを企てたもので、未遂に終わったものの左大弁大伴家持・右衛士督坂上苅田麻呂《かりたまろ》といった官人ら合わせて三十五人が与同したというから、決して孤立した動きではなかった。桓武を驚愕させたのは、それだけではなかった。氷上川継事件から二か月後、延暦元年（七八二）三月、三方王《みかたおう》が桓武天皇を呪咀するという事件が起こっている。川継事件に比して規模は小さかったが、三方王も天武系の皇胤であったから、川継事件と一連のものといってよい。それだけに、この二つの事件が桓武に与えたショックは決して小さくはなかったはずである。聖武系皇統における桓武の立場は、完全に否定されたことになる。

三月二十六日、ただちに首謀者の三方王やその妻弓削《ゆげ》女王が断罪配流され、関係者も処分されたが、その日、種継が参議に任命され、議政官の仲間入りを果たしている。しかもこの日の人事は種継だけで、特別人事であったことは間違いない。明らかに事件に関わっての恩賞であった。

平城京放棄の進言

この種継人事が大事だと思うのは翌四月、桓武は詔を下し、「いまは宮室居《お》るに堪《た》う」（平城宮・平城京は住むに十分である）といい、そこで造営を担当してき

長岡京大極殿跡

た造宮省《ぞうぐうしょう》を廃止していることである。造宮省は宮城の造営修理を担当するために平城遷都以来、常置されてきた機関であった。それを廃止した桓武の詔は、新たな遷都を見越した上で、平城京（宮）にはこれ以上手をかけないことを表明したものである。一か月前の若い種継の参議抜擢が、この遷都事業（平城京放棄＝長岡遷都）への布石であったことは明白であろう。種継が長岡遷都の推進者だったからで、桓武による造宮省の廃止の詔も、おそらく種継の進言によるものと見てよい。

氷上川継に続く三方王の事件によって、聖武系皇統における立場が否定された桓武は、これを契機に天智系皇統の意識に目覚め、それを強く押し出すようになる（瀧浪「桓武天皇の皇統意識」『日本古代宮廷社会の研究』）。それが絶えて久しい大事業―新しい皇統（天智系皇統）の拠点としての宮都づくり、すなわち長岡遷都であるが、それを促したのが種継だったのである。種継について、「はじめ首《しゅ》として議を建て、都を長岡に遷す」（はじめ種継が中心となって建議し、都を長岡に遷すことになった。『続日本紀』）と記されるように、長岡遷都は種継の発議による。種継は、桓武の即位早々に起こった二つの事件を奇貨として、聖武系皇統からの脱却を桓武に決断させたのである。

話を魚名に戻す。

魚名との対立

魚名が突如左遷されたのは、先に述べた造宮省の廃止から二か月後であるが、ここでも魚名左遷の一週間後（六月二十一日）、種継は正四位下に昇叙されている。ただしこの日は、魚名の後任として大納言藤原田麻呂《たまろ》（式家、種継の伯父）が右大臣に、中納言藤原是公《これきみ》（南家、武智麻呂の子）が大納言に任じられるなど、種継だけの人事ではなかったが、前年に従四位下に昇叙されたばかりであり、やはり種継が魚名左遷と無関係であったとは思えないのである。

すなわち桓武による長岡遷都がはじめて天下に表明され、事業が準備作業に入りつつあった矢先、魚名は左遷されたのである。考えてみれば遷都事業の中心人物は種継であったが、事業は政界のトップである左大臣魚名の協力なくして進められるものではない。とはいえ、老齢の魚名が遷都を全面的に支持したとも思えない。大和国を棄てて断行する長岡遷都には、貴族たちの反対が当然予想されたからである。魚名は、桓武に接近して遷都をリードするそうした種継に、むしろ批判的であったのではないか。そのことを種継自身も感じ取っていたに違いない。そこで種継は魚名追い落としの機会を狙っていたところ、桓武の恩寵と信頼を手にし遷都が確実となったことで、魚名の左遷を画策実行したということではなかろうか。川継事件から五か月後の左遷という不自然な事態を、わたくしは以上のように考える。

魚名の息子たち、鷹取《たかとり》・末茂《すえしげ》・真鷲《まわし》らも同時に左遷され、魚名流は大きなダメージをうける。魚名の末裔から、公卿が輩出することはしばらくはない。

百濟王神社

百濟寺趾

種継の暗殺

魚名を排斥し、桓武第一の寵臣となった種継の進言をうけて延暦三年（七八四）十一月、桓武は平城京を放棄し、長岡京に遷都する。しかし翌年九月、長岡京の造営工事を推進してきたこの種継が、深夜、工事現場を視察中、何者かに矢で射られ、翌日死亡した。四十九歳であった。

種継を失った桓武の怒りの凄まじさは、関係者に対する処罰の峻烈さをみても明かである。ことに種継を射た下手人二人は、柩の前で罪状が読み上げられたあと、首を斬り落とされている。累は皇太弟の早良親王《さわらしんのう》にも及び、乙訓寺《おとくにでら》に幽閉された後、皇太弟を廃され、淡路島へ配流される途中、無実を叫んで餓死するが、ここではこれ以上、述べない。

不慮の死によって、種継の野望は一瞬にして潰え去ってしまった。魚名の追い落としに成功してから、わずか三年後である。

桓武と百済王氏

桓武にとって種継の暗殺は、長岡造都の計画を狂わせただけでなく、政治体制やその方針を変えるきっかけとなった。

それは、式家との関係が希薄になったことである。加えて、種継の娘、薬子《くすこ》が皇太子安殿《あて》親王の寵を受けていることを知った桓武は激怒し、薬子を追放している。そうした中で、式家に代わる存在となったのが百済王《くだらのこにきし》氏である。

桓武天皇と百済王氏との関係は、即位当初に遡る。というのも桓武は、東北の拠点であった多賀《たが》城《じょう》が襲撃放火され、機能が完全にマヒするという状況を抱えて即位したからである。百済王氏一族は早くから陸奥守や出羽守として東北経営にあたっており、桓武が事態の収拾において、百済王氏の経験や智恵に期待したのも当然であろう。加えて、桓武の母高野新笠の父（和乙継《やまとのおとつぐ》）が百済系の渡来氏族であったことから、桓武は百済王氏を「朕の外戚」（『続日本紀』延暦九年二月二十七日条）と呼んで優遇し、格別の親近感を抱いている。そうした関係もあって、一族から多数の女性が後宮に入り、女官や桓武のキサキになっているが、なかでも、もっとも寵愛されたのが明信《めいしん》であった。

明信は、かつて天平感宝元年（七四九）、陸奥国から出土した黄金を東大寺に献上して、聖武天皇を歓喜させた百済王敬福《きょうふく》の孫娘である。父は理《り》伯《はく》、長じて南家、藤原継縄《つぐただ》（豊成の次男）と結婚し、乙叡《たかとし》を儲けている。

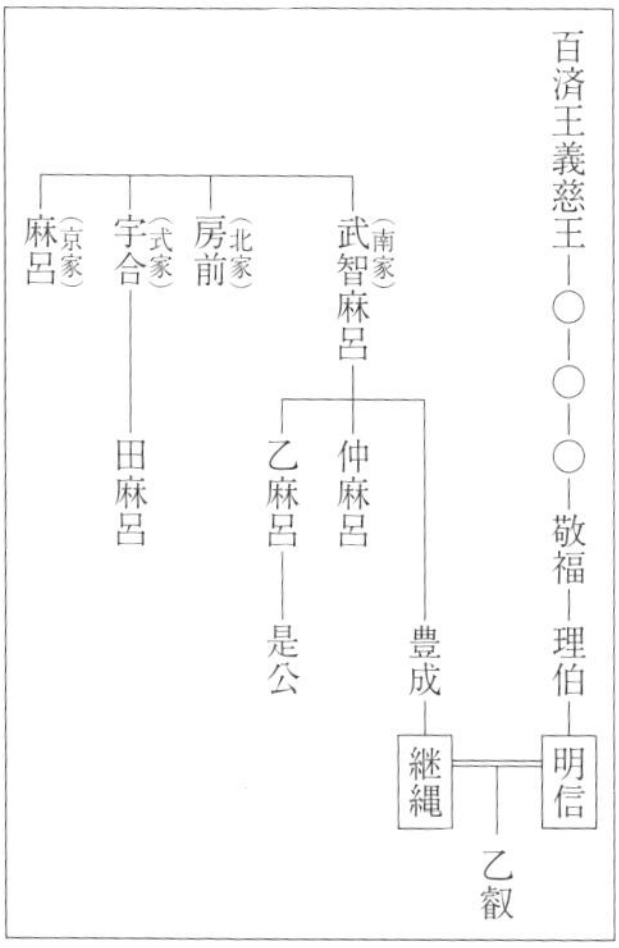

継縄と明信

内麻呂の僥倖

その明信が桓武のキサキ（尚侍）となった時期は明かでない。

即位以前から関係があったとも、夫の継縄《つぐただ》が亡くなってからのことともいわれるが、確証はない。確かなのは宝亀元年（七七〇）十月、光仁天皇即位直後に従五位下から従五位上に昇叙されていることで、後宮に入ったのが光仁朝であったことは間違いない。その後、桓武が即位して七か月、天応元年（七八一）十一月、従四位上（宝亀十一年に従四位下）に叙され、なか一年おいた延暦二年（七八三）十月に正四位下、翌十一月には正四位上と、桓武朝に入って立て続けに昇叙されている。そうしたことから判断すると、キサキとなったのは、桓武の即位前後ではなかったかと思われる。

桓武のキサキとなった明信の存在は、夫の継縄の地位・立場に大きな影響を与えている。継縄は藤原氏の嫡流（南家）で、田麻呂ついで是公が没したあとをうけ、延暦九年（七九〇）、右大臣に抜擢されていた。しかし、「政迹《せいせき》（政治上の業績）聞こえず、才識はなかった」が、謙虚な人柄であったために世間の謗りを受けることはなかったという（『日本後紀』）、いわば可もなく不可もなしといった人物であった。藤原継縄にはさしたる政治能力はない。にもかかわらず、安殿親王の立太子とともに東宮傅（皇太子の教育係）に任じられ、また安殿の元服の時には加冠役をつとめているのも、明信を介して築かれた桓武との個人的関係からであった。

真楯の三男内麻呂の僥倖は、妻の百済永継もまた明信と同じ渡来系出身だったということである。

内麻呂の妻

内麻呂の妻、百済永継は飛鳥部奈止麻呂《あすかべのなとまろ》（安宿奈止麿とも）の娘である。奈止麻呂は正五位下で、河内国安宿郡《あすかべぐん》（現大阪府羽曳野市）を本拠とする渡来人系の下級貴族であった。これまで誰も気がつかなかったことが不思議であるが、永継が父姓（飛鳥部）ではなく、百済

（ただし百済王氏ではない）を称していることは、考えてみれば奇異である。なぜ、永継は百済姓を称したのか。わたくしは、その背景に明信の存在があったと考える。

永継は宝亀五年（七七四）・同六年、内麻呂との間に真夏《まなつ》・冬嗣《ふゆつぐ》の年子を儲けているから、内麻呂との結婚は光仁天皇時代ということになる（栗原弘「藤原内麿家族について」『日本歴史』五一一）。この永継は、のち桓武の女孺《にょうじゅ》となり、桓武との間に良峯安世《よしみねのやすよ》を生んでいる。安世は延暦四年（七八五）生まれであるから、永継が桓武に召されたのはそれ以前、桓武の即位直後ということになるが、永継を後宮に入れたのも明信ではなかったろうか。明信の夫継縄（南家）と永継の夫内麻呂（北家）とは再従兄弟《はとこ》であり、また、永継が渡来系の出自であることも、明信に親近感を抱かせたに違いない。そこで明信は永継を後宮に入れるにあたり、一族の娘と同じように百済姓を名乗らせて出仕させたものと考える。それは、母の出自が低いために昇進の遅かった内麻呂の将来を慮ってのことであろう。果せるかな天応元年（七八一）十月、すなわち桓武が即位して半年後、内麻呂が二十六歳で叙爵されているのは、妻永継との関係によるものである。

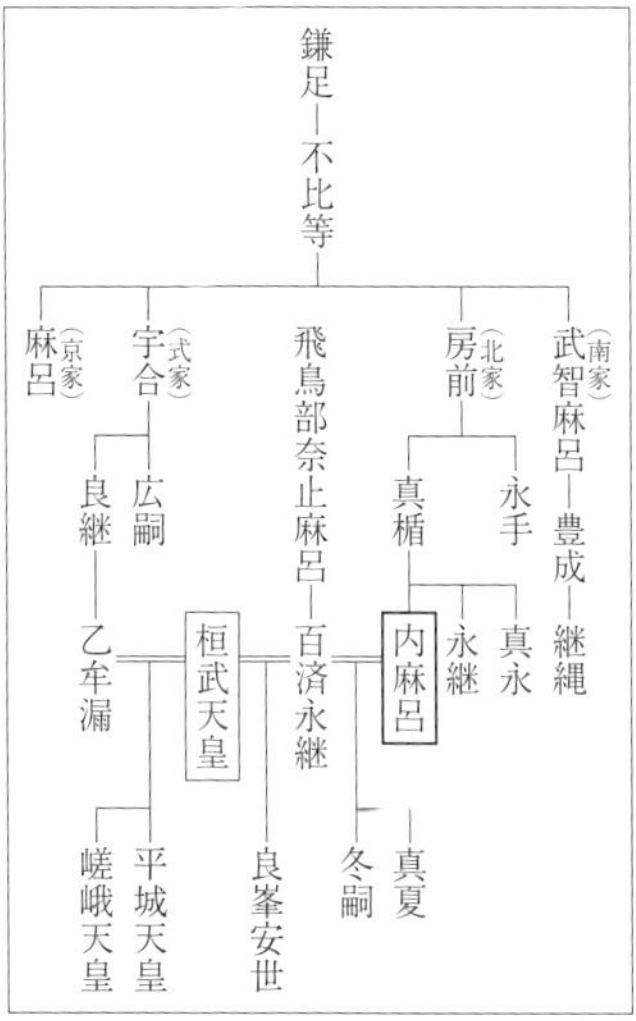

内麻呂略系図

継縄から内麻呂へ

明信の信頼を背景に政界に登場した内麻呂は、当初、桓武にとって親近感を抱く近臣ではあったが、種継や緒嗣ほどの寵臣ではなかった。叙爵から参議まで十三年、参議から中納言まで五年の歳月を要している。昇進は、決して早いとはいえない。まして二十九歳で参議に抜擢された緒嗣とは比較にならない。その内麻呂が桓武から破格の抜擢をうけるのは継縄が没した直後からである。

すなわち『日本後紀』によると、継縄が没して（七月十六日）十余日後、延暦十五年（七九六）七月二十八日の除目で、内麻呂は正四位下に叙されている。この年の正月、九年ぶりに従四位上に昇叙されたばかりであったから、異例の抜擢といってよい。明信の口添えがあってのこととみて、まず間違いない。内麻呂は若い時から人望があり、穏やかな性格で、しかも稀代の賢才であったという。薨伝に、かつて光仁天皇の子他戸親王が皇太子であった時、暴れ馬に内麻呂を乗せ傷つけようとしたが、馬は頭を下げて動かず、鞭をうけて一廻りするだけの様子を見た人びとは、内麻呂を「非常の器」を有する人物と評したと記している（『日本後紀』弘仁三年十月六日条）。夫継縄を失った明信は、こうした内麻呂の人柄や才知に期待し、政界での活躍を託したのであろう。

これ以後の内麻呂は、目を見張るばかりの栄進を遂げる。翌延暦十六年には近衛大将（三月）、ついで勘解由《かげゆ》長官（九月）を兼任、翌十七年には正四位上（五月）、ついで従三位・中納言（八月）となって、公卿の仲間入りを果たしている。そして翌十八年四月、造宮大夫《ぞうぐうだいぶ》を兼任する。当時平安京は和《わ》気清麻呂《けのきよまろ》（造宮大夫）・菅野真道《すがののまみち》（造宮亮《すけ》）のコンビで順調に工事が進められていた。清麻呂は桓武天皇に長岡造都の中止を決断させ、平安遷都を進言した人物で、桓武は全幅の信頼を置いていた。内麻呂の就任は、二月に亡くなったその清麻呂の後任であるが、内麻呂に対する桓武の信任の厚さが知られよう。

内麻呂への期待

桓武天皇にとって内麻呂の存在と役割は、その最晩年、急速に重みを増す。

延暦二十四年（八〇五）四月、前年の暮れから体調を崩していた桓武の病状が再び悪化し、皇太子安殿親王が召され、参議以上の公卿とともに後事を託されている。十日には兵仗《ひょうじょう》殿《でん》（宮中の武器庫）の鎰《かぎ》も皇太子に渡されているが、その際、鎰を賜る勅使に任命されたのが内麻呂と藤原縄主《ただぬし》であった。時に内麻呂は近衛大将であり、縄主は内麻呂の部下、近衛中将の任にあった。近衛武官は、禁中の警護・警備にあたる最重要職である。内麻呂らがその役を担うことは、国事行為として儀礼的なものであったにせよ、内麻呂の立場の重さを示している。三か月後の七月、内麻呂は桓武から尾張国智多郡の土地十三町を賜っている。理由は不明だが、桓武は、激情的な性格の皇太子安殿に不安を抱き、内麻呂にその将来を託そうとしていたのではなかろうか。勅使といい、賜地といい、桓武にとって内麻呂が寵臣となっていたことは間違いない。

桓武天皇

それから五か月後、長年心血を注いできた事業を、桓武は内麻呂の手を借りて劇的に打ち切っている。

徳政相論を仕切る

延暦二十四年（八〇五）十二月、桓武は殿上《てんじょう》に侍っていた内麻呂に勅命を下し、参議で右衛士督藤原緒嗣（三十二歳）と参議左大弁菅野真道（六十五歳）を呼ばせている。桓武の面前で天下の徳政《とくせい》について議論せよ、というものであった。徳政―よい政治はいかにあるべきかを論じさせたので、一般に徳政相論と呼ばれているが、内容は造都事業の継続は是か非かというものである。この時のことを記す『日本後紀』によれば、緒嗣は「方今《ほうこん》（現在）天下の苦しむ所は軍事（蝦夷計略）と造作（造都）となり。この両事を停《や》むれば百姓安んぜん」と言い、これに対して真道は頑強に工事の継続を主張したが、天皇は緒嗣の意見を採用し、造都事業の停止を決定した。これを聞いた公卿たちは天皇の決断に感嘆したという。

しかしこの議論について、わたくしは最初から桓武自身がその結論を出していたものと考えている。議論の当事者二人が、ともに桓武の腹心だったのが、その証左である。緒嗣は百川の子として異例の抜擢を受けた人物であり、他方の真道も長期間、造宮官をつとめた事業の推進者であった。してみれば、この二人だけを呼んで議論させたのは、造都事業に対して桓武自身が抱く両様の思い―続行すべきか中止すべきか、という二つの気持ちを代弁させるためであったとみてよい。事業を劇的に終わらせるために仕組まれた、桓武流のパフォーマンスであった。工事の中止は予定の筋書きであったに違いない。

そして、この議論の推移を桓武とともに見守っていた内麻呂が、現任の造宮大夫であったことを考えると、内麻呂は桓武の演出を知っていたに違いない。というより、桓武と内麻呂との間では内々の合意が出来ており、結論も出されていたはずである。確証があるわけではないが、このパフォーマンスを画策したのが内麻呂であった可能性は高いと思う。すでに工事から離れていた真道（延暦十八年二月に造宮大夫和気清麻呂が没した時に、真道も造宮職を退いたものと思われる。瀧浪「『山背』遷都と和気清麻呂」『日本古代宮廷社会の研究』）が、この時わざわざ呼ばれ、内麻呂を差し置き議論させられていることも、それで納得がいく。

造宮職《ぞうぐうしき》が廃止されたのは、それから二か月後のことである。二十年に及ぶ桓武の造都事業は、ようやくケリがついたが、そこには内麻呂の存在と役割があったことを、わたくしは重視したい。桓武にとって内麻呂は、もはや何人にも代えがたい寵臣となっていたのである。北家の始祖、房前が亡くなってから六十年が経っていた。

第二章　覇権への道

1　内麻呂の才腕

内麻呂の政治的才覚は、桓武天皇の後、引き続き厚遇を受けた平城天皇時代に飛躍的に開花する。しかし多分にそれは、平城の恣意に左右されるものであったことを見逃してはいけない。内麻呂が栄達していく過程を追ってみよう。

内麻呂と雄友

桓武朝に初出仕して以来、内麻呂にはつねにライバルがいた。南家・右大臣是公《これきみ》の次男、雄友《おとも》である。内麻呂より三歳年長であった。

ただし従五位下に叙されたのは内麻呂の方が早く、二十六歳であった（雄友は三十一歳）が、その後この二人は競うように昇叙を重ね、相前後しながら桓武の最晩年に、共に中納言に任じられている（七四頁・七五頁）。内麻呂は、妻永継を介して得た百済王明信との関係からであり、いっぽう雄友の

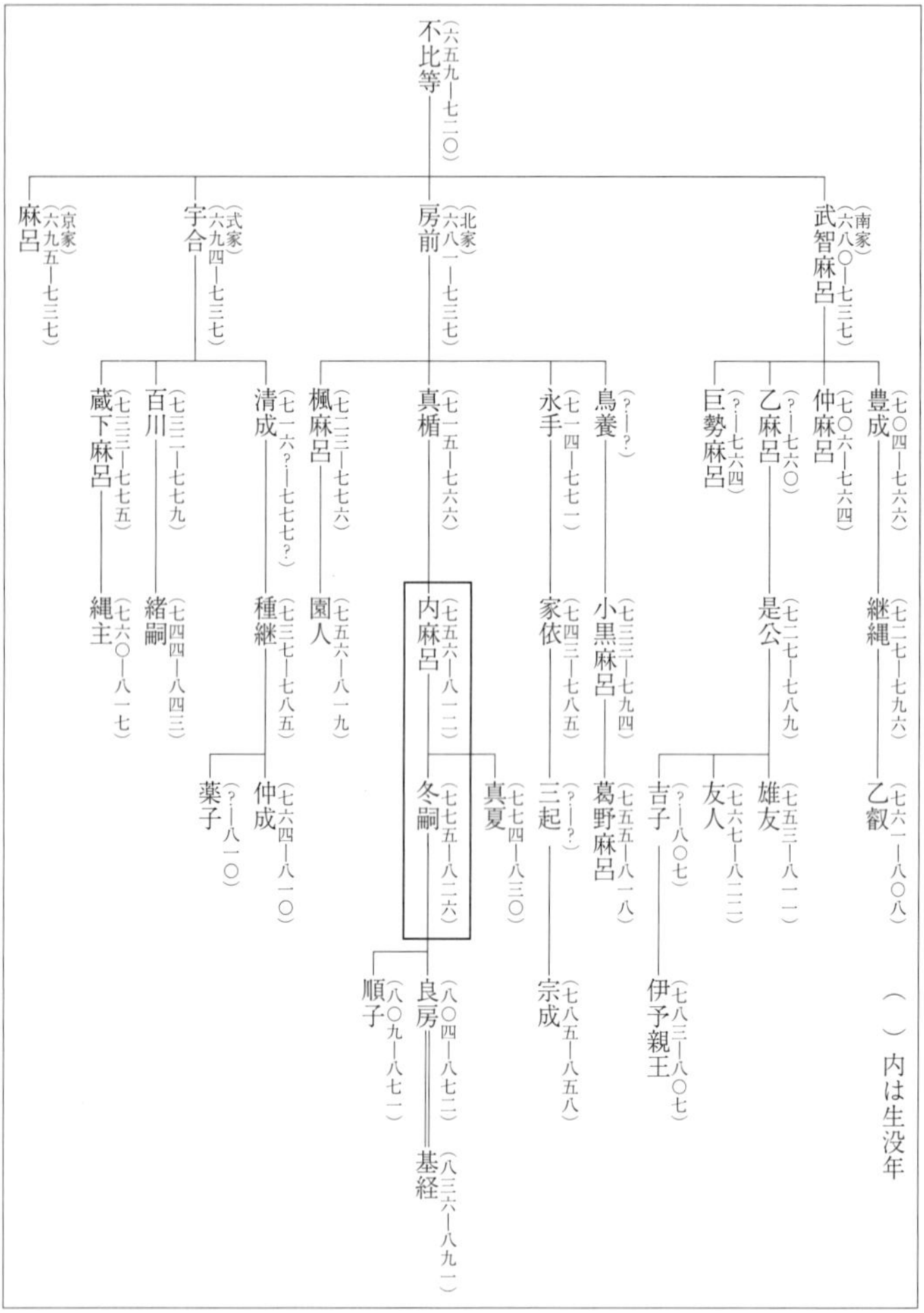

第二章で取り扱う時代（□内）

重用は、桓武が鍾愛した伊予親王《いよしんのう》との姻戚関係によってである。

知られるように桓武は、数多い子女の中でもとくに伊予親王を寵愛し、親王を厚遇するかたわら、たびたび親王の山荘に行幸して父子の交歓を楽しんでいる。雄友は、その伊予親王の外舅（親王は妹吉子の子）で、親王とは親密な関係にあった。

その桓武が延暦二十五年（八〇六）三月に崩御し、安殿《あて》親王こと平城天皇が即位したことで、廟堂構成は大きく変動する。前年十一月、大納言壱志濃王《いちしのおう》が、ついで翌年四月に右大臣神王《みわおう》が没したために、平城の即位直後の重臣は、中納言のポストにあった内麻呂と雄友だけになっていた。そこで四月、この二人はともに大納言に昇進する。ただし時に正三位の雄友に対して内麻呂は従三位で、雄友の下風にあった。ところが一か月後の五月十八日、平城が即位したその日、内麻呂は正三位に叙されて雄友と並び、翌十九日には右大臣に任じられ、雄友を抑えて廟堂のトップに立ったのである。内麻呂のこの抜擢が平城の起用によることは明かである。

これ以前、内麻呂の長男真夏《まなつ》は安殿親王の春宮亮《とうぐうのすけ》として近侍しており（後述）、平城との関係はすでに密接なものがあった。内麻呂抜擢の背景には、その真夏の存在が大きかったことも確かである。しかしそれ以上に、伊予親王の後ろ盾である雄友を、平城が意図的に抑えたということが背景にあったと、わたくしは考える。

平城と伊予親王

平城と異母兄弟の伊予親王との関係は、良好でないというのが一般的な見方であるが、確証があるわけではない。しかし、父の桓武が伊予親王を寵愛したことは

天皇	年	内麻呂 年齢	内麻呂 官職	内麻呂 位階	雄友 位階	雄友 官職	雄友 年齢
	天平勝宝五（七五三）						1
	天平勝宝八（七五六）	1					4
桓武天皇	天応元（七八一）	26		従五位下			29
桓武天皇	延暦元（七八二）	27	甲斐守				30
桓武天皇	延暦二（七八三）	28			従五位下	美作守	31
桓武天皇	延暦三（七八四）	29	左衛門佐	←	←		32
桓武天皇	延暦四（七八五）	30	中衛少将兼越前介	従五位上	従五位上	兵部少輔左衛士督	33
桓武天皇	延暦五（七八六）	31	越前守	正五位下	正五位下	兵部大輔兼右衛門督	34
桓武天皇	延暦六（七八七）	32		従四位下	従四位下		35
桓武天皇	延暦七（七八八）	33				左京大夫	36
桓武天皇	延暦八（七八九）	34	右衛士督			播磨守	37
桓武天皇	延暦九（七九〇）	35	内蔵頭			参議兼左衛門督	38
桓武天皇	延暦十一（七九二）	37	刑部卿			大蔵卿	40
桓武天皇	延暦十三（七九四）	39	参議				42
桓武天皇	延暦十四（七九五）	40	陰陽頭	←	←		43
桓武天皇	延暦十五（七九六）	41	但馬守兼造東大寺司長官	従四位上 ← 正四位下	正四位下	近衛大将	44
桓武天皇	延暦十六（七九七）	42	近衛大将兼勘解由長官	←	←	大宰帥	45

内麻呂と雄友

事実である。地味好みの安殿親王（平城天皇）に対して、伊予親王は風雅を愛し派手好きであったというが、そうした明朗で行動的な性格が父桓武の波長とあったのかも知れない。むろん伊予が、後継者としてすでに皇太子となっていた安殿の立場を脅かす存在ではなかったにせよ、そうした父との関係が安殿にとって快いはずはなかったであろう。即位後の平城が雄友を忌避し、即座に内麻呂を廟堂の首班に据えたのも、平城なりの理由あってのことである。

こうして平城朝の内麻呂は右大臣に抜擢され、廟堂の首班として天皇に近侍することになる。

	延暦十七（七九八）	43	中納言	正四位上→従三位	従三位	中納言	46
	延暦十八（七九九）	44	兼造宮大夫			民部卿	47
	延暦二十（八〇一）	46				摂津守	49
	延暦二三（八〇四）	49			→正三位		52
平城天皇	大同元（八〇六）	51	大納言 右大臣兼侍従	→正三位		大納言	54
	大同二（八〇七）	52	左近衛大将			前大納言（伊予親王事件連坐により伊予国へ配流）	55
嵯峨天皇	大同四（八〇九）	54		→従二位			57
	弘仁元（八一〇）	55			→	宮内卿	58
	弘仁二（八一一）	56		→	没 贈大納言		59
	弘仁三（八一二）	57	没 贈太政大臣・従一位				

内麻呂に対する平城の信任の厚さは、大同元年（八〇六）六月に食封《じきふ》一千戸の加増がなされていることからも知られる。また同四年二月には、内麻呂（時に従二位）に「中紫《なかむらさき》の朝服《ちょうふく》」の着用を許している。衣服については令の規定で、一位は深紫、三位以上は浅紫と定められていたが、二年前の十月、平城は三位以上すなわち公卿に対して、全員が浅紫を着用することを義務づけている。公卿間での衣服の区別を撤廃したのであった。そうした中で内麻呂だけが中紫の服を許されたのは、特例扱いされたことになる。これは内麻呂が廟堂の首班であることを視覚的に明示したもので、内麻呂の存在とその権威付けの表徴として、きわめて重要であったに違いない。内麻呂が政界で不動の地位を築いていたことを示している。

侍従の兼任

このことに関連して見逃せないのは、右大臣に任命されて三か月後（大同元年八月）、内麻呂が侍従《じじゅう》を兼任していることである。侍従は本来、中務省《なかつかさしょう》の職員（従五位下）が天皇に近侍補佐するもので、内麻呂のような廟堂のトップが兼任するというのは前例がない。おそらく内麻呂が兼任を申し出たのであろう。平城との関係をより緊密なものにしたいという内麻呂の政治的思慮であり、その底意には内麻呂のしたたかさが見え隠れする。

これ以前、廟堂の首班・実力者は、天皇との姻戚・ミウチ関係によって占められることが多かった。桓武朝初期、式家の百川没後、甥の種継が「天皇甚だ委任して中外の事、みな決を取る」（『続日本紀』）といわれたほどの信任を得て廟堂の地位を勝ち取ったのは、百川の余光に加えて、皇后の乙牟漏が式家出身であったことと無関係ではない。式家といえば、平城天皇即位直後の大同元年（八〇六）

六月、平城は百川の娘で皇太子時代の妃であった藤原帯子（七九四年に没）に、皇后の称号を追贈している。桓武・平城二代の皇后が式家出身であり、そのことが一族の立場に大きく影響している。

それに比して内麻呂は北家出身であり、桓武・平城と姻戚関係を持たないまま首班となっている。その意味で、内麻呂の立場は不安定なものであったといってよい。そこで、右大臣として平城の侍従を兼任し近侍することで、いわば天皇の後見的立場を手に入れようとしたものと考える。内麻呂に対する異例の優遇も、そのように考えれば納得がいく。

ちなみに内麻呂の子の冬嗣も、春宮大夫《だいぶ》で侍従を兼任する。そして、これをきっかけに嵯峨朝で蔵人頭《くろうどのとう》が創置されるが、その初代蔵人頭に冬嗣が任命され、嵯峨との緊密な関係を結ぶようになっていくことを考えると、内麻呂の侍従兼任は、北家が政治的地位を得る上で、きわめて重要な意味をもつ。

これが内麻呂による権力掌握への第一段階とするなら、第二段階は大同二年（八〇七）十月に起こった伊予親王事件である。

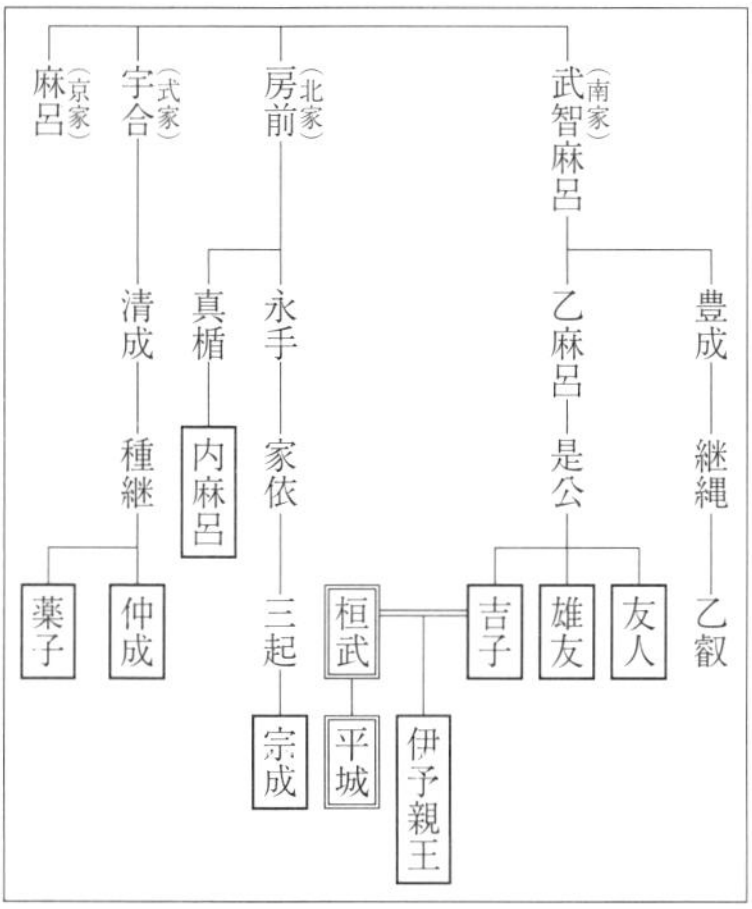

伊予親王関係系図

伊予親王事件

事件は、突然起こった。発端は、雄友の告発にある。

すなわち藤原宗成《むねなり》が伊予親王に近づき、密かに謀

皇族		伊予親王	幽閉の後に服毒
		継枝王	配流
		高枝王	配流
		伊予親王娘	配流
		中臣王	杖死
藤原氏	南家	藤原　吉子	幽閉の後に服毒
		藤原　雄友	伊予国へ配流
		藤原　友人	下野守へ左遷
		藤原　乙叡	中納言を解任
	北家	藤原　宗成	配流
橘氏		橘　安麻呂	播磨守を解任
		橘　永継	内舎人を解任
		橘　百枝	左遷
秋篠氏		秋篠　安人	左遷

伊予親王事件の関係者

反を勧めているということを聞いた藤原雄友が、これを右大臣内麻呂に告げたのである。雄友から報告を受けた内麻呂は、しかし、動かなかった。逆に動いたのは、伊予親王の方である。密告されたことを知った伊予親王は急遽、内麻呂ではなく異母兄の平城天皇に対して、謀反をもちかけたのは宗成で、自身は無実であることを奏上した。そこでただちに宗成が捕らえられたが、尋問の結果、宗成は親王が謀反の張本人であると自白する。それを聞くや平城天皇は激怒し、すぐさま左近衛中将阿倍兄雄《えお》・左兵衛督巨勢野足《こせののたり》らとともに兵百四十人を派遣して、親王とその母吉子《よしこ》を逮捕した。ちなみに激情する平城に対して誰も諫めようとしないなか、兄雄だけは伊予の潔白を論じて直諫したという（『公卿補任』大同三年）。兄雄は平城の生母乙牟漏の従兄にあたる。

しかし、激高する平城が聞く耳を持っているはずはない。親王らは、翌日身柄を川原寺に移されて一室に幽閉され、食事も与えられず、十一月十二日、ついに母子は毒を仰いで死去した。事件が内麻呂の耳に入ったのが十月二十八日、それから母子の死去まで、わずか二週間の出来事であった。

結局、宗成（北家）は流罪となり、親王の外舅、大納言雄友（南家）も連座して伊予国に流された。

また、事件に関係ありとして中納言藤原乙叡（南家）が解任、観察使秋篠安人も左遷されている。大納言・中納言という公卿が二人も処罰されたことは、南家にとって大きな痛手になったことはいうまでもない。

この事件については式家の仲成・薬子の兄妹が宗成を唆し、さらには平城天皇をあおり立てて、無実の伊予親王を自害させた（『類聚国史』大同五年九月十日条）と見るのが通説であるが、正直いって真相は分からない。

平城の猜疑心

前述したように、桓武・平城の父子二代の皇后が式家出身でありながら、廟堂における式家の立場は弱かった。桓武擁立に尽力した百川の死と、それに続く種継の暗殺事件が式家にとって大きな痛手となっていた。そうした中で式家の復権を願う仲成・薬子兄妹の心情を考えると、伊予親王事件にこの二人が無関係であったとは思わないが、事件を悲惨なまでに陰湿化させた元凶は、「性、猜忌《さいき》多く、上に居りて寛《かん》ならず」（生まれつき人を妬み嫌悪することが多く、天皇として寛容さに欠けていた。『日本後紀』天長元年七月十二日条）と評された平城の猜疑心にあったと、わたくしは見ている。平城の薨伝には、右の記載のあと、「位を嗣《つ》ぐの初め、弟親王子母（伊予親王母子）を殺し、ならびに逮治せしむる者衆《おお》し（連座による逮捕者が多かった）。時議（当時の人びと）もって淫刑《いんけい》（刑罰の乱用）と為す」と、責任の一端が平城にあることを明確に記し、強く指弾しているからである。

平城天皇は生まれつき病弱であった。『日本後紀』には、これを「風病《ふうびょう》」と記している。正確な病名はわからないが、病状から判断して情緒不安定、いわゆるノイローゼであったことは間違いない。

父桓武が亡くなった時、「哀号擗踊《あいごうへきよう》（手足をバタバタさせ、激しく泣き悲しむこと）」のあまり、「迷いて起《た》」てず、臣下に抱えられてやっと退下したが、それからの一週間というもの、粥以外は食べなかったという（大同元年三月十七日条）。その時三十三歳であったことを考えると、平城の激情的な性格の一端が示されている。時として正常な判断力を失い、活動力が極端に鈍ることも少なくなかった。そうした病的な心の隙間に生じる強い猜疑心が仲成・薬子らによってあおり立てられ、親王を自害に追いやったことは十分に考えられよう。

『日本後紀』（大同四年閏二月二十八日条）に、伊予親王事件に連座して拷問を受けた侍従中臣王《なかとみおう》についても、王が罪を認めなかったため、平城の嬖臣《へいしん》（寵臣）が平城を唆して大杖で打たせ、王は背中が崩れ爛れて亡くなったとの記述がある。嬖臣とは仲成・薬子の兄妹を指すと思われるが、平城の同意を得て意図的に死にいたらしめたことは明白で、事件の首謀者が伊予親王だと思い込んだ以上、平城の激情は、親王がその生涯を絶つことによってしか抑えることができなかったに違いない。年齢は明らかではないが、伊予親王は二十四、五歳前後、母の吉子は四〇代半ばくらいであったろうか。平城の激情に命を奪われた母子の哀しみが思われてならない。

内麻呂の反応

しかし、それにしても腑に落ちないのは内麻呂の対応である。雄友から事情を聞いた内麻呂は、誰よりも早く事件を察知していた。しかも、平城の侍従を兼任していたから、平城にもっとも近い立場にあった。兄雄の諫言も、廟堂の首班として当然耳にしていたはずである。にもかかわらず内麻呂が動いた形跡は、まったくない。事件後の内麻呂の反応が一切分からないのである。

もしかすると内麻呂は、あえてこの事件に目をつぶり、推移を静観していたのではないか。そう思うのは、伊予親王と外舅の雄友は、内麻呂の立場を脅かしかねない存在だったからである。

内麻呂は平城天皇の抜擢によって政界のトップに立ったが、伊予の存在が脅威であったことに、依然として変わりはなかったろう。雄友が伊予を担いで陰謀を企てないという保証は、どこにもなかった。そうした危険因子が、自らが企まずして排除されるとなれば、内麻呂にとってこれ以上の好都合はない。内麻呂ならずとも静観するのは、道理であろう。

内麻呂が事件の策謀に関わっていたとまでは思わないが、この事件を奇貨として政治的立場の確立を図ったことは、まず間違いないであろう。その意味で、事件を知って以後の一切の黙視は、犀利な分析から得た内麻呂の政治的判断によるものであったと考える。

内麻呂については、若い時から人望があり、穏やかな性格で随従する人びとが多かったという。また、他戸親王から命じられた名うての悍馬を見事に乗りこなし、世人から「非常の器」と賞賛されたエピソードも前述した通りである。それらは内麻呂の孫、良房の手になる『日本後紀』（薨伝）に記すものであるから、誇張があることはいうまでもないが、たんに信望を集める篤実な人柄というだけでなく、内麻呂が機略・才智に富んだ有能な政治家であったことは間違いない。

雄友が真っ先に内麻呂に告げたのは、内麻呂にすがって、災いが自身に及ぶのを避けるためであったろう。しかし内麻呂には、考えがあった。後述するように、内麻呂の願いは藤原氏一族の繁栄ではなく、まして嫡男家、南家の永続でもない。内麻呂の一門、北家の隆盛であった。そういう内麻呂の心底を見抜けずに、ひたすら助けを求めようとした雄友は、政治的判断が甘かったというべきである。内麻呂は自らが手を下さずして南家を蹴落とし、衰退を運命づけた。大納言雄友・中納言乙叡（いずれも南家）らが失脚したことで、内麻呂の立場は盤石のものとなった。権力掌握の第二段階を、内麻呂はこうして踏破したのである。

なお、この内麻呂の態度は、のちに良房が承和の変でとった態度を彷彿とさせるが、ここではそれを指摘するに留めておく。

息子たちへの期待

内麻呂の政治的才覚は息子たちの処遇においても発揮され、それが見事に的中している。内麻呂には、知られるだけで十人余りの男子がいるが、このうち長男真夏と次男冬嗣をそれぞれ、皇太子時代の安殿親王・神野《かみの》親王の側近に位置づけたのは、内麻呂の采配による。

真夏と冬嗣は一歳違いの同母兄弟で、母は先述した百済永継である。兄の真夏は延暦二十二年（八〇三）正月、三十歳の時、従五位下に叙され、同年七月、時に皇太子であった安殿親王の春宮権亮、ついで翌年二月、春宮亮に任じられている。（春宮大夫は縄主《ただぬし》）。弟の冬嗣が従五位下に叙されたのはそれから二年後、大同元年（八〇六）（五月とも十月とも）、三十二歳の時で、同年五月、安殿が即位した翌日（十九日）、弟の神野親王の立太弟に伴い春宮大進、ついで翌二年正月、春宮亮に任命されている。兄弟の相次ぐ春宮亮就任が、内麻呂の働きかけによって実現したことは、まず間違いないであろう。政界における北家の地位の確立をめざす内麻呂にとって、兄弟あげて二代の天皇（の候補者）に近侍補佐させることは、その実現に向けての布石であった。ちなみに安殿（平城天皇）に近侍した兄の真夏は、安殿と同い年であり、弟の冬嗣は神野（嵯峨天皇）より十一歳年長である。

それにしても長男・次男をそれぞれ二代の皇太子に近侍させるというのは、前例がない。激情的で情緒不安定という平城の性格に、内麻呂は一抹の不安を抱いていたのかも知れない。平城の即位とともに廟堂の首班に抜擢された内麻呂であるが、当初から平城の治世が長続きしないことを見通していたようにも思われる。安殿が即位するや、次男冬嗣を神野の春宮亮として送り込み、次期天皇候補者である神野との関係強化をはかることによって、北家の政治基盤を盤石にしようとしたのである。

安殿ついで神野の両皇太子の側近として、息子二人を送り込むことに成功した内麻呂は、おそらく北家覇権への道に光明を灯した思いであったに違いない。婚姻関係による皇室との紐帯を築いたわけではないが、平城・嵯峨の二代にわたって北家の地位が約束されたも同然だった。早くに父を失い、しかも母の出自も低く、藤原一門における政治的立場がきわめて不利であった内麻呂の境涯からすれば、破格の栄誉を手にしたことになろう。内麻呂の政治的才覚の賜物という他はない。そして内麻呂のこの目論見は、見事に的中する。

平城の譲位

それは平城天皇の即位後、ほどなくして現実のものとなった。

健康への不安はつねに平城を悩ませていたが、それでも内麻呂を首班とする廟堂の補佐を得ながら、平城は積極的に政治に取り組んでいる。即位して六日後、造都に疲弊した民情を視察

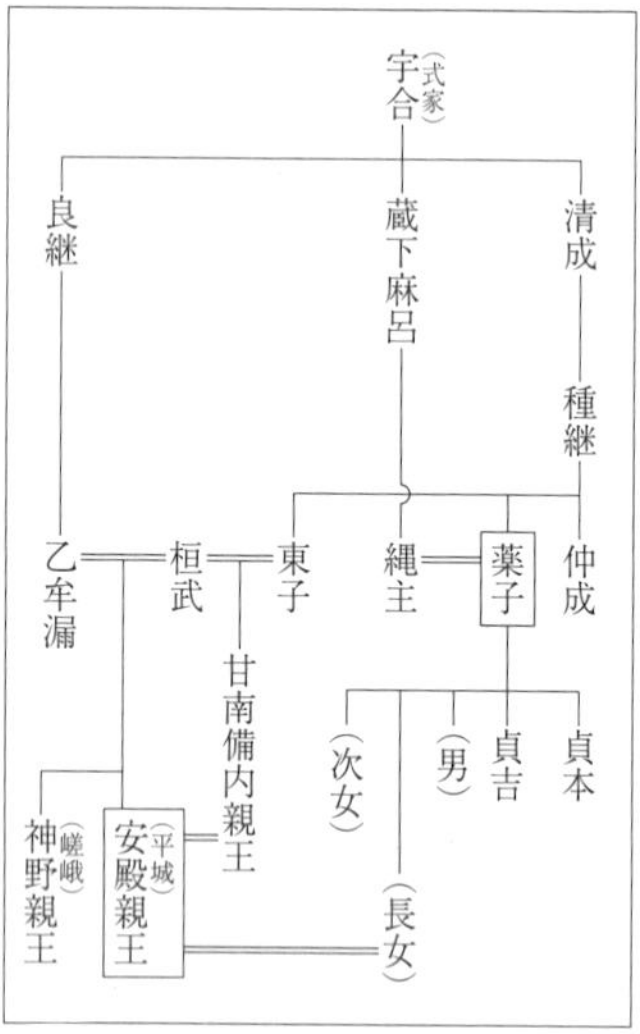

平城天皇と薬子

するために観察使《かんさつし》を設け、参議をこれに任じて地方へ派遣している（八〇六年五月）。また藤原緒嗣《おつぐ》らの意見を採り入れたものとはいえ、緊縮財政の方針から大規模な役所の統廃合を行うなど、政治改革にも意欲的で、施策には見るべきものがあった。「古先哲王（いにしえの聖王）といえども及ばざるところあり」とまで称賛されている（『日本後紀』天長元年七月九日条）。

しかし、そうした姿勢も長続きしなかった。大同四年（八〇九）四月、在位三年で、早くも弟神野親王（嵯峨天皇）に譲位する。病気の悪化が理由であった。

皇位という重圧から解放された平城がのめり込んでいったのが、藤原薬子《くすこ》という女性である。薬子は、長岡遷都の中心人物で、暗殺された種継の娘である。長じて藤原縄主と結婚し、三男二女をもうけている（『日本後紀』）。このうち長女が皇太子安殿親王の後宮に入ったのが機縁で、母親の薬子も安殿の寵を受けるようになったのである。事実を知った桓武天皇は激怒し、薬子を追放している。

こうして薬子は、一度は安殿親王から遠ざけられた。しかし、桓武が没し、平城が即位すると、ふたたび内侍《ないしのかみ》（内侍司《ないしのつかさ》の長官）に返り咲く。薬子の生年は明かでないが、平城よりも年長であったことは確かで、蠱惑的な女性であったのだろう。平城を妖惑する薬子について、『日本後紀』は、つねに帷房《いぼう》（寝室）にあって「矯託百端《きょうたくひゃくたん》（あることないこと沢山）」を並べ立て、その結果平城は、「（薬子の）言う所の事聴《き》き容《い》れざるは無」かったと記している。また、「（平城の）御言《おんこと》にあらざる事を御言と言いつつ褒《ほ》め貶《けな》すこと、（薬子みずからの）心に任せて、かつて恐れ憚る所無し」とも記す。誇張があるにしても、平城が薬子の影響を強く受けていたことは確かである。

初代蔵人頭

その平城上皇は譲位して八か月、大同四年（八〇九）十二月、病状が思わしくなかったことから大内裏《だいだいり》を転々としたのち、最後に平城旧都を居所に選んでいる。生まれ育った大和で病気を癒やしたいという思いが強かったのであろう。さっそく嵯峨天皇によって必要な施設が造られ、上皇自身は一か月足らずののち、はやばやと平安宮から遷っている。

上皇が都を離れ、京外はもとより国外（平城旧都）に遷御するのは、はじめてのことであった。嵯峨は当然ある種の危惧を予想したに違いないが、それを承知で援助したのは、なんとかコントロールできるという自信があったからであろう。むろん、右大臣内麻呂の進言に裏打ちされての援助だったことはいうまでもない。じじつこの段階では、両者の間に表立った対立はなかった。

しかし翌年三月、嵯峨が蔵人頭を設けたことで対立が表面化した。蔵人頭の職掌といえば奏請《そうせい》（臣下の言葉を天皇に奏上する）、伝宣《てんせん》（天皇の言葉を臣下に伝える）であるが、その権限はこれまでは内侍のものであった。したがって蔵人頭の設置には、平城宮にいる上皇と尚侍薬子の行動を掣肘するための措置という意味合いが強かったといえる。その初代蔵人頭に任命されたのが、巨勢野足《こせののたり》と内麻呂の次

坂上田村麻呂像

男冬嗣であったから、蔵人頭の設置が内麻呂の発案によるものであったことは、容易に想像がつく。

果たせるかな、平城は対抗措置を取り、両者はついに破局を迎えることになる。

薬子の変

この年（大同五年）九月、突如、平城上皇の命により、「都を平城に遷さんとす」という平城還《かん》都《と》令《れい》が、平安京にいる貴族官人たちに対して出されたのである。これに対する嵯峨側の反応は早く、ただちに坂上《さかのうえの》田村麻呂《たむらまろ》や藤原冬嗣らを造平城宮使（上皇の宮殿をつくる役人）に任命して平城宮へ派遣している。いうまでもなく二人は嵯峨の腹心であり、とくに田村麻呂の武勇はかつての蝦夷計略で知られるところであった。天皇方は、二人を造平城宮使に任命し、その還都令に同調するとみせて、そのじつ平城方の動きを押さえたわけで、巧みな対応といってよい。さらに四日後、薬子の兄仲成《なかなり》を逮捕し、翌日射殺している。

こうした嵯峨側の思わぬ出方に逆上した上皇は、薬子とともに東国に向かおうとしたが、途中、大和国添上《そうのかみ》郡越田《こしだ》村（現奈良市北之庄町付近）で天皇方の兵に遮断され、上皇は平城宮に連れ戻されて落飾した。しかしこれを最後と悟った薬子は、みずから毒を仰いで自殺している。

こうして事態は一挙に終息した。嵯峨側の勝因が、迅速な対応と軍事行動にあったことはいうまでもない。なかでも武芸の人として知られた文室綿麻呂《ふんやのわたまろ》を嵯峨側に取り込み、要撃軍に同道したのは田村麻呂であるが（後述）、その総指揮にあたったのは、首班であった内麻呂以外には考えられないであろう。

内麻呂は桓武朝以来、軍事官僚を歴任し、若い頃から戦略的才覚にも優れていたという。また、田村麻呂の姉（妹とも）登子を妻に娶っていた関係から、とくに田村麻呂とは親密な関係にあった。嵯峨側の手際よい軍事行動は、この内麻呂と田村麻呂との連携によって実現したものであり、「二所朝《にしょちょう》廷《てい》」という政治的危機を乗り切ることが出来たのである。事件後、内麻呂に対する嵯峨の信任がいっそう厚くなり、廟堂内における勢威と声望が高まったことはいうまでもない。

真夏の失脚

繰り返すことになるが、内麻呂が二人の息子、真夏と冬嗣をそれぞれ平城と嵯峨の側近に配したのは、積み重ねてきた政治経験と天賦の嗅覚からである。それほど内麻呂は政治人間であったといってよい。その内麻呂でさえ平城朝が短命であることを予測はしていても、嵯峨との対立までを見通していたとは思えない。薬子の変は、内麻呂にとっても想定外の出来事であったに違いない。

内麻呂は、それを慎重かつ冷静な判断で乗り切った。しかし、恩情を受けた平城と敵対せざるを得なくなった心の痛みは、惻惻として胸に迫ったことであろう。とくにそのため、長男真夏の失脚を招いたことは内麻呂の生涯において痛恨の極みであったに違いない。

真夏は皇太子安殿親王に春宮亮として仕え、平城の即位とともに従四位下に昇叙、右近衛中将・内蔵頭・中務大輔などの要職を兼任し、側近として近侍してきた。こうした両者の信頼関係は平城が譲位した後も途絶えることはなかった。大同四年（八〇九）十一月、平城の病状が思わしくない中、新たな宮地を占定する使者として真夏が派遣されたのも、またそれが平城旧宮に決定されると、造平城宮使に任命されて造営に当たることになったのもそのためで、二人の間の強い絆を思わせよう。しかし薬子の事変は、真夏の人生を一変させることになる。

事件が明るみに出た九月十日、上皇側にいた真夏に対して伊豆権守への左降が命じられ、翌十一日、文室綿麻呂とともに平安京に召されている。嵯峨朝の首班として指揮をとる父内麻呂の指示によるものとみてよい。呼び出しは、上皇方の動きを探りつつ、嵯峨方への寝返りを促すためであったと思われるが、むろんそれは、真夏・綿麻呂と上皇との関係を断ち切らせようとする内麻呂の配慮からであった。

召された綿麻呂は、ただちに捕縛されて左衛士府に拘禁されたが、上皇と薬子が東国に向かったという情報が入るや、坂上田村麻呂からの申し出によって正四位上、参議を与えられ、この日追討軍として出陣している。桓武朝における蝦夷征討の経験が買われたのである。『日本後紀』には、その時の綿麻呂について、「歓喜踊躍《かんきようやく》して、すなわち兵馬に駕《が》す」とある。根っからの武芸人だったのである。

変わることのない忠誠心

しかし、真夏はまったく心を動かさなかった。その気配すらみせなかった。真夏が拘禁されたという記述はない。おそらくそれも内麻呂による配慮であったのだろう。内麻呂としては嵯峨側に寝返らないまでも、真夏の翻意を多少なりとも期待していたはずである。だが平城上皇に対する真夏の一徹な忠誠心は、微動だにしなかったようである。そんな真夏の心根をみた内麻呂も、黙ってその動向を見守らざるを得なかったろう。

幸いにも真夏は平安宮に召されていたため、東国に向かう上皇らと行動を共にすることはなかった。翌十二日、田村麻呂・綿麻呂らが率いる兵に上皇らは東国行きを阻まれ、上皇は平城宮に連れ戻され、薬子は毒を仰いで自殺したが、真夏があらためて備中権守に左遷されたのはそれから三日後であった。廟堂の首班内麻呂といえども、真夏の処遇ばかりはどうすることも出来なかったのである。その心中は察するに余りある。

綿麻呂のように当初上皇方にありながら、天皇側に寝返った者もいた中で、真夏は一貫して上皇への忠誠とその立場を保持した数少ない人物である。真夏の忠節は、生涯を通して変わることはない。

深紫の着用

二所朝廷＝薬子の変を狭義に理解すれば、平城還都令が出されて（九月六日）から薬子が自殺する（十二日）までの、わずか六日間の出来事であったといってよい。翌十三日、上皇の皇子高岳親王《たかおかしんのう》が廃太子され、代わって異母弟の中務卿三品大伴親王（のちの淳和天皇）が皇太子に立てられることで、事件はほぼ落着した。上皇関係者が一掃されている。それから十日ほどたった二十五日、大同四年（八〇九）以来、中紫の着用を認められていた右大臣内麻呂に対して、今

橘嘉智子	正四位下	→	従三位
多治比高子	正四位下	→	従三位
広長女王	無位	→	従五位上
藤野女王	正六位上	→	従五位下
継子女王	無位	→	従五位下
藤原松子	従五位下	→	正五位下
藤原緒夏	無位	→	従五位上
坂上御井子	無位	→	従五位上
藤原葛子	無位	→	従五位下
橘安万子	無位	→	従五位下
三善弟姉	無位	→	従五位下
三国真主	無位	→	従五位下

嵯峨天皇の後宮

『日本後紀』弘仁元年11月23日条にみえる叙位

度は深紫《ふかむらさき》の着用が許可されている。いわゆる濃い紫で、令制では一位の当色である。当時二位であった内麻呂が一位の衣服着用を許されたわけで、藤原氏の筆頭公卿として内麻呂が最高位の扱いを受けたことになる。薬子の変によって微妙な立場に立たされた内麻呂であったが、事件を適切・迅速に処理し、一貫して嵯峨側の首班として行動指揮したことを物語っている。深紫の着用は内麻呂への称揚であり、嵯峨の信任の証しであった。そのことは二か月後（十一月）、次男冬嗣が従四位下から従四位上に昇叙され、ついで翌二年正月の人事で参議に任じられていることからもうかがえる。

待ち望まれた緒夏の入内

こうした冬嗣の抜擢とともに留意されるのが、この間、内麻呂の娘緒夏《おなつ》が嵯峨の後宮に入っていることである。冬嗣が従四位上に昇叙された翌日（十一月二十三日）、無位であった緒夏に従五位上が授けられている。

『日本後紀』によれば、この日橘《たちばなの》嘉智子《かちこ》以下、緒夏を含めて十二人の女性が位階を賜っているが、これは嵯峨天皇のキサキとして入内したことを示している。ちなみに緒夏とともに一挙に従五位上に昇叙されている坂上《さかのうえの》御井子《みいこ》については他に記録が見えず、具体的なことは分からないが、大宿禰《おおすくね》を称していることから判断すると、田村麻呂の娘ではなかったかと思われる。田村麻呂の父苅田麻呂《かりたまろ》の時（延暦四年六月）に、一族の姓を忌寸から宿禰へ改姓することが認められ、このうち嫡流の苅田麻呂の子孫が大宿禰を称するようになっていた。

御井子が田村麻呂の娘であったとすれば、緒夏と御井子の二人の入内には、薬子の変での内麻呂と田村麻呂の働きに対する褒賞の意味があったことは明らかである。しかも二人は無位から、橘嘉智子・多治比高子（ともに正四位下→従三位）につぐ高位（従五位上）に位置づけられており、嵯峨の信任がいかに厚かったかを物語っている。緒夏はその後弘仁三年（八一二）に従四位下、同六年七月、嘉智子が皇后に立てられた日に夫人とされ、従三位に昇叙されている。なお御井子の名は右の時以外は一切みえず、この頃すでに亡くなっていたと思われる。

ともあれ緒夏の入内は、皇室との婚姻関係を望む内麻呂にとって、待望の入内であった。しかし期待に反して、緒夏には子どもが生まれず、内麻呂が外戚の地位を得ることはなかった。とはいえ夫人としての立場が嵯峨天皇と父内麻呂はむろんのこと、嵯峨と兄冬嗣との絆をより深めたことはいうまでもない。その意味では、緒夏の入内もまた内麻呂一家（北家）の基盤形成に大きな役割を与えたことを見逃すべきではない。

緒夏が亡くなったのは斉衡二年（八五五）十月である。時の天皇文徳から、その日正二位を贈られている。

2　北家のシンボル、興福寺南円堂

内麻呂の哀訴

内麻呂が体調を崩したのは、娘緒夏の入内から数年後であったろうか、弘仁三年（八一二）九月、辞職を願い出ている。『日本後紀』には、「頃来、渇病《かつびょう》いよいよ積りて、兼ねて眼精に暗し。両脚強く疼《いた》みて行歩に便を失う」という状態であり、職務復帰については自分自身がすでに、「不可なる」ことを自覚していると訴えている。喉の渇きが激しく、視力は衰え、足も痛くて歩行が困難であるという症状から判断すると、糖尿病の可能性が高い。しかも、「物議に在りては、更に亦《また》何をか疑わん」（世評も再起不能を疑うことはありません）と哀訴しており、病状はかなり深刻な状況にまで進んでいたようである。恐らく、死期の近いことを悟っての辞表であったのだろう。むろん、嵯峨は許さなかった。

内麻呂が穏やかな性格の、徳望の士であり、人びとから「非常の才」と評されたこと、しかし内麻呂を単なる廉潔の士と見るだけでは、真の内麻呂理解でないことについては、折りに触れて述べてきた。

とくにそう思うのは、死の間際まで一家のために顧慮する内麻呂の執念に、権力に対する生々しさを感じるからである。

奉献

それは、先の辞職願いを提出して四日後のことである。大原野《おおはらの》の遊猟に出かけた嵯峨天皇に対して内麻呂は奉献《ほうけん》（物を奉る）し、侍従以上の者と山城国司および内麻呂の子弟らに衣被を賜っている。遊猟のあと、天皇を中心に盛大な宴飲が催されたのであろう。内麻呂からの賜与はその宴席で施されたものであった。こうした奉献遊宴を通して行われる経済的奉仕は、当時の宮廷貴族にとって天皇との信頼関係を築く上で、きわめて有効な政治的手法であった（目崎徳衛「平安時代初期における奉献」『平安文化史論』）。

好例は藤原継縄《つぐただ》である。

継縄は豊成の子で、南家の嫡流であったが、さしたる才能がなかったにもかかわらず桓武天皇に抜擢され、是公（南家）が亡くなったあと、その地位を継いで右大臣に就任し、一族の長となっている。抜擢の背景に、妻の明信《めいしん》の存在があったのは事実であるが（前述）、それだけではない。長岡京や平安京郊外に別荘を所持していた継縄が、遊猟好きの桓武天皇を招いては奉献宴飲し、桓武の好尚に応えたことが桓武との絆を強める要因になったことも間違いはない。

奉献による天皇への接近策は、伊予親王を後見した雄友にもしばしば見られる。継縄といい、雄友といい、これは政界のトップに立った南家の人びとに共通する行為であった。右大臣に就任し首班の座に着いた内麻呂が、翌大同二年（八〇七）四月、平城天皇に奉献しているのも、継

	年月	年齢
①	大同 2（807）4 月	52
②	大同 3（808）2 月	53
③	大同 4（809）7 月	54
④	弘仁 2（811）12月	56
⑤	弘仁 3（812）9 月	57

内麻呂の奉献

縄らにならってのことである。以来、内麻呂は没するまでの六年間に、奉献が五回にも及んでいる。当時の宮廷においては驚くべき頻度であり、内麻呂がいかに天皇との関係の構築を重視していたかが知られよう。

内麻呂にとって、大原野遊猟時の嵯峨への奉献は生涯最後の奉仕であり、しかも亡くなる十一日前のことである。子孫を慮る内麻呂が、死力を振り絞って投じた最後の一策であった。ただし後述するように、内麻呂が願っていたのは藤原氏一族の繁栄ではない。内麻呂の眼中にあるのは北家だけで、北家が他の三家を抑えて藤原一族の頂点に立つことをめざして奔走してきた。その意味では、北家一筋の政治家であった。

内麻呂が篤実な人柄であったことは確かであるが、かといって術策や心術に淡白だったわけではない。というより深謀と周到さを合わせ持つ稀代の政治家であり、北家の優位はこの内麻呂によって確立されたといってよい。

内麻呂が没したのは弘仁三年（八一二）十月のことで、波乱に満ちた五十七年の生涯を閉じている。

南円堂の本尊

話は内麻呂の死にまで及んでしまったが、生前の内麻呂についてもう一つ述べておかねばならないのが、藤原氏の氏寺、興福寺境内に建立された南円堂《なんえんどう》である。

南円堂は、伽藍の中心である中金堂にも匹敵する堂宇であり、一般には弘仁四年（八一三）、冬嗣が父内麻呂の遺志を受け継ぎ、その一周忌供養のために建立したものと理解されている（『興福寺縁起』『興福寺流記《るき》』など。以下『縁起』『流記』という）。また興福寺にはもともと伽藍配置がなく、南円堂の建立をもって堂内整備が完成したといわれるいっぽうで、南円堂の場所すなわち五重塔に対峙する、境内でのいわば一等地が、南円堂が建立されるまでのほぼ一世紀もの間、空地の状態で放置されてきたのは異例であるとも考えられている。

南円堂について、建立者が冬嗣であることはまず間違いないとしても、本尊の造立をはじめ南円堂建立の経緯には各説差異があり、理解が一致していないのが現状である。しかし、内麻呂や北家の立場を考える上では避けて通れない問題なので、話は複雑になるが、ここでわたくしの考えを述べておきたい。

まず、南円堂本尊の不空羂索観音像《ふくうけんさくかんのんぞう》の問題から解き明かそう。

ややこしいことに不空羂索観音像は南円堂だけでなく、講堂の本尊もかつては不空羂索観音像だっ

	南円堂本尊	講堂本尊	発願者	理由	造立年
①『縁起』	不空羂索観音像		内麻呂		
②『宝字記』		不空羂索観音像（のちに南円堂に移される）	房前の子どもたち（真楯・藤原夫人）	両親（房前と牟漏女王）の供養	天平十八年
③『弘仁記』		阿弥陀三尊像		藤原乙牟漏の一周忌供養	延暦十年

南円堂・講堂の本尊

たとの記載がある。すなわち、

①『縁起』によれば、南円堂本尊は不空羂索観音像であり、冬嗣の父内麻呂が発願造立したと記すが、

②『宝字記』(『流記』に引かれる天平宝字年間の資材帳)には、講堂本尊は不空羂索観音像であり、それは天平十八年(七四六)、従二位藤原夫人(房前の娘)と参議正四位下民部卿藤原朝臣(房前の息子、真楯)、すなわち房前の子どもたちが、両親(房前と妻の牟漏女王)のために造立したものと見える。そして、この講堂本尊(真楯らが造立した不空羂索観音像)は、後に南円堂に移されたと注記している。

やっかいなのは、

③『弘仁記』(『流記』に引かれる弘仁年間の資材帳。『宝字記』の後に成立)には、講堂の本尊であったはずの不空羂索観音像についての記載が一切なく、もともと阿弥陀三尊像が講堂の本尊で、この三尊像は延暦十年(七九一)三月、桓武の皇后藤原乙牟漏の一周忌供養に造立されたものと記していることである。

講堂本尊の謎

以上の『宝字記』(②)と『弘仁記』(③)の記載から、毛利久氏は、講堂の本尊はある時期に交代し移座されたと推測した(「興福寺伽藍の成立と造像」『仏教芸術』四〇)。すなわち延暦十年から『弘仁記』成立の弘仁末年(八二三)頃までの間に、講堂の本尊は北家由緒の不空羂索観音像から阿弥陀三尊像に変えられたとした。その理由を、当時隆盛をきわめていた式家が乙牟漏(式家)供養に際して、衰運していた北家(真楯と藤原夫人)の造った不空羂索観音像を追いやって、新たに阿弥陀像を本尊にした、しかしその後、北家の再興を志した内麻呂が、式家によっ

て安置場所を奪われていた不空羂索観音像のために新たな堂宇（南円堂）を切望したが、叶わずに内麻呂は亡くなったと主張した。講堂本尊が交代されたこと、その理由を式家と北家の対立とみて、講堂から追いやられた本尊（真楯と藤原夫人による造像）の安置場所として、南円堂の建立が構想、移座されたというのである。

これに対して松島健氏は、交代・移座説を否定する（「南円堂旧本尊と鎌倉再興像」『名宝日本の美術五 興福寺』）。式家が講堂本尊の安置場所を強引に奪ったとはいえず、したがって不空羂索像の南円堂への移座は考えられない、とした上で、講堂本尊の変更を主張する。すなわち、南円堂の本尊（不空羂索観音像）は『縁起』①の記載通り内麻呂が造立したもので、講堂本尊については、『宝字記』②に不空羂索観音像とあり、『弘仁記』③には阿弥陀三尊像と見えるのを、本尊の変更があったと理解するのである。その理由は、当時の興福寺における浄土教への関心から阿弥陀像の安置に変更されたと主張した。ちなみに氏によれば、講堂の本尊（不空羂索観音像）は西金堂《さいこんどう》へ移されたという。

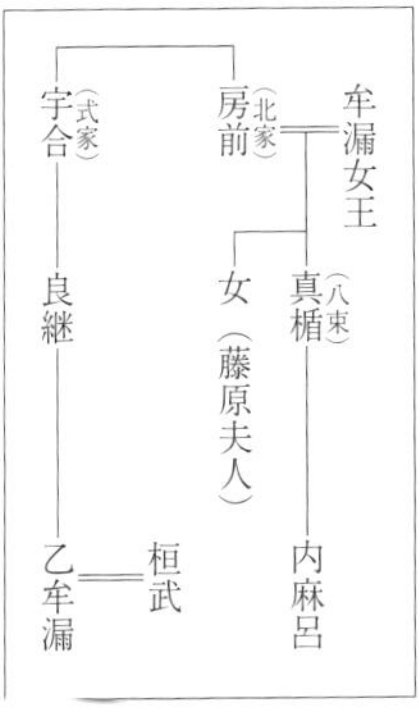

不空羂索観音像をめぐる式家と北家

なお近時、乙牟漏が桓武の皇后であったことから、『弘仁記』③に記す講堂安置の阿弥陀三尊像の発願を桓武天皇と推断して、この阿弥陀三尊は式家（乙牟漏）由緒とはいえ、桓武という造立者の点で真楯らの像（北家、不空羂索像）よりは全く格上の像であり、桓武に遠慮した内麻呂（北家）が自家興隆の大願を含めて、不空羂索像（講堂本尊）のために南円堂建立を思い立たせたという意見が出され、これが有力となっている（麻木修平「興福寺南円堂の創建当初本尊像と鎌倉再興像」『仏教芸術』一六〇）。

移座か変更か

講堂本尊について移座説（毛利氏）にせよ、変更説（松島氏）にせよ、いずれも本尊交代の立場にたつもので、その点両説に違いはない。しかし果たして、講堂本尊の変更（もしくは移座）があったかどうか、関連史料が他に見当たらないため、考察はすべて推測の域を出るものではない。それよりもわたくしが不思議に思うのは、桓武皇后という立場から、講堂本尊（阿弥陀三尊像）の発願者を桓武と見る発想である。平安時代になると桓武天皇への追慕の念が高まり、それに伴って皇后乙牟漏の立場も重視されるようになる。後述するように良房による十陵の中に、桓武の生母高野新笠とともに乙牟漏が入れられ奉幣の対象とされているのが何よりの証左である（二一四頁参照）。けだし乙牟漏は皇室だけでなく藤原氏にとっても母系の祖であり、したがって皇后であることを根拠に桓武を発願者とみる理由はまったくない。

改めて述べるまでもなく、天武系の立場を否定された桓武が自らの立場（天智系皇統）にめざめ、新しい皇統の拠点としたのが長岡京であった。その意味で、天武系の拠点である大和（平城京）を棄てての長岡遷都は、桓武にとって天下草創の事業だった。これ以前の遷都でみられた寺院の移転を認めなかったのも、平城京を切り棄てた桓武の強い意志がうかがわれる。そんな桓武であれば、皇后乙牟漏が藤原氏の出自であるとはいえ、平城京の寺院、興福寺境内に造像を発願するなど考えられることではない。ましてや内麻呂が桓武に遠慮して講堂の不空羂索像を移座し、その安置場所として南円堂の建立を計画したなどという見方は、とても容認できるものではない。

だからといって、毛利説の移座の理由についても賛成できない。藤原四家が分立して以来、真楯らが牟漏女王のために造立した本尊を追い出すほど、式家と北家の間に対立があったとは、とても思えない。だいいち延暦十年（七九一）といえば、当時は南家の継縄が右大臣として廟堂のトップにあり、北家の小黒麻呂が大納言として次席の地位にあった。式家は、種継が暗殺された延暦四年以降、同十七年、縄主が参議に任じられるまで、廟堂に入った人物は一人もいない。四家の中でも式家の衰退は明かであった。こうした中で、式家が北家を追い出したとはとても考えられない。

あくまでも仮定の話であるが、講堂本尊が入れ替わった（不空羂索像→阿弥陀三尊像）ことが事実とすれば、その理由は、松島氏のいうように信仰上の問題からと考えるべきであろう。

内麻呂の発願

講堂本尊の謎が解決されたわけではないが、いずれにせよ、南円堂本尊（不空羂索像）は内麻呂が発願したと考えて間違いない。ただし、安置場所を失った本尊のために南円堂が建立されたなどということは、有り得ないと思う。

なお松島説についてひと言述べておくと、藤原氏が逼塞状況にある中で、内麻呂は昔日の栄華を藤原一族の上にもたらすべく、造像（南円堂本尊、不空羂索像）を発願したという氏の理解には同意できない。後述するように、内麻呂の願いはあくまでも北家の繁栄であり、北家の優位であって、一族の興隆でなかったことに留意すべきである。

また松島氏によれば、内麻呂が造像を完成させた時期を、中納言に昇格した延暦十七年（七九八）

とみているが、これにも賛成出来ない。確かに内麻呂は、小黒麻呂《おぐろまろ》が没した（延暦十三年）あとを承けて北家の長となり、その年参議に任じられている。しかし当時政界の首班は南家（継縄）が占めており、とくに小黒麻呂（北家）没後は、一族四家の中でも南家が圧倒的優位にたっていた。さすがに継縄が亡くなり（延暦十五年）、南家の立場に翳りが出始めてはいたが、それでも一族の中では南家の優位に変わりはなかった（一〇二頁）。内麻呂が、一族を背負って立つほどの気概を持つ立場になかったことは明白である。

内麻呂が藤原一族の統轄者となるのは、右大臣に任命された延暦二十五年（八〇六）以降である。その結果、魚名の左遷以来衰退の一途を辿っていた北家が、廟堂の主導権を握ることになる。二十数年ぶりの北家の地位回復であった。それが造像発願のきっかけであり、この時期の内麻呂にとって、もっとも相応しい記念的事業であったに違いない。

南円堂の本尊は移座されたものではない。内麻呂はトップの座に就いたのを機に、不空羂索観音像の造立を発願し、それを安置するために南円堂の建立を計画したのであった。

興福寺と山階寺

南円堂に対する通説について、もう一つ疑問に思うことがある。南円堂が建つその場所である。興福寺はこの南円堂の造立によって、ようやく伽藍としての体裁を整えたといえるが、南大門を挟んで五重塔と対峙して建つ南円堂の地は、境内でも重要な地であり、したがってその地が約一〇〇年の間放置されてきたのは不可解であるというのが一般の考えである。確かに境内伽藍の西方は、北から不比等の北円堂、三千代の西金堂と続き、藤原氏の氏寺的性格が強いことから、不比等の後継者たる者が堂塔を開創すべき、一等地であると考えられるのも無理はない。

しかしこのような理解は、興福寺が建立当初から藤原氏の氏寺《うじでら》であったと、当たり前のごとく受け取られてきたことに最大の原因がある。そもそも興福寺は、藤原氏の氏寺として建立された寺院だったのか。

興福寺が、藤原氏の氏寺でありながら律令的な「官寺《かんじ》」でもあるという、二重構造をもつ寺院であり、平安時代の興福寺がそうした公私の二面性を巧みに利用しながら、大きく発展していったことは疑いのない事実である。律令制の衰退とともに寺勢を失っていた「官寺」の中で、興福寺がその地位を保持し得たのも、興福寺のもつ二面性と無関係ではない。しかしわたくしには、それが興福寺の成立当初にまで遡ってのものであったようには思えない。

従来、興福寺は不比等によって建立された藤原氏の氏寺であり、その前身である山階寺《やましなでら》が興福寺の通称（すなわち興福寺＝山階寺）として理解されてきた。おそらくこのことは、かつて一度も疑いがもたれることはなかったろう。しかしわたくしの見るところ、興福寺は不比等が建てた寺院でも、藤原氏の氏寺として建立された寺院でもない。官寺（藤原京時代の四大寺）の一つ、弘福寺《ぐふくじ》の後身として、国費で平城京に造営された国家経営の寺院である。興福寺と山階寺とは起源を異にする、別個の寺院と見るべきで、改めていうまでもなく、この山階寺こそ藤原氏の氏寺として建立された寺院であった（瀧浪「山階寺と興福寺」『公家と武家』Ⅱ）。

以下、山階寺と興福寺との関係について、具体的に述べてみる。なお山階寺の寺名については、一

天皇	年		南家	北家	式家	京家	合計
	和暦	西暦					
桓武	延暦 1	782	2	3 左大臣 魚名 （配流）	2	1	8
	2	783	2	2	2 左大臣 田麻呂 （没）	0	6
	3	784	2 右大臣 是公	2	1	0	5
	4	785	2 右大臣 是公	2	1	0	5
	5	786	2 右大臣 是公	1	0	0	3
	6	787	2 右大臣 是公	1	0	0	3
	7	788	2 右大臣 是公	1	0	0	3
	8	789	2 右大臣 是公 （没）	1	0	0	3
	9	790	2 右大臣 継縄	1	0	0	3
	10	791	2 右大臣 継縄	1	0	0	3
	11	792	2 右大臣 継縄	1	0	0	3
	12	793	2 右大臣 継縄	1	0	0	3
	13	794	4 右大臣 継縄	2	0	0	6
	14	795	4 右大臣 継縄	1	0	0	5
	15	796	4 右大臣 継縄 （没）	1	0	0	5
	16	797	3	1	0	0	4
	17	798	2	1	1	0	4
	18	799	2	1	1	0	4
	19	800	2	1	1	0	4
	20	801	2	1	1	0	4
	21	802	2	1	2	0	5

公卿（参議以上）数

天皇	年 和暦	年 西暦	南家	北家	式家	京家	合計
	延暦 22	803	2	1	2	0	5
	23	804	2	1	2	0	5
	24	805	2	1	2	0	5
	25	806	2	3 右大臣　内麻呂	2	0	7
平城	大同 2	807	2	3 右大臣　内麻呂	2	0	7
	3	808	2	3 右大臣　内麻呂	2	0	7
	4	809	0	4 右大臣　内麻呂	3	0	7
嵯峨	5	810	0	4 右大臣　内麻呂	3	0	7
	弘仁 2	811	0	4 右大臣　内麻呂	3	0	7
	3	812	0	5 右大臣　内麻呂（没）	2	0	7
	4	813	0	4 右大臣　園人	2	0	6
	5	814	0	4 右大臣　園人	2	0	6
	6	815	0	4 右大臣　園人	2	0	6
	7	816	1	4 右大臣　園人	2	0	7
	8	817	1	4 右大臣　園人	2	0	7
	9	818	1	3 右大臣　園人（没）	1	0	5
	10	819	2	1 大納言　冬嗣	1	0	4
	11	820	2	1 大納言　冬嗣	1	0	4
	12	821	2	1 右大臣　冬嗣	1	0	4
	13	822	2	1 右大臣　冬嗣	1	0	4
	14	823	2	1 右大臣　冬嗣	1	0	4

藤原氏が占める

・人名はその年の政界のトップを示す
・藤原氏以外の人物がトップの年は人名を記していない
・『公卿補任』をもとに作成

般に「山階」寺の文字を使っているが、もともとは鎌足の館があった山科《やましな》郷（山背国）にちなむ呼称であり、「山科」寺と表記すべきであろう。しかし後述するように奈良へ移され、所在地の山科を離れたことから、音通する「山階」寺に改められたものと考える。したがってここでもとくに必要のない限り、「山階寺」を用いることにする。

縁起

興福寺の由緒や成立事情などについて、『宝字記』（天平宝字年間〈七五七～六五〉に作成された興福寺の資材帳。『興福寺流記《るき》』に所収）に収める縁起によれば、天智天皇八年（六六九）、藤原鎌足の病気平癒を祈って、妻の鏡女王《かがみじょおう》が山階（山背国）に真院（山階寺）を開いたが、その後壬申の乱を経て、天武天皇が飛鳥に都（飛鳥浄御原宮《あすかきよみはらぐう》）を定めた際、この山階寺も厩坂《うまやさか》（大和国）に移されて厩坂寺と呼ばれ、さらに平城遷都に際し、不比等が奈良に移して、興福寺と名づけたとする。つまり山階（科）寺→厩坂寺→興福寺という系譜で理解され、興福寺の草創期の歴史としては、これがほぼ了解されているといってよい。山階寺がいわば原興福寺であり、興福寺の通称となったとの理解もこの縁起が根拠になっているし、とくに平城京の興福寺が不比等によって移転・創建されたとみる点については、疑う余地のない事実とされてきた。

造興福寺仏殿司

その興福寺が正史に登場するのは、不比等が亡くなって二か月後の養老四年（七二〇）十月のことで、『続日本紀』に、「始めて養民《ようみん》・造器《ぞうき》及び造興福寺仏殿司《ぞうこうふくじぶつでんし》の三司を置く」とあり、これが初見である。養民司は陵墓造営のために動員された人夫を統括する役所であり、造器司も葬儀に使用する物を造る役所である。本来なら天皇や皇后の葬儀に伴って置かれるものであるが、これより二か月前の八月三日に右大臣不比等が没しており、この場合は不比等の葬儀に関わる臨時の役所であるとみてよい。それが皇族でない不比等に適用されているところに、不比等の立場の重さが示されている。したがって同じ日に設置された三司の一つ、「造興福寺仏殿司」もまた不比等に関わる役所であったことは明らかである。

ちなみに翌養老五年八月三日、不比等の一周忌に北円堂が完成しており、仏像を安置して周忌法事が営まれているが、それは元明太上天皇と元正天皇が、不比等のために右大臣長屋王に命じて行わせた国家的事業であった（『宝字記』）。なお周忌法会の当日、不比等の妻三千代は金堂内に弥勒浄土変を作って供養しており（『扶桑略記』）、金堂もこの時までに完成していたとみられる。

興福寺北円堂

不比等の追善を全面に押し出して造られた仏殿が北円堂であるが、それと並行して金堂なども造営されたのである。こうしてみると、興福寺の伽藍造営は造興福寺仏殿司が置かれた時期から、実質始まったといってよい。しかし国家事業とはいえ、そのスタートが、不比等追善という半ば私的要素の強いものであったところに、当初から他の官寺（国費で建立された国家管理の寺院）と異なる要素があった。それが興福寺の特徴となっていることが、人事なのである。

すなわち草創期の興福寺について、一番の問題とされるのが、

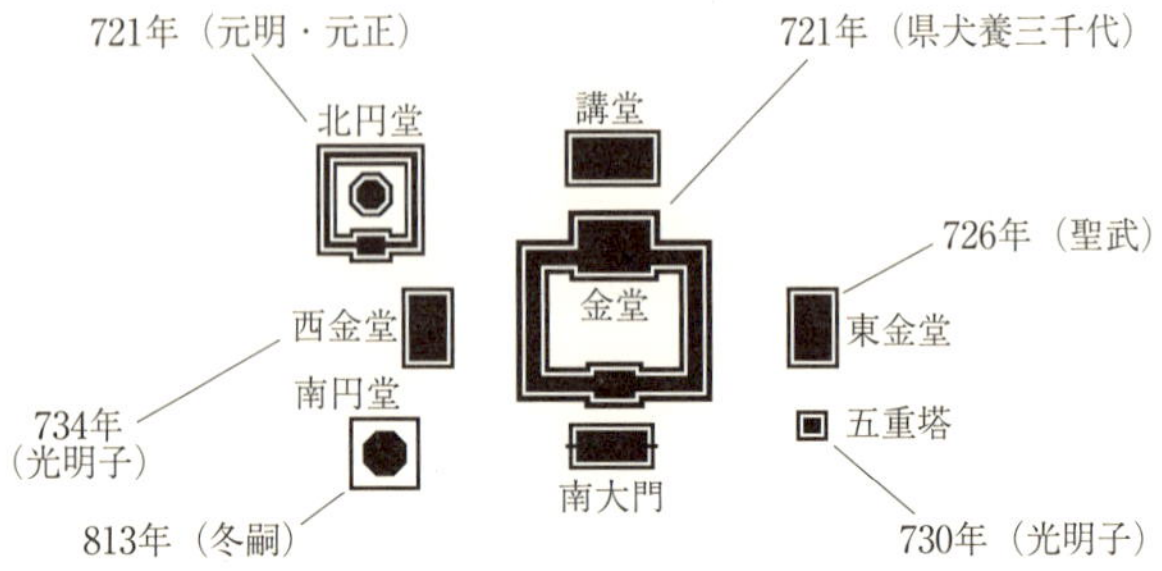

興福寺の主要伽藍（奈良〜平安初期）
数字は造立もしくは完成年。カッコ内は発願主

「造興福寺仏殿司」が置かれたことの意味如何である。なぜ興福寺の場合、他の寺院のように「造寺司」（興福寺なら「造興福寺司」）でなく、「造興福寺仏殿司」であったのか、ということだが、それは不比等の死と深く関わってのことであるのは明白であろう。不比等の功績を考えれば、これを元明や元正が顕彰したいと思うのは当然であり、またそれが朝廷の威光を示す有効な政治的措置でもあった。そこで不比等のための仏殿を造営する「造興福寺仏殿司」が設置され、これを第一義として事業が開始、推進されたのである。

　興福寺の特異性といえば、官寺でありながら大安寺《だいあんじ》や薬師寺のように、一定の伽藍構成をもっていなかったこともあげられる。堂塔それぞれが発願者も造営時期も異なって造られ、九世紀初めの南円堂の建立までおよそ百年を要している。不規則な伽藍配置になったのはそのためとみられるが、その根源は、「造興福寺仏殿司」により不比等の仏殿建立から始まったことと無関係ではなかろう。繰り返していうと、不比等追善という私的要素を核にした国家事業であったところに、当初から興福寺の特異性が内包されていたということである。

隣接する山階寺

いっぽう、山階寺については『続日本紀』天平十年（七三八）二月二十八日条に、「山階寺に食封一千戸を施す」と記すのが初見である。しかも、この時の食封の賜与の対象とされたのが、法隆寺や隅院《すみのいん》（隅寺とも。光明皇后が法華寺の東北に建てた寺）といった、いわゆる官寺＝四大寺（天武朝の末年から持統朝にかけて四寺が国家の大寺とされ、国家的法会や宗教行事の場とされた）でない寺院であったのは、山階寺もそれらと同類の存在だったことを思わせる。その点で、たとえば地震災害が起きた時、「大安・薬師・元興・興福の四寺」に対して大集経《だいしゅうきょう》の読経が命じられているように（『続日本紀』天平十七年五月八日条）、興福寺が四大寺（官寺）の一つとして公的処遇を受ける存在であったのとは明らかに異なっている。こうした点からも、両寺は別個の存在であったとみて間違いない。そしてこの山階寺こそ、藤原氏の氏寺であった。

繰り返していうが、藤原氏の氏寺として建立されたのが山階寺である。これに対して官寺である興福寺は、不比等の死をきっかけに造営されたもの、というのがわたくしの理解である。

この山階寺の位置や寺観・規模などについては一切不詳であるが、仲麻呂が光明皇后の追善のために山階寺に建立した「東院《とういん》」辺りの建物が、わずかながら興福寺との位置関係の手がかりになる。すなわち通説では、仲麻呂建立の堂宇（西檜皮葺堂）は興福寺境内の「東院仏殿」と称された一画（東金堂と五重塔のある一画）にあったとみられているが、『扶桑略記』（天平宝字五年二月）には、「件の堂は、山階寺東院なり」との注記があり、興福寺と区別されている。ちなみに『続日本紀』には、四か月後の同天平宝字五年（七六一）六月八日、光明子の忌日に毎年「山階寺」で行われる梵網経講説のための費用として、田四〇町が施入されたことを記している。従来は、この「山階寺」が興福寺の通称と理解して、したがって興福寺に施入されたものとしてまったく疑うこともなかったが、そうではない。亡くなった光明皇后のために、仲麻呂によって山階寺に「東院」が建立され、田地が施入されたのである。

この「東院」に関連して注目されるのが、天平勝宝八歳（七五六）の日付を持つ「東大寺山堺四至《しいし》図」（正倉院蔵）で、そこに「興福寺」の東に「山階寺東松林廿七町」との記載がある。こうしたことから考えると、山階寺は、興福寺に隣接する形で存在していたものと推測される。そして、このように両寺が近接している上に、ともに不比等に関わる寺院であったところに、やがて一体化していく要素は十分にあった、というより一体化はむしろ時間の問題であったろう。

さて、興福寺が官寺であり私寺でなかった以上、藤原氏が境内に堂宇を建立した形跡がないのは当然である。

南円堂の地

北円堂は元明太上天皇と元正天皇が、不比等追福のために右大臣長屋王に命じた国家的事業であり、養老五年（七二一）八月、不比等の一周忌に完成している。その後神亀三年（七二六）、聖武天皇が元正太上天皇の病気平癒を祈って東金堂を建立し、天平二年（七三〇）、光明皇后が五重塔を建てている。皇后は皇族（内親王）でなければならないという原則を無視して、光明子の立后が実現されたのが前年八月だったことを思うと、五重塔の建立は光明子に背負わされた（立后の目的は今後光明子に出生が期待される皇子の立太子を確実にするための条件づくりであった）、自らの使命を自覚し確認するものであったのかも知れない。

東金堂と五重塔は回廊に囲まれ、興福寺境内では「東院仏殿院」と称して、他の堂宇からは独立した一画を成していたようだ。通説では、仲麻呂が光明子のために建てた堂宇（西檜皮葺堂）もこの東院の中にあったとみられているが、前述したように仲麻呂建立の「山階寺東院」と、興福寺の「東院仏殿院」とは別のものであったと考える。『興福寺流記』所収の「延暦記」にみえる東瓦葺堂、檜皮葺後堂、檜皮葺双堂なども、興福寺の官寺的性格とは多少異なる要素をもった建物であり、実際は「山階寺東院」に存在したものとみてよいであろう。

北円堂の造営をはじめ東金堂や五重塔・西金堂など、興福寺境内に建立された主要な堂塔は、皇室あるいはその関係者の御願によるものであった。

こうしてみると、藤原氏一族が興福寺境内に堂宇を建立するなど思いもしなかったことではなかろうか。現に聖武没後、権力を握り祖先顕彰に努めた仲麻呂でさえ、建立しようとはしなかった。称徳天皇から絶大な信頼を受けた永手も同様である。一世紀もの間、境内の一等地ともいうべきかの地が放置されてきたのは不可解であるというが、藤原氏といえども、官寺である興福寺に私的な堂宇を建立することはできなかったのである。

維摩会の固定

しかし、長岡遷都・平安遷都はこうした両寺の関係や処遇を大きく変化させることになる。いちばんのきっかけは延暦二十一年（八〇二）十月、恒武の命によって山階寺の維摩会《ゆいまえ》が興福寺に固定され、朝廷の法会とされたことである（『扶桑略記』）。

そもそも維摩会とは『維摩経』講説の法会のことで、伝えによると始祖鎌足によって始められたが、その後中断、それを不比等が再興し、毎年十月十日から鎌足の命日（十月十六日）を結願として、山階寺を中心に催行したものという。藤原氏にとって維摩会が重要な行事であったことはいうまでもない。仲麻呂はそうした維摩会の永続化に乗り出し、経営維持費として田地百町を山階寺に施入した。ところが仲麻呂の敗死によって頓挫、さらに長岡・平安の両遷都に伴い藤原氏も本拠を新京に移したから、南都に残された山階寺は、おのずから寺勢が衰えたと思われる。その間、維摩会が山階寺を離れ、神足家《こうたり》（長岡京の神足にあった藤原氏の家）や南都の法華寺（旧不比等邸、のち光明皇后宮）など藤原氏所縁の場所で行われているのも、そうした事情を暗示している（『扶桑略記』延暦二十一年十月条）。

それが桓武の勅によって、維摩会の場所がこの時初めて興福寺に固定したのである。これもまた、新京への寺院の移転を認めないとする桓武の仏教政策の一環とみてよい。寺院・僧侶だけでなく関係法会や行事までをも南都に固定することで、奈良仏教が新京へ流入するのを食い止めようとしたのである。しかし裏を返せば、それだけ維摩会が貴族社会に浸透し、看過出来ない仏教行事となっていたことを示している。だからこそ、山階寺の維摩会を官寺である興福寺の行事として位置づけたのである。奈良仏教を断ち切ろうとする苦肉の措置であり、並々ならぬ桓武の思慮とその政治的手腕に、改めて注目したい。

一体化

しかしその結果、維摩会は氏族をこえる公的行事、すなわち勅会として定着することになった。そればかりではない、維摩会をテコとして興福寺の氏寺化、逆にいえば山階寺の官寺化を促すことにもなった。しかもこの後、藤原氏の政界進出とともに、維摩会は桓武の思惑を越えて、より深く貴族社会に根付いていくことになる。

ちなみに興福寺の行事となって以後の維摩会は、三会（興福寺の維摩会・薬師寺の最勝会《さいしょうえ》・宮中の御斎会《ごさいえ》）の中でももっとも重視され、承和元年（八三四）には当会の竪義《りゅうぎ》の得第僧を諸寺の安居《あんご》講師とし、ついで斉衡二年（八五五）には諸国講読師の条件として定められている。さらに天安元年（八五七）には、当会の維摩会講師が明年の宮中御斎会と、翌々年の薬師寺最勝会の講師を勤めることとされ、この三会を歴任した僧が僧綱《そうごう》に任じられることを勅命で定めている（『三代実録』）。桓武朝以降、維摩会がいっそう充実・整備され、その重みを増していったことが知られよう。維摩会の歴史を語る上で、興福寺の法会となったことの意味はきわめて大きい。

ともあれ山階寺の維摩会は、興福寺法会として定着することによって公式行事となり、その結果平安期を通して重要な位置を占めることになる。それは山階寺の官寺化、換言すれば興福寺の氏寺化と表裏一体をなすものであり、この維摩会を通して両寺の一体化は決定的になったと、わたくしは見る。

内麻呂の大願

興福寺の氏寺化＝山階寺の官寺化はこうして着実に進み、それに伴い両寺域についてもその混淆が進んでいったように思われる。もともと両寺が近接していたことも境域の一体化を容易にした理由である。そうした両寺の一体化を象徴するのが南円堂の造立である。

繰り返していうと南円堂は、弘仁四年（八一三）、藤原冬嗣が亡父内麻呂の一周忌にその遺志を受け継いで完成したもので、西金堂を隔てて北円堂と相対して建つ。ただし北円堂にしても東金堂・五重塔・西金堂にしても、これ以前、興福寺境内に建立された主要な堂塔が、皇室あるいはその関係者の御願によるものであったのに比して、この南円堂は、発願者はもとより建立の動機もまったく藤原氏に関わるものであり、他の建造物とは異質である。それだけに興福寺の官寺的性格の変質を見て取ることが出来よう。

内麻呂に南円堂の建立を発願させ、それを実現可能した大半の理由は、先述したようにそれ以前、山階寺が維摩会を媒介として興福寺との一体化が図られ、興福寺の氏寺化が進んでいたことにある。そうした一体化が進む中で造立を思い立った内麻呂は、不比等の北円堂、三千代の西金堂に続くその場所こそが、氏の統括者たる者が堂塔を開創するに相応しいこと、しかもそれは一族紐帯のシンボルとなることを強く意識したものと思われる。時期は延暦二十五年（八〇六）、右大臣に任命されて廟堂の首班となった頃であったことは、まず間違いない。自らが不比等の後継者であることの内麻呂の宣言でもあった。

内麻呂は不空羂索観音像を造ったまま、南円堂の完成前に没してしまうが、ここで注意しなければいけないのは内麻呂の真意である。これまで述べてきたように、内麻呂の大願は衰微した藤原一族の隆盛であったというのが通説であるが、そうではない。決して一族すべての安泰を願っていたわけではないのである。

彼の山は藤の花

そのことを思わせるのが『縁起』や『帝王編年記』に見える記載である。それによれば、南円堂の本尊は「藤氏の衰微」を歎じた長岡右大臣こと内麻呂が「大願」を発し、弘法大師と申し合わせて造立したとある。内麻呂と弘法大師空海との関係は明らかでないが、大事なのは、内麻呂の「大願」＝「藤氏」の復活が藤原一族ではなく、北家の隆盛を願ってのものだったことである。それは、このあと南円堂について、次のように述べられていることからも知られよう。

補陀落山《ふだらくさん》は八角の山なり。彼の山は藤の花盛りなり。藤氏四家、南家・北家・式家・京家の中、北家の流れ繁昌すべきの由なり。

興福寺南円堂

すなわち観音菩薩ゆかりの補陀落山は、八角の山であるから、南円堂もまた八角にしたのであり、観音浄土には藤の花が咲き乱れているが、それは藤原四家の中でも北家の隆盛を反映したものである、と記している。『大鏡』にも、父内麻呂の遺願を承けて冬嗣が建立した南円堂によって、北家の繁栄がもたらされたとの話が収められている。内麻呂の「大願」は北家の隆盛であり、その成就を願い、弘法大師と申し合わせて南円堂の本尊を造立したのであった。

ちなみに内麻呂が法華経に深く帰依していたことから、弘仁八年（八一七）、冬嗣は南円堂において法華会《ほっけえ》の催行を始めるが、それが内麻呂の忌日（十月六日）に結願する（毎年九月三十日〜十月六日までの七日間行われる）のは維摩会を意識してのものである。冬嗣にとって、不比等を藤原氏の遠祖とすれば、父内麻呂はまさに北家の近祖であった。しかも法華会の催行には、冬嗣が抱く政治的野心が秘められていた。それはやがて明らかになろう。

ともあれ、内麻呂が北家の将来を見据えて息子たちを二派（安殿親王の側近と神野親王の側近）に分けたことは見事に的中し、北家に光明をもたらした。その内麻呂の遺志を継いで冬嗣が建立した南円堂は、北家のシンボルとなっただけでなく、興福寺の私的化＝藤原氏的要素の優越を決定的にしたのである。

真夏の召還

内麻呂が次男冬嗣に後事を託して没したのは弘仁三年（八一二）十月六日のこと、現職の右大臣として五十七歳の生涯を閉じている。その日、従一位左大臣が贈られた。翌十一月二十八日、喪に服し解官していた内麻呂の息子たち冬嗣・福当麻呂・桜麻呂らは本官に復職され、冬嗣は十二月五日、正四位下に昇叙されている。

いっぽう薬子の事件で備中権守に左遷されていた真夏も、冬嗣昇叙の五日後（十二月十日）、本官に復職されている。ただし喪が解かれて備中権守に復職したということで、左遷が許されかつての参議に復任したというわけではない。

真夏が備中国から召還された時期は明かではないが、弘仁十一年（八二〇）十月二日の「正倉院御物出納注文」に、「散位正四位下藤原朝臣真夏」との署名が見え、一般に平城上皇の使者として署名したものと考えられている。したがってこれ以前に許されて帰京し、上皇に近侍していたものであろう。ちなみに薬子事件の関係者が左遷・配流を許されるのは、平城上皇没（天長元年七月七日）後の天長元年（八二四）八月で、『日本後紀』によれば、全員の帰京が許可されている。つまり真夏はそれより早く赦されて帰京していたことになる。しかも、真夏は弟冬嗣が右大臣に任命され廟堂の首班となった翌年（八二二年）正月に従三位に昇叙され、明らかに事件の関係者の中でも特別扱いされている。こうした真夏の召還や昇叙に、弟の冬嗣が深く関わっていたことは間違いない。

真夏はその後も平城上皇が平城宮諸司の停止を願う書、太上天皇の尊号辞退を申し出る書など、上皇の使者となって平安京に赴いている。真夏は一貫して平城上皇に近侍し、忠義を尽くしたと思われる。しかし、政治的には何の力も持つことはなかった。そうした兄真夏に対して冬嗣も、精一杯の援助をしたものと思われる。

ちなみに冬嗣が南円堂において父内麻呂のために、はじめて法華会を催行したのが弘仁八年（八一七）、真夏が召還されたのはその前後のことと思われるが、真夏が近侍した平城上皇の御所は山階寺や興福寺と至近距離にあった。毎年内麻呂の忌日に結願されるその法会には、むろん真夏も参拝したと思われるが、行事催行の一週間というもの、真夏の胸中に去来したのはいったい何であったろうか。

真夏の子どもたち

真夏が没したのは、天長七年（八三〇）十一月十日である。備中国から召還されて十年ほどが経っている。散位従三位として生涯を終えている。平城上皇に遅れること六年、父内麻呂と同じ五十七歳であった。その人となりについて、『日本後紀』は、「飾《しょく》詞《し》有り、時に随いて身を容《お》く」（言葉を巧みに飾るところがあり、状況に合わせて行動することが出来た）とある。平城に近侍する有能なブレーンであったことを思わせよう。真夏は音楽にも優れた才能を発揮したようで、大同三年（八〇八）、平城天皇の大嘗祭では行事所に出仕し、華美な標を作って八佾《はちいつ》の舞（ヤツラノマイとも）を盛大に行うなど、華麗な儀式を演出したという。ただしこれ以後、大嘗会では莫大な費用がかかるようになったと、辛口の評もなされている。

内麻呂の嫡男として生まれながら、北家を継承することは出来なかったが、しかしその生涯を平城上皇に捧げた真夏に、悔いは無かったろう。なお、真夏には十三人の男子がいたが、すべて従五位どまりで、その後だれ一人廟堂に参画した者はいない。弟冬嗣の男子がいずれも公卿として政界で活躍したのとは、対照的である。むろん、真夏の失脚によるものであるが、房前を始祖とする北家において、嫡男（家）が後を継ぐことは殆どなかったように思われる。しかしそれこそが、その家の人びとに負わされた宿命であったのかも知れない。

3　良房の両親、冬嗣と美都子

内麻呂から園人へ

弘仁三年（八一二）十二月、内麻呂が没して二か月後のこと、内麻呂の後継者として大納言園人《そのんど》（正三位・北家）が右大臣に任命されている。園人は内麻呂より一歳下、時に五十六歳であった。内麻呂亡き後、ただちに冬嗣が後を継ぎ藤原一族を統括したと思われがちだが、そうではない。この時冬嗣は三十八歳で正四位下、前年参議に任じられて公卿の仲間入りを果たしたばかりで、内麻呂の後継者となるには、年齢的にも政界におけるポストからいっても、その立場にはなかった。氏の代表（のちにいう氏長者。この時はまだ呼称が定着していない）として一族を統括したのは、官位第一の園人である。

ちなみに園人は参議楓麻呂《かえでまろ》（房前の第七子）の長男、母は内大臣良継の娘で、内麻呂とは従兄弟になる。宝亀十年（七七九）美濃介に任じられて以来、およそ二〇年にわたり備中・安芸・豊後・大和などの国守を歴任し、地方行政面で実績をあげている。任地での園人は良心的な仁政を行ったことから百姓に慕われ、「皆良吏《りょうり》の称あり。百姓追慕し、あるいは祠《ほこら》を立つ」（『公卿補任』）と賞されたという。延暦年間に赴任した豊後国では、その遺徳を頌える祠が今に伝えられている。

園人が参議として廟堂に参画したのは大同元年（八〇六）四月で、内麻呂の大納言就任と同日に任じられ、翌五月、平城天皇の即位によって皇太弟となった神野親王（のちの嵯峨天皇）の皇太弟傅《こうたいていふ》も兼任することになる。この頃から園人は廟堂内で独自の改革案を数多く提言し、それが採択されるなど、行政手腕を発揮している。そうした中で嵯峨天皇から厚い信頼を受けるようになり、内麻呂没後、廟堂の首班として右大臣に任命されたのである。

功封の返納

一族の代表者としての園人の立場を端的に示すのが弘仁六年（八一五）六月、鎌足と不比等が賜った功封の返納を申し出ていることである。

『日本後紀』によれば、皇極《こうぎょく》天皇の時代に鎌足が封一万五千戸を賜り、それを継承した不比等は、自身も封五千戸を下賜された（慶雲四年）が、それを辞退し、二千戸に減定して子孫に伝えている。その後天平神護元年（七六五）に右大臣豊成が、前年の仲麻呂の乱の謝罪の意を込めて封を返還したが、宝亀元年（七七〇）に返賜され、大同三年（八〇八）に右大臣内麻呂が返還を申し入れたが、これは許されなかったという。そこで園人がいうには、先祖の功労による格別の封戸支給に対して、何の功績もなく責務も果たしていない今、それらを返還して少しでも皇室経済を補いたいと訴えている。むろん嵯峨天皇は園人の申し出を受け入れなかったが、その申し出が個人的なものではなく、藤原氏の代表としての発言であったことは明白である。

園人がこうした返還を申し出たのは、一つには、氏の代表者の立場から、先の内麻呂にならっての発言であった。そしてもう一つは、前年五月、嵯峨の皇子女のうち、卑姓の母に生まれた三十二人に源姓を与えて臣籍に降した、嵯峨がとったいわゆる源氏賜姓の措置を意識してのことであったと思われる。

嵯峨天皇は、ことに内寵《ないちょう》を好んだ天皇として知られるが、その結果、五〇人にも及ぶ皇子女が生まれて、「男女稍《やや》多し」「空しく府庫《ふこ》を費やす」（『日本後紀』弘仁五年五月九日条）といわれ、皇室経済を圧迫することが切実な問題となっていた。賜姓皇族そのものは奈良時代にもあったが、多くは五世以下の皇親を対象としたもので、一世皇親への賜姓は、この嵯峨天皇の皇子女が最初である。けだし皇位継承権が親王にしかなかったことを考えると、こうした措置には皇位継承上のトラブルを避ける手段として、有資格者の数的制限を図るという意味合いもあったろう。しかし嵯峨の場合はそれ以上に、経済的な理由がはるかに大きかったといってよい。功封返還の申し出には、皇室経済に対する危機感が背景にあったことは間違いない。長年地方官を歴任し、人民への負担軽減につとめてきた園人ならではの献策であった。

嘉智子の入内

いっぽう冬嗣も、この間、嵯峨天皇の絶大な信任を得て急速に昇進している。弘仁五年（八一四）四月、邸宅（閑院《かんいん》）に嵯峨天皇の行幸を得て従三位に叙せられ（この時妻の美都子も従五位下に叙されている）、同八年二月には中納言を兼任、翌九年六月、正三位に昇叙され、大納言に任じられている。

こうした冬嗣の急速な昇進は、わたくしの見るところ、弘仁六年、皇后に立てられた橘嘉智子の存在と無関係ではない。そこでまずは、嘉智子について述べておかなければなるまい。

嘉智子は橘清友の娘（母は田口氏）で、橘諸兄の曾孫、奈良麻呂の孫にあたる。しかし奈良麻呂が仲麻呂を排除しようとクーデターを起こして失敗、捕えられて獄死した後、一族は逼塞を余儀なくさ

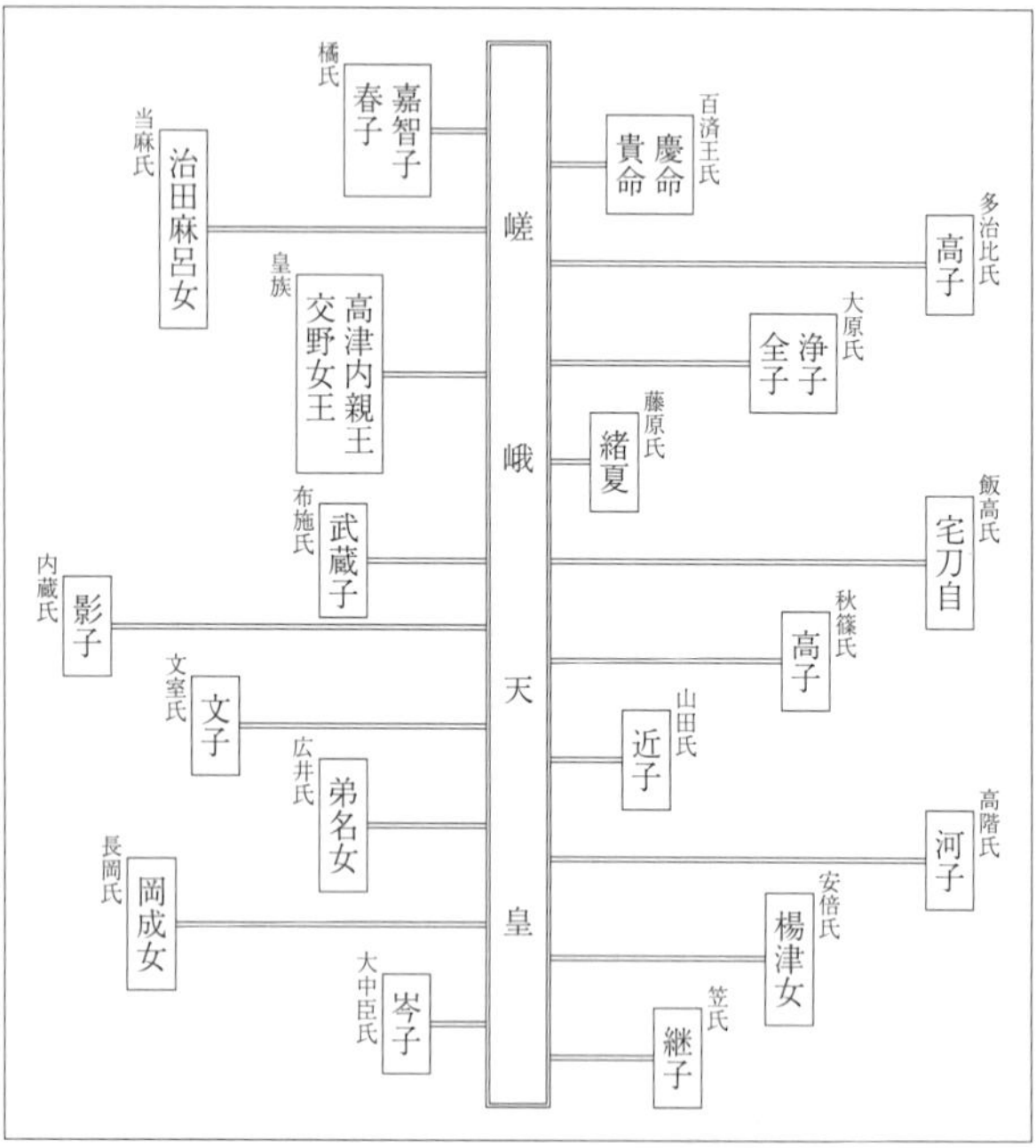

嵯峨天皇のキサキ（所生皇子女をもつキサキを中心に）

れている。そうした衰運の中で、嘉智子が後宮に入ることができたのは、一族にとって幸運だったというべきであろう。

嘉智子が入内したのは嵯峨の親王時代である。その間の経緯などは明らかでないが、嵯峨の父桓武天皇時代に一族から三人の女性が後宮に入っており、この三人との縁を介して嘉智子の入内が実現したことは十分考えられよう。しかしそれ以上に大きな要因となったのは、嘉智子が冬嗣と姻戚関係にあったことで、嘉智子の後宮入りは冬嗣との関係を抜きにしては考えられない。これについては後述する。

入内した嘉智子は大同四年（八〇九）六月、嵯峨即位の二か月後、高津《たかつ》内親王が妃になった日に、多治比高子とともに夫人とされている。高津内親王は桓武天皇の娘で、母は坂上又子（苅田麻呂の娘）、嵯峨の異母姉妹にあたる。血筋の上から、高津内親王がキサキとして第一の存在であったことはいうまでもない。

ただし嘉智子の優位は、希にみる美貌の持ち主だったことである。

嘉智子の立后

嵯峨天皇には知られるだけでも二〇人余りのキサキがおり、嘉智子もその一人にすぎなかったが、「風容絶異にして、手は膝に過ぎ、髪は地に委《まか》す」（『文徳実録』嘉祥三年五月五日条）と言われた美女で、見る人みなその美しさに驚嘆したという。そうした嘉智子に対する嵯峨の寵愛はことに厚かったようで、嵯峨の心を射とめて余裕たっぷりの嘉智子の歌が『後撰和歌集』（巻十五―雑一）に収められている。

まだ后になり給はざりける時、かたはらの女御たちそねみ給ふけしきなりける時、みかど御曹司に忍びて立ちより給へりけるに、御対面はなくて、たてまつり給ひける

言繁ししばしは立てれ宵の間に　おけらん露はいでてはらはむ

（人の噂が煩わしく存じます。しばらく曹司に入らず外でお立ちになってお待ち下さい。宵の間に御衣に置いた露は、私が後ほど出てお払いいたしましょう。）

嵯峨が嘉智子のもとに足繁く通ってくるのを、周囲の女御たちが妬ましく思うことが多かったのであろう、それを疎ましく思った嘉智子が、嵯峨の訪れを拒否して詠んだものである。

この歌がいつ詠まれたかは明かでないが、嵯峨のキサキの一人にすぎない立場でありながら、すでに嘉智子は嵯峨の心を捉えていたことを思わせる。

嘉智子は嵯峨が即位した翌年（八一〇年）に、二十五歳で正良《まさら》（のちの仁明天皇）を生んでいる。嘉智子が立后されたのは弘仁六年（八一五）、嵯峨が即位して六年後である。

それにしても、臣下の立后はそれまで藤原氏に限られていた。それが、なぜ嘉智子（橘氏）が立后されたのか、誰しも疑問を抱くことである。立后という点では、高津内親王がもっとも相応しい存在であった。しかもこれ以前、高津内親王は業良《なりよし》親王と業子《なりこ》内親王を儲けていた。

嘉智子立后の背景には、冬嗣の思惑が強く働いていたとしか思えない。それから間もなく、じつに不可解なことが起こっているからである。

高津内親王の廃妃

高津内親王が、妃を廃されてしまったのである。時期や理由などいっさい不明であるが、所生の業良親王について情緒不安定なところがあって、物事の判断能力に欠けていたといい（『三代実録』貞観十年五月十一日条）、そのために廃妃されたと見るのが一般の理解である。内親王の薨伝には、廃妃について「まことにゆえあるをもってなり」（『続日本後紀』承和八年四月十七日条）と記され、謎めいた雰囲気を伝えている。

じつは過去に、この廃妃と同根の出来事があった。時期は遡るが和銅六年（七一三）十一月、二人のキサキ（嬪）が嬪《ひん》の称号を剝奪された事件である。『続日本紀』によれば、剝奪されたのは石川刀《と》子娘《ねのいらつめ》と紀竈門娘《きのかまどのいらつめ》で、いずれも故文武天皇の嬪であった。二人とも、首皇子《おびと》（のちの聖武天皇）の母藤原宮子（文武夫人）と同じ日に入内している。この時点で竈門娘に皇子はなかったが、刀子娘には広成《ひろなり》・広世《ひろよ》の二皇子が生まれていた。嬪号が剝奪された理由について、『続日本紀』には何も記されていないが、刀子娘所生の二皇子はこの処置によって臣籍に下され、自動的に皇位継承の資格を失ったことになる。その結果、宮子所生の首皇子が文武の唯一の皇子となり、皇位継承上のライバルがいなくなったのである。

いうまでもなく、宮子は不比等の娘である。果たせるかな、首皇子はそれから七か月後に立太子している。嬪号の奪取は、まさしく首皇子の立太子実現のための措置であったのだ。

高津内親王の廃妃も同類の策謀による可能性が高い。この時点で夫人多治比高子に所生皇子はなく、高津内親王は業良親王を、嘉智子も正良親王を儲けていた。その業良の母高津内親王が妃を廃されたということは、これにより嘉智子所生の正良親王が皇位継承の最有力資格者になったことになる。あくまでも推測でしかないが、業良親王が情緒不安定である（真実かどうかは分からない）というレッテルを貼り、その皇位継承資格を奪い取るために廃妃という強硬手段がとられたのではないか。「まことにゆえあるをもってなり」との陰謀を思わせる言葉の意味を、以上のようにわたくしは考える。

このことに関連して留意されるのが、『後撰和歌集』（巻十六―雑二）に収める高津内親王の歌である。

毛を吹き疵を

直き木に　まがれる枝もあるものを　毛を吹き疵を　言ふがわりなさ
（まっすぐな木でさえ、曲がった枝がついている。また、どんなに正しい人にも必ず弱点や欠点があるもので、物事は一概に律すべきではない）

漢文をベースにして詠まれたものであるが、内親王の憤懣やるかたない嘆きが伝わってくるようだ。
また『古今和歌集』（巻十八―雑歌下）にも、次の歌が収められている。

木にもあらず　草にもあらぬ竹のよの　はしに我が身は　なりぬべらなり
（木でもなく草でもない竹の、さらにその「よ（節と節との間の空洞）」のように、世の半端ものにこの身はなってしまったようだ）

この歌については「よみ人知らず」とあるが、ある所伝として「たかつのみこの歌なり」という注記がついている。内親王の歌かどうか、明らかではないが、時の人びとは内親王に仮託することで、その気持ちを思いやったのであろう。
業良親王に精神的な問題があったか否かは別にして、高津内親王の廃妃に何らかの策謀が働いていたことだけは、確かなように思われる。
この業良親王には弘仁六年（八一五）五月、備前国津高郡の荒廃田十九町が下賜されている。嘉智子が立后される一か月半前のことで、その母高津内親王に対する後ろめたさといった雰囲気が看取されないでもない。しかし業良親王は結局、生涯を通して一度も叙品されることがないまま、貞観十年（八六八）正月に没している。『三代実録』には、飲食も普段通りで、病気にかかっていたわけではないが、急死したとみえる。母とともに、運命に翻弄された生涯であったといえよう。

嘉智子立后の思惑

話は業良親王の死にまで及んでしまったが、廃妃を策謀したのは誰か。冬嗣であったと、わたくしは見る。

藤原氏は嵯峨の後宮に緒夏が入っただけで、それ以外の女性は知られていない。皇室と姻戚関係を結ぶことが勢力基盤を確立する上で、いかに大事であるかを知り尽くしていた藤原氏が、なぜ嵯峨の後宮に触手をのばさなかったのか。いわれるように、年齢的・人材的に適齢期の女性がいなかったというのが真相であろう。内麻呂の時代、待ち望んだ緒夏（冬嗣の妹）の入内を実現させたものの、入内（八一五年）して五年、いまだに緒夏に皇子は誕生していない。緒夏の生年は明らかでないが、この時冬嗣が四十一歳であるから、四十歳近くであったろうか。緒夏に出産を期待するのが難しい年齢になっていたことは間違いない。緒夏入内にかけた北家の夢は、消えかけようとしていた。

また、内麻呂の後継者たらんとする冬嗣にも焦りがあった。右大臣園人が氏の統括者として、一族ならびに政界を取り仕切っており、参議の冬嗣は太刀打ちできる立場でなかったからである。そこで冬嗣の打った手が高津内親王の廃妃であり、嘉智子の立后であったと考える。

系図（一三三頁）から知られるように、美都子《みつこ》を妻とする冬嗣は、美都子の弟三守《みもり》を介して、薄いながら嘉智子と繋がっている。嘉智子の強みは前述したように嵯峨の寵愛が強く、すでに皇子正良《まさら》親王を儲けていたことであった。冬嗣はそんな嘉智子に白羽の矢を立てた。嘉智子の父清友がすでに没しており（嘉智子四歳の時）、外戚が堅固でなかったことも大きい。それに嘉智子の高祖母県犬養橘三千代が不比等と再婚しており、藤原氏と橘氏とは縁戚関係にあった。いわゆる奈良麻呂の変に際して、その不穏な動きが伝えられるたびに光明皇太后は、奈良麻呂らを呼び出し、お前たちはわたくしの「近き人」であり、決して謀反を起こすようなことはあるまいと信じている。断じてそのようなことをするではない、と戒めている（『続日本紀』天平宝字元年六月十九日条）。こうした同族意識は、冬嗣と嘉智子との間にも当然あったはずで、のち承和の変が起こった時、嘉智子が事件の処理をただちに良房（冬嗣の息子）にゆだねているのも、そうしたことを示している。

冬嗣にとって、遠縁ではあるが嘉智子を立后することは、園人と対抗する上で有効な措置となったことは間違いない。

冬嗣の賭

弘仁六年（八一五）七月、嘉智子は皇后に立てられた。時に三十歳。またこの日、夫人多治比高子（従三位）を妃に、従四位下緒夏を夫人にしている。

妃となった高子は、嵯峨の皇太子時代に入内していた。嵯峨の即位後、大同四年（八〇九）嘉智子とともに夫人となり正四位下を、翌弘仁元年に従三位を授けられていたが、この日、原則を破って妃とされたのである。法令では皇后と同様、妃も内親王であることが条件とされており、高子の立妃は、嘉智子立后の異例さを緩和するための措置であったと思われる。

緒夏についてはこの二日後、従三位に昇叙され、妃の多治比高子と位階の上で並んでいる。従四位下から四階級特進され高子と同等位になったわけで、緒夏の異例の昇叙が、冬嗣に対する配慮からなされたものであったことは容易に想像されよう。

嘉智子立后を実現した冬嗣の賭は、成功した。

平城朝から嵯峨朝にかけて政策提案を積極的に行い、行政手腕を発揮してきた園人であるが、嘉智子の立后後は、ほとんど建言することはなかった。冬嗣と嘉智子の連携を見てとり、自身の出処進退を悟ったのであろう。立后の翌年（弘仁七年）四月、端午の節会（五月五日）の中止を請願するも、認められず、これが園人の最後の献策となる。

園人が亡くなったのはそれから二年後、弘仁九年（八一八）十二月のこと、六十三歳であった。その日、嵯峨天皇は園人に左大臣正一位を贈っている。

内麻呂の後継者

話を嘉智子の立后時に戻そう。

嘉智子が立后した後、冬嗣の昇進には目を見張るものがある。すなわち立后の翌年（弘仁七年）十月、参議から権中納言に、翌八年二月には中納言に抜擢されている。わずか四か月での中納言昇進であり、異例の抜擢であった。嘉智子に賭けた冬嗣の思惑は、見事に的中したといってよい。

思惑といえば、冬嗣が中納言に就任した弘仁八年（八一七）九月、興福寺南円堂の前で始めて法華会が催行されている。父の内麻呂が深く帰依したという法華経にちなんで、冬嗣が始めた法華経講説の法会で、中納言に就任（二月）して七か月後であり、就任を機に始めたことは確かである。

毎年九月三〇日から始めて内麻呂の忌日である十月六日に結願する。興福寺ではこれ以前、奈良時代から鎌足の忌日に合わせて十月十日から十六日まで、講堂において維摩会が行われているが、法華会が、この維摩会を意識して創始されたことは明白である。氏長者となるために冬嗣が打った、これも布石の一つといってよい。園人が亡くなる前年のことである。

当時政界では、叔父の右大臣園人と又従兄弟の中納言葛野麻呂《かどのまろ》が、冬嗣の上席にいた。園人は六十二歳、葛野麻呂は六十三歳、二人とも北家の人物である。中納言に任じられた冬嗣は、したがって官職（中納言）・位階（従三位）ともに葛野麻呂と並ぶ立場になったが、葛野麻呂は大同三年（八〇八）以来中納言の地位にあり、しかも二十歳も年長である。右大臣園人のあと葛野麻呂が氏長者となっても不思議はない。嘉智子の立后を実現し、嘉智子と縁戚関係を築くことに成功したものの、北家内における冬嗣の立場は、なお下方に甘んじざるを得なかった。そうした状況の中で冬嗣が葛野麻呂より優位に立てるとすれば、内麻呂の後継者であることを強調する以外に手立てはなかったろう。それが法華会の催行であった。

南円堂信仰

前述したように鎌足追福の維摩会は冬嗣の時代、すでに宮中三大会として朝廷の行事となっており、氏長者にとっては藤原一族あげての盛事として、厳粛な重みをもつ法会となっていた。内麻呂を供養する法華会は、その維摩会に匹敵する法会で、内麻呂を顕彰し、その後継者が冬嗣であることを表明する比類なき措置であったと考える。

果たせるかな、法華会創始の翌弘仁九年六月、冬嗣は正三位に叙され、その日大納言に任命されている。

ちなみに、式家の緒嗣も同じ日正三位に叙されている。百川の子として桓武から異例の抜擢を受けていた緒嗣を、嵯峨も厚遇したのであった。冬嗣より一歳年長であり、朝廷に出仕以来、官職・位階はつねに冬嗣と拮抗していたが（一二〇頁）、嘉智子の立后によって冬嗣の立場は一歩抜きん出た。しかし、冬嗣の中納言就任に遅れること八か月（弘仁八年十月）、緒嗣も中納言に任命され、官職・位階ともに並んだが、この日二人が正三位に昇叙され、官職では大納言に任命された冬嗣が、中納言の緒嗣はむろんのこと、北家葛野麻呂（中納言）をも抑えて上席に立ったことになる。

しかも冬嗣にとっての幸運は、この年、葛野麻呂（十一月）・園人（十二月）の二人が相次いで没したことである。その結果、園人の後を承け、冬嗣が大納言のまま氏長者となっている。内麻呂が没して六年後のことである。

嘉智子の立后といい、法華会の催行といい、冬嗣の炯眼と先手を打つ才能には驚かされる。

なお藤原一族において、内麻呂追福のために創建された南円堂とその前で行われる法華会は、この後、藤原氏の興隆とともに、南円堂に対する特別な想いを一族に抱かせることになる。南円堂信仰の始まりといってよい。それは冬嗣の思惑をはるかに越え、藤原氏隆盛のシンボルとして格別の重みをもって長く信仰されていくことになる。

南円堂は、北家の優位を象徴する記念碑ともいうべき存在となっていったのである。

年	冬嗣 年齢	冬嗣 官職	冬嗣 位階	緒嗣 位階	緒嗣 官職	緒嗣 年齢
宝亀五（七七四）						1
宝亀六（七七五）	1					2
延暦七（七八八）	14			正六位上	内舎人	15
延暦十（七九一）	17			従五位下	侍従	18
延暦十二（七九三）	19				中衛少将	20
延暦十五（七九六）	22				常陸介 内蔵頭 衛門佐	23
延暦十六（七九七）	23			正五位下←従四位下	衛門督 出雲守	24
延暦十七（七九八）	24				造西大寺長官	25
延暦二〇（八〇一）	27	大判事			右衛士督	28
延暦二一（八〇二）	28	左衛士大尉			参議	29
延暦二三（八〇四）	30				山城守	31
大同元（八〇六）	32	春宮大進	従五位下	従四位上	但馬守 山陽道観察使 畿内観察使	33
大同二（八〇七）	33	春宮亮			停参議 侍従 左大弁	34
大同三（八〇八）	34			正四位下	刑部卿 東海道観察使 陸奥出羽按察使	35

緒嗣

大同四（八〇九）	35	侍従 右少弁 左衛士督 大舎人頭 中務大輔	正五位下←従四位下			36
大同五（八一〇）	36	備中守 蔵人頭 式部大輔 美作守	従四位上		参議 右兵衛督 美濃守 右衛士督	37
弘仁二（八一一）	37	参議 左衛門督 春宮大夫				38
弘仁三（八一二）	38	左大将	正四位下		近江守	39
弘仁五（八一四）	40		従三位		宮内卿	41
弘仁六（八一五）	41			従三位		42
弘仁七（八一六）	42	近江守 権中納言			河内守	43
弘仁八（八一七）	43	陸奥出羽按察使 中納言			中納言	44
弘仁九（八一八）	44	大納言	正三位	正三位	民部卿	45
弘仁十二（八二一）	47	右大臣			大納言	48
弘仁十三（八二二）	48		従二位			49
弘仁十四（八二三）	49		正二位	従二位	春宮傅	50
天長二（八二五）	51	左大臣			右大臣	52
天長三（八二六）	52	没　贈正一位				53
天長九（八三二）					左大臣	59
天長十（八三三）				正二位		60
承和十（八四三）				没　贈従一位		70

冬嗣と

その冬嗣を支え、嵯峨天皇の信頼を得る上で大きな役割を果たしたのが、妻の美都子《みつこ》である。父は南家出身の真作《まつくり》であるが、南家は仲麻呂の乱や伊予親王事件などに関係して勢力を失い、真作は従五下・阿波守で生涯を終えている。

美都子が冬嗣と結婚した経緯など、詳しい事情は明かでないが、美都子は後宮に出仕し、嵯峨天皇から寵遇を得ていたようである。弘仁五年（八一四）四月、嵯峨天皇が冬嗣の閑院邸に行幸した時、冬嗣に従三位、無位の美都子には従五位下が授けられている。嵯峨は同十二年九月にも閑院邸に行幸している。

天皇が臣下宅に行幸するというのには、じつは特別な意味合いがあった。嵯峨の父、桓武天皇が交《かた》野《の》にあった藤原継縄の別業（別荘）にたびたび訪れていることが想起されよう。

交野（現大阪府枚方市一帯）は百済王氏一族の本拠地で、延暦二年（七八三）十月の場合（十四日〜十八日）、当地に行幸して遊猟した桓武は、百済王氏一族多数に位階を与えるとともに、明信を正四位下に昇叙している。明信は継縄の妻であり、別業は明信との婚姻関係を通して営まれたものであった。同六年八月には高椅津《たかはし》にある継縄邸に立ち寄り、妻明信に従三位を授けている。また二か月後の十月には、交野にあった継縄の別業を行宮《あんぐう》（仮御所）として遊猟している。明信は尚侍として桓武から寵愛され、夫の右大臣継縄とともに絶大なる信任を得ており、桓武の行幸はそうした明信との関係から実現したものであった。

嵯峨が冬嗣邸である閑院に行幸したのも、桓武と同様、美都子に対する寵遇によって実現したものである。美都子が後宮に出仕した時期は明かではないが、嵯峨に仕え尚侍として後宮を差配している。美都子と嵯峨天皇との関係は、それだけではない。美都子の同母弟、三守の妻安万子が嘉智子の姉という間柄である。すなわち美都子は弟の三守を介して嵯峨や嘉智子と姻戚という、濃密な関係にあった。そうしたことを考えると嵯峨の閑院行幸はむろんのこと、嘉智子立后の実現にも、美都子の働きかけがあったことは容易に推測されよう。藤原氏繁栄の基礎作りという点で、かつて奈良時代、不比等を背後で支えた妻の三千代と重なり合うものがある。美都子は、いわば平安朝の〝三千代〟であった。

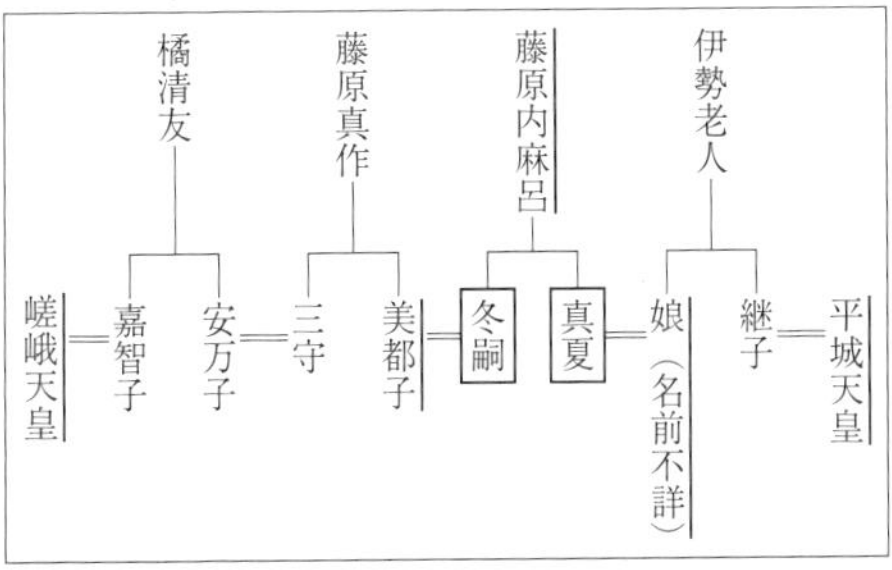

冬嗣と美都子

冬嗣は嵯峨の皇太子時代、春宮亮として近侍して以来信任が厚く、弘仁元年（八一〇）、薬子の変に際して設けられた蔵人頭に巨勢野足とともに任じられ、宮廷の機密に与っている。しかも妻美都子を介して嵯峨・嘉智子と縁戚関係をもつなど、太いパイプを築いているが、冬嗣の急速な昇進と北家の繁栄は、この美都子の存在なくしては有り得なかったといってよい。

〝良〟の文字

冬嗣・美都子と嵯峨・嘉智子との濃密な関係は、それぞれの息子たちの名前にも示されている。

冬嗣は二十六、七歳の頃に美都子と結婚したと思われ、二人の間に三男一女を儲けている。艶福家の冬嗣には美都子以外に五人の妻

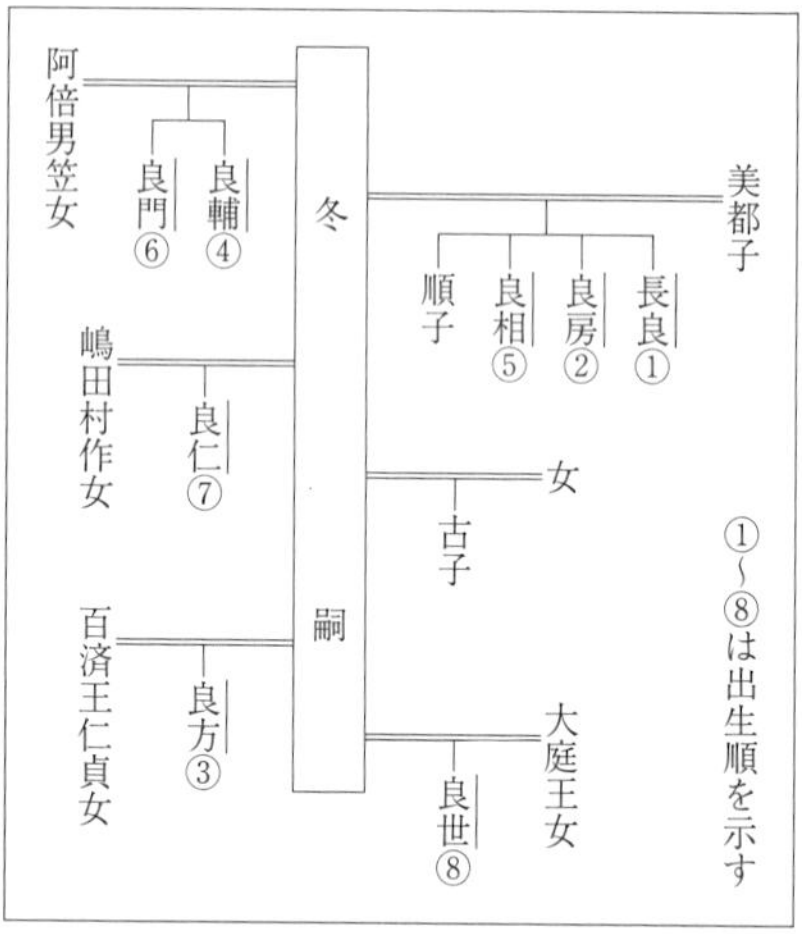

冬嗣の妻・子女たち

『続日本紀』『尊卑分脈』『公卿補任』などにもとづいて作成

が確認され、それらの妻との間には、少なくとも五人の男子と女子一人が生まれている（栗原弘「藤原冬嗣家族について」『阪南論集人文・自然科学編』27の4）。注目されるのは男子の名で、美都子所生の長良・良房・良相だけでなく、良方（母は百済王仁貞女）・良世（母は大庭王女）など、知られるすべての男子に〝良〟の文字が冠せられていることである。嘉智子の息子仁明天皇の諱《いみな》「正良」に通じるからである。ただし、長良（冬嗣の長男）が八〇二年、良房（同次男）が八〇四年生まれで、正良親王の誕生が八一〇年だから、冬嗣の子どもたちの命名の方が早い。すなわち〝良〟の文字は、もともと冬嗣が息子の名に冠していたもので、諱「正良」はそのあと名づけられたというのが正確な理解である。

興味深く思うのは、知られる限り、嵯峨の皇子にも〝良〟の名が付けられていることで、廃妃された高津内親王の皇子業良親王の名にも〝良〟がつけられている。業良の生年は明かではないが、一般に正良親王が嵯峨の第一皇子（『本朝皇胤紹運録』、『神皇正統記』・『椿葉記』では第二皇子とする）、業良は第二皇子（『三代実録』）とされているから、業良の場合も、冬嗣の息子の名を承知した上で命名されたと見て間違いない。

正良をはじめ嵯峨天皇皇子の名前の由来は不詳であるが、それよりもわたくしが留意したいのは、冬嗣の息子たちに対して諱が避けられていない事実である。

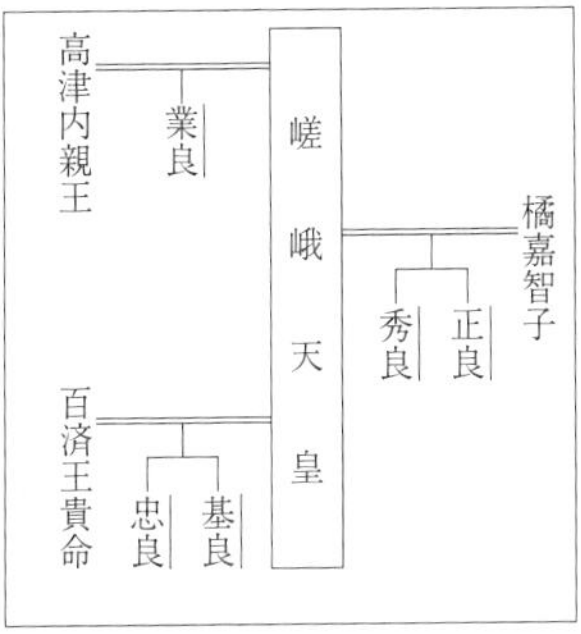

嵯峨天皇の皇子

天皇家に連なる一族

古くは仲麻呂の時代、天平勝宝九歳（七五七）五月、「御宇天皇及び后等の御名」を姓や名につけることを禁止する勅が出され（『類従三代格』巻十七）、同時に鎌足や不比等の名を称することも禁断している（『続日本紀』）。こうした皇族や皇親の諱（実名）を避ける風習は中国にみられ、違反者は厳罰に処されたが、わが国ではほとんど根付かなかったようである。それでもこれ以前、平城天皇即位後には諱（安殿親王）に触れるとして紀伊国安諦郡が在田郡に、嵯峨天皇即位後には伊予国神野郡もまた新居郡に改められている。この後、嵯峨が譲位して淳和天皇が即位すると、淳和の諱（大伴親王）を避けて大伴氏が伴氏を称えたことはよく知られている。

そうした慣習からすれば、仁明の即位によって〝良〟の文字を冠する冬嗣の息子たちが改名させられても不思議でない。しかし、その形跡はない。仁明の在世中を通しても、その動きは一切なかった。これは藤原北家に対する優遇という類のものではなく、その背後に冬嗣と嵯峨・嘉智子との間にかわされた黙契があったためと、わたくしは見る。藤原氏（北家）と嵯峨・嘉智子との絆の証しであり、子どもたちに〝良〟の文字を共通させることで、冬嗣一家を天皇家の縁戚とみなす表明でもあったと考える。後述するように、冬嗣の息子良房に嵯峨の娘潔姫《きよひめ》が降嫁したのも、そのような関係があったことを理解すれば、納得がいく。

こうして冬嗣は天皇家に連なる一族としての扱いを受け、嵯峨・嘉智子は冬嗣に絶大な信頼をよせたのである。〝良〟の名を冠した冬嗣の息子たちは、藤原一族の中でも特に優越感に浸ったことであろう。それをもっとも誇りとしたのが、やがて登場する本書の主人公、良房であったが、良房の登場まで、もう少しの間、冬嗣によって北家の基礎固めが続けられることになる。今しばらく、冬嗣の動きを追うことで、良房登場の前史を見届けておきたい。

勧学院の創設

園人没後、氏長者として藤原氏一族のイニシアチブを握った冬嗣は、当然のことながら、一族の統括に心血を注いでいる。その一つが勧学院《かんがくいん》の創設である。

弘仁十二年（八二一）正月、冬嗣は右大臣に任じられ、父内麻呂の任官と並んでいる。内麻呂が五十一歳の時で、冬嗣は時に四十七歳であった。そしてこの年、冬嗣は藤原氏出身の学生のために、大学寮の南（平安京左京三条一坊五町）に寄宿舎を建てている。大学生は本来、自前で大学寮内に寄宿しなければならなかったが、それを宿舎・学資面で援助し、一族の人材育成をはかろうとしたのである。これが勧学院で、のちには大学寮の付属施設（大学別曹《べっそう》）として公認されるが、運営維持は藤原氏に委ねられ、そのため冬嗣は大臣の職封二〇〇〇戸の半分、一〇〇〇戸を経費に充てている。

冬嗣が一族統括の要として子弟の教育を奨励し、勧学院を創設したのは、文筆・風雅に傾倒する嵯峨天皇の存在が大きい。嵯峨は政治改革の一環として格《きゃく》・式の法典化を進め、唐式の礼法を導入するなど、朝廷の威儀整備をはかるとともに、大学教育を重視していたからである。嵯峨朝の文運が、「文章は経国の大業、不朽の盛事」（『凌雲集』）と称賛されるように漢詩文が好まれ、文人から官人に昇進する者も少なくなかった。

げんに冬嗣は嵯峨天皇の命を受け、『弘仁格』『弘仁式』といった法典や『内裏式』などの儀式書を撰進し、また史書『続日本紀』に続く『日本後紀』の編纂にも携わっている。詩賦を事とする嵯峨は『凌雲集《りょううんしゅう》』や『文華秀麗集《ぶんかしゅうれいしゅう》』などの撰集も企て、冬嗣に対して『文華秀麗集』の撰進を命じ、冬嗣は弘仁九年（八一八）にこれを完成させている。文華そのものが実社会から遊離したものではなく、政治そのものと密接に結びついていたのである。

冬嗣は文武の才能を兼ね備えた政治家（薨伝）で、中国の古典にも精通していたようである。『文華秀麗集』『経国集』に収められた冬嗣の漢詩には、その豊かな教養と知識が溢れている。その点でも冬嗣は、中国文化に傾倒した嵯峨天皇の期待に十分応えうる存在であった。なお、冬嗣の和歌は『後撰和歌集』に四首収められている。

施薬院の経営

一族の紐帯をはかる冬嗣は、勧学院の創設とともに施薬院《せやくいん》の復興・経営にも乗り出している。先述の職封一〇〇〇戸は施薬院の経費にも充てられている。

知られるように、施薬院は病人に薬を施し治療する施設で、平安京では弘仁二年（八一一）以前というから、冬嗣がまだ参議になったばかりの頃、五条唐橋《からはし》・室町の近くに設けられている。もともと平城京時代、光明皇后の発願により皇后宮職に置かれたのが始まりであるが、光明皇后が藤原一族であることから、氏長者となった冬嗣が運営に関与したものと思われる。

五条唐橋付近に置かれたというその地は、西隣が藤原三守宅であった。冬嗣の妻、美都子の弟である。冬嗣の政治施策に、義弟三守が関わる事も少なくなかったが、この三守が事実上、施薬院の維持管理にあたっていたと考えられている。冬嗣の政治的な動きの背後には、つねに妻美都子の存在があったことに留意しておきたい。

ともあれ冬嗣の財源出資が前例となって、のちには藤原氏の氏長者が、自らの財源をこれらの経営費に充てることが慣習となった。そして勧学院にせよ施薬院にせよ、氏長者である冬嗣の立場を高め、一族紐帯の柱石となったことは間違いない。

譲位延期の要請

これまで述べてきたように、北家発展の基礎が内麻呂によって築かれ、それを盤石なものとしたのが冬嗣であったといってよい。その過程で冬嗣がもっとも腐心したのは、皇室との関係を築くことであったろう。北家では始祖房前以来、天皇への入内は途絶えていた。冬嗣の父内麻呂の時代、娘緒夏を嵯峨天皇に納れ、その悲願を達成するが、皇子は生まれなかった。

それを冬嗣は、二人の子どもを介して姻戚関係を結ぶことに成功している。冬嗣の次男良房と娘の順子である。

ただしわたくしが留意したいのは、二人の子どもたちの婚姻が、嵯峨天皇の譲位と引き替えに実現されたという事実で、そこには、嵯峨・嘉智子の天皇側と冬嗣との間で、入念に準備計画された政治的判断があったと考える。以下、それぞれの立場に視点をすえて、具体的に述べてみたい。

事の始まりは弘仁十四年（八二三）四月十日のこと、嵯峨は内裏から冷然院《れいぜいいん》（後院《ごいん》）に遷り、冬嗣を呼んで譲位の意思を伝えている。これに対して冬嗣は、年来凶作が続く中で、しかも平城太上天皇がいる上での譲位は一帝二太上天皇（淳和天皇と平城太上天皇・嵯峨太上天皇）を生みだし、天下の負担は堪えがたいものになるとして、強く延期を要請した。しかし嵯峨はそれを振り切って、六日後に譲位している（『日本紀略』）。

確かにこの時期、年来の不作や飢饉が続き、悪化する農業事情に対処する方策がしばしば出されている。冬嗣が懸念し、譲位の延期を申し出たのはもっともなことで、現に平城も嵯峨も、太上天皇の称号の返還を申し出ている。

しかし、こうしたやり取りは恐らく形式上のことで、譲位やその時期については嵯峨と冬嗣との間で十分に練り上げられ、これ以前、すでに両者の間で合意を得ていたものと考える。冬嗣に全幅の信頼を置いていた嵯峨が、冬嗣の意見を無視して強行譲位するとは思えないからである。嵯峨は称号の返還を申し出ており、譲位の時期については自身も憂慮していたのであろう。そうした嵯峨の気持ちを冬嗣は代弁したのである。

そうしたことから判断すると冬嗣の延期の要請も、それを押し切って譲位に踏み切った嵯峨の行動も、すべては〝ある事〟を実現するために仕組まれた政治的パフォーマンスであったと、わたくしは思う。

〝ある事〟とは――。

譲位を制度化し、それによって皇位継承の安定化をはかるという目論見であった。後述するように、嵯峨は、薬子の変で上皇と天皇とが対立するという苦い経験から、皇権そのものを安定化させることの必要性を痛感していた。それは同時に譲位そのものを安定化する措置であり、そのために嵯峨は、自身が譲位するタイミングをうかがっていたのである。

冬嗣の危惧

嵯峨とともに薬子の変を経験した冬嗣は、皇権の安定化を目指す嵯峨の意向に異論のあろうはずはなかった。しかし嵯峨の譲位については、冬嗣が一抹の不安を抱いていたことも確かである。それは皇太弟大伴親王と藤原緒嗣との関係である。

大伴親王こと淳和天皇は嵯峨の異母弟で、母は藤原旅子《たびこ》、緒嗣の異母妹である。すなわち淳和は緒嗣の甥にあたる。知られるように緒嗣は式家、百川の長男で、桓武は即位を実現してくれた百川への恩義に応えるために、緒嗣を二十九歳の若さで参議（公卿の一員）に抜擢している。旅子が桓武に配されたのも、式家に対する桓武の恩返しであった。しかし一族の仲成・薬子の兄妹がおこした事件（薬子の変）によって、緒嗣の生涯は一変する。仲成が射殺され、薬子も服毒自殺をし、式家の政治的地位が一挙に凋落したからである。代わって嵯峨の信任を得て活躍するのが一歳年下の冬嗣で、嵯峨朝での緒嗣は冬嗣の後塵を拝し続け、北家が台頭していくことになる。

嵯峨が淳和への譲位の意向を漏らした時、冬嗣の危惧はまさにこの緒嗣の存在にあった。緒嗣は官職・位階ともに冬嗣に追い越されたとはいえ、弘仁九年（八一八）、園人と葛野麻呂が相次いで没したあとは、中納言として冬嗣（大納言）に次ぐ政界での地位を占めている。皇太弟大伴親王の即位によって、そうした緒嗣の立場が浮上することは明白であった。

むろん嵯峨は、そうした冬嗣の憂慮を承知していたから、払拭する措置を施した上で譲位に踏み切っている。それが、天皇家と藤原北家（冬嗣一家）との間で行われた二つの婚姻であった。

息子と娘の結婚

一つは、冬嗣の次男良房が嵯峨の娘 源潔姫《みなもとのきよひめ》を娶ったこと、二つは、冬嗣の娘順子が嵯峨の皇子正良親王に入内したことである。この二つの婚姻はほぼ同時期に、相前後して行われていることが留意されるのである。

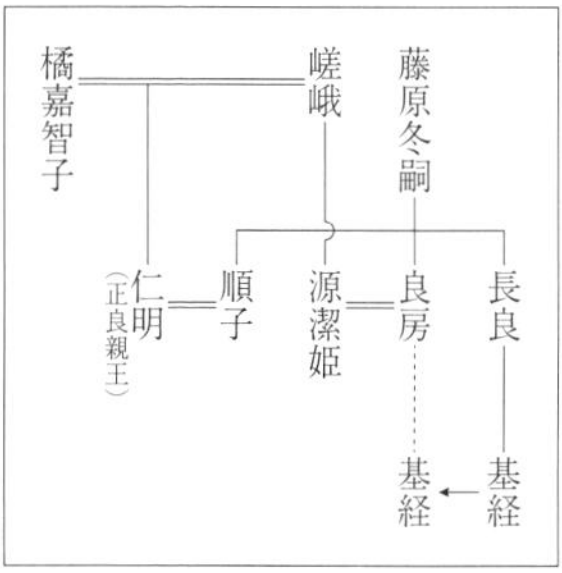

冬嗣の息子と娘

すなわち良房が源潔姫を娶った時期は、通説では良房が二〇歳になった弘仁十四年（八二三）前後と考えられており、いっぽう順子が正良親王の室となったのも、正良が立太子した弘仁十四年四月と考えられている。一見、二人の婚姻の時期は偶然に重なったように思われるが、そうではない。抱き合わせの形で実現された、意図的な婚姻である。

というのも当時、天皇の娘が臣下と結婚することは禁じられていた。潔姫は、すでに弘仁五年（八一四）、臣籍に降下しており皇族籍ではなかったが、それでも天皇の娘が臣下と結婚するのはそれまで前例のないことであった。藤原氏を特別扱いし、超法規的な立場とみなされても仕方がない。貴族たちが反感を抱くのは目にみえている。そこでとられたのが順子の入内である。内麻呂・冬嗣父子の功績からすれば入内は何の問題もない。その順子の入内と抱き合わせで潔姫との結婚を実現することによって、その異例さを吸収緩和しようとしたものと考える。これ以前、冬嗣が天皇家に連なる扱いを受けていたことも（前述）、潔姫降嫁の不自然さを和らげる効果があったに違いない。

冬嗣の息子・娘の婚姻について、もう一つ大事なのは、それが弘仁十四年四月、すなわち嵯峨の譲位と前後して行われていることである。

その日（四月十六日）、兄嵯峨から譲位の意向を聞かされた皇太弟大伴親王（淳和天皇）はただちに跪いて辞退し、自らが皇位を継承する人物として相応しくないことは、「しばしば右大臣（冬嗣）に語」り、戦々恐々として今日にいたっている（『日本紀略』）と述べている。大伴は以前から兄の譲位＝自身の即位について、嵯峨の寵臣である冬嗣に心底を吐露していた。そうした大伴の心情は、逐一、冬嗣を介して嵯峨に伝えられていたはずで、したがって嵯峨の譲位は、大伴の胸奥すべてを見通した上で行われたものと見てよいであろう。そこには譲位後も、淳和に対して影響力を保持しようとする嵯峨の思惑がうかがえる。しかも相前後して行なわれた冬嗣家との婚姻、なかでも順子の入内は外戚としての冬嗣の立場を確立するとともに、緒嗣を抑え、大伴の言動に掣肘を加えるものであったことはいうまでもない。

果せるかな、嵯峨の譲位を承けた二日後、淳和の第一皇子恒世親王が皇太子に立てられるが、恒世が辞退したので、ただちに正良が正式に立太子されている。嵯峨の第一皇子（母は橘嘉智子）である。後述するように、天皇（淳和）の子（恒世親王）ではなく、「上皇（嵯峨）の子（正良親王）」を皇太子に立てるというのが、嵯峨が目指した継承法であった。嵯峨は譲位を安定化する措置として、上皇の皇子の立太子を意図しており、冬嗣とのやりとりを通して、大伴がわが子の立太子を辞退することを予想していた、というよりそのように仕向けたのである。恒世の辞退を見越した上での正良の立太子であり、それは自らの譲位と引替えであったからこそ政治的意味をもって奏功したのである。

みずからが意図した皇位継承法を定着させるため、嵯峨は二重の婚姻によって冬嗣の立場を確立強化し、自身の譲位と引替えに上皇（嵯峨）の皇子正良の立太子を実現した。その意味で、嵯峨の譲位はまさに時宜を得たものであったといえよう。

皇室との濃密な関係

嵯峨譲位＝淳和即位は嵯峨の意向が強烈に込められた、きわめて政治的な行為であった。淳和から正良への皇位継承の筋道が明確にされている。緒嗣に対する冬嗣の不安を一掃するものであり、それが嵯峨の意向であることを示している。

なお、皇太子となった正良親王は、これ以前、権中納言三守の屋敷に移っており、四月二十日、そこから東宮坊に入っている。三守は冬嗣の妻美都子の弟であり、嘉智子とも姻戚関係にある（嘉智子の姉妹、安万子の夫）。皇太子に立てられた正良の仮御所とされた所以であるが、それは冬嗣の差配によるものであったに違いない。

ともあれ嵯峨の譲位と引き替えに、冬嗣は皇室との濃密な婚姻関係を手に入れた。息子の良房が嵯峨・嘉智子と連なっただけでなく、次代の皇位継承者正良と外戚関係を結ぶ芽を作ることができたのである。それは父内麻呂の悲願でもあった。冬嗣自身が外戚の立場に立つことはなかったが、冬嗣が築いた皇室との関係が、のちに摂関政治を生み出す根源となったことはいうまでもない。『大鏡』が冬嗣から説きおこしているのは十分に意味がある。

四十二年ぶりの左大臣

弘仁十四年（八二三）四月、淳和は嵯峨の譲位をうけて即位し、皇太子には嵯峨の皇子正良親王が立てられた。冬嗣の娘順子が正良に入り、同じく次男良房に潔姫が降嫁したのは、この前後である。即位に伴い冬嗣は正二位、緒嗣は従二位に昇叙されている。大伴氏が伴氏に改名したのは、この時のことであった（四月二十八日）。

それから二年後の天長二年（八二五）四月、冬嗣は左大臣に任命される。左大臣は延暦二年（七八三）、式家の田麻呂が没して以来、空席のまま推移し、じつに四十二年ぶりの任官であった。左大臣への就任は冬嗣と、その冬嗣を深く信任する嵯峨太上天皇に対する淳和天皇の配慮といってよい。父の内麻呂は従二位右大臣で没しているから、冬嗣は官職位階ともに父を超えた。ちなみにこの時緒嗣は右大臣に任じられ、冬嗣の次席としての地位に甘んじている。改めて述べるまでもなく緒嗣は冬嗣より年長であり、しかも淳和天皇の外戚であった。にもかかわらず緒嗣を追い抜いた冬嗣に対して、少なくとも批難めいた言動がみられないのは、巧みに人心をとらえることに長けた冬嗣の天賦の才であったように思う。

そうした冬嗣の才華を思わせる出来事がある。

冬嗣が左大臣に任じられる二か月前のこと、宮城内にあった外曹司町《げのそうしまち》（右大臣の宿所）の北方の空地を、冬嗣は、当時大納言であった緒嗣の休息用の局《つぼね》（施設）として提供している（『日本紀略』）。土地の提供だけでなく、建物の造営も請け負ってやったのであろうが、おそらくこの時点で淳和から左大臣任命の内意は聞いていたはずである。

先述したように、左大臣のポストは式家の田麻呂以来のものであった。田麻呂は宇合の五男で、緒嗣の伯父にあたる。そのポストに緒嗣を差し置き就任するのであるから、緒嗣に対して冬嗣が最大限の心配りをしたのも当然であろう。天賦とはいえ、そうした配慮と気配りが冬嗣への反発を吸収していたことに留意したい。

冬嗣、ついで美都子死す

しかし左大臣就任から一年三か月後、天長三年（八二六）七月二十四日、冬嗣は五十二歳の生涯を閉じている。『公卿補任』に収める薨伝には、その人となりについて、見識と度量のあるゆったりとした性格で、「文武」の才能を兼ね備え、多くの人びとから好意を抱かれたと記されている。冬嗣の生涯に見られた巧妙な政治的駆け引きは、権力欲むきだしの術策や心術ではない。そうした冬嗣のもつ天賦の才は、穏やかで徳望の士と評された父内麻呂譲りであったのかも知れない。好意に満ちた人物評に、冬嗣が希代の政治家であったことを思わせる。

父内麻呂の悲願を達成し、北家興隆の基礎を築いた冬嗣に、悔いはなかったろう。二十六日、正一位が追贈され、山城国愛宕郡《おたぎぐん》の深草山《ふかくさやま》に葬られた。

なお妻の尚侍美都子も、夫冬嗣の後を追うかのように、二年後の天長五年（八二八）九月に亡くなっている。尚侍として嵯峨・淳和の二代の天皇に仕え、後宮で大きな影響力を持ったが、掛け替えのない夫を失い、心の支えを無くしたのであろうか。時に四十八歳（三十八歳とも）であった。文徳即位の四か月後、嘉祥三年（八五〇）七月、外祖母として美都子に正一位が贈られている。冬嗣との間に四人の子女を儲け、終始夫を支え続けた美都子、仲の良い夫婦だったのであろう。

冬嗣の墓

冬嗣の墓について『日本紀略』は、前述したように山城国愛宕郡の深草山に葬られたと記すが、天安二年（八五八）十二月、荷前《のさき》の幣に預かる十陵四墓が定められた際、四墓の一つとされた冬嗣の墓について、「後贈太政大臣正一位藤原朝臣冬嗣の宇治墓」と見える（『三代実録』）。『延喜諸陵寮式』にも冬嗣の墓は「山城国宇治郡に在り」とある。そうしたことから冬嗣は深草山で火葬されたあと、宇治に埋葬されたとも、冬嗣の遺骸はのちに深草から宇治に改葬されたとも理解されている。これについては、後に詳しく考察したい。

ちなみに天安二年の十陵四墓制定の際、美都子についても冬嗣と同様、四墓の一つとされ、「次宇治墓」と称して「山城国宇治郡に在り」と記されている。夫の墓域内に墓所が営まれたことが知られる。

父の冬嗣が亡くなったのは良房二十三歳、母の美都子は良房二十五歳の時であった。

こうして良房の時代が始まることになる。

第三章　承和の変と良房

1　妻の力

長良と良房

冬嗣と美都子の次男、良房は延暦二十三年（八〇四）に生まれている。長良《ながら》は同母兄で二歳年上、同母弟の良相は九歳年下である。良房はこの良相と後に激しく対立することになるが、良相についてはそこで詳述することにし、ここでは兄長良との関係を中心に述べたい。

長良・良房の兄弟は内麻呂の孫、冬嗣の子として順調に官吏としての道を歩んでいる。叙爵は長良が天長元年（八二四）、二十三歳の時、良房は同五年、二十五歳の時で、従五位上に昇叙されたのは長良が二十六歳、良房は三十歳の時であった。叙爵・昇叙の差は、嫡子と庶子との違いによるもので、兄弟は両親が嵯峨天皇・嘉智子の重用を得ていたことから仁明天皇に信任され、とくに兄長良は仁明の東宮時代から、その側を片時も離れることなく近侍したという（『文徳実録』斉衡三年七月三日条）。

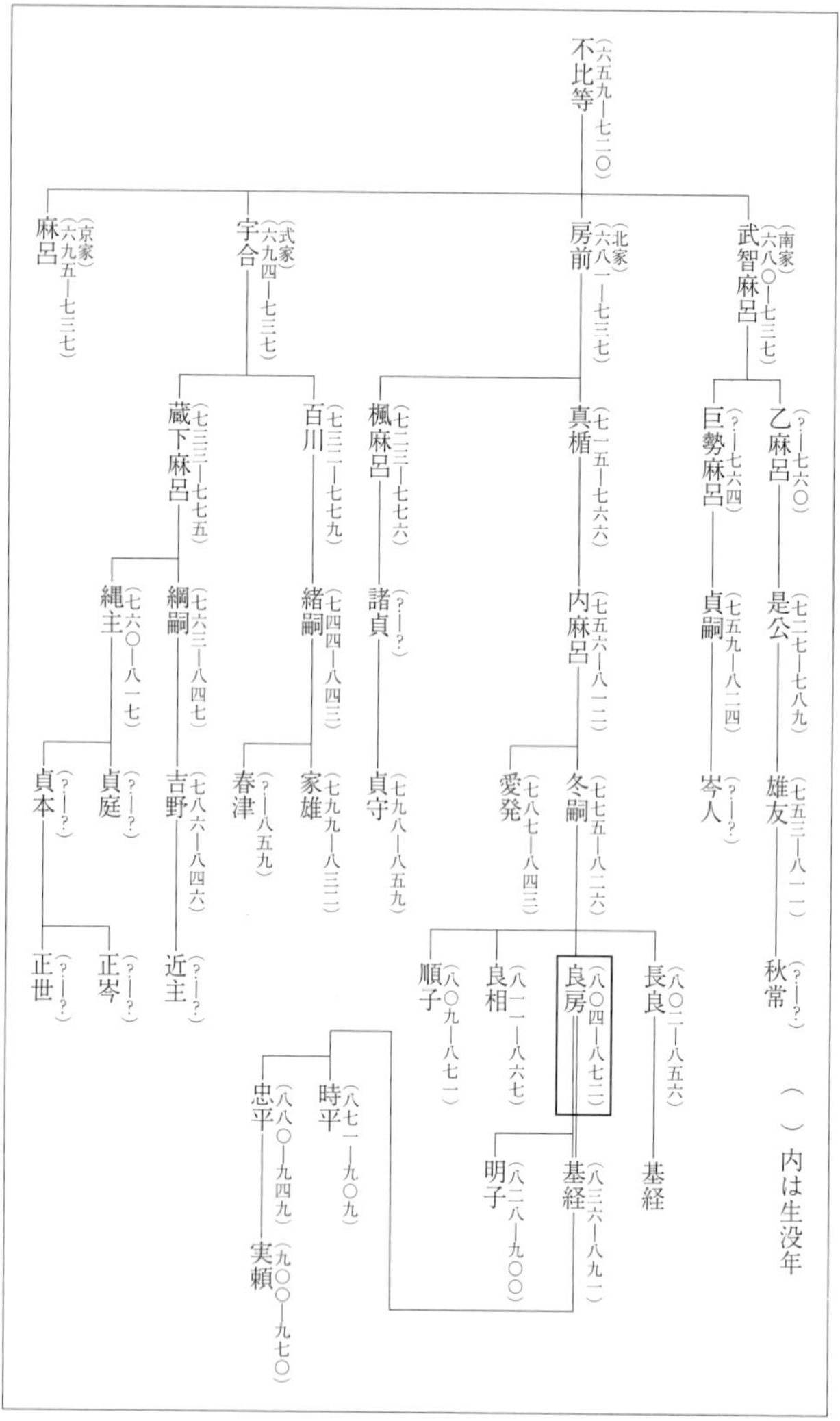

第三章で取り扱う時代（□内）

しかし兄弟の立場は逆転する。
天長十年（八三三）二月、仁明天皇が即位すると、時に従五位下であった良房はこの年、四階昇叙されて従四位下となり、蔵人頭《くろうどのとう》に任じられている。長良が正五位下に昇叙されたのは翌年、蔵人頭になったのはそれから七年も後のことで、仁明の即位を機に良房は急速に昇進し、兄長良を越階したのである。その後の官歴の差は歴然としており、良房は摂政太政大臣となって位人臣を極めたのに比して、長良は権中納言を極官とし、位階も従二位になったのは良房に遅れること七年であった（一五〇頁）。

仁明朝に入って良房が驚異的な昇進を果たすのは、良房の卓抜した政治的資質にもよるが、嵯峨に見込まれて源潔姫を娶ったこと、その潔姫を介して仁明天皇と義兄弟になっていたことが大きい。とくに仁明の実父嵯峨の存在が重みを増し、先帝淳和をはるかに凌ぐ発言力を持つようになっていたことは、良房にとって何にもまさる助勢であったに違いない。

ちなみに良房に先を越された兄の長良は、良房が右大臣の時に権中納言で亡くなっている。薨伝（先述の『文徳実録』）には、「兄弟の間、友愛天至」と見え、越階されても兄弟間には何のわだかまりもなかったというから、寛容な人柄で、権勢には淡泊であったのかも知れない。

その長良は三男基経《もとつね》の才能・手腕を早くから見抜き、息子の中でもことさら寵愛したという。自らとは異なる資質を基経の中に感じ取っていたのかも知れない。それだけに基経の将来には、並々ならぬ期待を抱いていたようである。

年	長良 年齢	長良 官職	長良 位階	良房 位階	良房 官職	良房 年齢
延暦二一（八〇二）	1					
延暦二三（八〇四）	3					1
弘仁十三（八二二）	21	内舎人				19
弘仁十四（八二三）	22	蔵人				20
天長元（八二四）	23		従五位下			21
天長二（八二五）	24	侍従	←			22
天長三（八二六）	25		←		蔵人 中判事	23
天長四（八二七）	26		従五位上			24
天長五（八二八）	27		←	従五位下	大学頭	25
天長七（八三〇）	29		←	←	春宮亮 越中権守 加賀守	27
天長十（八三三）	32	左兵衛権佐 左衛門佐	←	従五位上←正五位下←従四位下	左少将 蔵人頭 左中将	30
承和元（八三四）	33	加賀権守	正五位下	←	参議	31

良房

承和二（八三五）	34		←	従四位上←従三位	権中納言 左兵衛督	32
承和三（八三六）	35	右馬頭	従四位下			33
承和六（八三九）	38	左馬頭			陸奥出羽按察使	36
承和七（八四〇）	39	蔵人頭		←	中納言	37
承和九（八四二）	41	左兵衛督		正三位	右大将 大納言 民部卿	39
承和十（八四三）	42	相模守	←			40
承和十一（八四四）	43	参議	従四位上			41
承和十三（八四六）	45	讃岐守				43
嘉祥元（八四八）	47	左衛門督		←	右大臣	45
嘉祥二（八四九）	48		←	従二位		46
嘉祥三（八五〇）	49	伊勢守	正四位下←従三位	←		47
仁寿元（八五一）	50		正三位	正二位		48
斉衡元（八五四）	53	権中納言	←		左大将	51
斉衡三（八五六）	55	没	従二位	←		53
天安元（八五七）				従一位	太政大臣	54
貞観八（八六六）				←	摂政	63
貞観十四（八七二）				没　贈正一位		69

長良と

長良と基経との父子関係については、のち基経が良房の養子となる際、改めて考えてみたい。

兄弟の資質

それにしても、嵯峨天皇の皇女源潔姫の降嫁に際して、なぜ嫡男長良ではなく次男良房が選ばれたのであろうか。長良・良房が同母の兄弟であり、年齢はわずか二歳しか違わないことを考えると、これは個人的な才能・資質の差によるものとしか思えない。

というのも良房の才華は、早くから人びとの認めるところだったようで、潔姫の婿選びに腐心していた嵯峨は、良房の並々ならぬ風骨と気概に魅せられたようである。『文徳実録』には、「藤原朝臣良房、弱冠《じゃっかん》の時、天皇（嵯峨天皇）其の風操《ふうそう》、倫《たぐい》を越ゆるを悦びて、殊に勅して之を嫁《とつが》しむ」と記している。類稀な心映えや気品を備えた若者であることを知った嵯峨は、良房との婚姻に自らが乗り出し、良房に潔姫を配することを許したというのである（斉衡三年六月二五日条）。無欲平凡であった嫡男長良とは対照的に、良房には生まれながらの威望といったものが備わっていたのであろう。

父の冬嗣も早くから良房の資質を見抜き、北家の将来を託していた。それは兄長良も同様で、良房に対して敬愛の念すら抱いていたように思われる。越階されてもわだかまりを持たなかったのは、良房の持つ優れた資質を長良も認めていたからに違いない。

そうしたことを考えると、潔姫の婿に良房が選ばれたのは、ごく自然の成り行きであったろう。長良も納得しての婚姻であり、長良・良房の兄弟間にシコリが生じる隙間はなかった。

潔姫との結婚

潔姫が降嫁したのは良房が「弱冠の時」、すなわち二十歳の時で（『文徳実録』）、潔姫は十四歳の幼妻であった。

嵯峨天皇が娘潔姫を良房に配することを許したのは、桓武朝の時代、延暦十二年（七九三）に臣下と皇親女子との婚姻が許されるようになったことと無関係ではない。それ以前、法令（「継嗣令《けいしれい》」）では藤原氏に限らず、臣下の男子と皇親女性との婚姻は禁止されていた。

皇親女性とは天皇の娘や姉妹（以上を内親王）、および天皇から数えて四世つまり玄孫までの女性（以上を女王）をいう。要するに、法令ではこうした皇親女性と、皇族でない男性との結婚は認められていなかったのである。女系を通して皇位継承の有資格者が拡大するのを防いだのであろう。『日本紀略』ではそれが延暦十二年、大臣・良家の男子は三世（天皇の曾孫）以下の女王との結婚が許され、藤原氏に限って二世女王（天皇の孫）以下と結婚出来るようになったとある。藤原氏の男子の場合、天皇の娘（内親王）以外は、誰とでも結婚出来たということだ。藤原氏は代々天皇家を補佐してきたというのが理由であるが、藤原氏に与えられた特権というべきであろう。

潔姫（母は当麻治田麻呂の娘）は弘仁五年（八一四）、源朝臣の姓を賜って皇族籍から離れ、臣籍に降下している。したがって桓武朝の法令がなくとも、降下した潔姫が良房に嫁すことは、法制度上で問題はなかったはずである。にもかかわらず臣籍降下した皇女が臣下の男性と結婚した前例はなく、潔姫が初めてである。またその後、九世紀末まで事例が見られないというのは、天皇の娘（内親王）は皇族籍を離れても別格の存在で、臣下の女性とは見なされていなかったということであろう。現実の貴族社会においては降下したといっても、天皇の娘との婚姻はタブー視されていたと考えられる。

それはともかく、冬嗣（藤原北家）との相互関係によって、皇権の安定化を図ろうとしていた嵯峨にとって、潔姫の降嫁は冬嗣への信頼の証しでもあった。そのために嵯峨の皇子正良に順子を入内させ、それと抱き合わせの形で実現することによって降嫁の異例さを吸収緩和したこと、これ以前、冬嗣が天皇家に連なる扱いを受けていたことも、不自然さを和らげる効果があったこと、などについては前述した通りである。

天皇家と冬嗣一家との絆の証しとして、これ以上実効性をもつ政治的措置はない。仁明朝に入ってからの良房の急速な昇進は、嵯峨・潔姫の父娘の存在を抜きにしては有り得なかった。

潔姫は教養豊かな女性で、ことに琵琶の名手であったという（『文徳実録』斉衡三年六月二十五日条）。四十八歳で亡くなるまでの三十四年間、良房の伴侶として人生の苦楽を共にしている。

話は潔姫の死にまで及んでしまったが、冬嗣が没した直後に戻したい。

氏長者は緒嗣

冬嗣没後、ただちに良房の時代が到来したかのように錯覚しがちであるが、じつは、これもそうではない。良房が実権を握るのはもう少し先のことである。

天長三年（八二六）に冬嗣が亡くなったあと、一族の長となったのは良房ではなく、右大臣の緒嗣である。式家、百川の子で、時に五十三歳であった。

当時、長良（二十五歳）・良房（二十三歳）の兄弟は、まだ公卿にはなっていない。兄弟間での官位も長幼順が優先されていた時期で、冬嗣が没した折り、長良は従五位下、侍従で、良房は蔵人から中判事に任じられたばかりであった。良房が叙爵されて貴族の仲間入りを果たすのは、二年後である。

長良・良房の兄弟は官僚人生を歩み始めたばかりで、年齢からいっても緒嗣と対抗できる立場には到底なかった。そればかりか、北家で廟堂に名を連ねるのは愛発《ちかなり》（内麻呂の七男。良房兄弟の叔父）ただ一人で、それも参議という公卿の末席でしかない。北家の劣勢は明白であった。冬嗣の不安はまさにこの点にあったわけで、緒嗣に対して細心の心配りを怠らなかった冬嗣のことが思い起こされよう。しかし、冬嗣の危惧は的中しなかった。晩年、とくに冬嗣没後の緒嗣は政界のトップに立ち、藤原一族の氏長者となったものの、病気がちでもあり、政治に対する熱意を失っていたからである。

表舞台から消えた式家

緒嗣といえば冬嗣の父内麻呂の時代、桓武天皇の面前で菅野道真と「よい政治とは何か」について論争（徳政相論《とくせいそうろん》）したことが想起されよう。その時、平安京の造営と蝦夷の経略とが民を苦しめる根源であるとして、この両事業の停止を強く主張したのが緒嗣であった。これは、政術に暁達し国の利害にかかわる重大事を知れば必ず奏上したというほどの直言居士だった緒嗣が、もっとも真価を発揮した場面といってよい。しかしその強直で偏執的な性格が逆に嫌われ、仲間から孤立する原因にもなっていたという（『続日本後紀』承和十年七月二十三日条）。

しかし嵯峨天皇の即位早々、一族である薬子が事件を起こし、式家と入れ替わるようにして北家（冬嗣）が台頭するにつれて、次第に政治への関心を失っていった。とくに天長九年（八三二）、将来を期待していた長男家雄（家緒とも）を三十四歳の若さで失い、それからの晩年は鬱々とした日々を送っていたようである。

そんな緒嗣は右大臣として、また淳和天皇の外戚として政界のトップに立ち、天長九年（八三二）左大臣に就任するが、しかし往年のごとき活躍は見られなかった。

緒嗣の生涯を振り返ると、恵まれた前半生に比して、後半生は冬嗣とのせめぎ合いに苦しむ日々も多かった。その冬嗣が亡くなり政界の首座についた途端、長男を失い、自身も病気に悩まされて満足に政務も行えないという、そんな鬱屈した日々であったように思われる。

右大臣ついで左大臣として首班の座にあること十七年、承和十年（八四三）七月二十四日、七〇歳の生涯を閉じている。その日従一位が贈られた。

緒嗣は『新撰姓氏録《しんせんしょうじろく》』や『日本後紀』の編纂にも携わっているが、とくに後者には思い入れが強かったようで、正史のなかでは緒嗣カラーが反映されたものと言われている。

なお、長男を亡くしたあとの緒嗣は、次男春津に期待をかけていたようだが、春津には物欲・権勢欲がなく、また財利を貪ることもなく、ただ馬好きでこれを観るのを楽しみにしていたという。従四位上まで昇叙したが、父没後は邸宅に閑居して出仕しようとはせず、文徳天皇は春津を「南山の玄豹」と評している（『三代実録』貞観元年七月十三日条）。『尊卑分脈』には「日本第一の富人名人」と見え、貞観元年（八五九）七月に没している。五十二歳であった。

緒嗣没後、式家は目にみえて衰退していった。その後、政界の表舞台で活躍することは殆んどない。

恒貞親王の立太子

良房にとっての僥倖は、冬嗣のあとを承けて氏長者となった緒嗣がすでにその時、政治に対する熱意を失っていたことである。

しかも緒嗣が左大臣に就任した翌年（天長十年）のこと、淳和天皇が皇太子正良親王に譲位している。仁明天皇である。仁明に対して実父の嵯峨は強い影響力を持っていたから、即位によって、嵯峨の信任を得ていた良房はまたとない幸運を手にすることになったのである。

良房は潔姫を妻としていた関係もあって、これ以後急速に昇進し、ついに兄長良を越階して頭角を現すことになる。加えて皇太子時代の正良に嫁していた良房の妹順子も、すでに第一皇子道康《みちやす》を産んでいたから、仁明の即位によって良房はむろんのこと、北家の将来は約束されたも同然であった。

ところで、この仁明の即位に関連して気になることがある。即位の一週間ほど前、恒貞親王が立太子されている。恒貞は淳和天皇の第二皇子で、時に九歳であったが、仁明には順子との間に七歳の道康親王がいた。にもかかわらず恒貞が立太子されているのは、嵯峨の強い意向による。上皇の皇子を立太子するというのが嵯峨が見出した継承法だったからであるが、じつはそこに、摂関政治への端緒となった承和の変を誘発する鍵が潜んでいた。そのことは、もうすぐ明らかとなる。

それにしても仁明の皇子をさしおき、恒貞立太子にこだわる嵯峨の真意は奈辺にあったのか。

大伴親王の立太子

話はもう一度、良房の父冬嗣の晩年、嵯峨天皇の譲位時に遡る。

繰り返すと弘仁十四年（八二三）四月十六日、冬嗣の反対を押し切って淳和に譲位した嵯峨は、二日後の十八日、正良親王を皇太子に立てている。ただし最初から正良が皇太子に指名されたわけではない。当初は従四位下、侍従の恒世親王が指名された。淳和天皇の第一皇子である。しかし恒世親王が即座に固辞したため、その日のうちに嵯峨の第二皇子、正良が立太子されたのであった。

ただし、この恒世親王の立太子要請は形式的なものであり、その辞退もまた計算済みであった。立

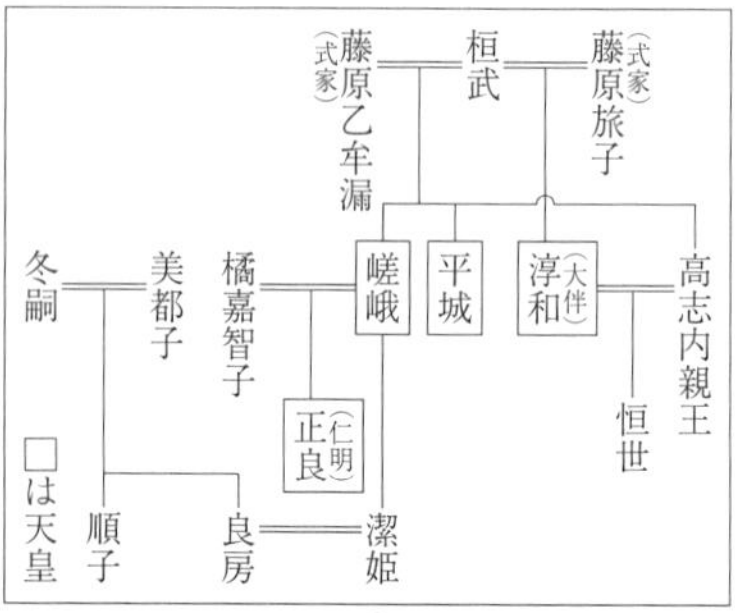

恒世親王と正良親王

太子の本命は正良にあったのだ。

じつは淳和天皇と恒世親王の父子には、早くから複雑な政治状況が付きまとっていた。

そもそも大伴親王こと淳和天皇の生母は桓武夫人の藤原旅子で、したがって大伴は皇后（藤原乙牟漏）腹の平城・嵯峨とは異母兄弟になる。平城と嵯峨とは十二歳違いであるが、嵯峨と淳和は同い年であった。

大伴は二歳の時に生母旅子に死別している。これを憐れんだ父の桓武は、文室与伎《ふんやのよき》の妻である平田孫王を養母にして育てさせたというから、大伴の行く末がよほど心配であったのだろう。この大伴は、「事件」が起こらなければ皇位に即くことはなかったかも知れない。

「事件」というのは弘仁元年（八一〇）、嵯峨天皇の即位直後、嵯峨と平城上皇が対立して起きた、いわゆる薬子の変である。その結果、嵯峨天皇の即位により皇太子とされていた高岳親王（平城天皇の第三皇子）が連座して廃され、代わって皇太子に立てられたのが大伴親王であった。

立太子は大伴が願ったものではない。というより、むしろ皇位継承者の立場から逃れたいというのが大伴の本音であったろう。これ以前の大同元年（八〇六）五月、大伴は時の皇太子（平城天皇）に上表して臣籍降下を願い出ている（『日本後紀』）。いうまでもなく、皇族籍を離れることは皇位継承権の放棄を意味した。

恒世親王の誕生

それより数か月前、大伴の父桓武が亡くなり、その前後に大伴は高志《こし》内親王との間に恒世《つねよ》親王を儲けている。大伴自身は桓武皇后の所生ではなかったが、高志内親王は皇后腹の桓武皇女であったから、所生の恒世は父方からいっても、母方からいっても、祖父が桓武という、皇位継承資格者として申し分のない血筋の生を承けたことになる。そんな矢先に後見者ともいうべき桓武が亡くなったのである。大伴が不安に駆り立てられたのも無理はない。無実で廃太子された他戸親王や、早良親王の災厄が脳裏をよぎったことも考えられよう。臣籍降下は、政争に巻き込まれることを危惧した大伴が、それを避けるためにとった措置であった。そのことは、のちに譲位を持ち出した嵯峨に対して大伴が、昔、皇嗣が問題になった時、「自ら禍《わざわい》を免れざらんことを謂《おも》う（争い事に巻き込まれないようにと思い続けていた）」（『日本後紀』弘仁十四年四月十六日条）と述懐していることからも明かである。

桓武を失った大伴・恒世の父子が微妙な立場に置かれたことは確かであり、父子にとって皇嗣争いに巻き込まれないためには、親王号を放棄することが唯一の選択肢であったろう。その大伴がはからずも皇太子に立てられて即位をした。正良の立太子について、嵯峨の真意を承知した上での即位であった。

この間の経緯については、前述した通りである。嵯峨には、自らが意図する皇位継承法を定着させようとする強い意志が働いての譲位だった。

以下、話はやや複雑になるが、嵯峨の意図する皇位継承法について詳述する。それが承和の変を誘発する要因となるからである。

上皇権の抑制

嵯峨が皇位継承を安定させることの必要性を痛感したのは弘仁元年（八一〇）、即位直後に起った薬子の変がきっかけである。平安宮の天皇（嵯峨）方と平城旧宮に遷った上皇（平城）方との対立によって引き起こされた事件であるが、しかしこのような対立は奈良時代にもあった。譲位した孝謙太上天皇と淳仁天皇との対立がそれで、奈良時代の上皇は大権を有し、政治に介入することが少なくなかったからである。当然のことながら、こうした対立は譲位が慣例化し、上皇と天皇とが並存するようになって顕在化したもので、薬子の変は、平城上皇が遷った平城旧宮が、上皇権力の拠点として機能し始めた時点で勃発した事件であったといえる。

薬子の変での苦い経験から、上皇権を抑制することの必要性を痛感した嵯峨天皇が、上皇のための御所、後院《ごいん》を造営したのも当然の成り行きであったろう。冷然（泉）院と朱雀院がそれで（一九七頁参照）、いずれも内裏の中でなく、また京外でもなく、京中の、しかも大内裏（宮城）近辺に用意されたところに、後院の性格が示されている。後院は上皇をコントロールし、天皇権の範囲内に位置づけるための手段であった。その結果、上皇権は抑制され、代わって外祖父の立場が高まることになるが、そのことは、もう少し後で述べよう。

即位儀と立太子儀

上皇と天皇との対立の中で、嵯峨がもう一つ痛感したのは、皇権そのものを安定化させることの必要性であった。そのために嵯峨が乗り出したのが、「立太

嵯峨朝	大同4年（809）	4月1日	受禅
		4月13日	嵯峨即位（24歳）
		4月14日	高岳（11歳）立太子　→翌年廃太子
			薬子の変
	弘仁1年（810）	9月13日	大伴（25歳）立太子
淳和朝	弘仁14年（823）	4月16日	受禅
		4月18日	正良（14歳）立太子
		4月27日	淳和即位（38歳）
仁明朝	天長10年（833）	2月28日	受禅
		2月30日	恒貞（9歳）立太子　→842年廃太子
		3月6日	仁明即位（24歳）
			承和の変
	承和9年（842）	8月4日	道康（16歳）立太子

即位と立太子

子」儀を即位儀礼の一環に組み込むという、受禅即位の改革であった。

上表は即位儀・立太子儀の前後関係を整理したものである。

そもそも即位儀については桓武の時、践祚《せんそ》（＝受禅践祚。前帝の禅《ゆずり》を受けて皇位につく）の儀と即位の礼を分離する儀制が形成され、立太子儀は即位礼の翌日もしくは翌々日に行われるのが通例となっている（桓武の場合、即位礼の前に早良親王が立太子されているのは、光仁天皇の意向によるもので、当面の問題からは除外）。ところが淳和や仁明の即位礼をみると、受禅→立太子儀→即位礼というように、立太子の儀が即位礼の前に行われている。皇太子は天皇即位時に定まっているとは限らないし、これ以前、奈良時代では即位後に立太子されるのが通例であった。首《おびと》皇子こと聖武天皇が立太子されたのは、元明女帝が即位してから七年後であり、光仁天皇の場合でも他戸親王が皇太子に立てられたのは、即位から三か月後で

上皇	天皇	皇太子
平城	嵯峨	平城皇子 高岳（→大伴）
平城・嵯峨	淳和	（恒世→）嵯峨皇子 正良
嵯峨・淳和	仁明	淳和皇子 恒貞（→道康）

オジ甥継承

ある。そうしたことを考えると、立太子儀が即位礼の前に行われるのは異例ともいえる措置である。このことは、即位が立太子すなわち次期皇位継承者を確定してはじめて成立するという認識を示したものであり、それは皇位継承の安定化をめざした、嵯峨が編み出した措置に他ならなかった。

皇位のオジ甥継承

注目したいのは、それだけではない。その立太子にみる皇位継承の原則の独自性である。

薬子の変によって皇太子高岳（丘）親王（平城上皇皇子）が廃されたあと、嵯峨の弟大伴親王が立太子した。次の淳和天皇であるが、その淳和朝では、先述したように上皇嵯峨の皇子正良親王が皇太子に立てられている。そのあと正良こと仁明朝でも、新上皇淳和の皇子恒貞《つねさだ》が立太子している。そんなことからこうした継承について、一時期を置いての「父子相承」の実現を図ったものであると理解されている。しかし、果たしてそのような皮相的な理解でよいのであろうか、わたくしは疑問に思う。

もう一度この前後における皇位継承次第をみると、上表のように、薬子の変後、大伴親王の立太子で一時中断されたものの、いずれも上皇の皇子が立太子されていることが注目される。これは「父子相承」ではないし、といって「兄弟相承」でもない。具体的には「伯（叔）父→甥」を基本とする継承であり、世代交代のあり方を重視すれば「オジ甥相承」と呼んでよいであろう。次代の皇位継承者に、そのつど「上皇の子」を立てるという方式は、上皇の政治的影響力を緩和しようとしたものである。

繰り返し述べたように、これまでの上皇は前天皇として大権を有し、しかも現天皇の父あるいは兄の立場から、天皇を越える存在とされており、それをごく自然の姿とみていた。いわば〝院政〟である。そうした上皇と天皇との間柄をオジと甥との関係に遊離することで、影響力の弱体化を図ったものと考える。これは譲位が一般化する中で見出された、新たな皇位継承法であったといってよい。嵯峨が冬嗣の反対を押し切って譲位したのは、自らが意図する、このような皇位継承法を定着させるためであった。

譲位の安定化

嵯峨や淳和の皇子が、一代を置いてそれぞれ立太子したという結果だけをみると、いかにも嫡系相承（父子継承）のごとくであるが、嵯峨の意図するところは、あくまでも譲位を前提とする皇位継承（オジ甥相承）にあり、それは同時に譲位そのものを安定化する措置であったといえる（瀧浪「女御・中宮・女院」『論集平安文学』三）。

とくに七世紀末の持統女帝以来、皇位継承は文武（草壁皇子の嫡子）→聖武→基王へと授受されることが正統であるとする、いわゆる草壁《くさかべ》皇子の嫡系に限定しすぎたために、かえって混迷を招き、結局奈良時代末に至り、この草壁皇統は断絶した。嵯峨の措置は、こうした父子（嫡系）相承のもつ危険性に学びつつ、譲位そのものの安定化を求める中で見出した新たな皇位継承法であった。

嵯峨の意図する「譲位制に基づく皇位継承法」を円滑に運用するために、嵯峨がとったもう一つの措置は、立太子＝次期皇位継承者の決定だけでなく、必ず立太子の後に皇后が立てられている。具体的には立后がそれで、然るべき時に「次々代の継承者」についても定めておくということである。

嵯峨朝では弘仁六年（八一五）六月、薬子の変によって大伴親王が立太子（弘仁元年九月）されてから五年後、嘉智子が立后されている。また次の淳和朝でも正良親王の立太子（弘仁十四年四月）から四年後に正子《まさこ》内親王が立后されている。しかも大事なのは、その際、嘉智子や正子内親王がそうであったように、皇后には皇子をすでに儲けているキサキが立てられたということである。立后当時、嘉智子所生の正良は六歳、正子内親王の場合、所生の皇子恒貞は三歳であった。すなわち、その皇后の所生皇子が次の皇太子となるわけであるから、立后によって「次々代」の皇位継承者までも事実上決められたことになる。

即位（礼）以前の立太子（上皇の皇子）と、その後における立后（所生の皇子をもつキサキ）と、いわば二重の安全弁をもって嵯峨は「譲位に基づく皇位継承」を明確に位置づけ、皇権の安定を図ろうとしたのである。

しかもこのような皇位継承の安定化を側面から促す役割を果たしたのが、これまで事実上野放しにされていた皇親増加の抑制である。前述した皇族賜姓と後宮の改革整備がこれである。

後宮の再編整備

嵯峨天皇には五十人にものぼる皇子女が生まれたために、このうち卑姓（家柄の高くない）の母に生まれた皇子女三十二人に、「源朝臣」を与えて臣下の戸籍につけている。あわせて嵯峨は、その母親たちについてもこれを「更衣《こうい》」と称し、女御《にょうご》の下に位置づけている。その結果、『後宮職員令《しきいんりょう》』に定められたキサキ（皇后・妃・夫人・嬪）に含まれない、「その他」のキサキが女御・更衣という二段階に制度化された。すなわち法令による従来のキサキ（皇后以下嬪以上）に対して、その他の事実上のキサキについて法制上の位置づけがなされ、女御・更衣として序列化されたということである。

嵯峨天皇

ちなみに女御・更衣の違いは家格によったが、それにとどまるものではなく、女御の方はその機会を得れば、所生の皇子（親王）に立太子や即位の可能性があった。そうであれば、皇后ほどに資格（皇族であること）を問われない女御に、上層貴族の関心が向けられるのは当然のなりゆきで、これがやがて後宮制度を変質させる要因となっていった。

ともあれ、この皇子女賜姓は皇室経済

の圧迫を回避するという、経済的理由からなされたものであるが、それと同時に皇位継承上のトラブルを避けるためでもあった。皇親は天皇にもっとも近く、場合によっては皇位を争う立場にもあったから、皇族籍から離脱させることによって、皇位継承の有資格者の数的制限を図ったものである。皇親の序列化といってよい。

繰り返すことになるが、嵯峨天皇は譲位による皇権の安定化をめざしていた。皇位の「オジ甥」間による継承方式を樹立したのがそれであり、その実現のために皇后の立場を重視し、後宮の再編・整備に腐心した。女御・更衣の制度化も皇族賜姓も、まさにそうした目的実現に向けての措置であった。しかし、このような嵯峨の思惑も、承和の変によって一挙に消滅させられてしまう。だが良房は、それと引き替えに政界での立場と権力を獲得したのであった。

2　仕組まれた？　廃太子

承和九年（八四二）七月、弟淳和（二年前に没）の後を追うようにして、嵯峨上皇が没した。五十七歳であった。その二日後（七月十七日）、突如、六衛府が内裏周辺を戒厳するとともに、春宮坊帯刀《とうぐうぼうたちはき》伴健岑《とものこわみね》と但馬権守《たじまごんのかみ》橘逸勢《たちばなのはやなり》の私宅が包囲され、二人の身柄が拘束された。いわゆる承和の変である。

密告

事件のきっかけは、弾正台《だんじょうだい》長官であった阿保《あぼ》親王（平城天皇の皇子）の密告にあった。この日以前、阿保から太皇太后（仁明天皇の生母）橘嘉智子のもとに一通の「緘書《かんしょ》（密書）」が届けられている。内容は、嵯峨上皇が亡くなれば国家に乱が起こるとみた伴健岑・橘逸勢らが、皇太子恒貞親王を奉じて東国に赴き、謀反を起こそうとしているというもので、阿保は彼らからその計画を打ち明けられ、仲間に加わるように勧められていたというのである。

皇太后嘉智子はただちにその密書を良房に与え、良房から仁明天皇に事件を奏上させている。この時良房はまだ中納言で、当然上席者がいた（上表）。にもかかわらず、嘉智子はなぜその上席者をさしおいて良房に処理をゆだねたのか。これがこの事件を解く一番の鍵であるが、その前に事件の顛末を一瞥しておく。

手早い事件処理

伴健岑ら容疑者は即座に逮捕され、七月十八日・十九日には取り調べが行われた。しかし日暮れになっても訊問が終わらず、ラチがあかないというので、二十日には健岑・逸勢の二人を拷問している。だが、二人とも罪を認めなかった。この間、健岑の弟が逮捕され、また逸勢の近親者が自首している。そしてついに二十三日、良房の弟、左近衛少将良相《よしみ》が近衛四〇人を率いて皇太子恒貞の居所を包囲し、春宮坊の関係者すべての身柄を拘束した。同時に恒貞の近侍者、大納言藤原愛発《ちかなり》（内麻呂の子、良房の伯父）・中納言藤原吉野（式家、藤原綱継の子）・参議文室秋津《ふんやのあきつ》ら三人も召し出され、幽閉されて

官職	官位	名前	年齢
左大臣	正二位	藤原緒嗣	69
右大臣	従二位	源　常	31
大納言	正三位	藤原愛発	55
大納言	正三位	橘　氏公	60
中納言	正三位	藤原吉野	57
中納言	従三位	藤原良房	39

承和9年7月以前の廟堂
（中納言以上）

承和の変の処罰者

		人名	処罰	
皇族		恒貞親王	廃太子	皇太子
		広根王	左遷（→壱岐権守）	
藤原氏	北家	藤原愛発	解官→京外追放	
		藤原貞守	左遷（→越後権守）	春宮亮
	式家	藤原吉野	左遷（→大宰員外帥）	
		藤原近主	左遷（→伯耆権介）	春宮大進
		藤原正世	左遷（→安芸権介）	
		藤原貞庭	左遷（→佐渡権掾）	春宮少進
		藤原正岑	左遷（→因幡権掾）	
	南家	藤原秋常	左遷（→石見権守）	
		藤原岑人	左遷（→越中権掾）	
	?	藤原高直	左遷（→駿河権介）	春宮大進
		藤原粟作	左遷（→日向権掾）	
		藤原安成	左遷（→丹後権掾）	
伴氏		伴健岑	隠岐国へ流罪	春宮坊帯刀舎人
		橘逸勢	本姓剝奪→伊豆国へ流罪（護送途中に死亡）	
		橘真直	左遷（→筑後権介）	

いる。

その日、詔が下され、皇太子の恒貞について、「その事をば皇太子は知らざらむ」（謀反のことを恒貞は知らなかった）としても責任を免れることは出来ないとして、罪を問われて廃太子されている。そのことは皇太后（嘉智子）も同じ考えであるとも述べられているから、嘉智子も承知の廃太子であった。

恒貞は淳和院に移された。恒貞の父淳和上皇が譲位後に移り住んだところである。いっぽう、幽閉されていた三人のうち、大納言愛発は解官の上で京外追放、中納言藤原吉野は大宰員外帥、文室秋津は出雲員外守に左遷されている。『続日本後紀』によれば、関係者の処罰は六〇余人にのぼった。

橘氏	橘田舎麻呂	流罪	
	橘末茂	左遷（→飛騨権守）	
	橘清蔭	左遷（→加賀権介）	
	橘忠宗	流罪	
文室氏	文室秋津	左遷（→出雲員外守）	
清原氏	清原岑越	流罪	
紀氏	紀永直	左遷（→伊予権掾）	
	紀貞嗣	左遷（→上総権掾→尾張権掾）	
	紀春常	左遷（→下野権掾）	
坂上氏	坂上新継	左遷（→能登権掾）	
	坂上当岑	左遷（→豊後権掾）	
丹墀氏	丹墀縄足	左遷（→薩摩権掾）	
	丹墀時永	左遷（→豊前権掾）	
その他	善道真貞	左遷（→備後権守）	春宮学士
	春澄善縄	左遷（→周防権守）	春宮学士
	山口稲床	左遷（→安房権目）	春宮大属
	滋原道成	左遷（→肥前権少目）	春宮少属
	上毛野貞継	左遷（→対馬権守→土佐権掾）	
	三善氏吉	流罪	
	淡海豊守	左遷（→大隅権掾）	
	朝野清雄	左遷（→丹後権目）	春宮少属
	御船蓑継	流罪	

それから五日後の二十八日、首謀者の健岑が隠岐に、逸勢が非人の姓を与えられ伊豆に流されている。事件発覚から数えてわずか十一日後のことで、じつに手早い処置であったといえよう。

以上が、事件の顚末である。

淳和・恒貞派の一掃

事件の処理について注目されるのは、春宮坊の職員全員が左遷されていることである。その中には藤原式家の者が五人も含まれている。謀反の中心は春宮坊にあると判断されていたこと、春宮坊関係者の中に、藤原氏でも式家の人びとが少なくなかったことが知られる。

吉野はその代表で、かつて淳和天皇の東宮時代から側近として仕え、皇太子恒貞親王のもとでも春宮大進として近侍していた。ただし事件で追放された愛発は北家内麻呂の子で良房の伯父に当たるが、淳和の信頼を受けており、娘を恒貞の妃として納れていたから、恒貞とは特別な関係にあったと思われる。いずれにせよ、承和の変によって淳和・恒貞派の人びとはあらかた一掃されたことになる。

系、正統に当たる

八月一日、左大臣藤原緒嗣・右大臣源常《ときわ》以下十二人の公卿たちは、新しい皇太子を早く立てるべきであると奏上している。これを受けて同月四日に立てられたのが仁明天皇の第一皇子、道康《みちやす》親王（のちの文徳天皇）である。生母は良房の妹順子であり、良房にとって道康は甥にあたる。道康は十六歳であった。

『続日本後紀』には皇太子の人選にあたり、公卿たちが「嫡を樹て長をもってするは、曠古《こうこ》の徽猷《きゆう》なり」（嫡子を皇嗣とするのが、古来からのよき法則です）、と進言し、長嫡子を棄てて、「藩屏の諸王」（一般の諸王）を選んでいいものか、とまで奏上したと記している。その上で公卿たちは、仁明の皇子道康親王は「系、正統に当たる」（皇統の嫡系に当たる）として、伏して「旧儀」のあり方にならってこの道康を皇太子に立ててほしいと請願し、仁明はその意を受けて立太子したとある。

道康は嵯峨天皇の嫡孫であり、仁明の長嫡子で、「系、正統に当たる」ことは確かである。しかしそれにしても恒貞を廃しての道康の擁立は、強引な立太子劇であったといわねばならない。

この日右大臣源常が皇太子傅、参議安倍安仁《やすひと》が春宮大夫に任じられ、内裏の警護が解かれている。また柏原（桓武天皇）山陵に恒貞の廃太子と道康の立太子が奉告され、これによって承和の変は幕を閉じたのである。

承和の変については、古くから藤原氏によって他氏（橘氏や伴氏）が排斥され、摂関政治成立の契機となった事件であると理解されている。しかし、この時点で藤原氏の優位は誰の目にも明らかで、最近ではこの説に否定的な見解が多い。そんなことから、事件は、

事件の真相

①橘逸勢・伴健岑らが実際に謀反を計画したもの
②良房と嘉智子が共謀して企てたもの
③良房一派が仕組んだ陰謀

など、様々な解釈が出されている。このうち①についていえば、逸勢に謀反を起こすべき動機が見当たらない。

逸勢は桓武天皇の最晩年、最澄・空海らと共に留学生として入唐し、その才能から、かの地で橘秀才《きっしゅうさい》と称されたほどの人物である。帰国後は従五位下に叙されたものの、老病を理由に出仕しなかったが、老病というほどの年齢であったとは思えず、よほど狷介孤高の性格の持ち主だったようである。事件は、そんな逸勢が承和七年（七四〇）、但馬権守に任命されて二年後の出来事で、恒貞を奉じて何を目的とした謀反なのか、理解しがたい。そして何よりも、拷問にも堪えて、最後まで罪を認めようとしなかったという逸勢に、事件の不自然さを感じるのである。

もう一人の首謀者とされた伴健岑は大伴氏の一族で、一族における立場や具体的な官歴など明らか

ではないが、事件当時は春宮坊帯刀舎人であった。皇太子恒貞の護衛官であるが、役人としては最下級に属する立場で、そのような身分の者が皇太子を奉じて謀反を起こすなど、到底考えられない。それに、逸勢と健岑との繋がりが見いだせない。そんなことから判断して、逸勢・健岑はワナにはめられ、無実の罪を着せられたのではないかと考えられる。

また③については、良房が事件発覚の六日前（七月十一日）、右近衛大将を兼任、そればかりか事件の直後（同月二十五日）、愛発の後釜として大納言に任じられていることが根拠となっている。良房が関わっていたことは事実であろうが、当時中納言であった良房が、謀略のすべてを仕組むことが可能なほど、その立場が確立していたとは考えがたい。

結局こうした事件の常で、真相は詳らかでないといわざるを得ない。しかしその経過からみて、この事変は最初から恒貞廃太子＝道康立太子を目的とする陰謀であったことを、いちがいに否定できない。それどころか、これに良房と嘉智子が関与していた可能性も十分にある。その意味で、②の蓋然性は極めて高かったと思う。

禍機、測りがたし　それというのも、恒貞親王の立太子自体に最初から不安定要素があったからである。

前述したように、その立太子は天長十年（八三三）二月、仁明の即位に伴って行われたが、仁明の皇子、当時七歳の道康をさしおき、淳和の皇子、九歳の恒貞が皇太子に立てられたのは、嵯峨上皇の意向によるものであった。『恒貞親王伝』によれば、成長した恒貞は、仁明の嫡子でない自分が皇太子になっていることに不安を感じ、「若《も》し嵯峨・淳和天皇（正しくは上皇）晏駕《あんが》（崩御）の後、（我が身にふりかかる）禍機測《わざわいはか》りがたし」と漏らしたといい、再三皇太子の辞退を申し出ている。しかし、嵯峨上皇の説得もあって実現せず、そのために、自分はいったいどうすればいいのか、と近臣たちに語っては涕泣したとも記されている。果たせるかな、淳和が亡くなり、嵯峨が没した直後にその危惧が的中し、現実のものになった。恒貞の心情を思うと、哀れと言うほかはない。

こうして恒貞に代わって道康が皇太子に立てられたのである。

“不比等”と“持統女帝”

それにしても、道康親王の立太子を実現した良房と嘉智子との連携は、七世紀末、文武天皇の即位を実現した、藤原不比等と持統女帝の関係を思わせるものがある。不比等は良房の父冬嗣の高祖父に当たり、藤原氏台頭の基盤を築いた一族の鏡ともいうべき人物であるが、端的にいえば良房自身、その不比等たろうとしていた気配がある。

良房の父冬嗣は、薬子の変（八一〇年）に際して最初の蔵人頭（頭弁《とうのべん》）に任じられ、嵯峨天皇の腹心として活躍した。繰り返し述べたように、冬嗣の娘順子が東宮時代の仁明の後宮に入ったのも、また息子の良房が嵯峨皇女（源潔姫）を妻としたのも、冬嗣に対する嵯峨の信任の厚さを示している。

良房は潔姫との間に娘明子《あきらけいこ》（八二八年誕生）を儲けていたから、この明子を、仁明と順子との間に生まれた道康親王（八二七年誕生）と結婚させれば、藤原氏と皇室の血縁—ミウチ関係はより濃厚なものとなろう。となれば、こゝで順子は、持統女帝の孫文武に入って首皇子（聖武天皇）を生んだ不比等の娘宮子であり、明子は、首皇子に入内した光明子（不比等の娘）そのものではないか。

しかし、良房が〝不比等〟となるためには、掌中の珠である道康を、何よりも確実に皇位継承者（皇太子）に仕立てる必要があった。だが、事は簡単でない。恒貞の父淳和天皇と藤原北家との関係は薄く、恒貞自身にしても、良房と特別の関係をもっていたわけでなかったからである。

いっぽう、嘉智子にとっては恒貞も道康も孫にあたる。しかし皇位継承の上から嘉智子が期待したのは道康親王の即位、つまり仁明系の存続であった。嘉智子は仁明天皇の生母、いわゆる国母として力をもち、仁明朝の治政にも影響を与えたといわれるが、『続日本後紀』によれば嘉祥三年（八五〇）二月、仁明が重態に陥り死期が近いと聞いて、「悶絶すること数々《しばしば》」であったと記す。ここにみる嘉智子の情念は、かつてわが子草壁《くさかべ》皇子の即位を実現するためには、甥である大津《おおつ》皇子の抹殺をも辞さなかった持統女帝のそれと変わらない。亡夫嵯峨の意向にそむいてでも、仁明系を存続させることが嘉智子の求めるところであった。

ともあれ良房に妥協しつつ、自身が願う仁明の皇子（嘉智子にとっては孫）道康の立太子を実現させた皇太后嘉智子は、さしずめ平安朝の〝持統女帝〟であったといってよい。

嘉智子の情念

嘉智子は、夫嵯峨の遺志に忠実だったわけではない。というより、違背することの方が多かった。たとえば嵯峨は遺詔において、盛大な葬儀を戒め薄葬を事細かに指示している。とくに卜筮《ぼくぜい》や民間の俗事に拘泥することなく葬儀を行うように、と固く言い残している。嵯峨の存在感と絶大な権威を示すものである。しかし翌年（八四三年）七月の周忌法会に際して、本来は七月十五日（嵯峨の忌日）に行うべきところを、十五日（壬寅《みずのえとら》）は仁明・嘉智子の生年の干支《かんし》

（共に寅年）にあたるため、凶事を避けて前日の十四日（辛丑《かのとうし》）に行われている。俗事に関わることを戒めた嵯峨の遺詔に反するとの批判もあったが、嘉智子はそれを退けて実施している（仁明は熱で伏せており、この問題について言及することはなかったようだ）。また物の怪の出現についても、嵯峨の遺詔では、物の怪を亡者の霊の祟りとする卜筮には根拠がないと否定しているが、逆に嘉智子は、卜筮は信じるべきだとして遺詔を否定している。

こうしたことから嘉智子の底意を考えると、嵯峨が意図した「オジ甥相承」についても、当初から賛成ではなかったように思われる。嘉智子の心は息子可愛さで満ち溢れており、仁明系の存続を強行したのも、嘉智子の持つ凄まじいまでの情念からであったように思われる。

嘉智子が良房と連携して道康親王立太子を図ったことは、まず間違いない。『三代実録』には、淳和皇后の正子内親王が子の恒貞が廃太子されたと聞いて、母嘉智子の仕打ちに号泣し、母を怨んだと記されているが、これも嘉智子が事件に関与したことを暗示している。嘉智子は娘正子たち母子を犠牲にして、仁明—恒貞という傍系から、仁明—道康という嫡系継承への切り換えに成功したのであった。仁明に対する嘉智子の情念の凄まじさは、持統女帝以上の激しさをもつものであったかも知れない。

利害の一致

承和の変は、嵯峨の皇后嘉智子と良房の利害の一致によって企てられたものといってよいが、従来この変に関して、皇位継承の原則が切り換えられたことに注目することはなかったように思われる。それが重要なのは、上皇の政治介入を可能とする条件が、再び生まれたからである。しかも父子相承は即位年齢の低下をもたらす土壌となった。先走っていうと、そこに奈良時代の女帝に代わる立場が必要とされる条件が生じたことになる。その意味で、承和の変のもつ意味はきわめて重大であったといえよう。

しかし利害の一致という点で、一つ付け加えておくならば、嘉智子もまた最後の勝利者になることは出来なかった。

息子の仁明が危篤と聞いた嘉智子は、悲しみのあまりにやせ衰え、髪を下ろして出家している。重体に陥った仁明を想い、しばしば悶絶したという嘉智子であったが、その悲しみは何人《なんぴと》たりとも測りがたい強烈さで嘉智子を襲ったのであろう。仁明が没したのが嘉祥三年（八五〇）三月、それからわずか一か月余後の五月に、嘉智子は後を追うかのように六十五年の生涯を閉じている。

その意味では、承和の変の最大の勝利を手にしたのは良房であったといってよい。

こののち良房は、孫の道康親王（文徳天皇）が即位したことによって、天皇の外祖父となった。平安朝の〝不比等〟となったのである。もっとも、不比等は孫の首皇子（聖武天皇）の即位を見ずに亡くなっているから、不比等を凌ぐ僥倖を良房は得たのであった。

その結果、良房は摂関政治への第一歩を踏み出した。そして、これが以後の政治を大きく左右することになる。

敗れし母子、正子・恒貞親王

承和の変にみる廃太子劇は、決して珍しいものではない。事件後の常として、敗者となった淳和・恒貞派の官人たちは一掃され、勝者となった北家の良房は地位と権勢を確立することになるが、そこには様々な人生の哀歓があった。ここでは、図らずも敗者となった者たちの最後を見届けておきたい。

廃太子恒貞親王の身柄は、事件後、淳和院に移されている。父の淳和天皇が皇太子（大伴親王）時代から好んだ所で、後院《ごいん》として、譲位した後没するまでの七年間を（前）皇后正子と過ごしている。淳和が亡くなったのが二年前、当時は正子ひとりの御所となっていた。そこへ、廃太子された恒貞親王が移されてきたのである。正子ならずとも、奈落の底に突き落とされた衝撃を受けたに違いない。その胸中は察するに余りある。

正子はその年（承和九年）十二月、落髪して尼となって仏道修行に専念し、淳和の菩提を弔う日々を送っている。恒貞も、嘉祥二年（八四九）三品に叙せられたが、まもなく出家して法号を恒寂《こうじゃく》と称し、ようやく安穏の生活を手に入れたようである。

ところがこの母子に、再び災厄が襲いかかる。淳和院は貞観十六年（八七四）四月十九日夜、失火によって焼亡した。正子は素車で避難している。

恒貞親王の入寂

その正子にとって重ねてのショックだったのは、翌年正月に冷然院（のち冷泉院と表記）も焼亡したことである。冷然院は譲位した正子の父嵯峨上皇が、嵯峨院へ遷るまでの十一年間を過ごした後院である。この時の火災は三か日に及び、五十四宇が焼けたうえ、膨大な図籍文書などがすべて灰燼に帰した。

正子が父の好んだ離宮、嵯峨院を寺に改めたのはその翌年、貞観十八年（八七六）二月のことであるが、おそらくそれは、父や夫ゆかりの御所が相次いで失われていくのに触発されたものと思われる。

大覚寺

開山にはすでに出家していた子の恒貞（恒寂法親王）が迎えられ、名も大覚寺と改められた。

こんにち大覚寺では、毎年中秋の名月に大沢池に舟を浮かべて、王朝の昔をしのぶ観月の宴が催されている。大沢池は嵯峨院の苑池であった。後院がすべて廃絶した中で、嵯峨院だけが伝わるのも、こうした悲しみの中に生きた母子の力によるところが大きい。

なお恒貞親王については、仁明天皇から三代のち、陽成天皇が退位したあとの後継者として即位を要請されたが、恒貞は強くこれを辞退したという。皇位継承の争いに巻き込まれ、よほど懲りていたものと思われる。

大覚寺に安住の地を得て八年、死期を悟った親王は死に臨んで衣服を浄め、西方に向かって結跏趺《けっかふ》坐《ざ》の姿勢で入寂したと伝える。元慶八年（八八四）九月のことで、六〇歳であった。母正子が亡くなって五年後である。運命に翻弄された母子の生涯が哀れに思えてならない。

悲話といえば、橘逸勢の娘についても述べておきたい。

逸勢の娘と孫

逸勢の流罪が決定したのは承和九年（八四二）七月二十八日、事件が発覚してから十一日後である。いつ都を出発したのか、明らかではないが、逸勢の娘は、伊豆に流される父のあとを追っかけて一緒に都を離れている。しかし、護送の兵士に追い払われて同行はかなわない。そこで昼間は休み、夜間に追いつくようにした。けなげな娘の姿に、さすがに兵士もみかねて同道することを許したという。しかし逸勢は途中、遠江国板築《いたづき》駅で病死してしまう（八月十三日）。悲しんだ娘は、その地に父を葬ったうえ出家、妙冲《みょうちゅう》と称し、父の供養をして暮らしたという（『文徳実録』嘉祥三年五月十五日条）。

なお『続日本後紀』には、逸勢が亡くなったあと、逸勢の孫珍令《たかよし》の処遇について記されている。幼少の身で逸勢を失い、頼る者がいないのは不憫であるとして、珍令を配流先から呼び戻し、都での生活を許している（承和九年九月三日条）。孫といえども連座して伊豆に流されていたことを知るが、珍令の呼び戻しは嘉智子の指図であった可能性もあろう。嘉智子は仁明嫡系の存続のために一族の逸勢を切り捨てたが、さすがに幼子に対する憐憫の情は抑えることが出来なかったのではなかろうか。

橘神社

逸勢は嘉祥三年（八五〇）、嘉智子が没して十一日後（五月十五日）、都での埋葬が許されて召還、正五位下が追贈され、仁寿三年（八五三）には従四位下が贈られている。これもまた、事件に嘉智子が関わっていたことを暗示するが、貞観五年（八六三）、疫病消除のために神泉苑《しんせんえん》で行われた御霊《ごりょうえ》会で怨霊の一柱として祀られているのは、逸勢が無実であったことを示す何よりの証左であろう。

いっぽう、橘逸勢とともに謀反の首謀者として隠岐国に配流された伴健岑のその後については、よく分からない。動向を伝えるのは唯一『三代実録』で、貞観七年（八六五）五月、健岑は恩赦によって入京したとの隠岐国の報告を受け、勅によって宥免して出雲国に遷配したとある。いったん入京した後、再び配所に赴くというのは不自然なことで、恐らく隠岐から出雲国へ遷配されたのではなかろうか。以後、赦免の記事はなく、配所で没したのかも知れない。

承和の変に密告者の役割を果たした阿保親王も、数奇な運命に弄ばれた一人である。

阿保親王の子どもたち

親王は、平城天皇の第一皇子でありながら、母（葛井藤子《ふじいのふじこ》）が卑姓のため皇太子に立てられなかった。皇太子には弟の高岳親王（母は伊勢継子《いせのつぐこ》）が立てられている。しかも阿保親王の場合、薬子の変に連座（高岳親王は廃太子）して大宰権帥に左遷され、配所にあること十余年、天長元年（八二四）、平城が崩御した後、赦されて帰京する。

大宰府にある間に親王は仲平《なかひら》・行平《ゆきひら》らをもうけた。そして帰京後、桓武天皇の皇女伊登《いと》内親王と結婚、その間に業平《なりひら》が生まれると、これを奇貨として、親王は息子たちの処遇改善を決意する。すなわち天長三年（八二六）、阿保は上奏し、業平をはじめ仲平らの在原賜姓を願い出たのである。弟高岳親王の子どもたちが高岳の廃太子後、臣籍に降下され在原が賜姓されていたことにならってのものである。『三代実録』には、「無品《むほん》高岳親王の男女、先に王号を停じて朝臣の姓を賜る。臣の子息は未だ改姓に預からず。すでに昆弟《こんてい》の子たり。寧ぞ歯列《しれつ》の差を異にせむや」（高岳親王の子どもたちは、すでに王族籍を離れて〈在原〉姓を賜り在野に下っている。しかし私の子どもたちは、今だに賜姓されておりません。ともに兄弟の子であるのに、どうして処遇に違いがあるのでしょうか）とある（元慶四年五月二十八日条）。母が卑姓ということが、阿保親王だけでなく、その子どもたちにまで負のスパイラルを背負わされ、賜姓から除外されていたのである。

伊登内親王との間に業平が誕生したことで、阿保親王はようやく弟高岳親王と対等の処遇を受ける立場になったといえよう。この在原の賜姓をめぐっても、阿保が高岳に対して対抗意識を抱いていたことが知られる。

阿保には、こうした不満や疎外感がたえず付きまとっていたように思われる。承和の変で密告者の役割を演じたのも、そうした境遇と無関係ではなかったろう。

貧乏くじ

ところが阿保親王は、承和の変の三か月後（承和九年十月二十二日）、急逝している。事の重大さに動転したショックが原因であったのではないか。

そう考えるのは、親王の死を聞いた仁明天皇が、「いつしか参入まさむ。冠位をあげたまわむと念《おもお》しめしきに、さるほどにおもいの外にたちまち朕が朝廷を置いて罷りましぬ（『続日本後紀』）」（いつ参内するのか。参内したら〈事件を未然に防いだ功績として〉位階を上げてやろうと考えていたのに、思いがけなく、急に朕の朝廷を措いて身罷ってしまった）と驚き憐れんでいて、密告後ついに一度も参内せず、恩賞にあずかることもないままに没したことが知られるからである。

不退寺

親王は、もともと謙虚で控えめな性格であったといい、文武の才を兼ね備え、腕力が強いいっぽうで、音楽に優れていたとも伝えられる。偉丈夫でありながら、優れた芸術的感性を持ち合わせていたのであろう。時に五十一歳、この日、皇族最高位の一品が贈られている。

思えば、終始貧乏くじを引いたのが阿保親王であった。奈良市の北部佐保《さほ》には親王ゆかりの不退寺《ふたいじ》があり、また親王の墓と称する円墳が兵庫県芦屋市にある。この辺りに親王の別荘があったことにちなむものである。

魂は本朝に

なお、廃太子後の高岳親王についてもひと言述べておくと、親王はその後弘仁十三年(八二二)、四品の品位を授けられたが、間もなく出家して真如《しんにょ》と称し、空海の弟子となっている。高岳の出家については、皇位継承から完全に自由で有り得ない立場への嫌悪感や、それを回避するためであったとの理解もある。皇位継承の争いから逃れたかったことは事実であろう。

それから四十年たった貞観四年(八六二)、親王は入唐を決意し渡航している。高岳は六十四歳になっていた。これには親交の深かった右大臣藤原良相の援助が多分にあったと考えられる。のち長安で入手した巴子国《はしのくに》（ペルシャ）の剣をわざわざ良相に送っているのは、感謝の意を表わしたものであった。良相は、「希有の宝」「殊勝の家宝」といって感激している。

親王が長安に入ったのは貞観六年（八六四）五月のことである。しかし仏教弾圧に苦しむ当時の中国では、親王の求法は満足できなかったのであろう、さらにインドへわたることを決意する。しかし真如法親王の思いはついに果たされず、途中、羅越（今のシンガポール）で客死する。

身は長海の西浪に没すといえども、魂は定めて故郷の本朝に帰らん。

親王が長安を出立する際、青龍寺《せいりゅうじ》（長安）に書き留めたと伝えられる詩であろ。出立時、すでにその死を覚悟していたのであろうか、望郷の念には哀切が漂い、今でも読む者の心に響いてくる。親王もまた、「悲劇」のひと言では片付けられない、重い運命を背負わされた生涯であった。

3　外戚への道程

皇位継承とミウチ関係

承和九年（八四二）七月、嵯峨上皇が没して二日後に起こった、いわゆる承和の変の結果、廃太子された恒貞親王に代わって皇太子に立てられたのが、仁明天皇の皇子道康親王である。母は女御藤原順子で、良房の妹である。

恒貞は前天皇淳和の皇子であったから、この事件によって皇位は仁明―恒貞という非父子継承から、仁明―道康という父子継承へと切り換えられたことになる。これは譲位が制度化されつつある中で求められた皇位継承、いうならば平安朝的な皇位継承法の安定化を考えていた嵯峨上皇の意向に背くものといわねばならないが、むしろこうした切り換えが嘉智子の望むところであり、もとより良房の利にかなうものでもあった。

しかし、これによって嵯峨が回避しようとした、単純な父子相承が復活しただけではない。新たに立太子された道康は良房の甥であり、復活された父子相承が藤原氏のミウチ関係に基づくものであったということが問題で、それだけに、これが以後におけるキサキ制度を大きく変質させる要因となる。その端的な表れが、仁明朝以後六代の間、醍醐《だいご》朝で藤原穏子《おんし》が立后するまでの約百年は、皇后以下令制のキサキ（皇后・妃・夫人・嬪）が、まったくといってよいほど置かれていないことである。明かに後宮制度に異変が生じている。このことは、良房・基経によってやがて登場する摂関政治と不可分の問題であるため、ここでは、まず後宮制度の変質について述べることから始めたい。

令制キサキと令外キサキ

そもそもわが国のキサキについては、皇后（一人）のほか、『後宮職員令』によって妃（二人）夫人（三人）・嬪（四人）と定められていた。また皇后・皇太后（前皇后）・太皇太后（二代前の皇后）の三后を扱う役所が中宮職で、中務省の所管であった。それが天平元年（七二九）八月、聖武天皇の夫人であった藤原光明子が、臣下の出でありながら皇后に立てられたことが、その後のキサキ制度に大きな変化をもたらすことになったのである。

すなわち皇后についていえば、内親王（皇族）も何人か立てられているが、藤原氏の娘が圧倒的多数を占めるようになる。その意味で、光明子立后が以後のキサキの制を大きく変えたことは確かであり、それが長期にわたって藤原氏が権勢の座を占有できた要因になったといってよい。

そうしたキサキ制度の推移を考えるとき、皇太子道康の母、藤原順子がなぜ仁明の皇后に立てられなかったのか、疑問が生じるであろう。しかし順子の場合、立后はもともと不可能なことであった。仁明の皇太子時代に後宮に入った順子は、仁明践祚の日に従四位下、ついで承和十一年（八四四）に従三位が授けられている。しかし順子は仁明の女御《にょうご》として入内したのであり、その女御はいわゆる令外《りょうげ》のキサキで、令制（令内）キサキとは厳然と区別される存在であった。夫人であった光明子が皇后となったのとは、事情は同じでない。当時、令外のキサキが令制のキサキに切り換えられることは有り得なかった。

皇后にならなかった順子

両者の間の垣根が無くなるのは所生の皇子が即位した時、すなわち国母になった場合だけで、令制では国母になったキサキは皇太夫人（令制キサキ）とされ、中宮と称されている。中宮《ちゅうぐう》とは、もともと皇后あるいは太皇太后・皇太后の宮、すなわち居所（建物）のことであり（『令義解』養老職員令）、そこから中宮に住むべき人、つまり皇后以下の三后（皇后・皇太后・太皇太后）の総称とされたものである。ところが実際の使用例をみていくと奈良時代、聖武天皇の即位後に生母藤原宮子が皇太夫人として中宮に入り、中宮と呼ばれて以来、皇太夫人すなわち天皇の生母（いわゆる国母）の別称とされ、以後はそれに限られている。現に嘉祥三年（八五〇）四月、仁明が没した後の文徳朝で、順子は皇太夫人に立てられて令内キサキとなり、中宮と称されている。これ以外に令外から令内（令制）のキサキになる可能性はなく、両者の間の壁は高かった。

以上が、順子が立后されなかった理由の第一である。

第二は、嘉智子は承和の変で恒貞を廃太子したものの、その母である正子（淳和皇后）を廃后にまではしなかったことである。実母嘉智子の仕打ちに号泣し、これを恨んだという正子を見て、さすがに嘉智子もそこまで非情にはなれなかったのであろう。その結果、事件後も皇后位には正子が留まっていた。このことも順子の立后を不可能にした一因である。

順子の立后は、このような理由から実現をみなかったが、良房にしてみれば道康の立太子が実現したからには、その母である順子の地位に固執する必要はなかったということもあったろう。

皇后空位の理由

ともあれ、こののち皇位継承は、良房（および良房の養子基経）により藤原氏とのミウチ関係をもとに展開されることになる。皇位継承の〝原則〟がなくなり、ある意味では恣意的になったといえる。その結果、あえて皇后に立てる必要がなくなっただけでなく、皇后に転上しうる妃・夫人など令制キサキの役割もおのずから低下した。

もともと立后＝正妻（皇后）を立てることは、その所生の皇子の立太子を導き出す上で有利であった。端的な例が前述の光明子の場合で、光明子立后のきっかけは、所生の基王が亡くなったのと入れ替わるようにして、もう一人の聖武夫人、県犬養広刀自から安積親王が誕生したことであった。すなわち、当時まだ出産の可能性のあった二十九歳の光明子を皇后に立てておくことで、安積を抑え、将来、生まれてくるかもしれない皇子の立太子を確実に実現する条件づくりのためである。皇太子の生母は皇后であるのが慣例となっており、所生の皇子の立太子を導き出す上で、断然有利な条件だったからである。皇后は皇族（内親王）でなければならないという原則を無視してまで立后された理由である（瀧浪「光明子の立后とその破綻」『日本古代宮廷社会の研究』）。

立太子を引き出す上で有利であった立后は、しかしその反面、皇太子たるべき人物が限定され、皇位継承資格者の範囲をせばめる恐れがあったことも事実である。そうしたことを含めて、譲位の安定化を考え、嵯峨が意図した皇位継承であったが、承和の変によって一挙に消滅し、しかもそこで重要な役割を果たした立后の意味が、ほとんどなくなってしまった。それが承和の変後、長らく皇后空位の時代を迎えるに至った理由である。

キサキ制度の変質

こうして皇后位以下の令制キサキの役割が低下した分、令外キサキとしての女御の立場が浮上することになる。仁明天皇の時代以降、令制キサキの入内がほとんど無くなるのに比して、女御・更衣の令外キサキが圧倒的多数を占めるのがそれである。その結果、女御の入内についても正式な手続きがとられるようになり、名実ともに女御が制度化されることになる。

嵯峨朝で女御（更衣）が法的に位置づけられ、相応の待遇を受けるようになったが、女御（更衣）＝令外キサキは、あくまでも令制キサキとは一線を画す存在であった。しかし先に述べたような経緯で女御の立場がクローズアップされてくると、入内の手続きにおいても令制キサキに準じて制度化さ

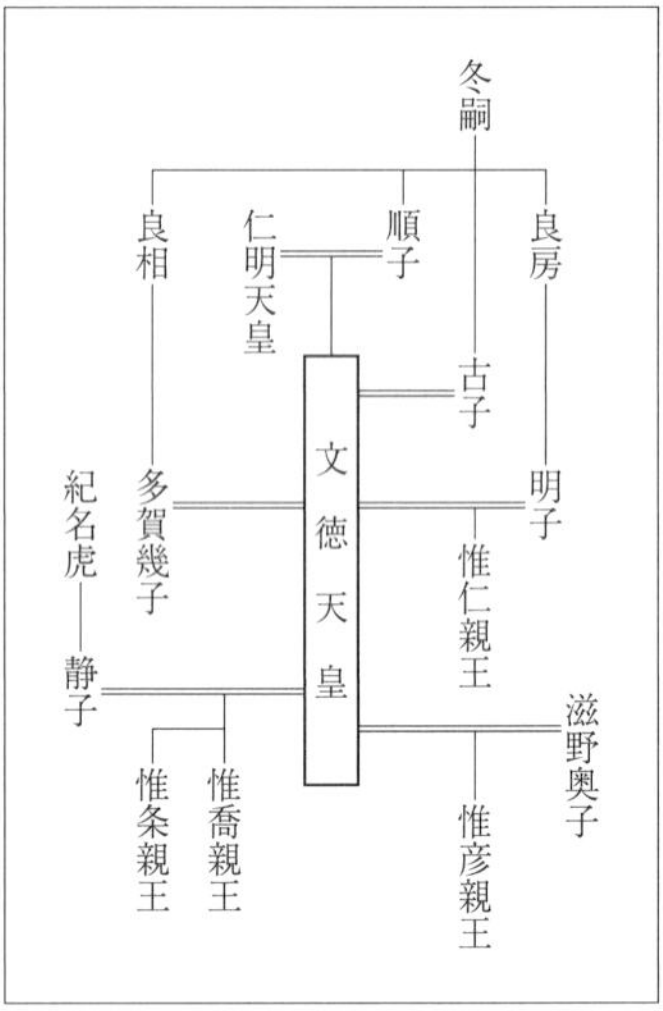

文徳天皇のキサキ

れるようになり、公的立場が一段と明確化された。それに伴い女御はもとより、更衣の立場も重視されるようになったのである。

承和の変後、皇位継承の変化に伴ってキサキ制度も大きく変質した。とくに皇后位以下の令制キサキにかわって、女御や更衣ら令外キサキの立場が向上することになったのである。

良房はラッキーボーイ

そうした中で、皇太子道康親王の妃となっていた良房の一粒種、明子は、道康即位（文徳天皇）後、女御とされている。嘉祥三年（八五〇）三月、道康の父仁明天皇が没したことにより、新天皇の女御となったのである。平安時代の〝不比等〟となるために腐心してきた良房にとって、文徳の即位は皇室との確固たる関係を築く上での第一歩となるものであった。

しかし、明子が新天皇文徳の女御になったからといって、それで良房の立場が盤石になったわけではない。明子と同様、東宮時代から入侍していた藤原古子（冬嗣娘）・藤原多賀幾子（良房の弟、良相娘）らも、文徳の即位後女御とされている。しかも更衣の紀静子には文徳の第一皇子惟喬《これたか》親王・第二皇子惟条《これえだ》親王が、宮人の滋野奥子との間には第三皇子惟彦《これひこ》親王が、すでに誕生していた。明子が女御になったとはいえ、外孫をまだ見ていない良房は、この時点では出遅れていたといってよい。

しかし、良房には一縷の望みがあった。道康が践祚した時（嘉祥三年三月二十一日）明子が初産間近だったことで、果たして四日後（三月二十五日）、無事に出産している。それも良房待望の皇子であった。文徳の第四皇子、惟仁親王である。これが皇子でなく皇女であったら、良房の策略と思惑は水泡に帰さないまでも、遙か彼方に遠ざかってしまっていたろう。良房は幸運を手にしたのである。妹（順子）と娘（明子）という二重の関係を通して文徳と繋がることになった良房は、まさにラッキーボーイであった。

惟仁親王の立太子

外孫（惟仁親王）を得た良房にとって次の課題は、その外孫を確実に皇位継承者、すなわち立太子させることであった。惟仁が即位して、始めて良房は盤石の外戚という地位を手にすることが出来るのである。しかし、事は簡単でない。

知られるように皇太子制度が未整備であった奈良時代、皇位継承をめぐる政争は絶えることがなかった。とくに称徳朝では、称徳（孝謙女帝）が立太子を先送りしたことが原因で、様々な混乱を引き起こしている。そうした反省から称徳の後の光仁天皇の場合は、即位してわずか二か月後という、それまでの慣例に照らして超スピードの立太子であった。さらに次の桓武天皇や平城天皇・嵯峨天皇になると、いずれも即位の翌日に皇太子が立てられており（淳和や仁明の場合は二日後）、皇子の立太子が即位儀礼の一環として組み込まれていたことを示している。皇太子が皇位継承の受け皿として位置づけられるようになったわけで、それが平安時代を通して踏襲されることになる。別の言い方をすれば、

	即位年月日			立太子年月日（　）内は天皇名		
奈良時代	称徳	764	10. 9			
				白壁王（光仁）	770	8. 4
	光仁	770	10. 1			
				他戸親王	771	1. 23（→廃太子）
				山部親王（桓武）	773	1. 2
平安時代	桓武	781	4. 3	早良親王	781	4. 4（→廃太子）
				安殿親王（平城）	785	11. 25
	平城	806	5. 18	神野親王（嵯峨）	806	5. 19
	嵯峨	809	4. 13	高岳親王	809	4. 14（→廃太子）
				大伴親王（淳和）	810	9. 13
	淳和	823	4. 16	正良親王（仁明）	823	4. 18
	仁明	833	2. 28	恒貞親王	833	2. 30（→廃太子）
				道康親王（文徳）	842	8. 4
	文徳	850	3. 21	惟仁親王（清和）	850	11. 25

即位と立太子

男帝が成長するまでの中継ぎ役とされた女帝の役割は無用となり、称徳を最後に女帝が登場しなくなった理由である。

ともあれ良房の時代は、当時の慣習として立太子が即位儀礼の一環となっていたから（前述）、文徳の即位後、早々に皇太子を立てなければならなかった。しかし良房の外孫惟仁は、まだ生まれたばかりであった。

その惟仁親王が嘉祥三年（八五〇）十一月、皇太子に立てられている。時に惟仁は生後八か月。かつて奈良時代、聖武天皇の皇子基王が生後二か月で立太子した事例はあるが、これはそれにつぐ幼少記録である。しかも文徳が即位してから八か月が過ぎての立太子であり、即位後数日で行われる当時の慣習からすれば、その点でも不自然さはぬぐえない。そこに良房の画策を嗅ぎ取ることは容易であろう。

文徳の第一皇子、惟喬親王

文徳は、良房の外孫である惟仁が、しかるべき時期に皇太子に立てられることを、むろん承知していた。しかし惟仁は生まれたばかりの幼児であり、立太子について文徳は別の考えを持っていたという。醍醐天皇の皇子重明《しげあきら》親王の日記『吏部王記《りぶおうき》』（承平元年〈九三一年〉九月四日条）に、藤原実頼《さねより》が重明に語ったという、次のような話が書きとどめられている。

文徳天皇、惟喬親王を最愛す。時に太子（惟仁親王）幼冲なり。帝、先ず惟喬親王を立てて、而して太子長壮の時、還って洪基を継がせんと欲す。

これは実頼が父忠平から聞いたというもので、実頼の話すところによると、文徳は親王の中でも惟喬をもっとも可愛がっていたという。そして文徳の考えは、皇太子惟仁は年少であるからこの惟喬親王を先に即位させ、惟仁が成長した後、惟仁を後継者にしたいというものであった。惟喬は更衣である静子（紀名虎の娘）との間に生まれた文徳の第一皇子である。

しかし、これはあくまでも文徳の密やかな期待であって、現実可能でないことは十分に承知していたはずである。ちなみに文徳はこのことを、当時大納言であった源信《まこと》に相談したところ、信は、皇太子惟仁に罪があるなら廃立すべきであるが、罪がないのであれば他の人を擁立すべきではない、いかに天皇の命令であっても承諾は出来ない、と述べたという。皇太子の廃立が社会の混乱を招き、紛争の火種になることはいうまでもない。信は嵯峨天皇の皇子で、賜姓されて臣下に下っていた。天性風雅な性格で、争い事を好まなかったという。そんな信であればなおさらのこと、良房に逆らう気は毛頭なかったろう。信の奏上を聞いた文徳は、それを喜ばなかったが、文徳もまた良房を憚り、結局は言い出せないまま皇太子（惟仁親王）の交代もなく、ほどなく文徳が亡くなったので、惟仁親王が即位した、と実頼は語っている。

三超《さんちよう》の童謡《わざうた》

実頼は良房の曾孫（正確にいえば良房の養子となった基経の孫）に当たり、惟仁の立太子（即位）は実頼の時代からおよそ八〇年ほど前の出来事だったことになる。実頼の父忠平は、こうした話を誰から聞き、どういう状況の中でこれを実頼に話をしたのかは不明であり、また話の真偽も定かでない。しかしいずれにせよ、惟仁の立太子（即位）が強引になされたことは、間違いない。『三代実録』（清和天皇即位前紀）は、そのとき次のような童謡《わざうた》がうたわれたと記している。

大枝《おおえ》を超《こ》えて、走り超えて、騰《あ》がり踊り超えて、我が護《まも》る田にや、捜《さぐり》あさり食《は》む志岐《しぎ》や、雄々《をを》い志岐や

（大枝を遙かに飛び踊り越えて、私が大切にしている田に飛び込んだ鴫は、探し求めた餌を思う存分ついばんでいる）

童謡にいう大枝とは惟仁の三人の兄たち、すなわち第一皇子の惟喬親王・第二皇子の惟条親王（以上、母は紀静子）・第三皇子の惟彦親王（母は滋野奥子）をさす。三人の兄を超えて強引に惟仁を皇太子

とした良房に対する風刺で、「三超の童謡《わざうた》」と称されたという。

ちなみにこの立太子をめぐっては、良房は真言僧真雅《しんが》に修法させ、名虎《なとら》（惟喬親王の外祖父）は同じく真済《しんぜい》に加持祈禱させたとも、あるいは良房・名虎の両人が、相撲をとって勝負をつけたといったエピソードも生まれているが、むろん事実ではない。

失意の惟喬親王

失意の惟喬親王は、交野《かたの》（大阪府枚方市）の渚《なぎさ》の院に紀有常や在原業平らを従えてしばしば遊宴し、その思いを歌にまぎらわせたが、貞観十四年（八七二）七月、病気のために出家（法名を素覚《そかく》といった）、比叡山の西麓、小野《おの》の地に隠棲した。二十九歳であった。

親王の出家を聞いた業平は翌年（八七三）正月、小野に赴き、別れ際に次の歌を残している。

忘れては夢かと思ふ思ひきや　雪ふみわけて君を見むとは

（出家されたという現実を忘れて、夢を見ているのではないかと思います。この深い雪を踏み分けてお目にかかるとは、想像もしておりませんでした）

雪の日に久しぶりに親王を訪ねて、往事を回顧する業平であった（『古今和歌集』巻十八、『伊勢物語』）。

それから二十四年の歳月がたって、親王は寛平九年（八九七）二月、この小野の地で亡くなっている。その間には良房はむろんのこと、有常も業平も亡くなっていた。

惟喬親王を祀る太皇器地祖《おおみきじそ》神社

親王についていえば、亡くなったのは、その後移り住んだ近江国神崎の君ヶ畑（滋賀県東近江市）であるという伝承が、木地師《きじし》の社会でいつしか生まれている。惟喬親王が、どのような過程で木地師の祖先神とされるに至ったのか。近時注目を集めている非農業民社会の存在とも関連して興味深いものがある。

内裏に入らなかった文徳

話を戻そう。

立太子をめぐって文徳と良房との間に齟齬があったことは、確かである。そんなことから二人は対立関係にあったとし、文徳が在位中、内裏を常の居所としなかったのもそのためであるというのが、一般的な理解である。確かに文徳は八年間の在位中、一度も内裏には住まなかった。しかしわたくしには、良房との確執から文徳が内裏に入ることを遠慮した（あるいは良房が入らせなかった）とは、思えない。入らなかったのは、天皇としての文徳のシチュエーションに深く関わるものと考える。このことは、のち摂政となった良房の立場を考える糸口になるものである。

文徳の父仁明天皇は嘉祥三年（八五〇）三月、清涼殿で没している。文徳が大極殿で即位したのは翌四月であるが、その後三年間文徳は内裏に入らず、皇太子時代に引き続いて東宮を居所としている。内裏の東南、待賢門を入った北側に東西に並んで建てられた皇太子の曹司（雅院《がいん》）である。この間文徳は清涼殿を荘厳して、そこで仁明の七七日の御斎会を修しているが、興味深いのは仁明の一周忌に文徳がその清涼殿を解体・移建していることで、『文徳実録』（仁寿元年二月十三日条）には次のように記している。

この日、清涼殿を移し、嘉祥寺《かしょうじ》の堂とす。この殿（清涼殿）は、先皇（仁明天皇）の讌寝《えんしん》（日常居所）なり。今上（文徳天皇）これに御《ぎょ》するに忍びず。故に捨てて仏堂となす。

清涼殿を解体して、深草（京都市伏見区）に営まれていた仁明陵のかたわらに移建し、これを嘉祥寺の仏堂にしたというのである。これは、この頃から強くなった死の不浄を避けるという意識によるものとみてよいが、それ以上に子どもとしての偽らざる気持ちであったと思う。すなわち父仁明に対する哀憐の情が、即位当初の文徳に内裏居住への気持ちを消極的にさせ、東宮に留まらせた理由のひとつと考える。

しかし、それだけが理由であったとは思えない。正子・恒貞の母子に対する負い目が文徳には終生付きまとっていたのではないか。

恒貞の廃太子は、文徳の関知するところではむろんないが、皇位継承において恒貞から仁明へのチェンジがあった。しかもそれが〝正系〟であると強調されたことによって、文徳の即位はトラブルを引きおこすことなく実現した。しかしそれは正子・恒貞母子に深い恨みを抱かせることになったわけで、そうした負い目を文徳が終生引きずっていたとしても不思議でない。

文徳は内裏に居住しようとはしなかった、というよりも、母子に対する遠慮が居住に踏み切らせなかったというのが、わたくしの理解である。このことは、後にも触れるであろう。

冷然院への移住

その文徳は、父仁明の清涼殿を移建した二年後の仁寿三年（八五三）二月、東宮から梨下院《なしのもといん》に移り、さらに翌年（八五四）四月に冷然院に移御、以後天安二年（八五八）に崩御するまで一貫して冷然院を御在所としている（一九七頁参照）。

梨下院は内裏の東北、左近衛府の西にある離宮的な殿舎で、天長九年（八三二）四月、淳和天皇が大内裏《だいだいり》修理のために遷御したとあるのが初見である（『類聚国史』）。文徳が梨下院に移御した理由は明かでないが、冷然院に遷るまで、その居住が一年二か月という短期間であったことから推測すれば、一時的な在所であったとしか思えない。

ちなみに冷然院に入御後の文徳は、院内の「新成殿《しんせいでん》」を常の御所としたが、通説では、「新成殿」は移御の後に造営された殿舎であると理解している。「新成殿」という呼称の初見が遷御後であることからの推測であるが、むろん確証あってのことではない。けだし、冷然院に急ぎ遷御しなければいけない理由が見いだせない以上、入御後に造営するというのは、不自然であろう。「新成殿」は、文徳の入御に際して新たに造営された殿舎と見るべきで、梨下院はそれが完成するまでの、仮の御在所であったと考える。

知られるように冷然院は平安初期、嵯峨天皇によって京中に営まれた別業《べつごう》（離宮）で、おもに譲位

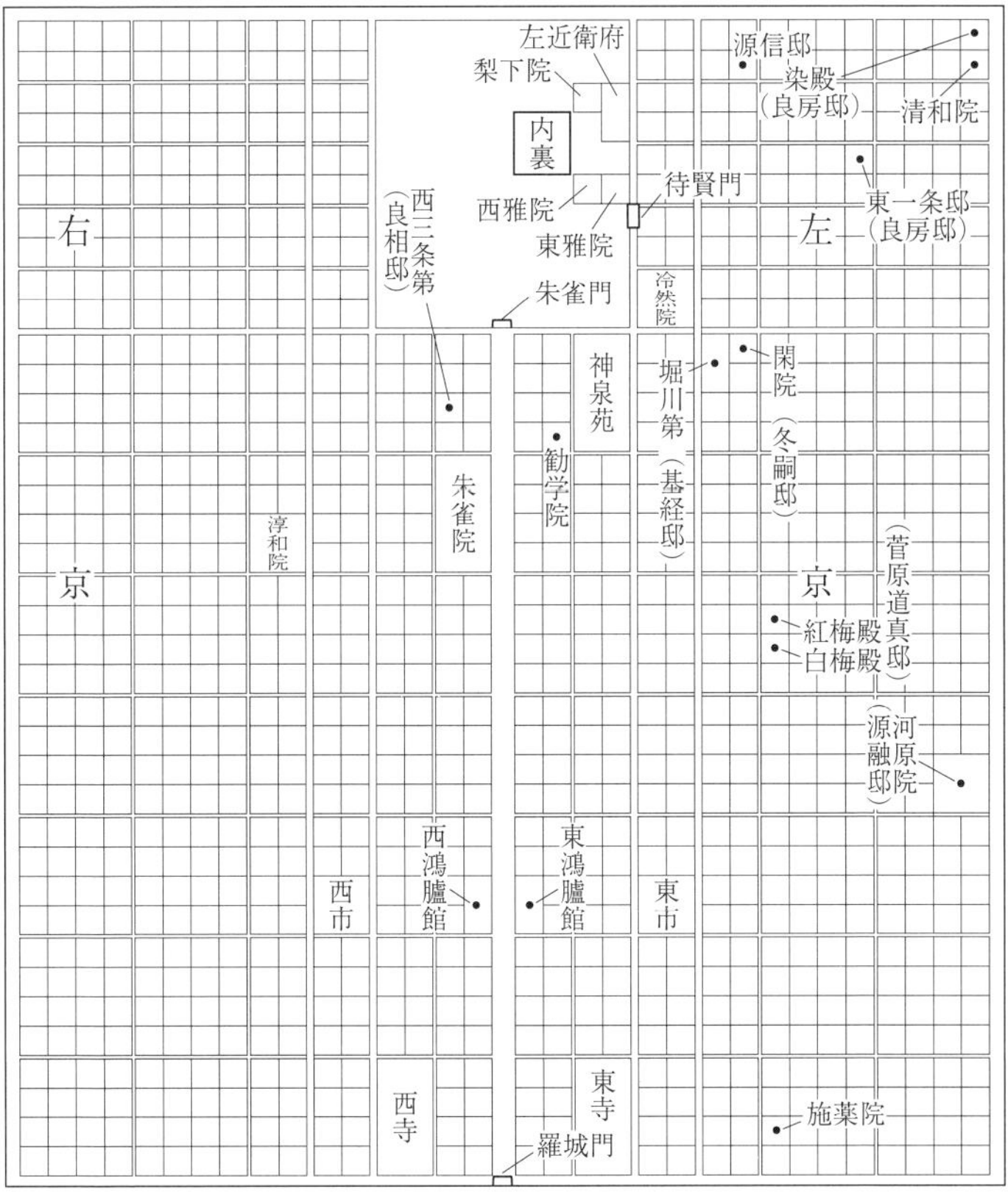

平安前期の大内裏・京中図

後の上皇御所（あるいは皇太后の居所）とされた、いわゆる後院である。げんに嵯峨天皇は譲位に際して嘉智子とともに遷御し、嵯峨院（のちの大覚寺）に遷るまでの十一年間を冷然院で過ごしている。嵯峨上皇が没したあとは太皇太后嘉智子がここに戻り、御所として使用、嘉智子没後は、皇太夫人順子（文徳の母）が御所としたこともあったようだ（八五二年・八五三年）。

冷然院の持つこうした由緒と伝統を考えると、内裏が存在しながらあえて冷然院を在所とした文徳の意図が、おぼろげながらうかがい知ることが出来るように思う。文徳の入御について、冷然院の景観が気に入ったからなどと言われることもあるが、そんな単純な動機ではない。端的にいって、それは自らを上皇の立場になぞらえることの意思表示であったと、わたくしは見ている。

上皇の立場をとった文徳

嵯峨天皇によって後宮が整備されるに伴い、内裏は天皇（と皇后）の空間、すなわち天皇大権のシンボル的空間となっていった。じじつ嵯峨天皇は弘仁十四年（八二三）四月十日、先の冷然院遷御に当たり、「今、宿心（譲位）を果たさんとす。故に宮（内裏）を避く」（『日本紀略』）と述べ、譲位に先立ち内裏を出て、自身の立場を明かにしている。次の淳和天皇も天長十年（八三三）二月二十四日、内裏外に設けられた後院（上皇御所）である淳和院（西院）に遷り、同二十八日、同所で譲位している。平安期、内裏は天皇独自の居住空間となり、譲位するには内裏を出ることが原則となっていたことが知られよう。

後院に入っての譲位（の儀）は、上皇と天皇が対立した薬子の変（八一〇年）後に定着した慣例である。天皇と上皇との立場が明確化し、その結果、上皇権が後退したことを示している。

冷然院や淳和院が持つこうした後院の伝統を、文徳が知らないはずはなく、内裏を避けてあえてその冷然院に入ったのは、天皇である文徳が、嵯峨や淳和の立場に身を置いたことを物語っている。仁明天皇の「正系」とはいえ、文徳には正子・恒貞の母子に対する引け目が根深く存在いていたことは間違いない。また文徳自身、病弱なこともあり、早い時期に皇太子惟仁への譲位を考えていた可能性も否定は出来ない。冷然院への移御は、文徳自らが天皇のまま上皇的立場に身を置こうとした意思表示であったと見る所以である。

正子への尊号献上

文徳の冷然院入御に関連することとして、わたくしが注目するのは、淳和の皇后であった正子に対する尊号（太皇太后）の献上である。移御して早々、四月二十六日、文徳は献上の詔を下している。

これ以前淳和が譲位をし仁明が即位すると、皇后であった正子は皇太后の立場となったが、仁明の生母嘉智子が皇太后の地位にあったことから、皇太后の称号を辞退している。しかし文徳の即位（八五〇年）早々、皇太后の嘉智子が没しているから、早い時点で正子に尊号が送られて然るべきであったろう。ところが、その形跡がまったくないばかりか、正子がそれを辞退したという形跡もない。正子が拒絶することは当然予想されるところで、そのことが文徳を躊躇させ消極的にさせたものと考える。

それを冷然院に入った文徳から、この日、嘉智子が亡くなってすでに「多年」が経ち（実際には四年）、いまだに正子が尊号を称していないのは不自然であるとして、詔が下されたのである。

円山塚

在位中、内裏に入ることを拒むことによって、正子・恒貞の母子に許しを請い続けた文徳は、尊号を献上することで、母子との間に生じていたわだかまりを消したかったのであろう。文徳の心にすくっていたシコリが何であったかを示している。

しかし、正子はこの度も文徳の申し出を辞退している。『三代実録』には、「后（正子）、遂に当《あた》ることを肯《がえん》じ給はざりき」（元慶三年三月二十三日条）とある。正子は、頑なに拒否したのである。その根深く悲痛な恨みは、今でもわれわれの心を重たくさせる。そして、またしても叶わなかった文徳の心痛を思うと、悲しくもある。

正子が生前、尊号を受けることはついになかった。死期の近づいた正子は、夫淳和と同様火葬にし山陵を設けないこと、またその灰は朽材の櫬心《しんしん》に入れて嵯峨の山腹に埋め、父嵯峨の遺言通り、墓守も置かず国忌にもいれないようにと言い終えて、息絶えたという。七十年の生涯であった。

第四章　人臣最初の〝上皇〟

1　幼帝の出現

六十九年ぶり

良房の孫、惟仁《これひと》親王（生後八か月）が立太子したのは、文徳が即位して八か月後のことであったが、その後良房は、文徳が正系であることを天下にアピールする重大な儀式を行っている。文徳が即位して六年目、斉衡三年（八五六）に行われた郊天祭祀《こうてんさいし》である。

郊天祭祀とは、そもそも中国の皇帝が執り行った国家祭祀で、歴代皇帝が都の南の郊外で天神地祇を祀る儀式である。周代の官制を記した『周礼《しゅらい》』に見え、皇帝のもっとも重要な儀式とされた。ただし、わが国ではほとんど受け容れられなかったが、長岡京時代に桓武天皇が二度、そしてこの文徳天皇時代に一度だけ、いずれも河内交野《かたの》（大阪府枚方市）で行われている。わが国の郊天祭祀は、この三例しか記録に見えないが、それだけに、この儀式がきわめて政治的意味をもって行われたことを思

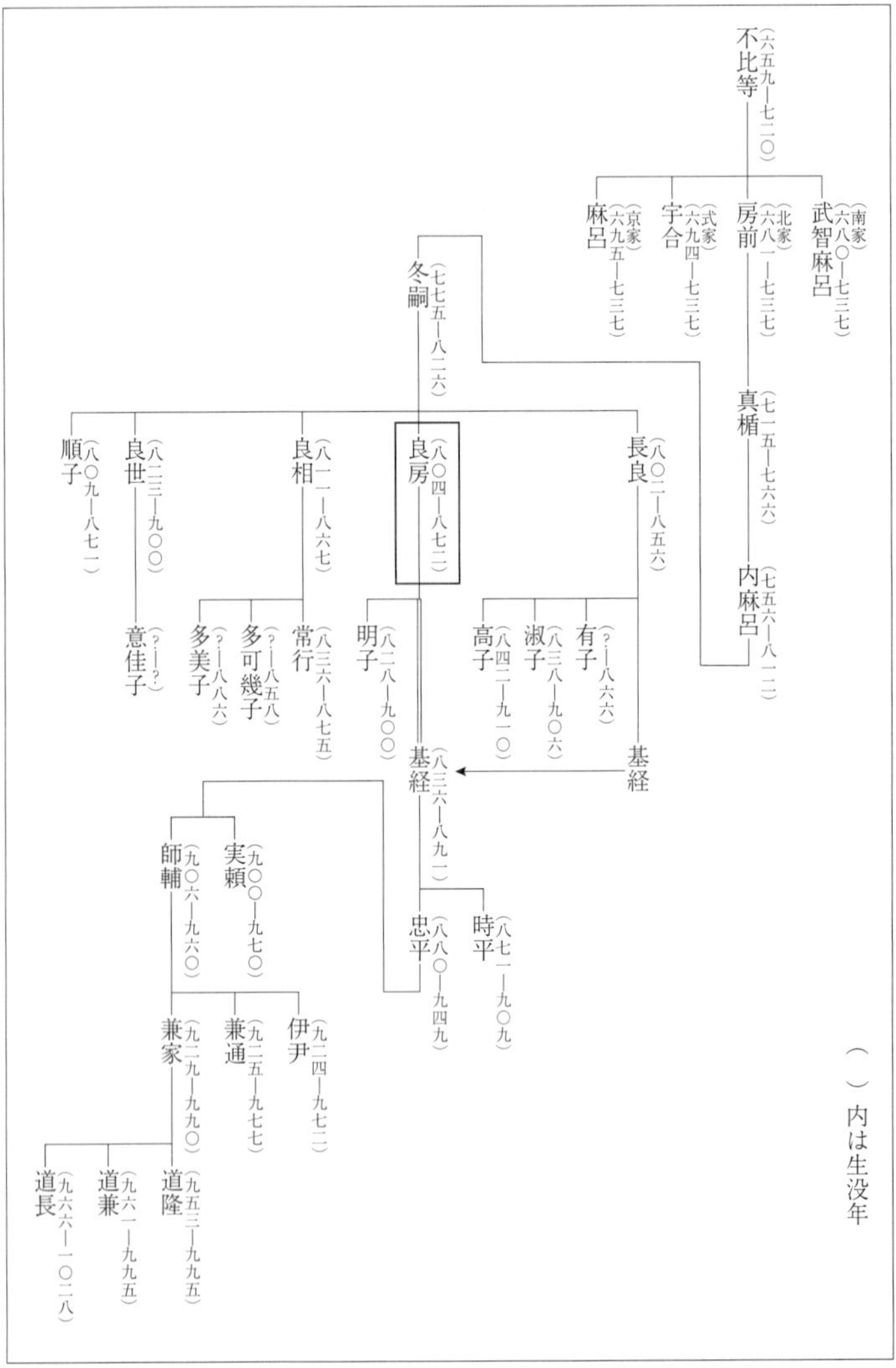

第四章で取り扱う時代（□内）

わせる。とくに文徳の場合は、桓武の祭祀から六十九年も経っての実施であり、その背景には、桓武時代に通底する意図があったと見なければならない。

すなわち桓武の場合、行われたのは延暦四年（七八五）と同六年の十一月（前者は十日、後者は四日）、ともに冬至の日で、天神を祀り、昊天《こうてん》上帝（天帝）および高紹《たかつぎ》天皇（光仁天皇）に祭文を捧げて、四海の安全と万民の康楽を祈ったという。ここで大事なのは、桓武が始祖である天智天皇ではなく、父の光仁天皇を配祀していることである。高祖《こうそ》（始祖、すなわち初代の天子）を配祀した本場中国との最大の違いであるが、じつは文徳の場合も光仁天皇が配祀されている。明らかに桓武にならったもので、文徳にとっても光仁を掲げることが重大な意味をもったことを示している。

留意されるのは文徳の場合、良房がこの祭祀に積極的に関与していることである。良房は何のために祭祀を行ったのか、なぜ光仁天皇が祀られたのか。

まずは、桓武の郊天祭祀について述べておこう。

桓武の郊天祭祀

わたくしの見るところ、郊天祭祀は桓武が自身を中国皇帝になぞらえて実施したもので、それは自らの立場を権威付けるとともに、天下草創事業（長岡遷都）を仕切り直すための儀式でもあった。

すなわち初度の祭祀の一か月半程前（延暦四年九月二十三日）、長岡京造営の中心人物であった藤原種継が暗殺されている。また二度目の郊天祭祀が行われる一か月程前（延暦六年十月八日）、桓武は詔を下し、水陸の便がよいので長岡に都を建てたといい、課役の減免を行っている。いわば遷都の主旨

天神地祇を祀る中国の天壇（左）・地壇（右）

説明である。

長岡遷都についていえば、すでに遷都（延暦三年）から三年を経過しており、この時点で主旨説明がなされるのは奇妙なように思われる。しかし、それは明らかに遷都（＝造都）のテコ入れであった。種継が殺されたあとでも工事は中断することなく進められているが、造都のテンポは緩やかにならざるを得なかった。二度目の郊天祭祀は、遷都の主旨をあらためて述べるとともに、造都事業の停滞と混迷を打開するための祭儀だったのである。

桓武にとって長岡京の造営は、新しい政治体制の拠点造りであり、桓武自身（＝天智系皇統）の立場と、その正統性を天下に表明するものであった。種継の暗殺はそうした桓武に計り知れない衝撃を与えたが、事業は天皇の威信をかけて完遂しなければならなかった。初度の祭祀はそうした桓武の強烈な意思表示であり、二度目は停滞する工事のテコ入れのために行われた儀式だったのである。

こうしてみると初度の祭祀の二週間後（十一月二十五日）、桓武の嫡子、安殿親王の立太子儀が行われていることも理解できよう。

安殿は、種継事件によって廃太子された桓武の実弟、早良親王のあとを承けて立太子されている。当時、立太子儀は即位儀礼に組み込まれており、次期皇位継承者として位置づけられた皇太子の空位は、桓武の権威を損なうものでもあった。したがって安殿の立太子を祭祀と不可分の儀式として挙行することもまた、桓武の正統性ひいては安殿の立場を明確にする上で、きわめて重要な政治的行為だったのである。

すべては中国の儀式に造詣の深かった桓武のパフォーマンスから演出されたものであり、桓武の卓抜した政治力には驚かされる。

始祖は光仁天皇

それにしても桓武は、なぜ始祖である天智ではなく、光仁を配祀したのか。じつは、桓武が天智を持ち出すことは出来なかったのである。

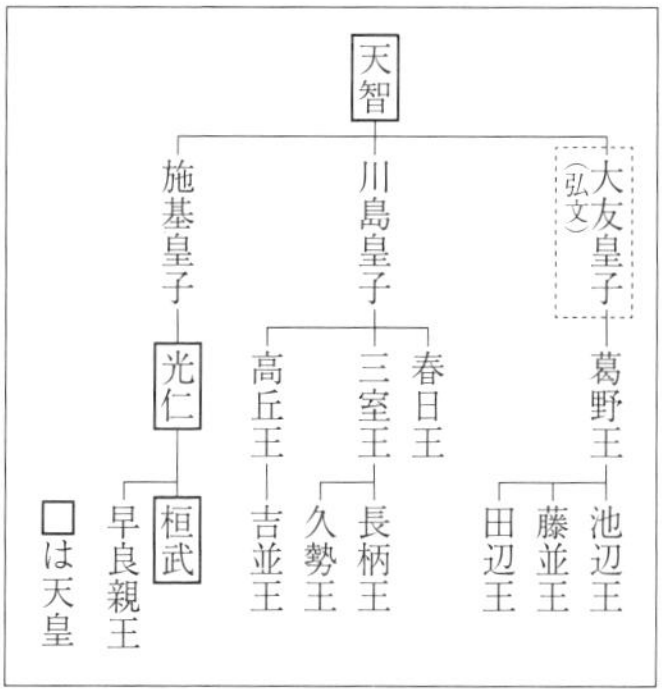

桓武天皇と天智系

系図で明かなように、桓武の祖父、施基《しき》（志貴とも）皇子や父の光仁天皇は天智の嫡系ではなく、傍系である。天智の近江朝廷を継承したのは大友皇子であり、大友の嫡孫たちが多く存在していた当時、桓武が天智天皇を強調することは憚られた。かれらこそが正系であり、桓武が表明することは逆効果となって、自らの立場を弱体化しかねなかったからである。桓武が自身の立場の正統性を表明するには、光仁を原点とするしかなかった。光仁を配祀した理由を、以上のように考える。

確認しておくと、長岡遷都直後、種継暗殺事件に直面した桓武は中国皇帝にならう祭祀を挙行することで、天皇としての権威付けをはかり、自らの正統性を表明することで、長岡造都（遷都）事業のテコ入れを図ろうとしたのである。光仁を始祖とする郊天祭祀は、桓武にとって再出発の儀式でもあったのだ。

良房の狙い

話を戻す。

『文徳実録』によると、桓武の祭祀から六十九年経った文徳天皇の斉衡三年（八五六）十一月二十二日、後田原陵（光仁天皇陵）に権大納言正三位安倍安仁と侍従従四位下輔世王を派遣し、郊天祭祀を行うことが奉告されている。翌二十三日、新成殿（冷然院）の前で大祓が行われたあと、勅使の大納言正三位藤原良相が捧げる「郊天祝板」（祝文を書いたもの）に文徳は諱を署名し、北面して天を拝している。終わって良相以下四人の勅使は交野に向かい、予行演習をしたあと、二十五日の子《ね》の刻（午前零時）、祭祀の儀が行われている。ちなみに帰京した良相らは、文徳に「胙《ひもろぎ》」（神に供える肉）を献上している。

桓武が行った祭祀同様、文徳の場合もきわめて重要な政治的行為だったはずである。それは天皇の権威付けをはかり、その正統性を天下に表明するための儀式であった。ただし桓武の祭祀が自らのためであったのに比して、文徳の場合は、あくまでも皇太子惟仁の正統性樹立のためであり、惟仁の外祖父、良房がこの祭祀に深く関与していたことが、桓武の祭祀との違いである。

良房が関与した理由は明らかである。

皇太子惟仁は文徳の第一皇子ではない。惟喬親王をはじめ惟条親王・惟彦親王の三人の兄を超えて、皇太子に立てられたのであった。そうした強引な立太子劇をやってのけた良房に対して、世論が「三超の童謡」と称して揶揄したことについては前に述べたが、立太子したとはいえ、惟仁の立場（当時七歳）も決して盤石であったわけではない。そうした中で良房を刺激したのは、文徳の第一皇子惟喬が十三歳となり、元服を迎える年齢となっていたことである。

当時、惟仁は七歳に成長していたが、病弱の文徳天皇は「頻りに万機を廃す」という状態であったから、不測の事態（文徳の崩御もしくは譲位）が生じないとも限らない。そうした場合、惟仁が即位する可能性は少なかったろう。これ以前、幼少皇子が即位した例はなく、万が一、惟仁が即位する事態になれば、元服前の即位というのも前代未聞であった。その意味で元服を迎える年齢になっていた惟喬が、皇位継承者として優位であることは明白であったろう。また不測の事態に乗じて、一挙に文徳朝を否定する動きが生じる可能性も否定できなかった。

そこで良房が画策したのは、皇位継承における文徳の立場を改めて天下に表明することであった。皇位継承における文徳の正統性の強調である。それは文徳朝の皇太子に定められた惟仁の正統性（文徳―惟仁という系譜）を確認する意味を持つだけでなく、そのまま惟喬の立場を牽制することにもなったからである。桓武の故事にならう郊天祭祀は、そのために行われたものであった。良房はそうすることで、祭祀の主催者である文徳を桓武に仕立てようとしたのである。

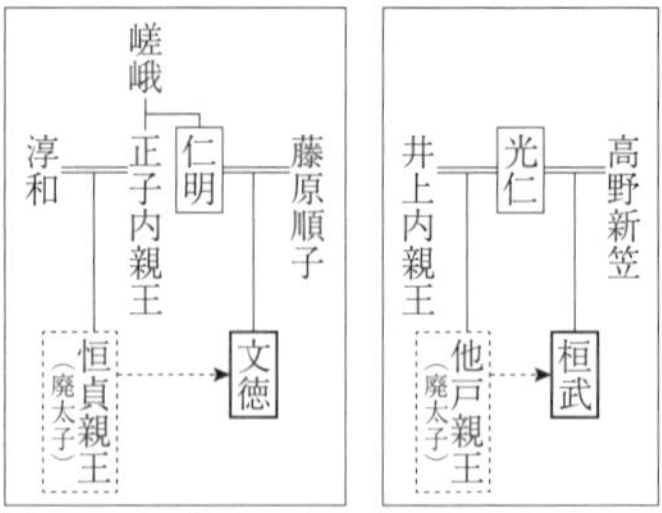

文徳天皇と桓武天皇

文徳天皇と桓武天皇

そもそも桓武は光仁天皇の長子でありながら、母（高野新笠）の出自から当初は皇位継承者の圏外にあった。光仁が即位した時、皇太子に立てられたのは他戸親王（母は聖武天皇の娘、井上内親王）である。それを藤原百川らの謀略によって他戸が廃太子され、桓武の即位が実現したのである。してみれば良房（と嘉智子）によって恒貞親王が廃太子され、その結果即位が実現した文徳の立場は、桓武と重なるものがある。

そこで良房は文徳を桓武になぞらえ、あらためてその正統性を天下に訴えて権威付けをはかろうとしたのである。

そして大事なのは、文徳の祭祀が皇太子惟仁の立場を盤石にし、即位実現に向けての布石だったことである。文徳の正統性は、文徳朝の皇太子である惟仁の立場を明確に位置づけ、惟喬の立場を牽制する上で、きわめて有効な手立てとなったことを改めて明記しておきたい。

六十九年ぶりの郊天祭祀の挙行は、いかにも唐突な感じがするが、以上が、良房が積極的に祭祀を行った理由のすべてである。

ちなみに翌年（八五七年）四月、惟喬は帯剣を許され、その年十二月には、天皇の御前で元服儀が行われている。従一位の良房や左大臣源信らも応召されているが、宴に預かったのは限られた人びとだけであり、元服儀に用いられる巾櫛なども簡素なものであったというから、形ばかりの儀式であったのだろう。良房を慮った文徳の配慮が、イヤというほど思い知らされる儀式であった。

良房の太政大臣就任

郊天祭祀が行われて三か月後、斉衡四年（八五七）二月、良房は太政大臣に任じられている。しかも良房は当時右大臣であったから、左大臣（八五四年に源常が没して以来、空席であった）を経ずに就任したことになる。

ただ気になるのはその前月（正月）、良房が長年右大臣に在任しているのを理由に、二度（二十一日・二十六日）にわたって右大臣の辞表を提出していることである。むろん文徳は許さず、慰留している。これに対して太政大臣任命の際、良房は形式的に二度辞表を提出した上で、あっさりと就任している。こうした経緯を考えると、右大臣の辞表は文徳に人事を促すためのジェスチャーであったとしか思えない。結果は良房の思惑通りで、文徳は太政大臣という破格のポストをもって良房に応えたのである。

太政大臣については、かつて天智朝の大友皇子や持統朝の高市皇子といった皇族が任じられ、執政官的な役割をになったことは知られるところである。人臣では令制以降、藤原不比等やその息子武智麻呂・房前、永手・百川らに没後の贈官として与えられるのが例となっていた。その間、仲麻呂がこの官名を「太師《たいし》」と改めて自らが就任し、道鏡が「太政大臣禅師」に任命されることはあったが、いずれも特異事例とみなされ、したがって生前太上大臣に任じられた良房が、人臣最初とするのが通説である。

こうした太政大臣に関連して留意されるのが、飛鳥時代から奈良時代にかけて登場した知太政官事である。太政官の長官として万機を統括する立場で、刑部《おさかべ》親王・穂積《ほづみ》親王など、これもすべて皇親が任命されている。しかも太政大臣・知太政官事は、いずれも時の太上天皇（上皇）の死をきっかけに任命されている。この事実は、太政大臣・知太政官事と上皇の立場なり役割との共通性を示すとともに、太政大臣・知太政官事は皇族が上皇に代わる役割を与えられ、任命されたことを物語っている。

以上のことから判断すると、文徳天皇の外舅である良房の太政大臣任官も、上皇に代わる立場が与えられ、それによって良房は皇族（皇親）に準じる扱いを受けるようになったと考えられる。その背景には、良房がこれ以前から特別な立場にあったことが無関係ではなかろう。

上皇の立場

すでに述べたように良房は文徳の外舅であり、皇太子惟仁の外祖父であったことに加えて、妻の潔姫は嵯峨天皇の皇女（一世皇女）であった。良房は一世皇女を娶った最初の非皇族者である。良房の父冬嗣が嵯峨の腹心であり、信任を得ていたにせよ、破格の扱いであったというべきである。藤原氏と皇室との関係は桓武天皇の延暦十二年（七九三）、藤原氏に限って二世王（女王）との婚姻が認められて以来、別格扱いされているが、良房の場合はそれをも超える扱いだったわけで、潔姫との婚姻を通して両者の結合をいっそう深めたことは間違いない。

文徳が良房を太政大臣に任じ、準皇族の立場を与えたのも、強いミウチ意識の表れといってよい。生来病弱の文徳は、繰り返し述べてきたように、「頻りに万機を廃す」という状態であったといい、恒例の儀式行事に出御しないことも少なくなかったようである。『文徳実録』には天安元年（八五七）

五月五日、騎射の節会に際して、「天皇、武徳殿に幸さず、人心寂寥」と見え、文徳の健康不安が貴族たちをネガティブな気分にさせていることがうかがえる。

良房から促されたとはいえ、太政大臣の任命は文徳を補佐し、後見者としての立場を良房に求めたものであった。

繰り返していうと文徳が没した後、清和が即位するに及び、太政大臣良房が事実上の「摂政」となったが、それは亡くなった文徳に代わる上皇の立場に立ったことを意味する。それが、九歳というかつて例のない幼少天皇の即位を可能にした理由である。

ちなみに清和は生後八か月で立太子して以来、即位後も内裏に遷らず東宮に住んでいる（貞観六年に始めて内裏に入御する）。こうしたことも過去に例をみないが、その東宮は良房の邸宅であった可能性が強い。それが可能であったのも、良房が〝上皇〟の立場を与えられていたからである（瀧浪「阿衡の紛議――上皇と摂政・関白」『史窓』五八）。

良房については、人臣最初の摂政というより〝上皇〟になったという方が、その立場をより正確に表している。

文徳天皇の急逝

良房が太政大臣に任じられて一年半後、天安二年（八五八）八月二十三日の夜、文徳天皇は突然体調を崩した。近侍の男女たちは気が動転して大騒動になっている。容体はよほど悪かったようだ。翌二十四日には会話が出来なくなり、投薬の効果もないまま悪化、二十六日、冷然院で名僧五〇人に大盤若経《だいはんにゃきょう》を読経させて回復祈願を行ったが、ついにその夜、固関《こげん》使《し》が派遣されるに至る。おそらく危篤に陥ったのであろう。そして二十七日、文徳は冷然院（新成殿）で没した。生来病弱であった文徳は、恒例の儀式行事に出御することもきわめて少なかった。しかし、その年は格別変わった様子もなく諸行事に臨んでいるから、まさに突然の死であったと思われる。三十二歳であった。

文徳の病気について、卒中ではなかったかと推察されているが、その死があまりに突然であったことから、良房による暗殺説と見る意見もある。しかしそこまで疑う必要はないであろう。だいいち良房に、文徳の死を早めなければならない理由は見いだせない。というより、いまだ元服をしていない外孫（皇太子惟仁親王）を抱える良房にとって、文徳の死は、むしろダメージの方が大きかったように思われる。

公卿たちが文徳の葬送儀の段取りを話し合う中で、その日（二十七日）皇太子惟仁は冷然院の直曹《ちょくそう》で即位に必要な神璽・印櫃を承け、二十九日、祖母順子（母の明子とも）とともに東宮に遷っている。時に惟仁は九歳であった。

文徳と良房

文徳は翌九月六日、葛野郡田邑郷真原《まはら》岡に築かれた田邑《たむら》山陵に葬られているが、殯葬の礼は「もっぱら仁明天皇の故事」にならって行われたという。右京区の門徳池の東にある円墳がそれと伝えられている。

人となりについて『文徳実録』（天安二年九月六日条）には、巡幸・巡覧を好まず、即位以来政治に心を砕いたとある。文徳にはとくによく人を見る目があり、父の遺業を守って内政を整え、儒教を奨

天　皇	即位年齢
後一条	9
後朱雀	28
後冷泉	21
後三条	35
白　河	20
堀　河	8
鳥　羽	5
崇　徳	5
近　衛	3
後白河	29
二　条	16
六　条	2
高　倉	8
安　徳	3
後鳥羽	4

天　皇	即位年齢
文　徳	24
清　和	9
陽　成	9
光　孝	55
宇　多	21
醍　醐	13
朱　雀	8
村　上	21
冷　泉	18
円　融	11
花　山	17
一　条	7
三　条	36

天　皇	即位年齢
文　武	15
元　明	47
元　正	36
聖　武	24
孝　謙	32
淳　仁	26
称　徳	47
光　仁	62
桓　武	45
平　城	33
嵯　峨	24
淳　和	38
仁　明	24

奈良・平安時代の天皇の即位年齢

励した後漢の皇帝・明帝に比されたと称賛している。多少の誇張を差し引いても、「性、はなはだ明察」であったと記されるように、聡明な天皇と受けとめられていたことは間違いない。それだけに自身が即位するに至った経緯や、そのために繰り広げられた術策の数々は、終生脳裏から消えることなく、文徳の心に重くのし掛かっていたであろうことは容易に察せられる。

　いうまでもなく良房は文徳の岳父であるが、一般に、文徳と良房との間には確執があったといわれることが多い。しかし仁寿二年（八五二）二月、文徳は良房の染殿邸に行幸して桜の花見をし、翌三月には、妻の潔姫を正三位に昇叙し、その恩賞を家人にまで及ぼしている。こうした事実から知られるように、決して表だって確執があったわけではない。ただ、文徳が良房と距離を置いていたことは確かである。それは多分に、良房から切り

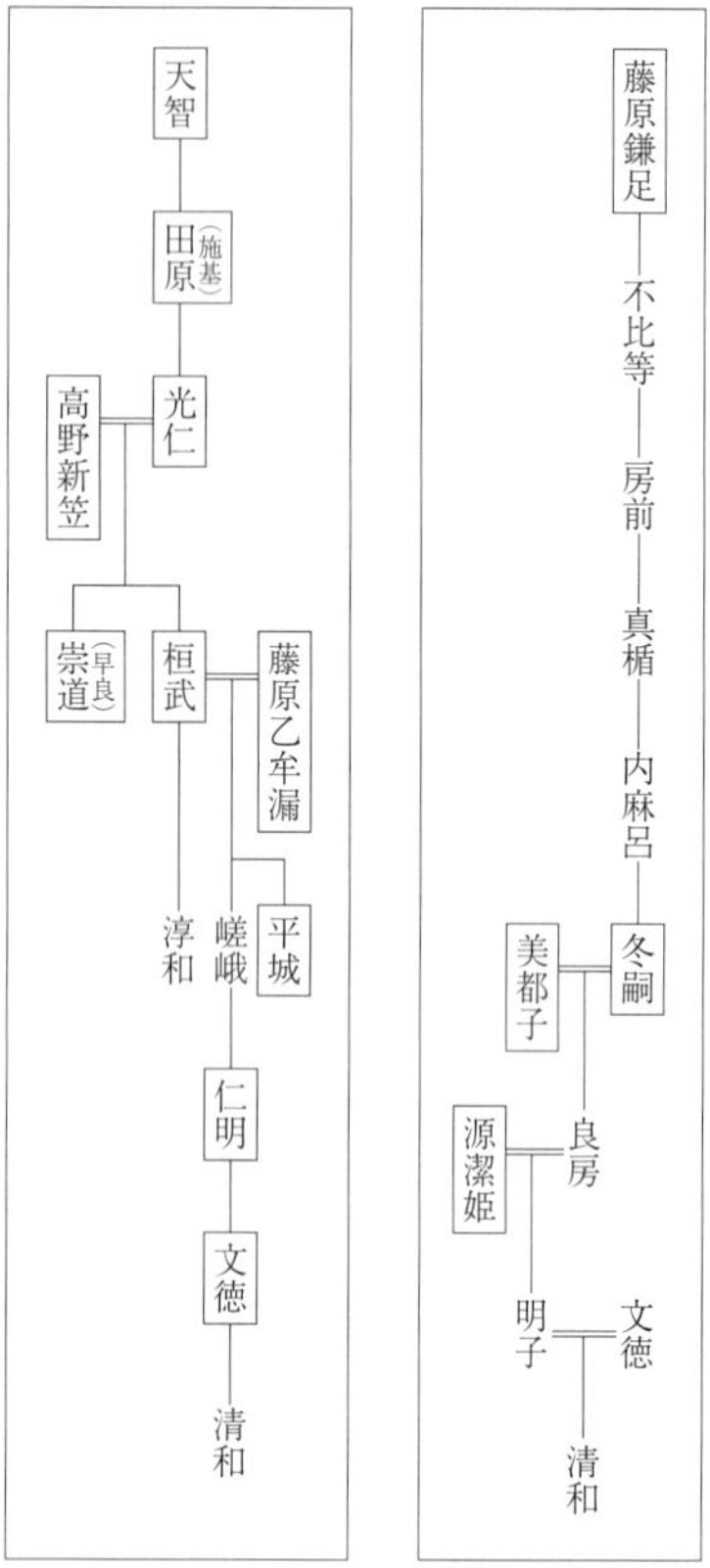

十陵　四墓
（いずれも□で囲んだもの）

捨てられた正子・恒貞の母子への仕打ちがシコリになっていたことと無関係ではなかったように思われる。生涯内裏に入らなかったのも、政治的思惑からとった行動ではなく、すべては文徳の心根から発したものであったことを理解すべきである。

十陵四墓の制

天安二年（八五八）八月二十七日、文徳天皇が亡くなったその日、惟仁親王は冷然院の皇太子直曹で神璽・宝剣などを承け、二日後、東宮に遷り、十一月七日、大極殿で即位している。清和天皇である。時に九歳、これ以前、文武が十五歳で即位した例はあるが、十歳未満、元服前の幼帝は皆無で、最年少の天皇となっている（二一三頁）。「幼冲の太子（惟仁）を擁護」するために祖母の順子（亡き文徳の生母）が付き従ったと、『三代実録』は記している。父文徳の崩御による即位とはいえ、こうした幼少天皇の出現はきわめて異例であり、清和の外祖父でもあった太政大臣良房が事実上、後見者としての役割をになったことはいうまでもない。

その良房が真っ先に着手したのが、幼帝清和の権威付けを図ることであった。それが「十陵四墓」の制定である。

即位儀の一か月後、十二月九日のこと、この日、毎年十二月に勅使（荷前使）を遣わして奉幣される近陵（当代天皇の父母、血縁関係の近い山陵）・近墓（天皇と血縁的に近い外戚の墳墓）の中から十陵と四墓が選ばれている。

すなわち天智天皇（山階《やましな》山陵）・施基《しき》皇子（田原山陵）・光仁天皇（後田原山陵）・高野新笠《たかののにいがさ》（大枝《おおえ》山陵）・桓武天皇（柏原《かしはら》山陵）・藤原乙牟漏（長岡山陵）・崇道《すどう》天皇（＝早良親王、八嶋《やしま》山陵）・平城天皇（楊梅《やまもも》山陵）・仁明天皇（深草山陵）・文徳天皇（田邑《たむら》山陵）の十陵と、藤原鎌足（多武峰《とうのみね》墓）・同冬嗣（宇治墓）・同美都子（次宇治墓）・源潔姫（愛宕《おたぎ》墓）の四墓である。

即位の奉告

ちなみに山陵への関心は平安朝に入ってから高まりをみせる。とくに清和の三代前、弘仁十四年（八二三）四月に即位した淳和天皇が即位を諸山陵に、また同日、正良親王（のちの仁明天皇）の立太子を桓武山陵に奉告したのを初例として、即位の奉告・奉幣が平安朝では慣例となる。淳和の次の仁明は即位を桓武と皇后藤原乙牟漏へ、仁明の子の文徳は仁明に奉告している。桓武への奉告・奉幣が主となっているのは、この頃平安京を造った桓武が、直接の祖と認識されるようになっていたことを示している。

そうした中で注目されるのが清和で、即位儀の二日前（十一月五日）、父の文徳と天智・桓武・嵯峨・仁明の合わせて五山陵、それに源潔姫の墓に即位を奉告している。

五山陵の内、天智を除く四山陵は清和にとって直系の四代であること、そして潔姫は言うまでもなく良房の室で、清和の外祖母にあたる。清和に直接関わる祖先すべてに奉幣されているわけで、これが良房の意に出るものであったことはいうまでもない。良房による十陵四墓の制定がその一か月後になされていることを考えると、これらの奉告・奉幣は一連のものとして構想されたとみるべきであろう。

奇異なのは

そもそもわが国の近陵・近墓制は中国の「天子七廟の制」（天子は七代以上の祖先を祀る）にならったものと言われている。ただし、わが国の場合、母系の廟を加えているのが異なる点で、母系重視の風潮があったことを示しており、良房による十陵制は天智が清和のちょうど七代の始祖にあたるということから創始されたと考えてよい（藤木邦彦「平安時代における近陵・近墓の被葬者について」『国士館大学文学部人文学会紀要』八）。すなわち良房は先の五天皇陵に、天智に直接連なる光仁とその父施基皇子加えて七陵とし、さらに二人の母公（母系の祖）に崇道天皇（早良親王）の陵を加えて、合わせて十陵としたのである。

十陵制で奇異なのは、即位奉告の際に奉幣された嵯峨陵が除かれ、代わりに平城陵が加えられていることであるが、これには嵯峨の徹底的な薄葬意識が関係している。遺詔で忌日を国忌《こっき》とせず、奉幣も無用であると言い残しているからである（『続日本後紀』承和九年）。また淳和が一切の奉幣・奉告から除かれているのは、淳和も山陵を築かず死後は骨を砕いて山野に散骨せよ、と遺詔したことによる。なお母公の陵として高野新笠（桓武天皇の母。没後、皇太后を贈られている）と藤原乙牟漏（桓武天皇の皇后）が対象とされたのは、この二女性が、清和にとって直接の祖となる桓武の係累だったからである。

いずれにせよ清和にとって、光仁とその父施基を加え、この二山陵を介することで、皇統は天智にまで遡及することが出来た意味は大きい。幼帝清和を権威付ける上で、これ以上の政治的効果はなかったといってよいであろう。良房の才華には舌をまく。

しかし、良房の思惑はそれだけにとどまるものではない。もう一つ見落とせないのが四墓の位置づけである。

良房と四墓

奈良時代、聖武天皇が渤海使の信物を天皇陵に献上した際、「故太政大臣藤原朝臣（藤原不比等）の墓」を祭らせたり（天平二年九月）、聖武太上天皇の不予平癒を祈るため天皇陵とともに「太政大臣（不比等）の墓」に奉幣する（天平勝宝七年十月）といったことがあった。早くから外戚の墳墓が奉幣の対象とされ、鄭重な扱いを受けていたことは事実である。しかしそれは決して制度化されたものではなく、数的な枠組みがあったわけでもない。それが十陵とともに「四墓」に定められたのである。しかもそれは良房の妻（源潔姫）と良房の両親（冬嗣と美都子）、それに良房（＝藤原氏）の遠祖、鎌足で、良房の直接の係累に限られている。十陵が清和の位置づけを図るためであったのと同様、四墓は良房の係累（＝藤原氏）を顕彰するとともに、自身の権威付けのためであったのだ。

ちなみに四墓の一つ、「多武峰墓」を鎌足ではなく、不比等と見る理解もあるが、そうではない。良房が意図的に不比等を除外したのである。不比等は娘の宮子や光明子を通して文武や聖武、すなわち天武系＝草壁系皇統と強く結び、政界をリードした。したがって天智系皇統を標榜する平安（桓武）朝では、不比等の立場は相反するものであり、その意味で良房の始祖は天智のブレーンだった鎌足でなければいけなかったのである。

鎌足であれ、不比等であれ、藤原氏は歴代天皇と深い絆を結び、その政治力を発揮してきた。両者の関係は称徳天皇が永手に与えたという「しのび事の書《ふみ》」に端的に示されているが（前述）、十陵四墓の制定はまさに「しのび事の書」の平安朝版ともいうべきものであった。

清和（＝天皇家）の始祖を天智とし、良房（＝藤原氏）の始祖を鎌足とすることによって、清和の正統性を強調し権威付けを図るとともに、藤原氏の顕彰とその政治的位置づけを確かなものにしたのである。

ちなみに、源潔姫が「四墓」に入れられているのは、良房自身が将来奉幣の対象となることを想定してであったことは明白である。案の定、貞観十四年（八七二）九月、良房が没するとその十二月、良房の愛宕墓が加えられて「五墓」とされ、十陵五墓が荷前《のさき》の対象とされている。

なお付言しておくと、この時高野新笠の陵が「十陵」から除かれて藤原順子（文徳の母、清和の祖母）の後山科陵が入れられている。このように、近陵の総数である「十陵」が遵守されたのに対して、近墓はその後増加している。宇多天皇時代は十陵五墓、村上天皇時代は十陵九墓、花山天皇時代は十陵十一墓で、天皇の外戚（摂政・関白）となった藤原氏の存在の重みを示している。

石清水八幡宮の勧請

良房による幼帝清和の権威付けということに関連して、一つだけ付言しておくと、石清水八幡宮《いわしみずはちまんぐう》（現京都府八幡市）の創祀も留意すべきである。石清水八幡宮については貞観二年（八六〇）、大安寺《だいあんじ》僧の行教《ぎょうきょう》によって、九州の宇佐から八幡神を山城国男山《おとこやま》の地に勧請したのが、その始まりとされている。

石清水八幡宮

すなわち縁起によれば、清和の即位直前に行教が宇佐宮に派遣されたという。そのことから、派遣は前例のない幼帝清和の即位を正統化するために良房が行ったもので、清和が即位した二年後、良房は平安京に近接する石清水の地に勧請し、都の守護神に仕立てたと見るのが一般的な理解である（小倉暎一「石清水八幡宮創祀の背景」『民衆宗教史叢書』二巻）。

ただし縁起には『石清水八幡宮護国寺略記』（貞観五年に石清水八幡宮寺開山行教が書いたもの）と『石清水遷坐略縁起』（長徳元年権寺主大法師平寿が書いたもの）の二種があり、記載内容に違いが見られることから、創祀に関する理解にも異論が出されている。しかし、石清水八幡宮の創祀に良房が関わっていたことだけは間違いない。
それにしても良房は、なぜ八幡神を勧請したのであろうか。

即位奉告の勅使

そもそも宇佐八幡宮は、聖武天皇の時代、大仏造立と関わることで中央政界に躍り出し、称徳女帝の時には道鏡を皇位につけよとの神託を下すほどに崇敬を得て、政治に介入する存在となっていた。しかし、知られるように和気清麻呂によってその託宣が否定され、その後は影を潜めてしまう。そうした中で注目されるのが、天皇の即位に際して、宇佐宮に即位奉告のための勅使派遣が慣例となっていることである。『歴代宇佐使』では宝亀元年（七七〇）八月、光仁天皇の即位に際して派遣されたのを始まりとする。ただし正史では天長十年（八三三）四月、従四位下行伊予権守和気真綱を派遣して、仁明天皇の即位を奉告したのが初見である（『続日本後紀』）。

濫觴が光仁天皇であれ、仁明天皇であったにせよ、宇佐八幡宮に即位奉告の勅使を派遣するのは、明らかに八幡神の神威によって天皇の即位を権威づけようとしたものであり、そのきっかけが道鏡事件にあったことはいうまでもない。道鏡の即位が、清麻呂の持ち帰った託宣によって否定された結果、八幡神が皇位の決定を左右し、重要な役割を担う存在として認識されたことは確かな事実であった。良房が目をつけたのは、そうした宇佐八幡宮の神威にあった。

清和は三人の兄を飛び越えて即位を実現しただけでなく、九歳という前例のない幼年で皇位に即いている。こうした清和の異例さをカバーするために、良房は様々な措置を施しているが、宇佐八幡に行教を派遣したのも、石清水に八幡神を勧請したのも、すべては清和を正統化するための措置であり、一連のものであったといってよい。神威によって清和即位の権威づけを図ろうとしたのである。

大安寺僧行教の派遣

なお、八幡神の勧請に大安寺僧の行教が派遣されたことを不可解に思うかも知れないが、理由は明白で、光仁天皇との関わりである。南都七大寺の一つである大安寺は、桓武天皇が父の光仁天皇の一周忌を営んで以来、光仁ゆかりの寺となっている。光仁といえば、良房が催行した郊天祭祀の始祖であったというだけでなく、神託によって失脚させられた道鏡＝称徳の後に即位を認められた、いわば八幡宮の神意にかなって即位したはじめての天皇である。八幡神を勧請するに際して光仁が持ち出されたのはそのためで、ここでも原点は光仁でなければいけなかったのである。それが光仁ゆかりの大安寺僧を参向させた理由である。すべては幼帝清和の正統化をはかり、権威づけるための手立てであった。

これをみても良房の政治的能力は、見事というほかはない。

2　応天門炎上

東宮を居所とした清和

良房によって擁立された清和は、九歳というきわめて異例の幼少天皇であったが、異例といえば、この清和が即位後も内裏に遷らず、そのまま皇太子時代の居所である東宮に住んだことも、過去に例がない。

ただしその東宮がどこにあったのか、明かではない。一説によれば内裏の東南方にあった雅院《がいん》がそれといい、あるいは良房の邸宅（染殿とも、東一条邸とも）であったとも言われている。前者なら大内裏の内であるが、後者だと大内裏の外ということになる。定かではないが、前後の経緯から判断すると良房の邸宅であった可能性が強い。雅院にせよ、良房邸にせよ、清和の東宮が内裏外であったことは確かで、東宮での生活は九年に及んでいる。

当然、その間、内裏は天皇不在であったわけで、まことに異例な事態といわねばならない。しかし良房の太政大臣としての立場や権勢は、じつはこうした事態の中で確立されたものであった。

当時、重要政務は「面議《めんぎ》」といって公卿（大臣以下参議以上）たちが天皇の面前で会議を開き、決定するのが原則であった。病弱の文徳の場合、しばしば面議出来なかったことが記されているが、清和の場合も、むろん面議は行われず、代わって政務を進めたのが太政大臣良房であった。良房は当然のことながら、天皇不在の期間、廟堂を差配していたわけである。

十五年ぶりの内裏還御

清和が内裏（仁寿殿《じじゅうでん》）に戻った、というよりはじめて入ったのは元服儀を終えた翌年、貞観七年（八六五）十一月のことで、十六歳になっていた。仁明天皇が内裏清涼殿で没したあと、清和の父文徳は在位八年の間、内裏に入らなかったから（前述）、天皇が内裏に遷御するのは、十五年ぶりであった。

じつは清和が元服した年（貞観六年）の冬、良房は重病に陥っている。『三代実録』に、「重病に沈みて命存《たも》ち難」い状態であったと記しているから、生死も知れないほどの大病であったと思われる。どうやら前年の冬から全国的に蔓延しつつあった咳逆病（インフルエンザ）にかかり、生命の危機に陥っていたようだ。ただし翌年九月には、薬師寺の僧一演が病気平癒の祈禱の功で権僧正とされているから、危機を脱し、この頃までには健康を取り戻していたのであろう。

じつは、清和の内裏遷御への動きは、良房がほぼ全快したと思われる八月頃から見られる。『三代実録』には貞観七年八月、東宮から直接内裏に入るのは方角が悪いという陰陽寮からの進言によって、清和は東宮からいったん太政官曹司庁に入り、十一月になって太政官から内裏（仁寿殿）に遷御したと記されている。あるいは良房の大病が、内裏遷御の契機になったのかも知れない。そしてこうした一連の経緯を考えると、元服後も清和を東宮に留住させていたのは、良房であったとしか思えない。

良房の太政大臣就任は、文徳が天皇を補佐し後見者としての立場を求めたもの、言い換えれば良房に上皇に代わる立場を与えたもの、などについてはすでに述べた。そうしたことから判断すると、文徳が没した後、清和が即位するに及び太政大臣良房が、のちの〝摂政〟に相当する役割をになったことは間違いない。それは良房が、亡くなった文徳に代わる〝上皇〟の立場に立ったことを意味する。それが、九歳というかつて例のない幼少天皇の即位を可能にした理由である。清和が即位後も内裏に遷らず、東宮に住み続けることが可能であったのも、良房が〝上皇〟の立場を与えられていたからである。その良房が生死の境を彷徨うというだけでも政治的不安が生じる中、天皇の内裏不在という二重の異常事態が、良房に危機感を抱かせたのは当然であろう。死の淵から生還した良房が、ただちに清和の内裏遷御に踏み切った理由を、わたくしは以上のように考える。

応天門が炎上する四か月前のことであった。

良房の政治的立場を考えるとき、見落とせないのが応天門の変である。

平安神宮応天門

失火か、放火か

承和の変から数えて二十四年後、良房六十三歳の時である。その事変とは——。

貞観八年（八六六）閏三月十日夜、朝堂院（内裏の西南）の正門である応天門が炎上した。元日朝賀や外国使節との謁見など、朝廷の主な儀式が行われる際の出発点となる門である。

火はまたたく間に両翼の棲鳳楼《せいほう》・翔鸞楼《しょうらん》に燃え広がり、すべてが灰燼に帰している。貴族たちに与えた衝撃がいかに大きかったかは、すぐさまかれらを会昌門《かいしょう》に集めて大祓をしたのをはじめ、翌四月にかけて伊勢大神宮以下、五畿七道の諸寺社に奉幣し読経を命じて、加護を乞うていることにもうかがわれよう。

依然として咳逆病が猛威を振るい、人びとを震撼させていただけでなく、富士山や阿蘇山の噴火といったことが重なり、社会は不安にかられていた。そんな中で起こった出来事であっただけに、これに乗じて治安が乱れることを恐れた良房は、周辺諸国に警告を発し、西海・南海の諸国に対しても海賊の追捕を命じている。

応天門の火災は失火か、それとも放火であったのか、当初真相はわからなかった。

しかし、真っ先に行動を起こしたのは大納言伴善男《とものよしお》であった。善男は、かねてから敵視していた左大臣源信が放火したと、右大臣藤原良相に訴え出たのである。これを聞いた良相はただちに基経（良房の養子）を呼び出し、源信の逮捕を命じた。しかし基経は養父である太政大臣良房にこのことを報告、そのことを知らされていなかった良房が清和天皇に報告し、真偽を確かめたところ、清和も聞いていないということで、ただちに信の赦免を命じて慰撫の勅使が信の邸宅に遣わされている。

事件はそれで落着し、呆気ない幕切れであるかのように見えた。この間、善男は良相と計って信の邸宅を包囲すべく、兵動員の準備を進めていたという。良相・善男らが独断で信を応天門放火の犯人と断定して使者を派遣し、その邸宅を包囲しようとしたということであろう。

ただし、これは鎌倉時代はじめに成立したといわれる『宇治拾遺物語』に収める話で、この事件を描いた『伴大納言絵巻』もそれに基づいている。同時代史料には関係記事が見当たらない。

伴氏	伴善男	流罪（伊豆国）＊
	伴中庸	流罪（隠岐国）＊
	伴秋実	流罪（壱岐島）＊
	伴浄縄	流罪（佐渡国）＊
	伴河男	流罪（能登国）
	伴夏影	流罪（越後国）
	伴冬満	流罪（常陸国）＊
	伴高吉	流罪（下総国）
	伴春範	流罪（薩摩国）
紀氏	紀豊城	流罪（安房国）＊
	紀夏井	流罪（土佐国）＊
	紀春道	流罪（上総国）
	紀武城	流罪（日向国）

応天門事件の主な処罰者
（＊は死一等を減じて遠流に処された者）

奇妙な殺害事件

事件は有耶無耶のまま、忘れ去られようとしていた。それが急転直下、解決を見るのは五か月後の八月三日のことである。この日、左京人で備中権史生大宅《おおやけの》鷹取《たかとり》という者が、

源信一家の嘆き（信は右端）

善男とその息子中庸《なかつね》が共謀して放火したと申し出たからである。取り調べを受けた善男は犯行を否認したが、この間、新たな事件が持ち上がった。善男を訴えた大宅鷹取の娘が、善男の従者生江恒山に殺されたのである。この嫌疑によって恒山が逮捕、拷問を受け、善男の息子中庸も娘の殺害を命じた廉で捕縛された（八月二十九日）。

その結果、応天門の火災は源信を陥れるために、善男がその子中庸らに命じて放火させたものと断じられた。善男は身に覚えがないと断固無実を主張し続けたが、拷問を受けた恒山らの供述が動かぬ証拠とされた。すなわち娘の殺害を命じたのは中庸であるが、中庸は嘘をついて殺害を否定している。だから応天門の火災も、善男に命じられて中庸が放火したに違いないと断定されたのである。

鷹取の娘の殺害事件と応天門の火災事件がどのように関係するのか、いまひとつ明らかではない、というより、じつに奇妙な論法で善男が犯人とされたのであった。

善男の財産

善男父子とその従者ら五人は死一等を減じて遠流に処せられ、善男父子に加担したという罪で紀・伴の両氏八人も配流されている。

種別	数	所在地	施入・充用先
宅地？	一町	右京二条四坊	天安寺
墾田	八十町四	伊勢国	造京城道橋料
	三町二段五十歩	山城国葛野郡上林郷	天安寺
	百町余	越前国加賀郡	穀倉院・造道橋料
	？	諸国	
陸田	？	諸国	
庄家	六処	伊勢国	造京城道橋料
	？	諸国	
山林	？	諸国	
塩浜塩釜	？	諸国	
仏像	？	邸宅	図書寮
経論	？	邸宅	図書寮
書籍	？	邸宅	図書寮

伴善男の財産（佐伯有清氏原図）

ついで善男の財産が没収されているが、墾田・陸田のほか山林、塩浜・塩釜など多種多様で莫大であったことが知られる。なおこれら善男の財産については事件から九年後、貞観十七年（八七五）十一月からその処分が行われたが、宅地は天安寺に、仏像・経論・書籍などは図書寮に付されている。善男が伊豆の配所で没したのはその間（八六八年）のことで、事件から二年後であった。

ちなみにこの事件以後、大伴氏が歴史の表舞台で活躍することはない。

以上が応天門事件の顚末である。

しかし、果たして善男・中庸の父子が放火したのかどうか、どうも事件の背後に陰謀・謀略が渦巻いていたと思えるフシが見え隠れする。また、失火であった可能性も

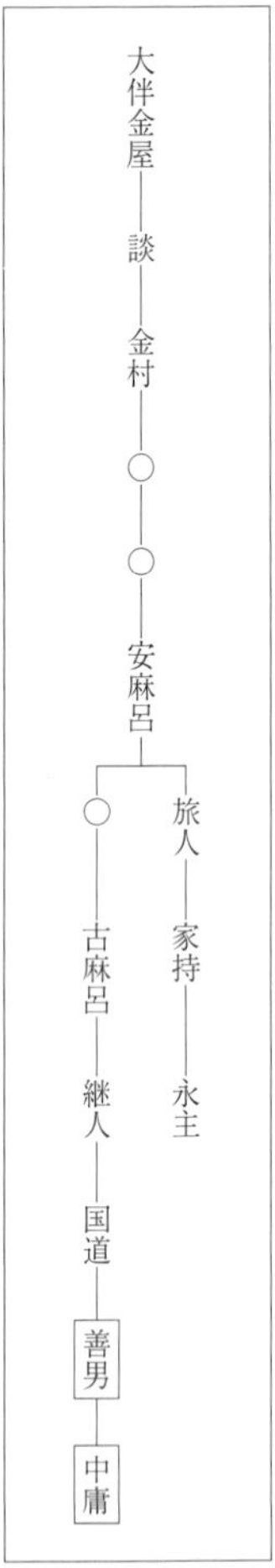

（大）伴氏系図

十分にある。その意味で、事の真偽は不明というほかはないが、もう少しこの事件を追ってみよう。

善男は黠児か

善男について『三代実録』には、生来機敏な資質で弁がたち、政務の変遷や朝廷の制度に関するどんな質問にも答えられなかったことはない、と見える。またその風貌については、眼深くくぼみ、鬚《ひげ》を長くたれ、短軀《たんく》にしてやせ細り、みるからに「黠児《かつじ》（悪賢い男）」であったと記されている（貞観八年九月二十二日条）。まるで悪の権化のような書きぶりであるが、誇張を差し引いても有能・敏腕な人物であったことは間違いないようだ。

善男は大伴国道《くにみち》の五男であるが、一族は奈良朝から平安初期にいたる政変にしばしば関係し、そのつど没落の道を辿るという悲運の家であった。

すなわち曾祖父の古麻呂《こまろ》は孝謙天皇の天平勝宝九年（七五七）七月、橘奈良麻呂の変に際して首謀者の一人として捕らえられ、拷問を受けて杖死している。また祖父の継人《つぐひと》も、桓武天皇の延暦四年（七八五）九月に起きた種継暗殺事件の張本人として斬刑に処された（『三代実録』では拷問を受けた末獄中で没すと記す）。しかも父の国道はそれに連座して佐渡に流され、二〇年もの流人生活を強いられて

「積善藤家」の印

「大伴」と書かれた瓦

いる。こうした大伴一族を、先の『三代実録』では「積悪《せきあく》の家」と酷評し、祖先たちが悪事を積み重ねてきたので、必ず子孫にまで災いが起こる、それが応天門事件であり、「積悪の家、必ず余殃《よおう》有りとは、けだしこれをいうか」と書き記している。

積悪の家・積善の家

この文言は、中国の古典『易経《えききょう》』に見えるもので、「積善《せきぜん》の家、必ず余慶《よけい》あり。積不善の家、必ず余殃有り」と記すのを、「積悪の家」に変えて引用したものである。むろん改変は「積善の家」との対照を際立たせるためであり、その「積善の家」というのが藤原氏を意識してのものであったことはいうまでもない。

藤原氏を「積善の家」と見る認識は早くからあった。

藤原氏の始祖鎌足の子の貞恵《じょうえ》（定恵）が亡くなった時、高句麗の僧道賢はその誄《るい》（死者生前の功徳を称えた詞）で「積善余慶」と称えているのをはじめ、鎌足の病床を見舞った天智天皇の言葉にも同じ文言が見える（『日本書紀』天智天皇八年十月）。また不比等の娘で聖武天皇の皇后となった光明子も、「積善藤家《せきぜんとうけ》」という朱印を用いていたことが知られている。藤原氏に対して「積善の家」との認識が定着していたことを物語

善男配流

っているが、その藤原氏との対比から「積悪の家」との烙印を押された伴氏は、哀れという他はない。

ちなみに大伴氏は、かつて伴造として部民《べみん》を率い、天皇に近侍護衛することを任務としてきた氏族で、平城京時代まで宮城正門は大伴氏が守護したことにちなんで「大伴門」と呼ばれていた。炎上した応天門の呼び名は、その「大伴門」を嵯峨天皇の時、中国風に言い換えたものと言われている。してみれば大伴氏にとって応天門（＝大伴門）は「祖先の名」を負う、まさに一族の誇りであり栄光の門だったはずである。その応天門が善男父子によって放火されたことが事実とすれば、大伴氏は自らの手でそれを焼き、滅び去ったということになるが、それはあり得えないことと、わたくしは思う。

その意味で、応天門の炎上が善男（や息子中庸）に与えた衝撃は、想像を絶するものであったに違いない。

絵巻の謎

『伴大納言絵巻』は燃えさかる応天門の現場にかけつける群衆の描写からはじまり、伴善男が護送されるシーンで終わるが、知られるようにその間、善男の姿はいっさい表れない。護送される八葉《はちよう》の車から、袖と指貫《さしぬき》の一部を覗かせているのが善男であることを暗示しているといわれている。

絵巻のなかに善男を描かなかったことについて、作者の善男に対する思いやりであるとか、劇的効果を狙ったものとか、あるいは善男が犯人ではないというメッセージである、など様々な意見が出されている。しかし、真相は不明という他はない。

なお、応天門の再建は貞観十年（八六八）二月に始められ、その年十月に完了している。

はじめての摂政

さて、良房は応天門事件がまだ解決していない最中、摂政になっている。貞観八年（八六六）八月十九日のことで、太政大臣良房に対して、「天下の政《まつりごと》を摂行《せっこう》せしむ」との清和天皇の勅が下されている（『三代実録』）。清和はすでに十七歳になっていたが、内外騒然としている時、良房の助力が必要だというのがその理由である。良房が応天門事件にどの程度かかわったのかは不詳であるが、この事件を最大限に利用したことだけは確かである。

ところで、摂政とは（天皇に代わって）政治を摂《と》るとの意であるが、この摂政と職掌上の区別が十分でなかったのが太政大臣である。良房はその太政大臣に天安元年（八五七）二月、左大臣を経ずに任じられている。病弱の文徳天皇が「頻りに万機を廃す」という状態であったからだが、良房の太政大臣就任は、文徳に代わって万機を摂行するためであったということも出来よう。じじつ翌年八月に没した文徳のあと、九歳の惟仁（清和）が即位するに及び、太政大臣良房は事実上の「摂政」となったことは、すでに述べたところである。したがって応天門の事件後における摂政就任は、このような良房の権限や地位を追認したにすぎないというべきである。

ちなみに清和は二年前の貞観六年（八六四）正月に元服して、翌七年十一月、内裏に遷御していた。そうしたことから、良房の権限や地位を改めて明確にする必要があったことも事実であろう。摂政の勅はそのために下されたものといえる。

準天皇としての扱い

この時の勅は、それまでの良房の立場を追認したものにすぎないが、そうだとすれば留意されるのは、摂政がおかれるのは天皇が元服前という、のちにみるような原則がこの時点でまだなかったことである。元服後でも引き続き「天下の政を摂行」せよとの勅が下され、事実上摂政となっているからである。しかしこのあと清和は手勅を下したり（貞観八年十二月八日）、承和の仁明朝以降絶えていた聴政《ちょうせい》を復活し、みずから紫宸殿に出御して政を視《み》たりしており（貞観十三年二月十四日）、良房はどちらかといえば、のちの関白的立場である。その意味では元服後は関白という原則の萌芽がみられるが、関白とはいわず天下の政を摂行しているところに、この時期の「摂政」の特徴がある。

といって、その良房にも不安がなかったわけではない。それは明子《あきらけいこ》以外に子ども（男子）がなかったことである。そこで、後述するように実弟の良相・常行父子に期待をかけるが、左大臣源信を筆頭とする源氏の存在には無視しがたいものがあった。しかも良房は貞観六年（八六四）冬から翌年にかけて大病を患っている。不安を除くことを急いだとしても不思議ではないであろう。

それが応天門事件の最中、正式に摂政となることであり、それにより、自らの立場を盤石なものとするることではなかったか。

大事な点は、良房の場合、文徳が亡くなったことで摂政となったという事実である。それは、なかば偶然の所産といってよいが、良房の思惑をはるかに超えて、この摂政がのちに貴族社会の有り様を大きく変えることになっていく。

ちなみに摂政になった良房には、内裏の中に「直廬《じきろ》（宿所）」が与えられたが、これは摂政が準天皇としての扱いを受けたことを意味している。

良房と良相はライバル？

大納言善男の失脚で幕を閉じた応天門事件であるが、真相は定かでなく、良房が事件に直接関わったかどうかは、意見が分かれる。しかし良房と弟の良相との確執が、事件の背後に潜んでいたことだけは、間違いなさそうだ。

良相は冬嗣の五男で、良房とは九歳下の同母弟（母は美都子）である。若くして大学で学び、仁明天皇に抜擢されて嘉祥三年（八四八）参議となり、文徳朝でも昇進を重ね、天安元年（八五九）、太政大臣に昇進した良房の後を承けて右大臣となっていた。

二人の関係については、早くから対立関係にあったという見方でほぼ一致している。良相はすでに清和の父である文徳時代、その後宮に娘多可幾子《たかきこ》を納れていただけでなく、応天門事件の二年前にも、もう一人の娘多美子《たみこ》を元服直後の清和天皇に入内させ（貞観六年正月）、皇室との姻戚関係を強めていたことから、良房の最大のライバルであったと見るのである。

しかしわたくしの見るところ、良房・良相兄弟の間に対立が生じるのはもう少し後のことであり、その原因も二人の娘の入内と直接関わるものではない。というのも良相の娘多可幾子が文徳の後宮に

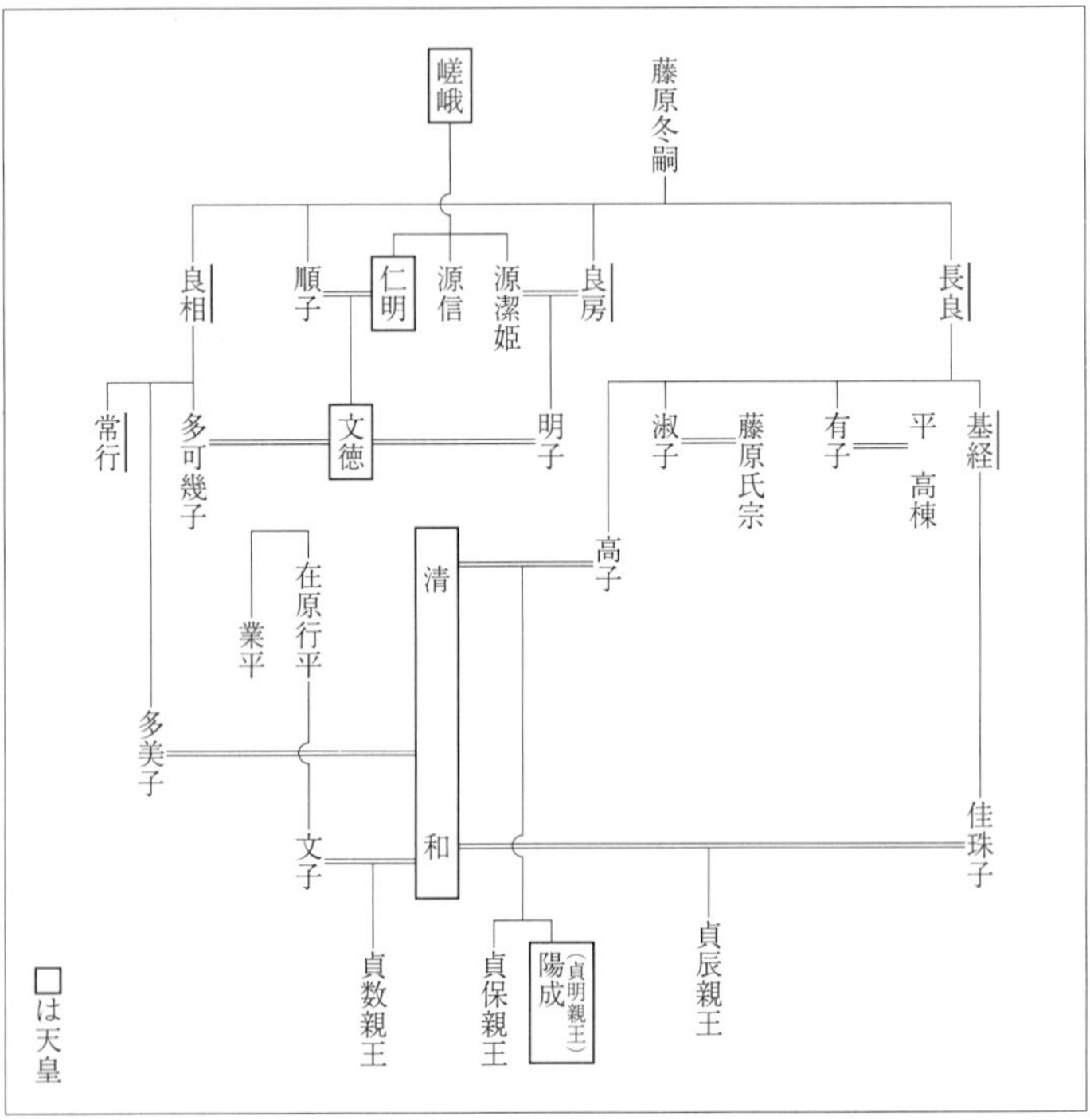
嵯峨
藤原冬嗣
良相
順子
仁明
源信
源潔姫
良房
長良
常行
多可幾子
文徳
明子
淑子
藤原氏宗
有子
平高棟
基経
在原行平
業平
清和
高子
多美子
文子
佳珠子
貞数親王
貞保親王
陽成（貞明親王）
貞辰親王
□は天皇

良房・良相関係略図

入って女御となったのは嘉祥三年（八五〇）七月であるが、その年三月、良房の娘明子は惟仁親王（のちの清和天皇）を出産しており、すでに良房は外戚の立場を保証されたも同然だった。多可幾子が正五位下に叙されたのもそれから二年後（仁寿二年。明子は翌三年従三位に叙される）で、格差は歴然としており、多可幾子の入内が明子を脅かす存在でなかったことは明白である。

また良相のもう一人の娘多美子についても、入内ということでは良房には兄長良の娘、高子（貞観八年十二月、清和の女御となる）がいたが、一般には、当時高子を清和に入内出来ない事情があり、それが多美子を納れた良相との対立を生んだ要因であると理解されている。しかし、時に太政大臣であった良房にその気があれば、高子を入内させることも不可能ではなかったはずである。にもかかわらずその動きがまったく見られないのは、良房にその考えがなかったことを示す。多美子の入内の時点では、高子の入内は良房の想定外であったと考える。

良房は天安二年（八五八）十一月、明子所生の清和天皇の即位によって外祖父の地位を得たものの、その政治的立場は盤石だったわけでない。平安朝の〝不比等〟たることを目指した良房だが、自身には清和に納れるべき娘がいなかった。範囲を一族にひろげてみた場合でも、候補者は限られていた。すなわち清和が元服した時、兄長良の娘のうち有子はすでに平高棟の、その妹の淑子も藤原氏宗の室になっており、残るのは多美子と高子の二人だけであった。このうち年齢から相応しいのは多美子であったから、多美子は唯一の候補者であったといってよい。多可幾子につづく多美子の入内については、良房と良相の対立関係ばかりが強調されてきたが、娘を持たない良房にとって、ミウチに多美子しかいなかったことを考えると、多美子は良房も承知した上での入内であったとみて間違いない。

そんな良房が、当時自身の後継者として期待していたのが、むしろこの良相であったとわたくしは見ている。

良房の信頼

知られるように右大臣良相は、行政手腕に長けた有能な人物であった。薨伝に、「貞観の初め、心を機務（政務）に専らに、志は匡済《きょうさい》（悪や乱れをただして救済すること）にあり。当時鷹を飛ばして禽《ことり》を従《お》う事、一切禁止し、山川藪沢の利に民業を妨げざりしは、皆これ大臣の奏し行うところなり」（貞観九年十月十日条）とあるように、貞観初年すなわち清和が即位して以来、太政官の実務に専念している。林陸朗氏によれば、太政大臣良房のもとでの良相の立場は、事実上の実務遂行者であったというから（「前期摂関期における土地政策」『上代政治社会の研究』）、この弟は良房にとってもっとも忠実な部下であり、いわば二人三脚で清和朝を支えたということになろう。良房・良相らの姉妹、順子（文徳天皇の母、清和天皇の祖母）は兄弟のなかでもことさら良相を可愛がっていたようで、貞観元年から翌年にかけて一年間、良相の西京三条第に滞在している。そうしたことも、良相が良房の信頼を得た要因であったに違いない。

基経と常行

良相に対する良房の信頼と期待は、良房の兄長良の没後いっそう強まり、それは良相の嫡男常行《つねゆき》の昇進にも及んでいる。常行と、彼の従兄弟である基経（長良の息子）とは同年齢であるが、叙爵以来、常に基経が一歩リードして昇叙されてきた。その基経が、天安二年（八五八）以降の人事では逆に常行に位階を越され、立場が逆転する。これは基経の父長良が没した

（八五六年七月）のを機に、常行が重視されるようになったことの表れとみられる。良房は官位こそ兄長良をつねに越えていたものの、冬嗣の長子としての長良の立場を無視することが出来なかったように思う。叙爵以来常行を抑えての基経のリードはそのためで、長良が没したことで名実ともに一族（藤原北家）の家父長的立場にたった良房は、そこではじめて常行を先んじて昇進させたのである。

知られるように、良房は長良の嫡子基経を養子とし、その基経によって摂関体制が確立するが、留意しておきたいのはこの時期の良房は、少なくとも後継者としては基経に関心を抱いていなかったということである（瀧浪「陽成天皇廃位の真相」『平安京とその時代』）。

むろん弟の良相は九歳年下ではあるが、政界では良房に次ぐ地位にあり、その才気に良房がまったく不安を抱かなかったとは思えない。しかし良房にとってそのことを差し引いても、この時自らの立場を譲り、外孫清和天皇の後見役を託すことが出来るのは、良相・常行父子以外にはいなかったろう。良房の娘であり、清和の母である明子の立場を安泰に保つためにも、他に選択肢はなかった。良房は多少の危惧を抱きつつも、後見役を良相父子に委ねざるを得なかったのである。基経を越える常行の昇進も、それに続く多美子の入内も、良房が良相父子を後継者とするための手続きであったと、わたくしは考える。

投書

しかし、良房が抱いた一抹の不安はやがて現実のものとなる。前述したように貞観六年（八六四）の冬、良房は重病に陥り、一向に回復の兆しがないまま、ほぼ一年に及んで病床に伏す。その間のこと、良房に代わって政界をリードしたのは右大臣の良相であったが、その良相が

年	基経 年齢	基経 官職	基経 位階	常行 位階	常行 官職	常行 年齢
承和三（八三六）	1					1
仁寿二（八五二）	17	蔵人				17
仁寿三（八五三）	18				蔵人	18
斉衡元（八五四）	19	左兵衛少将 侍従	従五位下	従五位下	右衛門少将 右衛門佐	19
斉衡二（八五五）	20	左兵衛佐 蔵人	↓	↓		20
天安元（八五七）	22	少納言 左兵衛左	↓	↓	周防権守	22
天安二（八五八）	23	左少将 蔵人頭 播磨介	↓	従五位上	右権少将 蔵人頭	23
貞観二（八六〇）	25		正五位下	正五位下←従四位下	右少将 内蔵頭	25
貞観三（八六一）	26		従四位下	↓		26
貞観四（八六二）	27		↓	↓	右中将	27
貞観五（八六三）	28	左中将	↓	↓		28
貞観六（八六四）	29	参議	↓	↓	参議	29
貞観七（八六五）	30	阿波守 伊予守	↓	↓		30

常行

貞観八（八六六）	31	中納言	従四位上←正四位下←従三位	従四位上←正四位下	備前権守 右大将	31
貞観九（八六七）	32		←	従三位		32
貞観十（八六八）	33	左大将	←	←	讃岐守	33
貞観十一（八六九）	34	出羽陸奥按察使	←	←		34
貞観十二（八七〇）	35	大納言	←	←	中納言	35
貞観十四（八七二）	37	右大臣 摂政（清和天皇）	正三位	←	大納言	37
貞観十五（八七三）	38		従二位	←	出羽陸奥按察使	38
貞観十七（八七五）	40		←	正三位（贈従二位）	没	40
貞観十八（八七六）	41	摂政如旧（陽成天皇）	←			
元慶二（八七八）	43		正二位			
元慶四（八八〇）	45	（関白）（陽成天皇） 太政大臣	←			
元慶五（八八一）	46		従一位			
元慶八（八八四）	49	（関白）（光孝天皇）				
仁和三（八八七）	52	関白（宇多天皇）				
寛平二（八九〇）	55	辞関白				
寛平三（八九一）	56	没	贈正一位			

基経と

伴善男に与して左大臣源信を貶めようとしたのである。

発端は、源信が弟の融《とおる》・勤《つとむ》らと謀反を謀っているとの投書があったことで、それに乗じて、かねてから信と対立していた善男が信を激しく非難したという。しかも翌七年の人事では、信の家人である三人の武官（みな騎射に長けていたという）が、いずれも地方官に転出されている。信の甍伝には、「奨擢《しょうてき》に似るといえども（抜擢人事のように思えるが）、実は大臣の威勢を奪うなり」（『三代実録』貞観十年閏十二月二十八日条）と見え、信を押さえ込むための転出だったことは明白である。

善男と信との対立については『三代実録』（貞観八年九月二十二条）に、「貞観の初めに、左大臣源朝臣信と（伴善男との間に）隙《すきま》有り」と見えるから、昨日や今日に始まるものではなく、それもかなり根深かったことを思わせる。対立の原因が何であったのか、明らかではないが、その根底に政界における源氏一族とのポスト争いがあったように思われる。

源信と善男の対立

というのも貞観元年（八五九）十二月、揃って大納言に任命された信の弟、定《さだむ》と弘《ひろむ》の二人が、同五年正月に咳逆病で相次いで没している。そこで翌六年、善男が平高棟《たかむね》（ともに中納言）とともに大納言に任命されたのであるが、同じ日、信のもう一人の弟、融が中納言となっている。この三人はいずれも正三位であったが、三十三歳の融が最年少であったから、年齢からいって善男（五十四歳）と高棟（六十一歳）の大納言就任は妥当と思われる。しかし信にすれば弟二人のポストを奪われただけでなく、廟堂における源氏の数が一挙に減少したわけで、一族の立場が弱められたことは否めない。これはまったくの推測になるが、そうした大納言のポストをめぐって、信と善男との間に亀裂が生じたのではなかったろうか。

信の家人の放出人事が重病に苦しむ良房の承諾を得てのことかどうか、明かでない。良房にとって、左大臣源信を筆頭とする源氏の存在が、対抗勢力として無視しがたいものであったことは確かであろう。しかし信は妻潔姫の異腹の兄であり、それまで良房との間に表立った対立がなかったことを考えると、転出の人事に良房が関与したとは思えない。三人の転出は、善男に好意を抱く良相の指示であったと見て間違いないであろう。善男は嘉祥三年（八五〇）四月に中宮大夫に任じられて以後、配流されるまで一貫して順子に仕えていた。そうした関係から良相は順子を介して善男と繋がり、好意を抱くまでになっていたのである。

先の投書が、言われるように良房の政界不在を狙ってなされた可能性があるとすれば、良房にとってはきわめて不愉快な事件であり、良相に対する警戒心をにわかに強めたとしても不思議ではない。ただし、良房が病床に伏していたこともあってか、表立って両者が対立するまでにはいたっていない。それが露骨に表れるのは、翌年春に行われた観桜の宴においてであった。応天門事件が起こる一か月前のことである。

観桜の宴

貞観八年（八六六）三月二十三日、右大臣良相は自邸西京第（西三条第）に清和天皇を招き盛大な宴を催している。四位から六位までの文人四〇人が「百花亭」に召されて詩を作り、夜更けまで管弦舞楽が演じられたという。その名の通り、四季折々の花々が咲き乱れる良相自慢の東屋であった。

良相邸址から出土した緑釉陶器（左）と墨書土器（右）

留意したいのはそれから一週間後、閏三月一日に、今度は太政大臣良房の東京染殿第でも、同じように清和天皇の行幸を得て、観桜の宴が催されていることである。わずかの期間に両者が互いに天皇を招いて宴を催すというのは、異例である。しかも気になるのは、立場も年齢も下位にある良相の方が先に開いていることで、清和後宮で第一の正妃といわれ、「専房之寵」（『三代実録』仁和二年十月二十九日条）を受けていた良相の娘多美子の存在の重さをうかがわせる。

前述したように、良房自身も了解した多美子の入内であったが、しかしその立場を利用して、これ見よがしに催されたこの時の宴が、たとえ良相にそうした気持ちがなかったとしても、良房の感情を刺激しないはずはない。良房第で開かれた宴は、良相に対するあからさまな挑戦であった。

ちなみに良房邸の宴でも天皇以下群臣たちは釣魚や射弓、あるいは詩賦・管弦を楽しみ、終日歓楽をきわめたが、その間、清和は東門で農夫や田婦が行う田植えの所作、いわゆる耕田《こうでん》の礼を見ている。耕田の礼は天皇に農民（農業）のことを忘れさせないためという儒教的意味合いをもつもので、二年前（貞観六年二月二五日）、清和が同邸に行幸した際にもこれを見ているが、いかにも良房らしい演出である。それは清和に天皇としての自覚を促すとともに、良相に取り込まれることへの警告でもあったように思われる。

なお良相の西京第（西三条第）については、近年建物址が検出された平安京（右京三条一坊）の遺構がそれとみられている。池の中から出土した墨書土器や緑釉陶器をはじめとする数多くの遺物は、良房に次ぐ地位を誇った良相の権勢を彷彿とさせるものとして話題を呼んでいる。

良相から基経へ

そして、ついに両者は破局を迎える。応天門事件である。良房から報告を受けた清和は、ただちに慰撫の勅使を信の邸宅に遣わし、それで事件はひとまず落着したのであった。

解決の糸口となった勅使派遣について、『三代実録』には「貞観八年春」としか見えないが、閏三月の応天門炎上の直後のことと理解するのが通説である。また信の逮捕について何も知らされていなかった良房はそのことを聞いて、「愕然として色を失」ったとあるから、よほど衝撃を受けたものと思われる（貞観十年閏十二月二十八日条）。この頃には良房の病気もすっかり回復しており、良房を蔑ろにした良相（と善男）の独断専行は、許しがたい行為と受けとめていたに違いない。

兄弟の対立は、ここにきて決定的となったのであった。

繰り返しておくと、事件はいったん沈静化したものの、応天門の炎上から五か月後、大宅鷹取の申し出により、善男父子が遠流に処せられ、急転直下解決したのである。

こうしてみると良房・良相兄弟の亀裂は、信と善男との争いに巻き込まれる中で生じ、しだいに増幅されていったものといえよう。その結果、良房は良相・常行父子を捨てて後継者を基経・高子の兄妹に切り替えた、というより良相との対立から切り替えざるを得なかったというのが真相であろう。それを促したのが応天門事件であった。

以上が、良房が良相に代えて基経を後継者とするにいたった理由と経緯である。事件に乗じて良房が正式に摂政に就任した翌月（十二月）には、参議の末席にいた基経を、七人の公卿を飛び越えて中納言に昇進させている。高子《たかいこ》の入内（女御宣旨）はその十九日後のことであったが、それは良相に対する弾劾であり、決別の表明にほかならなかった。以後、良相の息子常行は再び基経の下位となり、逆転することはない（二二八頁）。

基経が破格の人事によって中納言に任じられたその日（貞観八年十二月八日）、良相は辞職を願い出ている。以後執拗に辞意を願う上表文を提出し（同月十一日・十三日）、仏道に入ることを願っている。それは良相の敗北宣言にほかならなかった。

良相が亡くなったのは翌年十月のことである。

3 神泉苑御霊会

良房と基経

子に恵まれなかった良房が、後継者として当初期待したのは弟の良相とその息子常行であった。その良房が、良相・常行の父子を捨てて後継者を基経・高子の兄妹に切り替えたのは、応天門事件がきっかけであったことを述べたのが前節である。応天門事件までの良房は、少なくとも後継者として基経には関心を抱いていなかったのである。

それは基経に、少なくとも二つの問題があったからである。

一つは、基経の姻戚関係である。基経が良房の立場（幼帝の摂政）を継承し権勢を保持するためには、良房がそうであったように、天皇の外戚たることが要件であった。そのために当時娘を持たない基経にとっては、妹高子の入内が不可欠となるが、知られる通り、高子には在原業平《ありわらのなりひら》との関係が噂され、また年齢的（高子は清和より八歳年上）なこともあって、入内の実現は容易ではない。近い将来に基経が、外戚関係を築ける状況にはなかったのである。

二つは、基経が父長良を失っていたことである。当時の慣習からすれば、後見者を持たない者の政治的立場は極めて弱かった。良房の生前はともかく、没後のことを考えると、若輩の基経（基経は良相より二十六歳年下）が政治的手腕に長けた良相には太刀打ち出来そうにない。

こうした事情から判断して、応天門事件以前の良房には、基経を後継者に据える考えがなかったと、わたくしは見るのである。基経に対する良房の評価は、それほど低かったといってよい。そうした良房が一転して基経に目をかけるようになった最大の理由は、応天門事件の際に基経がとったその行動にあったように思う。それは次のようなものであった。

基経の行動

応天門放火の犯人を源信《まこと》と断じた右大臣良相が、当時左近衛中将参議であった基経を呼び出し、逮捕するように命じたところ、基経は事は重大であり、太政大臣良房の処分を受けなくては簡単に応じられないと言って、ただちに事の次第を良房に報告した。前年来、病床に伏す良房に代わって政界の主導権を握っていた良相にすれば、基経に信を捕縛させることで事件は落着するものと考えていたのではなかろうか。そうだとすれば、基経の抗弁は予想外であったに違いない。基経の機敏な判断で、良房の耳に入ることになったのである。事の経緯を聞いた良房は愕然と色を失い、ただちに清和天皇に報告しているが、信のことを聞いていなかった清和も、突然の報に驚いたという。

この時の基経の行動が、従来ほとんど留意されてこなかったのを不思議に思うが、良房と基経の関係を考える上で、極めて重要である。良相への抗弁が良房の関心を買うための、計算づくの行動であったかどうかは分からない。しかし、病気の良房が政界に復帰するきっかけとなったわけで、基経に対する良房の評価と信頼が一挙に高まったことは間違いない。以前、良房・良相兄弟の対立を促したのは応天門事件であったと述べたが、厳密に言えば、この時の基経の行動が二人の亀裂を決定的にしたといってよい。

良房の後継者

こうして、基経が良相に代わって叔父良房の後継者とされた。『公卿補任』には、貞観十四年（八七二）に良房が没した時、「居喪の礼、もっぱら父子のごと」くであったと記されている。

ちなみに、基経が良房の養子になった時期は明らかでない。一般に、基経が十九歳（斉衡元年、八五四年）の若さで叙爵されていることを良房の養子であった恩恵によるとみて、基経は早い時期から良房の養子となり、後継者に選ばれていたと理解されているが、そうではない。この時期の養子と後継者とは区別して考える必要がある（後述）。応天門事件の最中、良房が正式に摂政に就任して三か月後（貞観八年十二月）、参議の末席にいた基経が七人の公卿を飛び越えて中納言に昇進しているのは、明らかに良房による人事で、おそらく後継者という意味での養子となったのはこの前後であったろう。基経の政治的手腕を評価した良房は、良相・常行父子を切り捨て基経を後継者としたのである。

高子の入内

そして、良房はついに高子の入内を実現した。

藤原基経の同母妹高子が清和天皇の後宮に入り、女御の宣旨を蒙ったのは貞観八年（八六六）十二月二十七日で、時に清和は十七歳、高子は二十五歳であった。年齢の上で不自然さが目立つことは否めない。繰り返すことになるが、この年閏三月には応天門事件があり、それまで事実上摂政の立場にあった良房は、この機に乗じて同年八月十九日、正式に摂政に就任、十二月八日には参議の末席にいた基経を七人の公卿を飛び越えて中納言に昇進させている。高子の入内（女御宣下）はその十九日後のことであった。

清和の後宮には良相の娘多美子をはじめ、すでに何人かのキサキが入っていた。その中でも多美子が清和後宮で第一の正妃といわれ、「専房之寵」を受けていたが、高子の入内を実現した良房の幸運は、その多美子が清和との間に皇子女を儲けていなかったことである。これに対して高子は入内から二年後、貞観十年（八六八）十二月に皇子貞明《さだあきら》を出産、翌十一年二月にこの貞明は早々と皇太子に立てられている。生後二か月の皇太子である。かつて奈良時代、聖武天皇の嫡子基王が生後一か月で立太子された事例はあるが、これはそれに次ぐ記録で、貞明がいかに待ち望まれた皇子であったかが知

春日大社

られよう。良房にとって、基経兄妹を後継者に据える準備はほぼ整えられたといってよい。こうした後継者（＝養子）問題については、次章で改めて詳しく述べることにする。

春日斎女

さて、良房が心を砕いたのは、自身の後継者だけではない。九歳というかつて例のない幼少天皇として即位した外孫清和の正統性を表明し、その母（良房娘）明子の国母としての確固たる立場を樹立することであった。「郊天祭祀」や「十陵四墓の制」「石清水八幡宮の勧請」など（前節参照）も、そのための政治的措置であったことはいうまでもない。

こうした清和や母明子の立場は、当然のことながら良房（＝藤原氏）の権勢に支えられてのものであったから、良房は、自らの立場を強化することにも腐心している。貞観八年（八六六）、藤原氏の氏神である春日社（奈良）と大原野神社（京都）の神事に奉仕するために創始された春日・大原野斎女もその一つである。

いうまでもなく春日社は藤原氏の氏神であり、大原野社は延暦三年（七八四）長岡遷都にともない、桓武の皇后藤原乙牟漏が春日社を勧請して大原野に祀ったもので、京春日《きょうかすが》とも称される。以後春日社と大原野社は、藤原氏にとって一族紐帯のシンボル的存在となるが、良房はその両社にはじめて斎女を派遣している。

春日社と大原野社の神事に奉仕する、いわゆる春日斎女は、斎宮《さいぐう》（伊勢神宮の斎王）・斎院《さいいん》（賀茂神社の斎王）の制にならったものである。皇親女性が奉仕した斎王に対して、藤原氏出身の女性があてられたことから斎女と称されるが、貞観八年（八六六）十二月二十五日に任じられた藤原須恵子《すえこ》が、初代斎女である（『三代実録』）。

貞観八年といえば、いわゆる応天門事件の最中、良房が正式に摂政に就任したのがこの年八月のことで、その結果、名実ともに良房の権力基盤が確立した。斎女（制）が設定され、須恵子が初代に選ばれたのがその四か月後であったことから判断すると、斎女制は良房が摂政となったのを機に設けられたことは明かであろう。皇室の斎王が天皇の名代として国家の安泰を祈ったのに対して、春日斎女は摂政良房を権威付けるための名代派遣であったと、わたくしは考える。

大原野神社

応天門事件後における摂政就任は、それまでの良房の権限や地位を追認したにすぎないが、人臣最初の就任であり、しかも良房の場合、上皇権を踏襲したものであった。それだけに、より強固な権威付けが必要とされたのである。良房が朝廷の斎王に匹敵する斎女を創始した理由である。初代須恵子の素性は明らかではないが、良房に関わりある女性と見て間違いない。

須恵子と可多子

ただし、この須恵子について、一つだけ不可解なことがある。『三代実録』に、卜定《ぼくじょう》から二年後の貞観十年（八六八）閏十二月二十一日、須恵子が可多子《かたこ》と名を改められ、翌年二月八日の春日祭に初参社したと記されていることである。

改名しなければいけない理由はまったくない。何らかの理由で、この時斎女が須恵子から可多子に変更されたとの理解もあるが、それは有り得ない。翌年春の春日祭に初参社するまで、わずか二か月足らずである。斎女が神に奉仕する以上、当然禊ぎをして心身ともに清浄な存在とならなければいけなかった。したがってこの時点での変更は考えられない。それよりも、「太政官の貞観八年十二月二十五日に所司に下しし符《ふ》に、藤原朝臣須恵子と注しき。今、追って改む」（『三代実録』）との記載を素直に解釈すると、当初の「須恵子」が書き間違いであったと考えざるをえない。卜定時に何らかの手違いがあって、太政官符に「可多子」と記すべきところ、「須恵子」と記入されたものと考える。

貞観十年、藤原須恵子こと藤原可多子は二年間の潔斎生活を経た上で、初代斎女として春日社に参仕したものと見て間違いない。

二代で廃絶

こうして創始された春日斎女であるが、しかしわずか数年で中断してしまう。『三代実録』貞観十七年（八七五）六月八日条に収める春日社への祈雨の告文に、近来続く日照りの原因は斎女を派遣しなかったことによると占われたので、必ず卜定して参仕させるようにすると見える。そして五か月後、同年十一月に藤原意佳子《おかこ》が斎女に選ばれている。意佳子は良房の弟、良世の娘で、時に良世は従三位中納言兼右近衛大将皇太后宮大夫であった。

ちなみに初代可多子については、「前の斎《いつき》藤原朝臣可多子、喪に遭うなり」（『三代実録』貞観十七年十一月四日条）とみえ、可多子は貞観十七年に近親者の不幸で退下したことが知られる。近親者とは三年前、貞観十四年（八七二）九月に没した良房のことであろう。可多子は良房の喪によって退下したのであった。してみれば意佳子が卜定されるまでの三年間、斎女は空位になっていたのである。もともと斎女が摂政良房の権威付けという、個人的意味合いの強い存在として創置されたことを考えると、良房の死によって派遣の意義が薄れ、早晩有名無実化するのは予想されたことではあった。

空位のあと意佳子が卜定されたのは、この時期、清和天皇が社会的不安に悩まされていたことと無関係ではないように思う。淳和院や冷然院の火災が続き、自身の体調もよくなかった。そこへ出羽における夷俘《いふ》の反乱、さらには旱魃が長期間に及ぶなど、その不安は極限に達していたに違いない。そうした中、告文に促されて意佳子が卜定されたが、この意佳子が実際に春日社に参仕したかどうかは分からない。そして、春日斎女はこの意佳子任命の記事が史料に見える最後となる。

斎女から春日詣へ

斎女は長続きせず二代で廃絶し、結局、良房一代で終わってしまった。

良房のあとを継いだ養子の基経が斎女制を踏襲しなかった理由については、明らかでない。ただ前述したように、国家プロジェクトで実施された斎宮・斎院の制度に比して、斎女制が藤原氏という一氏族による祭儀であったところに、様々な問題や矛盾をはらんでいたことは間違いない。加えて、藤原氏が皇室とのミウチ関係を深める中で、斎宮・斎院に一族の血を引く皇女が数多く卜定されるようになったことも、廃絶と無関係ではなかろう。そのために、藤原氏出身の女性を

「神斎」とすることの意味が薄れてしまったことも否めないように思われる。

それよりも斎女に関連してわたくしが留意したいのは、斎女廃絶後、藤原氏のトップである氏長者や摂政・関白が自ら春日社に参詣するようになり、それが平安時代を通して藤原氏の重要な儀式・行事となっていったことである。いわゆる春日詣《かすがもうで》で、春日社の西北にあったとされる佐保殿《さほどの》を宿舎とし、ここで平安京からの旅装を整えて社頭に赴くのを例とした。この佐保殿には房前の画像（造像とも）が祀られていたというが（『今昔物語』二十二―二）、してみれば氏長者は北家の始祖房前に拝礼したあと参詣したのである。そして藤原氏の権力が強まるとともに、その行列・行装は華麗を極めていった。

こうした氏長者による春日社参詣は、『三代実録』元慶二年（八七八）十一月十六日条に見える基経が史料上の初見である。すなわち陽成天皇が病気になり、基経が斎戒して平癒を祈ったところ回復し、その奉祭として、この日自らが春日社に参詣して奉幣したという。ただしこの時の参詣は特例と見るべきで、恒例化したわけではない。その意味では延喜十六年（九一六）十二月、藤氏長者であった基経の息子忠平が参詣したのが最初であるが、それは斎女に代わるものとして生み出された、藤原氏特有のパフォーマンスであったと、わたくしは見ている（瀧浪「伊勢斎王制の創始」『王朝文学と斎宮・斎院』）。

春日社の創建については諸説あるが、一般には奈良時代、八世紀後半、藤原氏の氏神として整えられたといい、良房・基経時代に至り規模が拡大されて、こんにちの景観が出来上がったと考えられている。すなわち、春日社が一族紐帯の氏神として本格的に回帰されるようになったのは良房・基経時代であったといってよい。斎女はそうした氏神回帰の風潮の中で良房によって設けられたものである。

それが良房没後、役割が低下する中で、代わって生み出されたのが氏長者自らによる春日社への参詣ではなかったか。基経の場合は特例であったが、忠平の参詣は明らかに基経にならったものであり、以後、藤氏長者による春日社への参詣が制度化されていく。参詣祈願を制度化することによって、一族の権威と存在を強固なものにしようとしたことは明白で、いわば斎女の変形が氏長者による春日詣であった。それは氏長者を核に、一族の結束をはかる上できわめて有効な施策であったと考える。

神泉苑

神泉苑御霊会

話を良房に戻すと、時に九歳であった清和の即位を実現して以来、事実上の〝摂政〟として政治を主導してきた。その良房の生涯において最大のパフォーマンスは、貞観五年（八六三）五月に行われた神泉苑《しんせんえん》での御霊会《ごりょうえ》ではなかったろうか。それは疫病消除の祭りである。

この時のことを記す『三代実録』によれば、この年正月以来猛威をふるっている咳逆病（流行性感冒）を鎮静化させるために、神泉苑に陰陽師を派遣して祭壇を設けさせている。実際の執行にあたったのは左近衛中将藤原基経と右近衛中将藤原常行である。祭壇には崇道《すどう》天皇こと早良親王以下六柱の霊座が用意され、霊前に花果を供えて、律師恵達《えたつ》を講師として金光明経一部と般若心経六巻を読ませている。またその一方で雅楽寮の伶人に音楽を奏させ、天皇近侍の児童や良家の稚児を舞人として大唐舞や高麗舞を舞わせ、雑技・散楽など様々な芸能が奉納された。この日は神泉苑の四門すべてが開放され、庶民にも自由に出入りして見物することが許されたとある。

これが世にいう神泉苑御霊会であるが、御霊会の場として神泉苑が選ばれたのは、ここが都市民の生命にかかわりの深い場所だったからである。

神泉苑は大内裏の外、二条通りを隔てて南に八町（約八〇〇アール）の広さをもつが、地質調査によれば、かつて京都盆地が湖盆であったことを物語る痕跡であるという。平安造都時に禁苑として整備されたもので、その水はどんな日照り続きでも涸れることがなかった。たとえば延喜十七年（九一七）の大干魃の時、後院（譲位後の居所）の一つ、冷然（泉）院の門を開いて人びとに池水を汲ませたが、たちまち涸れてしまったので、神泉苑の湧水を汲ませている（『三代実録』）。

ただし神泉苑の水が京中住民に開放されたのは貞観四年（八六二）九月が最初で、京中の人家の井戸が涸れたためにこれを汲ませている（『三代実録』）。神泉苑御霊会の前年のことである。

神泉苑の水は田畑の灌漑水にも利用された。天暦三年（九四九）の場合、百姓に三日間開放されたが、三日目の午後に大雨が降った。これについて『日本紀略』は、「古人言あり。件《くだん》（神泉苑）の池水を放つの時は、必ず雨を得るの験《しるし》あり」と書き記している。そうしたことから、ここは祈《き》雨《う》の法会が行われる場ともなっている。もともとは禁苑として天皇や貴族の遊宴の場として設けられた神泉苑であったが、この頃には、神泉苑は京中住民にとって生命の泉となっていた。神泉苑が御霊会の場として選ばれたのもそのためである。

怨霊から御霊へ

この時慰撫の対象となったのは早良親王のほか、伊予親王、その母の藤原吉子《よしこ》、藤原仲成、橘逸勢、文室宮田麻呂《みやたまろ》の六人の霊であるが、いずれも罪なくして罪科に処せられ、恨みを残して死んでいった政治的失脚者である。元来怨霊《おんりょう》として当事者に恐れられる存在ではあっても、疫病の原因であったわけではない。ところがここでは怨霊が御霊と呼ばれ、市民生活を脅かす原因に仕立て上げられている。これ以前から怨霊（御霊）に対する畏怖や信仰が広く存在していたが、折から疫病が流行し多数の死者が出たことから、それにかこつけ、朝廷でも御霊会を行ったのである。市民生活にかかわるものとして怨霊に社会性が付与されたことを示しているが、これは政治の場である「みやこ」だったから可能となった現象であったといってよい。

良房のパフォーマンス

それはともかく、疫病の流行はこれまでにも間歇的に起こり、人びとの生活を脅かしていた。そうした疫病を鎮静させるために京畿内を中心に始まった御霊会は、この頃には全国的な広がりをみせている。貞観五年（八六三）は、前述したように春から咳逆病が流行しはじめ、死者が多数にのぼったことから、はじめて朝廷主導による御霊会が行われたのである。むろんこれを進めたのは良房であるが、ただし朝廷主催の御霊会は後にも先にも、この時一回きりという異例の祭りであったことが特徴である。

そこで当然問題になってくるのが、御霊会を催行した良房の思惑であろう。良房は何故、この年（貞観五年）に、それも前例のない朝廷主導という形の御霊会を催行したのか。

注目したいのはこの年十月、清和主催による良房六十の祝賀（翌十一月には中宮明子主催の祝賀）が行われていること、明けて翌年正月、十五歳を迎えた清和の元服儀が行われていることで、これに先だって行われた五月の御霊会が、それらの行事と無関係であったとは思えない。というより、その半年前に行われた御霊会も、一連の国家儀礼として良房が企図したことは間違いない。

すべては幼帝清和の存在感に重みを増すための演出であった。

すなわち御霊として祭られた六人は、いずれも清和の近祖に関わる者たちであったところに、良房の思惑が見え隠れするのである。

清和の恩徳を印象づける

というのも崇道天皇こと早良親王は、藤原種継暗殺事件の責任をとって廃太子されたところから、桓武が死の間際まで霊の慰撫を命じた人物である。藤原吉子と伊予親王の母子は、藤原内麻呂時代に起こった疑獄事件である。内麻呂は良房の祖父にあたる。藤原仲成は、嵯峨天皇の即位直後、いわゆる薬子の変で射殺された。良房の父、冬嗣が関わった事件でもあった。橘逸勢は良房がデッチ上げたと思われる承和の変で配流に処された者、文室宮田麻呂も良房によって失脚させられている。ともに仁明天皇時代のことである。

すなわち六人が巻き込まれた疑獄事件が生じたのは、桓武・嵯峨・仁明の三天皇時代であり、清和にとっては直系三代の祖先になる。またそれらの事件に関わったと目される藤原氏は良房の父・祖父たちで、清和にとっても外戚筋にあたる。直接的ではないにせよ、清和（・良房）とも無関係でないこれら六人の怨霊を御霊として、清和の名のもとに慰撫祭を行う、これほど清和の恩徳を印象づける上で効果的な演出はなかろう。しかも神泉苑を開放して市民参加を促しているところに、良房の卓抜した政治性をみる思いがする。

朝廷主導の御霊会は清和の人柄に対する信頼感、すなわち良房に対する親近感を人びとに抱かせるという、良房独特のパフォーマンスであったというのが、わたくしの考えである。むろん、それによって清和の権威づけをはかるという政治的効果が計算されていたことも確かである。

本来、当事者に怖れられたはずの怨霊が御霊と称され、折から流行する疫病にかこつけて、市民生活を脅かすものとして御霊会が行われたのである。見事なすり替えといってよく、良房の政治的才幹に改めて驚嘆する。

花を見れば物思いなし

神泉苑御霊会の三年後、貞観八年（八六六）三月、時に右大臣であった良相と太政大臣良房が、それぞれ自邸に清和天皇を招いて盛大な観桜の宴を催し、それが兄弟の亀裂を決定的にしたことについては以前述べた。良相の西三条第は「百花亭」とも称されたように四季折々の花々に囲まれ、いっぽう良房の染殿の邸内にも花亭が設けられており、これまた桜花の名所として知られていたことは有名である。

良房の染殿といえば、『古今和歌集』に収める次の歌が有名である。

　とし（年）ふれば　よはひ（齢）はおいぬ　しかはあれど　はな（花）をしみれば　ものおもひ（物思い）もなし

（年月を経るままに我が身は老いてしまった。しかしそうはいえ、目の前に置かれた美しい花をみていると、

私には何の憂いもありはしない）

『大鏡』によれば、文徳天皇時代のある春の日に、染殿后《そめどののきさき》と呼ばれた娘明子の前に花瓶にさされた桜の花が置かれていて、その桜の花を見て詠んだものという。桜花がキサキとして絢爛に輝いている明子に重ねられていることはいうまでもない。

「染殿の主」こと良房にとって一人娘の明子は、ことのほか可愛かったようである。良房は、その明子が文徳との間に産んだ惟仁親王（清和天皇）を強引に皇太子に立て、権力の座を手に入れた。明子が染殿の后と称されたのもこの邸にいることが多かったからで、桜花は明子であるとともに良房自身でもあったろう。咲き誇る目前の桜の花に、自らの栄華を重ねたのも無理はない。のち、良房五代の子孫である道長は、「この世をば我が世とぞ思う望月の、欠けたる事も無しと思えば」と詠み（『小右記』）、望月にわが身の栄華を託したが、良房にとっては、咲きにおう桜花が文字通り栄華のシンボルであった。

染殿の后

ただし、明子は一種の気鬱症にかかっていたようである（『古事談』三―一六）。その点で、時代は遡るが、藤原不比等の娘の宮子とオーバーラップするものがある。

宮子は首皇子（のちの聖武天皇）の出産が引き金となって重い鬱病に陥り、長期間にわたって人と交流できない状態が続いたという。おそらく日常会話すら出来なくなっていたのであろう。そのため、出産後ただちに隔離されて平城宮内で孤独な生活を余儀なくされた。藤原氏の娘として始めて入内した宮子が、皇子を出産するか否かに藤原一族の命運がかかっていたとすれば、宮子が受けた重圧は想像を絶するものではなかったろうか。同様に明子のプレッシャーを考えると、父良房の期待を一身に背負っていただけに、宮子以上の重圧があったかも知れない。

ただし明子にとっての救いは、息子の清和と行動を共にする事が多かったことである。宮子は出産後、ただちに息子聖武と隔離され、三十七歳になるまで聖武の顔さえ知らなかったのである（『続日本紀』）。

また明子は大変な美貌の持ち主でもあったようで、その美しさに迷った聖人が、鬼となって明子を悩ませる話が『今昔物語集』などに収められている。そんな明子の父であってみれば、娘を桜花に見立てた先の歌には、良房の格別の思いがこめられているようだ。

付言しておくと、良房のこの歌は、『枕草子』の「清涼殿の丑寅《うしとら》の隅の」の段に引用されている。清少納言によれば、弘徽殿《こきでん》の上の御局《みつぼね》の高欄にすえられた大きな青磁の花瓶に、咲きこぼれんばかりの桜の枝が挿されているのを見た中宮定子が、清少納言を促したので、そこで書き記したのが良房の歌だというのである。ただし清少納言は、「花をし見れば」を「君をし見れば」とわざと書き換えている。敬愛する中宮定子を拝見していれば、私（清少納言）には何も愁えることはありません、との意味をこめたものである。清少納言の当意即妙の表現に今更ながら驚嘆させられるのは、わたくし一人ではあるまい。

ともあれ、良房の歌が『古今和歌集』に収められたということもあって、王朝時代の貴族たちにと

時代	書名	巻数	扱う時代	年数	下命者	撰進者
奈良	日本書紀	三十巻	神武～持統（四一代）	―	天武	舎人親王　等
平安	続日本紀	四十巻	文武～桓武（九代）	95年間	桓武	菅原真道 藤原継縄　等
	日本後紀	四十巻	桓武～淳和（四代）	42年間	嵯峨	藤原冬嗣 藤原緒嗣　等
	続日本後紀	二十巻	仁明（一代）	18年間	文徳	藤原良房 春澄善縄　等
	文徳天皇実録	十巻	文徳（一代）	8年間	清和	藤原基経 菅原是善　等
	日本三代実録	五十巻	清和～光孝（三代）	30年間	宇多	藤原時平 菅原道真　等

六国史の編纂

っては身近な歌として、広く親しまれていたことが知られよう。

法制と修史

清和の即位以来、政界のトップとして指導力を発揮した良房であるが、晩年、とくに力を注いだのが法制の整備と修史編纂の事業であった。『貞観格式《じょうがんきゃくしき》』と『続日本後紀』がそれである。

『貞観格式』は、良房が清和天皇に奏上して実現した格（律令の部分修正や追加）と式（律令の施行細則）で、良房の弟である藤原良相、大江音人《おとんど》、菅原是善《これよし》らが撰者となって、弘仁十一年（八二〇）以後貞観十年（八六八）までの詔勅や官符を編集したものである。格は貞観十一年（八六九）に、式は同十三年（八七一）に完成し、それぞれ関係所司に頒布し施行されている。これは嵯峨天皇が冬嗣に命じて編纂させた『弘仁格式』（大宝元年から弘仁十年までの格式）の後を受けた法整備で、良房にとっては父冬嗣の事業を継承したものといってよい。

それらと相前後して、貞観十一年に完成した『続日本後紀』（二〇巻）も良房・良相らが中心となって編纂された、いわゆる六国史の一つである。仁明天皇の治政、十八年間を記した史書で、これも冬嗣が編纂した『日本後紀』のあとをうけたものだが、冬嗣のそれが桓武天皇から淳和天皇までの四代（七九二年〜八三三年）を扱っているのに比して、良房の場合は仁明一代である。これ以前に編纂された史書（六国史）、たとえば『日本書紀』（神武天皇から持統天皇まで）『続日本紀』（文武天皇から桓武天皇まで）の取り扱いが、いずれも数代の天皇にわたっていることからすれば、仁明一代というのは史書としては始めてであり、異例というべきであろう。

良房にとって史書の編纂もまた朝政・朝儀を秩序づけるうえで不可欠というだけでなく、自らの存在を刻印する格好の手立てとなったに違いない。そうした良房の地位と権勢を確立することができたのは、仁明天皇の即位によってであった。良房の妹順子が東宮時代の仁明の後宮に入り、その間に生まれた道康親王に娘明子を娶せ、生まれた孫、清和の摂政として政界のトップの座を得たのである。以前わたくしは、嘉智子と連携して道康親王立太子を実現した良房について、持統女帝と協力して文武天皇の即位を実現した藤原不比等と重ね合わせ、良房自身は平安朝の〝不比等〟たろうとしていた気配があると述べた。それが応天門の事件の最中、正式に清和の摂政となることによって〝不比等〟の立場を獲得したのである。

むろん、容易に実現し得たものではない。陰謀と権詐、術策と心術を駆使して手に入れた栄達であった。良房が、そうした軌跡を白らの手で書き残しておきたいと考えても不思議はない。たんに冬嗣の事業を継承するというだけでなく、仁明一代という異例の史書（『続日本後紀』）の編纂に踏み切った理由を、わたくしは以上のように推察する。
仁明の動静は細部にいたるまで掲載され、考証には典拠を示すなど、良房流の編纂がなされているのが特徴である。

良房、逝く

足かけ六年の歳月をかけた応天門が完成したのは貞観十三年（八七一）十月のこと、その前月には『貞観式』も頒行され、宮廷政治が蘇るかのような様相を呈したが、しかし政情は天災による飢饉と疫病が相次ぎ、社会的不安が増幅しつつあった。そうした中、良房は都で流行った咳逆病にかかり、貞観十四年（八七二）九月、東一条第で亡くなっている。六十九歳であった。

『三代実録』によれば、咳逆病はこの年二月頃から流行し、都でも多数の死者が出たという。罹患した良房も重症に陥っていたのであろう、二月十五日に宮中の直廬《じきろ》を退出して自邸に移っている。応天門事件の最中に正式に摂政となった良房には、内裏に直廬（宿所）が与えられていた。それ以来良房は私邸に戻らず、内裏で生活していたのである。まさに良房が〝上皇〟としての扱いを受けていたことを示している。

私邸に退出した良房の病状は、しかしよくなる気配はなかった。三月、銭五〇萬を病気平癒の祈禱料に充てたが効果はなく、「人を度し道に帰するの功は、よく人の厄命を救う」と聞いた清和は、良房に度者八〇人を下賜している。七月には明子が染殿に幸して良房を見舞っているから、もはや為す術はなかったのかも知れない。それから一か月後、明子は再び良房を見舞っている。良房が没したのはその四日後、九月二日のことであった。同九月四日、政府は左・右兵庫、左・右馬寮を監護させると同時に、伊勢・近江・美濃などに固関使《こげんし》を派遣している。固関使は、天皇の死去などに際して不測の事態を予想して、三関を警護させるものであり、良房の存在の大きさを改めて思わせよう。

血の涙、落ちてぞたぎつ

この日（九月四日）、柩の前で宣命が読み上げられ、良房に正一位を追贈し、美濃公に封じて「忠仁公」の諡《おくりな》が贈られている。良房に対する恩遇は不比等と同じであった。この点においても、良房は“不比等”になったのである。

その後、白川（山城国愛宕郡）の辺《ほとり》に葬られている。一帯は風光明媚な土地で、良房もこの地を愛でて別荘を営んでいる。生前、良房が白川大臣と呼ばれた所以である。『古今和歌集』（巻一六）には、良房が白川に葬られたその夜に、素性法師《そせいほうし》が詠んだ次の歌を収めている。

血の涙　落ちてぞたぎつ　白川は　きみが代までの　名にこそありけれ

（悲しみのあまり、血の涙が激しく流れおち、白川は真っ赤に染まって逆巻いている。白川という名は、良房公ご在世の時までの名であった）

作者の素性法師は僧正遍昭《へんじょう》の子で、出家以前は清和天皇に仕えていた。そうした関係から良房には親近感を抱いていたのであろう。

良房が没する一週間ほど前、養子の基経は従三位から正三位に昇叙されて右大臣となり、良房が築いた政界での地位を継承していた。また清和の女御として入内させた基経の妹高子が生んだ清和の第一皇子貞明親王も、三年前に立太子していた。

妻の源潔姫は十六年前、すでに亡くなっていたが、見るべきものを見て、なすべき事もすべてし終えた良房に、思い残すことはなかったろう。

第五章　摂政基経

1　良房の後継者

ポスト良房

貞観十四年（八七二）九月二日、政界の頂点に上りつめた良房は亡くなった。良房には明子以外に子ども（男子）がいなかったことから、兄長良の子基経を養子（猶子《ゆうし》）にしていた。その基経（時に従三位大納言）は良房が没する一週間ほど前の八月二十五日、先任の大納言正三位源融《とおる》が左大臣に任命されたのと同日、正三位に昇叙され右大臣に任じられている。良房が築いた権力基盤を基経に継承させるためであり、これによって基経は確実にポスト良房の座を手中に収めたことになる。

当時、政界の筆頭は左大臣の源融であり、その存在には無視しがたいものがあったことは確かであるが、基経の妹高子《たかいこ》の生んだ貞明《さだあきら》親王はすでに三年前に立太子しており、基経の立場は保証された

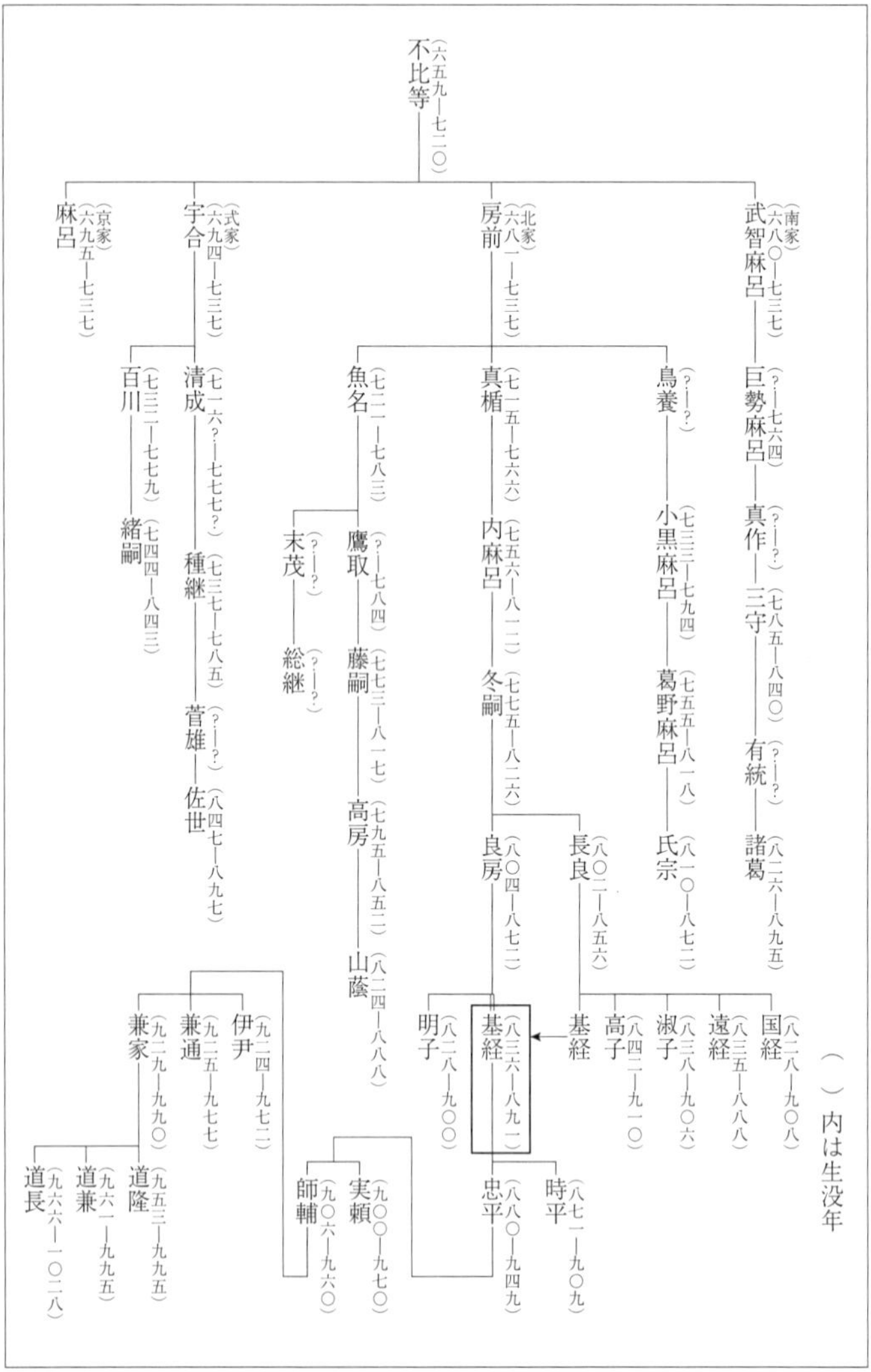

第五章で取り扱う時代（□内）

も同然だった。基経の右大臣任命は、権力委譲を願う良房によって行われた、総仕上げの人事であったといってよい。

こうした良房の配慮と思惑にも拘わらず、基経の政治姿勢や方針は、必ずしも良房の敷いたレール通りに走ったわけではない。その意味で基経は、権力の掌握に腐心した養父良房とは一線を画する存在であったように、わたくしは思う。

なぜ基経は、良房路線を継承しようとしなかったのであろうか。基経なりの立場や考えがあったはずである。そうした基経の真意や思惑を明かにするために、基経の経歴を述べることから始めたい。

基経の父と母

基経の父は良房の同母兄長良、母は藤原北家魚名《うおな》の流れをひく総継《ふさつぐ》の娘乙春《おとはる》である。母方の魚名は北家房前の五男であり、総継はその魚名の孫であるから、基経は父方・母方ともに北家の流れをひいている。

ただし父方（真楯・内麻呂流）が政界の表舞台で活躍したのに比して、母方の魚名流は政争に巻き込まれて憂き目に遭い、ほとんど活躍することがないまま平安朝を推移している。

というのも以前述べたように、魚名は光仁擁立に功績があり、桓武の即位直後、左大臣に任じられたが、氷上川継《ひかみのかわつぐ》事件に連座して突如罷免され、大宰府へ左遷されることになる。魚名は大宰府へ向かう途中、摂津国で病気となりその地で療養することを許され、ついで都に召還されたが、間もなく没している。この時、魚名の息子たちも左遷され、総継の父末茂（魚名の三男）は土佐介に配されている。基経の曾祖父である。

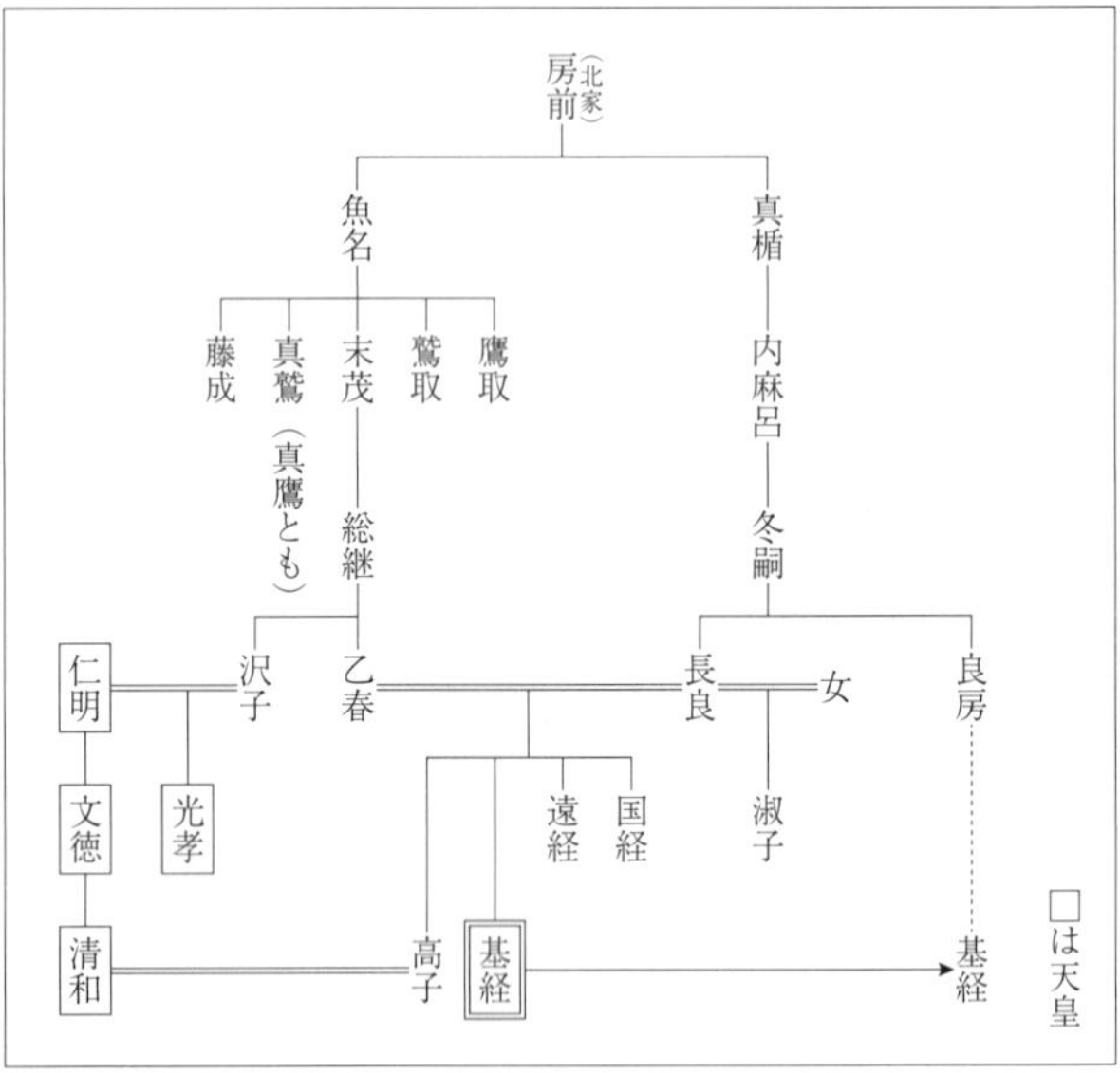

基経関係略系図

ちなみに魚名の長男鷹取《たかとり》（石見介に左遷）と三男末茂《すえしげ》らは事件の翌年（延暦二年）七月、父魚名（五月に入京許可）についで入京が許されている。魚名が没したのはその二日後であった。

母方の祖父、総継

その後桓武による魚名の復権とともに、政界における息子たちの地位や立場も復され、鷹取は翌延暦三年（七八四）四月、左京大夫に任じられたが、翌五月に没している。時に正四位下であった。また末茂についてはその年七月、伊予守に任命されたが（時に従五位下）、二か月後の九月にまたまた日向介に左遷されている。『続日本紀』には、「事に坐《つみ》せられ」て佐降されたと記すだけで、事件の内容は一切分からない。いったい末茂に何があったのか。

末茂はその後赦されて帰京したようで、延暦七年（七八八）三月、内匠頭《たくみのかみ》に任命、同九年には従五位上に昇叙され美作守となっている。ただし、これを最後に史料に名前は見えない。

基経の母方の祖父総継《ふさつぐ》は、この末茂の息子であるが、総継の生涯についてはほとんど明かでない。分かっているのは、弘仁二年（八一一）正六位上から従五位下に昇叙されて貴族の仲間入りを果たしたこと、同年相模介に任じられ、その後紀伊守に任官されたが在任中に没したことぐらいで、殆ど事蹟を残していない。むしろ注目されるのは没した後で、仁明天皇に入内した娘の沢子が生んだ時康親王が即位して光孝天皇となったことによって、天皇の外祖父として従五位上から正一位、太政大臣を贈られ、さらに沢子とともに「五墓」（二一七頁「良房と四墓」参照）に入れられている。生前は従五位下という下級貴族の末端に連なった身分にすぎなかった総継が、没後、一挙に臣下として最高の位階と官職を得たというのも、前後に例をみないことであろう。

基経の生母乙春は、そんな総継の娘であった。

基経の元服

基経が生まれたのは承和三年（八三六）である。嘉智子の溺愛する仁明天皇が即位して三年、皇太子には淳和上皇の皇子恒貞親王が立てられていた。したがって皇室は一帝（天皇仁明）二太上天皇（嵯峨上皇と淳和上皇）という状態であったが、嵯峨の大家父長制のもとに紐帯が強まり、比較的安定した時期であったといってよい。基経の養父となる良房は三十三歳、前年に権中納言となっている。

さて、基経には国経《くにつね》・遠経《とおつね》という二人の同母兄がいた。しかし基経は早くから兄たちを差し置き、抜きん出て政界の地位を得ている。すなわち仁寿二年（八五二）、文徳天皇の蔵人となり、同四年に叙爵されている。基経は十九歳であった。ちなみに良房の叙爵は二十五歳、基経の長兄国経にいたっては三十二歳であるから、十九歳での叙爵は異例の抜擢であったといってよい。

異例といえば、叙爵の三年前（八五一年）に行われた基経の元服儀も、東宮内殿で行われている（『公卿補任』）。臣下が宮中で元服をするというのも、めったにあることではない。

ただし、かつて桓武天皇の時代、藤原緒嗣《おつぐ》の元服儀が殿上《てんじょう》で行われたことがある。『続日本後紀』によれば、桓武自らの手によって加冠が行われた後、緒嗣に剣を賜い、「これは汝の父が献上した剣である。その恩を思い出すたびに、不覚にも涙がこぼれる」と述べたという（承和十年七月二十三日条）。緒嗣は桓武擁立を実現した百川《ももかわ》の長子であり、桓武は百川の恩義に報いるために緒嗣の元服を自らが主催し、殿上で行ったのである。宮中での元服儀は、これが初例である。したがって基経は二例目ということになるが、それだけでも基経の元服が特例であったことがわかる。

なお、当時の東宮は文徳天皇の在所となっていたから（前述）、東宮内殿は殿上そのものであり、基経はまさに緒嗣と同じ扱いを受けたことを意味する。終わって基経は仁寿殿において文徳に見《まみ》えている。

良房の猶子

そんなことから基経の破格の扱いについて、養父良房との関係によるものと理解するのが一般的であり、当然の見方といってよいであろう。すなわち基経は若くして良房の養子（猶子《ゆうし》）となっており、そのために破格の待遇を受けたというのである。じじつ『三代実録』に、基経が良房の封邑《ほうゆう》を辞退する時に生前の良房の言葉を持ち出し、「吾すでに男なし。汝はすなわち猶子なり。よろしく吾が志を述べて、吾が言を忘るることなかるべし」（貞観十四年十月十日条。同月十六日条でも清和天皇が基経に与えた勅に「卿《けい》それ猶子の愛に感じて、父を喪《うしな》いし傷《かなしみ》を甚《はなはだ》しくし」とみえる）と述べているから、良房の生前、基経が猶子となっていたことは間違いない。

ただ、基経時代の養子（猶子）については、多少留意しておく必要がある。それは、当時はまだ「家」意識が成立しておらず、基経は養父良房の本宅（染殿）を伝領しなかったばかりか、その墓地も継承せず、祖先祭祀を行うという観念すらなかった（高橋秀樹「平安貴族社会における養子について」『風俗』二八―四）。げんに基経は没後、良房の墓域ではなく実父長良の墓域近くに葬られている。良房の墓を継承したのは実子の明子であった。

基経の時代の養子には養父の「家」を相続するという認識はなく、養父が養子をとる目的は、養子に蔭位《おんい》の資格を与えて、官途の出身を図るものであったということである。してみれば、養子たる者にとってだけ意味のあるもので、養父（側）にはさしたる恩恵がなかったといってよい。

こうしたことから基経と良房との関係を考えると、基経の養子については、その卓抜した才能を早くから見抜いていた実父長良が、良房に頼み実現したものに違いない。男子のいなかった良房も、一族の結束強化のために、多少の期待をこめて基経を受け容れたのは事実であったと思う。

もっとも、基経が良房の猶子（養子）になった時期がいつであったのか、それを明確に示す根拠があるわけではない。通説では基経の元服前後といわれているが、もっと後、応天門事件の後と見る意見もあり、判断は難しい（米田雄介「藤原良房の猶子基経」亀田隆之先生還暦記念会編『律令制社会の成立と展開』）。

それよりもわたくしが留意したいのは、基経が養子になっていたにせよ、いなかったにせよ、良房は当初、基経を自分の後継者にする考えはなかったということである（前述）。良房が後継者として期待したのは弟の良相・常行の父子であった。それが、良房が重病に陥ったのを機に、良相が良房を無視する行動に出たことが、基経に切り替えられた理由である。

先に述べたように、当時の養子が「家」を継承する義務やその観念がなく、養父の立場を利用して養子の官途を図るのが目的であったとすれば、養子となった時期如何に関わらず、良房にとって養子基経の存在は、ほとんど意味を持つものでなかったはずである。基経が掛け替えのない存在となるのは、良房の後継者として自身の権力とその基盤の委譲を決意した時からで、それは応天門事件後のことである。

ともあれ、当時の「家」の概念がのちにみられる「家」意識と異なっていた以上、良房と基経の養子関係の時期がいつであっても、それが二人の政治的立場を考える上でさしたる意味をもつものではない。養子（猶子）ではなく、基経が良房の後継者となった時期が大事なのである。

それよりも良房が生前、基経に対して「汝はすなわち猶子《ゆうし》なり」と言ったという「猶子」について、述べておかねばなるまい。

猶子の意味

「猶子」とは、もともと中国で兄弟の子である甥や姪のことを意味する言葉で、『礼記《らいき》』に見える「兄弟の子は猶《なお》子のごとし」に由来する。良房にとって基経は、兄長良の子（甥）であったから、その由来にのっとって、基経を「猶子」と言ったのである。

こうした意味の「猶子」としばしば混同されるのが「養子」である。「猶子」と「養子」に明確な違いはないが、厳密にいえば、本来、「猶子」には「家」（具体的には領地や邸宅・墓など）を継承する権利や義務がなかったことが、「養子」との最大の違いである。したがって前述したように、基経にとって「猶子」となることには大きなメリットがあったのに比して、良房にとってはほとんど意味をもつものではなかった。それが、良房・基経の時代における「猶子」と「養子」の概念である。

ただし、実生活においてこの二つが厳密に区別されていたわけでなく、「猶子」と「養子」が同じ意味で使われることが多かった。つまり「猶子」であっても「養子」であっても、財産などを相続する場合もあれば、しない場合もあって、後の養子関係に比して緩やかな擬制関係だったのである。良房が「猶子」と言ったのは、基経が甥だったからで、良房自身、猶子＝養子といった程度の認識であったように思われる。

したがって本書では、良房の猶子となった基経の立場について、猶子＝養子、すなわち同義語として話を進めることにする。

なお重ねて注意しておきたいのは、養子基経が良房の後継者の立場を得るのは応天門事件以後のことで、それは養子関係有無の時期と関わるものではないということである。養子の役割と後継者の立場とは異なるものであって、両者は区別して理解する必要がある。

喪に服す

基経時代の養子について、もう一つだけ言及しておかなければいけないのは、基経は良房の養子となることによって、実父長良との関係が途切れたわけではないという事実である（栗原弘「平安前期の養子」『平安前期の家権と親権』）。

斉衡三年（八五六）七月、実父長良が没したとき、「服解《ぶくげ》、父の喪により解職す」（『家伝』）とあり、基経は服喪《ふくも》（『公卿補任』には一か月の休職）している。またのち貞観十四年（八七二）九月に、養父良房が薨去した時にも、「居喪の礼もっぱら父子の如し」（『公卿補任』）と記され、基経は実の父子のように良房の喪に服したことが知られる。基経は実父と養父の死去に際して、両方の喪に服しており、当時の養父と養子との関係がのちに見る養子（制度）、すなわち実家との関係を断ち切り、養父の「家」を継承する存在ではなかったことが知られる。両者の関係はそれぞれに権利や義務を強制しない、比較的緩やかな間柄であったといってよい。

長良の薨伝

そうした実父長良に対する基経の恩愛をうかがわせるのが、『文徳実録』（斉衡三年七月三日条）に収める長良の伝記である。この日亡くなった長良について、志と行いが高潔、寛大で思いやりがあったといい、弟二人（良房・良相）に越階、越任されても恨むことなく、兄弟への友愛は非常に深いものがあった、そのために多くの人びとから慕われたとある。また仁明天皇が亡くなった時には父母のように哀泣し続け、肉を断ってその冥福を祈ったと記している。息子の基経についても、「基経幼少の日、敬愛諸子に異なる。古人言えるあり。子を知ること父にしかずと」と見え、長良が基経の才能を見抜き、いかに期待していたかを知ることができる。

記事を収める『文徳実録』は、基経が首班となって編集したもので、政治や法制に関する記事が少ないのに比して、人物の伝記が多いのが特徴である。そうした中でも長良の伝記が多分に誇張され、美化して叙述されていることは明白で、父長良を顕彰しようとする基経の気持ちが溢れている。

北家の嫡男として生まれながら、生前不遇であった父、しかし不満や嫉妬心を抱くことなく誰に対しても常に寛容をもって接し、誰からも慕われた父。基経はそんな父長良を敬愛し、その父から可愛がられ早くから才能を見出されていたことを、誇りとしていたのであろう。誇張を差し引いても、そうした基経の心境がよく表れた伝記だといってよい。

いっぽう、養父良房に対して基経が個人的にどのような感情を抱いていたのか、追い追い述べていくことにするが、実父長良には心底、思慕と敬愛の念を抱き続けていたように思われる。

ともあれ良房と基経との間に結ばれた養子（猶子）、すなわち擬制的親子関係をあたかも血縁による親子同様と見て、法的拘束力を持つものと考えがちであるが、決してそうではなかったことを改めて確認しておきたい。このことは基経の政治的配慮や行動を考える上で、重要な意味をもつからである。

『栄華物語』と『大鏡』の記述

さて、良房と基経の猶子関係に関連して留意されるのが、平安後期に成立したとされる『栄華物語』と『大鏡』である。『栄華物語』『大鏡』は、いうまでもなく藤原道長の栄華を中心に書かれた歴史物語で、道長の祖として良房と基経との関係がどのように描かれているのか、関心を抱かせるからである。道長は基経の四代あと、すなわち玄孫である。

まず『栄華物語』について。本書（巻一）は藤原氏を基経から書き始めているが、基経については、「かの（長良の）御三郎」すなわち実父長良の三男であることが記されているだけで、良房との関係には一切触れていない。それどころか、基経から書き始めていることもあって、その前の氏長者良房に関する記述もまったくない。

いっぽう『大鏡』は冬嗣（基経の祖父）から始まり、『栄華物語』に比して記述内容はかなり詳しく、良房や基経の段は詳細に記されている。しかしそれぞれが独立した段になっており、良房の段にも基経の段にも、両者の関係については『栄華物語』同様、一切記すところがない。これは、どういうことなのか。

それぞれの作者が、良房と基経の関係を知らなかったと考えられるかもしれないが、それは有り得ない。執筆に際して、前述した『三代実録』の記述（猶子）を見なかったとは思えないからである。にもかかわらず、その片鱗すら記さなかったのは、どちらの作者も、藤原氏の発展において「良房の猶子」という関係に、重要性を見出さなかったからではなかろうか。猶子関係が藤原氏の繁栄の歴史において、格別意義のあることではなかったという作者の判断になろう。

繰り返すことになるが、「家」という概念が成立していた道長時代の養子は、実家との関係を断ちきり、養家に入ってその「家」を継承する義務があった。そうした義務を持たなかった基経は、養父にとって養子はあくまでも私的存在であったのに対して、道長時代にはそれがいわば公的存在になったといえる。良房と基経との関係がそうしたものであったことは、基経個人の経歴・昇進に作用することがあっても、藤原氏の繁栄に影響を及ぼすものではなかった。藤原氏の栄華繁栄は清和の摂政となった良房や、陽成の摂政となった基経の個人的才華によって築かれたもの、というのが作者たちの判断であった。

養子関係は藤原氏や道長の栄華を語る上で、何ほどの影響を持つものではないとして、捨象されたのである。

基経の皇太子教育

話を戻そう。

良房の後を引き継いだ基経は、貞観十五年（八七三）正月、左大臣源融《とおる》とともに従二位に昇叙されている。良房が没して四か月後の人事である。融はこのあと（六日後）、東宮傅を兼任し、前東宮傅藤原氏宗（前年二月、良房に先立って没）の後任として、皇太子（貞明親王）教育の一翼を担うことになるが、融の就任については、良房の遺命によるものとの見方が強い。源氏の存在に一目を置く良房の配慮から出た人事であったとみてよいであろう。

皇太子貞明は翌年（貞観十六年）二月、始めての参内を果たし、翌貞観十七年には『千字文《せんじもん》』の講読を始めている。侍読は東宮学士の橘広相《たちばなのひろみ》であった。貞明は七歳である。後に述べるように、好学の士として知られる基経は、貞明を理想の天皇に仕立てるために皇太子教育に力を注いだものと思われるが、その第一歩は良房没後早々、基経によって始められたのである。

しかしいっぽうで、良房の死は皇太子貞明の父清和天皇に、相当のショックを与えたようである。良房が外祖父であったというだけでなく、九歳で即位して以来、清和の治世はつねに良房によって庇護されてきただけに、清和が受けたダメージは想像に余りある。良房が亡くなった時、清和は二十三歳であったが、以後体調を崩すことが多く、加えて連年起こる火災が清和を追い詰めていったように思われる。

清和が譲位を決断するのは、時間の問題であった。

次々と起る災害

『三代実録』によると貞観十五年（八七三）二月、春宮庁院の火災、翌十六年四月には淳和太皇太后正子内親王の御所、淳和院が大火災、さらに翌十七年正月には冷然院が炎上している。冷然院はかつて嵯峨天皇が譲位と同時に遷御し、その後嵯峨院へ遷るまでの十一年間を皇后橘嘉智子とともに過ごしたところである。広大な敷地を占め、その中には多数の建物があったが、この時の火災で「延焼舎五十四宇」が三日間燃え続けたといわれる。また、この火災で冷然院の膨大な図書類も灰燼に帰している。前年（貞観十六年）の八月には大暴風雨が平安京とその周辺を襲い、内裏では「紫宸殿前の桜、東宮の紅梅、侍従局《じじゅうのつぼね》の大梨などの樹木の名あるは皆吹き倒され、内外の官舎、人民の居廬《きょろ》、全きものあるはまれなり」という状況、いっぽう京中の被害は、「京邑衆水《けいゆうしゅうすい》、暴長すること七八尺」といい、「東西の河流、汎溢蕩々《はんいつとうとう》として、百姓および牛馬没溺《ぼつでき》し、

年月日		事項
天安二（八五八）	5・22	大雨、左右京の水害甚大
	5・29	大雨、窮民に賑給
貞観元（八五九）	2・5	失火、右京の民家数十戸を焼く
貞観二（八六〇）	9・14–15	大風、賀茂川・桂川氾濫
貞観三（八六一）	8・–	赤痢、十歳以下の男女が多数死亡
貞観四（八六二）	5・16	失火、左京の衛士居住区を焼く
	6・–	5月以来の大雨、京中飢饉
	9・17	井戸の枯渇
	秋～	地震頻発
貞観五（八六三）	1・27	咳逆病流行、病人などに賑給
貞観八（八六六）	③・10	応天門炎上
	6・28	旱魃
貞観九（八六七）	2・17	昨年の災害により飢民に賑給
	4・22	常平所の設置
貞観十二（八七一）	⑧・7	洪水、橋や人家が破壊される
	⑧・11	長雨により、賑給
貞観十四（八七二）	1・–	咳逆病流行、死者多数
貞観十五（八七三）	2・26	春宮庁院失火
	6・22	飢饉により賑給
貞観十六（八七四）	4・19	淳和院失火
	8・24	大風雨、橋や人家が破壊される
	9・7	被害のあった民に賑給
貞観十七（八七五）	1・28	冷然院より失火
	6・24	数十日雨降らず
貞観十八（八七六）	4・10	大極殿失火

清和天皇時代の災害・疫病（○数字は閏月）

死者その数を知らず」という惨状であった。その後の調査では、被害家屋は三〇五九家にのぼっている。

事あるごとに天下の君たるものの恩徳を強調し、天変地異や社会的不安の原因はもっぱら天皇の不徳の致すところいうのが古代天皇の信念であったとすれば、清和ならずとも悲嘆にくれたであろう。次から次へともたらされる大被害が清和に重くのしかかり、その心に深く突き刺さっていったことは間違いない。そうした清和に決定的な打撃を与えたのが、貞観十八年に起きた大極殿の炎上である。

大極殿の焼失

それは四月十日の深夜の出来事であった。大極殿より失火した火は殿舎を焼き尽くしたうえ小安殿、蒼龍《そうりゅう》・白虎《びゃっこ》の両楼から延休堂にもひろがり、さらに北門、北東西三面の廊百余間を焼尽し、その後数日猛火は衰えなかったという。この時の焼失は遷都以来始めての出来事というだけでなく、それが内裏の正殿であっただけに、清和のショックは大きかったろう。

気になることもある。翌四月十一日、前丹波守阿倍朝臣房上《ふさうえ》と笠朝臣弘興《ひろおき》の二人を放火の嫌疑ありとして追禁している。もっともこの前後、大極殿の焼失が放火犯の仕業であるということが問題になった気配は一切なく、また右の二人についてもその後どうなったのか、史料にはまったく見えないから、真偽のほどはわからない。

しかしこのたびの大極殿の火災が人びとに、いわゆる応天門事件を彷彿とさせたことは確かである。応天門が炎上したのはまだ人びとの記憶に新しい、一〇年前である。少なからずショックを受けた清和や基経が、連鎖反応として惹起される治安の乱れ、世上の不穏を怖れたとしても無理はない。朝廷では厳戒態勢をとり、普段の兵力を倍増して昼夜京中を巡行させている。

清和の譲位

清和が譲位の詔を発したのは大極殿焼失の七か月後、貞観十八年（八七六）十一月二十九日のことである。

二日前の二十七日、清和は内裏から染殿に移っている。譲位のためであった。翌二十八日、譲位の意志を表明し、この日太皇太后正子内親王のもとに使者を派遣して、譲位を奉告している。真っ先に奉告しているところに、良房に擁立されて以来、清和の深奥に潜む苦悩が何であったかを物語っていよう。

二十九日、染殿で譲位の儀が行われた。時に清和は二十七歳、皇太子貞明親王は九歳であった。清和は右大臣基経に対して、「幼主を保輔《たす》けて天子の政を摂行すること、忠仁公《ちゅうじんこう》（良房）の故事の如くならしめよ」と命じている。良房が補佐してくれたように、基経も幼帝（陽成天皇）の摂政として万機を摂行せよと言明したのである。そのあと貴族官人たちに詔を下し、譲位を決意するにいたった心情を縷々述べ聞かせている。

すなわち清和が言うには、近年「熱き病」にしばしば苦しめられ、身体が疲弱して執務するのが堪えられなくなった。それに加えてこの頃災異が頻繁に起こり、世の中は平穏でない。そのことを思うと、ますます心が重くなる。そこで前々から、譲位をして病気療養をし、国家の災害をも鎮静化させたいと願いながらも、皇太子の成長を待つうちに今日まで数年を経てしまった。思い返せば、自分も幼少の身で帝位に即き、賢臣（良房）の補佐を得て今日までやってこられたのである。したがって賢臣（基経）が補佐してくれれば、皇太子が立派な天皇となる日もそう遠くはないであろうから、いま皇太子貞明親王に譲位する、と。

清和天皇

清和の体調不良が、昨日や今日に始まったものでないことが知られよう。良房の死がきっかけとなって心身不調に陥ったと考えて間違いない。それに拍車をかけたのが、災害や火災であったことも明かである。そこで貞明が九歳になるのを待って、譲位に踏み切ったのであった。清和が即位したのが貞明と同じ九歳だったということも、譲位に踏み切らせた理由と思われる。

左大臣源融の引退

このあと清和は左大臣源融について、「人となり蕭疎《しゆくそ》にして朝務を仕え奉るに耐えざること、先々申し乞うこと慇懃なり。朕、かつその志を奪うことを欲せず」と述べている。融は生真面目な性格で、以前から出仕出来る状態ではない、と頻りに申し出ている、そうした融の気持ちを無視することは出来ない、というのである。

良房が亡くなった翌年、左大臣の融が皇太子傅を兼任したことは以前述べたが、そのあと融については史料にまったく記されておらず、また清和が言うような辞表を融自身が提出したかどうか、明らかではない。しかし、のち『三代実録』元慶八年（八八四）六月十日条に、「左大臣、貞観十八年冬より門を杜《と》じて出でず」とあり、この日初めて太政官候庁に就いて事を視たと記しているから、辞表の提出はともかく、清和が譲位した前後から出仕しなかったことは確かである。

融は、良房によって左大臣として政界筆頭に祭り上げられ、その遺命によって皇太子傅を兼任する立場に就いた。とはいえ、事実上は右大臣の基経が執政するというのが、良房没後の政界の現状であった。そうした傀儡の立場に憂悶し、鬱屈した気分が重なる中で、情熱が失せてしまったのではないか。果たせるかな、この日基経が貞明の摂政に任じられたことで、私邸に引きこもってしまったと考えられる。時に融は五十五歳、以後八年間、融は門を閉ざして私邸に籠居し、朝廷に出仕することはなかった。体よく引退させられたというべきかも知れない。

なお基経について清和は、そのあと再び「内外の政を取り持ちて勤仕《つか》え奉ること夙夜懈《おこた》らず、また皇太子の舅氏なり。その情操をみるに、幼主を寄託すべし」といい、忠仁公（良房）が自分を補佐したように幼主の政を摂行せよ、と詔の主旨を繰り返し述べている。貞明親王に譲位したというより、基経に全権を委譲したという清和の詔であり、それが形式的であったにせよ、政界のトップにいた源融に屈辱感を抱かせ、絶望の淵に沈ませたものと思われる。

染殿で儀を終えた皇太子貞明親王は、その日、神璽宝剣を受けて東宮に帰った。陽成天皇である。こうして基経は政界のトップとして、幼帝貞明親王（陽成天皇）を補佐することになる。摂政基経時代の始まりである。

忠仁公の如し

陽成天皇の摂政となった基経について、留意しなければいけないことがある。譲位に際して上皇清和が基経に求めたその立場である。

繰り返すことになるが、清和は詔で、忠仁公（良房）が自分（清和天皇）を補佐したように、「少主（陽成天皇）」が国政を執《と》れない間は、（少主に代わって）基経が摂行してほしい、といい、自らの譲位については、国家財源の負担が多くなるから、「太上天皇」の称号も、それに付随する服御物《ふくぎょ》も辞退する、と述べている（貞観十八年十一月二十九日）。

これは上皇権の放棄を表明したことにほかならない。これ以前、淳和天皇が譲位に際して、「上多き時には下苦しむ」（『続日本後紀』天長十年二月二十八日条）として、やはり上皇の称号とその待遇の辞退を申し出たことがあるが、それは当時、嵯峨上皇が存在しており、二上皇となるからであった。しかし清和の場合、上皇はいなかったから、辞退の真意は別の所にあったとみなければならない。それは清和が上皇の身分を放棄することで、基経に、自らに代わる立場を求めたとしか考えられない。この事実は、摂政の本質を考える上できわめて重大である。

これに対して基経は二日後の十二月一日、辞表を提出したが、その中で基経は次のように述べている。

忠仁公こと良房は、徳が高く功績も大で、仁義の資質を兼ね備えていただけでなく、先帝（文徳天皇）の親舅にして陛下（清和天皇）の外祖父であった。だからこそ人望を集め、官も尊いのである、と。

すなわち基経の考えは、良房の故事にならって自分に国政を摂行せよとの仰せだが、良房が摂政となったのは（人格資質はもとより）天皇の「外祖父」だったからだ、（自分はそうではない）というものであり、それが辞退の理由となっている。基経の場合、陽成天皇は基経の妹、高子の子であるから、基経は天皇の伯父に当たり、ミウチ関係でいえば（外）祖父の立場には及ばない。

上皇権の放棄

しかし清和は基経の辞退を認めなかった。そこで基経は二度目の上表文を提出するが（同十二月四日）、それには幼帝に対する基経の考え方が述べられていて注目される（なお、上表文はすべて菅原道真作。『本朝文粋』巻四に収める）。

すなわち太上天皇が在世している時、臣下が政務を執るということは聞いたことがない。また幼帝の場合、その母である皇太后が（幼帝に代わって）政務を行うことはある。陛下がもし国家を重んじ幼主を憂えるならば、願わくばどうか天下の重大事は勅を陛下（上皇）に仰ぎ、その他の少事は令を皇太后に請うようにしていただきたい、というのである（ただし『三代実録』では「太上天皇が在世している時云々」の記載はなく、その後、この部分が意図的に省略されたものと考えられる）。ここには幼帝を代行するのは上皇（天皇の父）もしくは皇太后（天皇の母）という認識のあったことが示されている。

むろん清和はこれも許さず、結局基経は陽成の「摂政」となっている。元慶三年（八七九）九月九日、斎宮の伊勢下向に供奉する神祇大副《たいふ》大中臣有本に対して、基経が「天皇に代わって」勅を下しており、基経の役割を知ることが出来る。

確認しておくと、二度にわたる基経の上表文を通して知られるのは、上皇や皇太后の政治関与が社会通念となっていたことである。譲位が一般化するなかで生まれた政治概念であることはいうまでもない。したがって、清和が上皇の立場を放棄したのは基経に上皇権を行使させるためであり、基経の摂政は清和の上皇権を踏襲したものといってよい。摂政が「天皇」権の代行者となり得たのは、何よりも上皇に成り代わってのことであり、「上皇」権の代行者たることが第一義であったことを見落としてはならない。

摂関登場の誘因

くどいようであるが、ここで良房・基経が摂政になり得た背景を理解するために、平安期における上皇の立場について見ておきたい。

弘仁元年（八一〇）、嵯峨天皇の即位直後、平城上皇との間に起こった薬子《くすこ》の変は、上皇権力と天皇権力の対立が原因であり、譲位が慣例化する過程で惹起された事件であったことについては、すでに述べた。そうした経験から、皇権安定化をはかるために上皇権の抑制を必要と見た嵯峨は、皇位の父子継承を避け、一世代隔てることによって即位年齢の低下を防いで、上皇の政治関与を抑えようとしたのである。しかし、そうした嵯峨の思惑も、承和の変によって一挙に消滅してしまう。この事件によって仁明―恒貞という非父子継承から、仁明―道康という父子継承へと切り換えられたからであった。

重要なのは、その結果、上皇の政治介入を可能とする条件が再び生まれたことで、しかも即位年齢の低下をもたらす土壌が復活した点にある。もっとも、こうして上皇の存在が重視される状況が醸成されつつも、現実の政治過程では、しばらく上皇が登場することはなかった。その後の天皇が、仁明天皇ついで文徳天皇と、二代続いて在位中に亡くなっているからである。そしてそれが、上皇に代わる存在として天皇の母方のミウチ、藤原氏の介入を許す土壌となった。いわば上皇権の未熟さが藤原氏の政治介入、すなわち摂政登場の誘因となったのである。

このような推移を見れば、清和が上皇として存在する限り、上皇に代わるもの―摂政の登場する余地はなく、基経が摂政になることはない。清和は基経を摂政とするために、自らの上皇権を放棄したのである。

上皇と摂政

その際引き合いに出された忠仁公こと良房の摂政も、むろん上皇権の代行という意味合いが強い。前述したように、良房の立場は人臣最初の摂政というより〝上皇〟になったというべきであろう。繰り返すことになるが、基経が清和上皇から、「忠仁公の故事」にならって幼主陽成天皇を補佐してほしいと要請されたのは、まさにこうした意味での良房の役割であり、立場であった。

ただ一つだけ注意しておかなければいけないのは、良房の場合、文徳が亡くなったことで摂政となったという事実である。それはなかば偶然の所産といってよいが、これに対して基経の摂政就任は、清和が意図的に上皇権を放棄した結果実現したことである。上皇の身分を放棄することで、清和は基経に良房と同様、「上皇」の代役を求めたのである。

しかし良房と基経とで就任の経緯は異なっても、どちらの場合も上皇権を踏襲したものであったことを、ここで再度確認しておきたい。

摂政とは、もともと上皇の権能に他ならなかった。

基経の学問好き

ともあれ、基経を摂政とする陽成天皇時代がスタートした。

これまで何度か述べたように、陽成の母は基経の妹高子《たかいこ》で、貞観十年（八六八）十二月十六日、染殿で皇子貞明（陽成）を出産、翌十一年二月にこの貞明は早々と皇太子に立てられ、同十八年十二月、清和の譲位を承けて即位したのであった。

陽成の即位式が行われたのは年が明けた十九年正月三日、豊楽院《ぶらくいん》においてであった。前年に焼けた大極殿はまだ再建されていなかったからである。翌二月二十九日、陽成はそれまでの居所であった東宮から内裏の仁寿殿に入っている。

即位後の陽成は儀式行事をこなし、そのいっぽうで勉学にも励んでいる。『三代実録』には、たとえば元慶三年（八七九）四月二十六日から『御注孝経《ぎょちゅうこうきょう》』、同八月十二日から『論語』を読み始めたことが見える。基経によって本格的な帝王教育がなされた様子がうかがえよう。

そもそも基経は学問好きで知られている。奈良時代、元正女帝によって『日本書紀』が撰上されて以来、朝廷ではその講読が行われてきたが、『釈日本紀《しゃくにほんぎ》』に引用する元慶畢宴序には、陽成朝では基経が助教善淵愛成《よしぶちのちかなり》に命じて講読を始めたと見える。元慶二年二月のことで、「右大臣已下《いか》参議已上《いじょう》その説を聴受す」（『三代実録』）というから、基経はじめ公卿全員が講書を聴講したことが知られる。ちなみにこの講読は途中中断したが、再開されてからは基経以下が毎日これを読むという熱心さで、同五年六月、ついに全巻を読了し、翌六年八月には畢宴を催し、基経以下参加者が和歌を詠んでいる。基経が率先して講書聴講に参加していた様子がうかがえよう。

道真との交友

また基経は、家司藤原佐世《ふじわらのすけよ》が文章博士になるために臨んだ献策の日、まるで自分のことのように天に祈ったという話も伝えられている（『江談抄』）。学問好きだったことが佐世に好意を抱かせたもので、基経の性格の一面を物語っている。そのことは菅原道真との交友においてもみられる。

『菅家文草《かんけぶんそう》』に収めるところによれば、讃岐守に任じられた道真の送別の宴席で、道真に向かって基経が「明朝風景何人には属す」と詠じ、道真が嗚咽したという。基経が詠じたのは『白氏文集《はくしもんじゅう》』に見えるものであったというが、臨機応変にこうした詩の一節が口をついて出るほどの深い学識を持ち、それが道真ほどの学者を感涙させる力量であったということにも、驚かされる。生半可な学問好きというのではなかった。のち、阿衡事件に際して道真が意見を述べて基経を促したのも、こうした交友関係があったからであり、基経の性格を道真が熟知していたからであった。

道真との関係については、阿衡事件を述べる際、改めて考えてみよう。

なお付け加えておくと、基経は笙の名人でもあった。鎌倉時代、狛朝葛《こまのともかず》が著したわが国最古の音楽書『続教訓抄《ぞくきょうくんしょう》』に、基経を笙の祖と記している。また音儀詞語に精通していた仲野親王《なかのしんのう》（桓武天皇皇子）は、基経に音詞曲折を教えたと伝えられている（『三代実録』貞観九年）。基経は単なる学問好きというより、多芸多才の人物であったと言うべきであろう。

献身的な基経

即位後の陽成が勉学に励みながら、じつによく儀式行事をこなしていたかということについては、前述した。また基経も摂政として幼帝陽成を補佐し、精力的に天皇の任務を代行している。元慶三年（八七九）九月、斎宮の伊勢群行出立にあたり、基経が天皇（陽成）に代わって勅を述べているのもそれで、『三代実録』には、「この時、天子幼少にして右大臣摂政す。故にこの事を行う」と記している。

この時期、基経が陽成に対していかに献身的であったかは、即位の年の八月、陽成が病気になったおり、清涼殿に名僧を招じて修法させるとともに、基経自らは「斎戒粛祗《さいかいしゅくし》」して平癒を祈っていることからもうかがわれよう。平癒のあとには、報祭のために自身が大和の春日（大）社に出かけて奉幣するほどであった（元慶元年十一月十六日条）。基経にとって陽成は掌中の珠であった。

いっぽう基経の妹高子は、陽成の即位によって皇太夫人となり（元慶元年正月一日）、二か月後の閏二月二十七日、「中台《ちゅうだい》の印」が高子の中宮職《ちゅうぐうしき》に奉られている。これ以前、清和の生母である明子の五条宮に置かれていたもので、それが高子の中宮職に移されたというのである。

中台の印

そもそも「中台」とは皇太后の呼称で、奈良時代、孝謙女帝の即位によって皇太后となった孝謙の生母光明子に対して、仲麻呂が奉った尊号「（紫微）中台」が想起される。こうしたことを考えると、それまで「中台の印」を奉られていた明子は、皇太夫人（明子はわが子清和の即位にさいし、皇太夫人とされている）でありながら皇太后に準ずる扱いを受けていたことを思わせるが、じじつ、明子は貞観六年（八六四）正月に皇太后の尊号を与えられている。したがって、明子からそれを移譲された高子もまた、準〝皇太后〟に位置づけられたといってよい。

「中台の印」については明子と高子の事例しか知られないが、従来の中宮印や皇太后印よりも格式が高かったことからすれば、「中台の印」は、清和の摂政となった良房が、清和の母明子の立場を権威づけるために新たに設けたものと考えるべきであろう。いわば国母のシンボルであった。基経は良房にならい、その「中台の印」を高子に移譲することで、明子の立場とその権威を踏襲させようとしたのである。後述するが、天皇の外祖父である摂政と、生母である国母とは不可分の関係にあり、国母は摂政の権力基盤となった。摂政にとっては国母の権威づけが何よりも必要だったのである。

なお、高子の立場に関連して述べておくと、「中台の印」が奉じられる一か月ほど前（元慶元年二月）、「高子」という名前の女官が中宮（高子）の諱に触れるというので改名、翌月（閏二月）にも高子という三人の女官が名前を変えている。それもまた、基経の意に出る措置であったことはいうまでもない。

皇族や功臣の諱（実名）を避ける風習は中国にみられたが、わが国ではほとんど根付かなかった。かつて、それを祖先顕彰の方便に用いることで、藤原氏の権勢を高めようとしたのが仲麻呂であった。基経もおそらくこの仲麻呂にならって、高子の権威を強力なものにしようとしたのであろう。学問好きの基経らしいやり方といってよい。仲麻呂が鎌足や不比等を遇したように、基経も高子を皇族と同じ扱いにすることで、高子の盤石な権威の拠り所にしたものと考える。

「中台の印」も、高子の諱の使用を禁止したことも、すべては国母高子の権威づけのためであり、ひいてはその国母と不可分の関係にある摂政基経自身の、権力基盤の確立に向けての措置だったのである。

摂政をやめたい？

こうして高子は、名実ともに国母に仕立てられた。しかし、この時の高子がことさら政治的言動をとったことも、またとろうとした形跡もない。むろん陽成も基経の意のままであり、主導権はもっぱら摂政の基経にあった。

この時期の基経には、摂政＝陽成天皇の代行というプライドと気負いが溢れ出ていたように思われる。

その基経が、陽成が即位して半年後、元慶元年（八七七）七月、突然摂政を辞めたいと申し出た。理由は、「久しく旱《ひで》りて雨ふらざるをもって」辞表を提出するというのである。

この年は六月頃から雨が降らなかったようで、祈雨のために丹生《にゅう》・川上神に奉幣したり、東大寺の大仏の前で修法などしたが、一向に験がなかった。天変地異や社会的不安の原因を天皇の不徳と結び付けることが多かった当時、基経にしてみれば、辞表は陽成に代わって責任をとるという意思表示であったろう。

それにしても、執政者が、雨が降らないから責任をとって辞職したいという申し出は、聞いたことがない。祈雨の対策としては、前代未聞である。むろんそれが形式的な申し出であったことは、辞表の提出がこの時たった一回きりであること、陽成が辞職を許可しないとの詔が下されると、ただちに炎旱を周辺の樹木を伐採したための楯列《たたなみ》山陵（神功《じんぐう》皇后陵）の祟りとして、責任者を処罰するとともに山陵に申謝していること、などから明白である。いわば責任転嫁である。

祈雨の読経や誦呪《しょうじゅ》起請がその後も行われているが、それでも雨は降らず、読経僧侶の中にはそれを恥じて逃走する者も出るという有り様であった。そしてついに七月十六日明け方、雷鳴が轟き滂沱《ぼうだ》の雨が降った時、宮中では「士大夫《したいふ》慶を称《とな》えて歓呼」したという（以上、『三代実録』）から、炎旱はよほど深刻な状況にあったことが知られる。

こうした経緯から考えると、辞表が陽成に対する帝王教育の一環として、基経自身が身をもって示したジェスチャーであったと考えられなくもない。前述したようにこの時期、基経は陽成に対して献身的に教導し補佐していることがうかがえるからである。

ただここで気になるのは、物事の対処時にみられる基経の振る舞いである。のち、阿衡事件で見られるように、基経の要求実現の常套手段は、いつも自宅に引き籠もって政務をボイコットするという行動パターンである。それが宇多天皇との陰湿な対立に発展していく要因であるが（後述）、たとえ陽成に対する帝王教育の一環からとられた行動であったとしても、摂政辞任は政務の放棄に違いない。一種の責任逃れであり、政治家の資質からいえば失格であろう。その意味では、執政者としてのスケールは養父良房に遠く及ばなかったように思うが、基経には生来こういう性癖があったようで、それが基経政治の特徴の一つとなっているように思われる。そのことは、追い追い明かになるであろう。

基経の功績

繰り返していうが、この時期基経は積極的に国政にあたり、行政の実績をあげていることは注目してよい。元慶二年（八七八）、出羽国秋田城下に起こった、いわゆる元《がん》慶《ぎょう》の乱を沈静化させたのは基経の手腕である。これは九世紀における俘囚《ふしゅう》の乱のうち、もっとも規模の大きかったもので、基経は右中弁藤原保則《やすのり》を出羽権守に任じて、難局の打開をはかったのである。また同二年から翌三年にかけて、畿内に対して校田《こうでん》（土地調査）を命じ、五十年ぶりに班田を実施しているのも、基経の積極姿勢の表れである。むろん半世紀にも及ぶ班田《はんでん》制のブランクによって生じた矛盾から、令制にのっとった班田がそのまま実施されたわけではない。もっとも大きな変化は班田すべき口分田《くぶんでん》の不足から、女子への給田（令制では男子の三分の二、一段一二〇歩の支給）が皆無とされたことで、女子の分が男子にまわされているのである。その成果はともかく、曲がりなりにも班田の実施に取り組んだ基経の政治姿勢と政治力は、評価すべきであろう。

ちなみに元慶三年十月には、清和時代に焼失した大極殿が完成し、基経は朝堂院の含章堂《がんしょうどう》で親王公卿以下飛驒工《ひだのたくみ》ら工事関係者を集め、陽成に代わって祝宴を行っている。
摂政基経の政権運営は、まずまず順調にスタートしたといってよいであろう。

2 幼帝の放棄

基経と陽成との関係は良好であった。

基経の摂政は清和の上皇権を踏襲したものであること、言い換えれば基経は「上皇（清和）」の代役として、時に九歳であった陽成の補佐を要請されたもので、精力的・献身的に自らの任務を遂行している、というのがこれまでに述べてきた概要である。陽成の母、高子もことさら政治的言動をとった形跡もない。

粟田院での出家

ところが、この基経と高子・陽成の母子との関係が、清和上皇の死を境に微妙に変化する。陽成や高子に対する基経の態度に、ぎくしゃくとしたものが感取されるようになるのである。そうした変化の機微を知るために、譲位後の清和の動静に遡って見ていくことにする。

陽成天皇の父清和は貞観十八年（八七六）十一月、二十七歳で譲位して清和院（平安左京）に遷ったが、三年後の元慶三年（八七九）五月、粟田院《あわた》に入り落飾入道している（法諱は素真）。粟田院は基経の山荘で、鴨川の東にあった。その日、基経家の家令《かれい》菅原永津が山荘を造営した功績で叙位されているから、粟田院は清和のために基経が造営した山荘であったといってよい。察するに、基経にだけは出家の意を漏らしていたのであろう。息子の陽成は知らなかったようで、出家した翌日（五月九日）、陽成は父清和に会うために粟田院に行幸しようとするが、清和から止められて行幸を思い留まっている。時に清和上皇は三〇歳であった。

出家の背景

清和の出家については、早くから計画をしていたものとの見方が一般的である。たしかに清和は幼少の頃から真言宗の僧真雅《しんが》（空海の実弟）に帰依し、仏門への関心を抱いていたようだ。『三代実録』によると、この真雅は清和が誕生して以来、片時も離れずに供奉し、真雅に対する清和の信任には並々ならぬものがあったという。僧侶として輦車《れんしゃ》で宮門の出入りを許されたのも真雅が初めてである。その真雅が元慶三年（八七九）の年明け早々に亡くなった。清和が受けたショックには計り知れないものがあったろう。

それだけではない。二か月後（三月）、淳和太皇太后正子内親王が波乱の生涯を閉じている。清和と直接関わることではないが、清和の父道康親王こと文徳が即位出来たのは、正子の息子恒貞親王が廃太子されたことによる。いわゆる承和の変で、事件を仕組んだ母嘉智子を正子は激しく恨んだというが、この廃太子劇がなければ文徳はむろんのこと、皇子の清和が立太子することも、即位することもなかった。そんなことから文徳が正子に対して生涯負い目を感じ続けていたように、清和にとっても正子は影を引きずる重い存在であったに違いない。正子が没したのは、清和が出家する二か月前のことである。確かな根拠があるわけではないが、それから程なく清和が出家した背景に、真雅に続く正子の死が大きく関わっているように、わたくしには思えてならない。

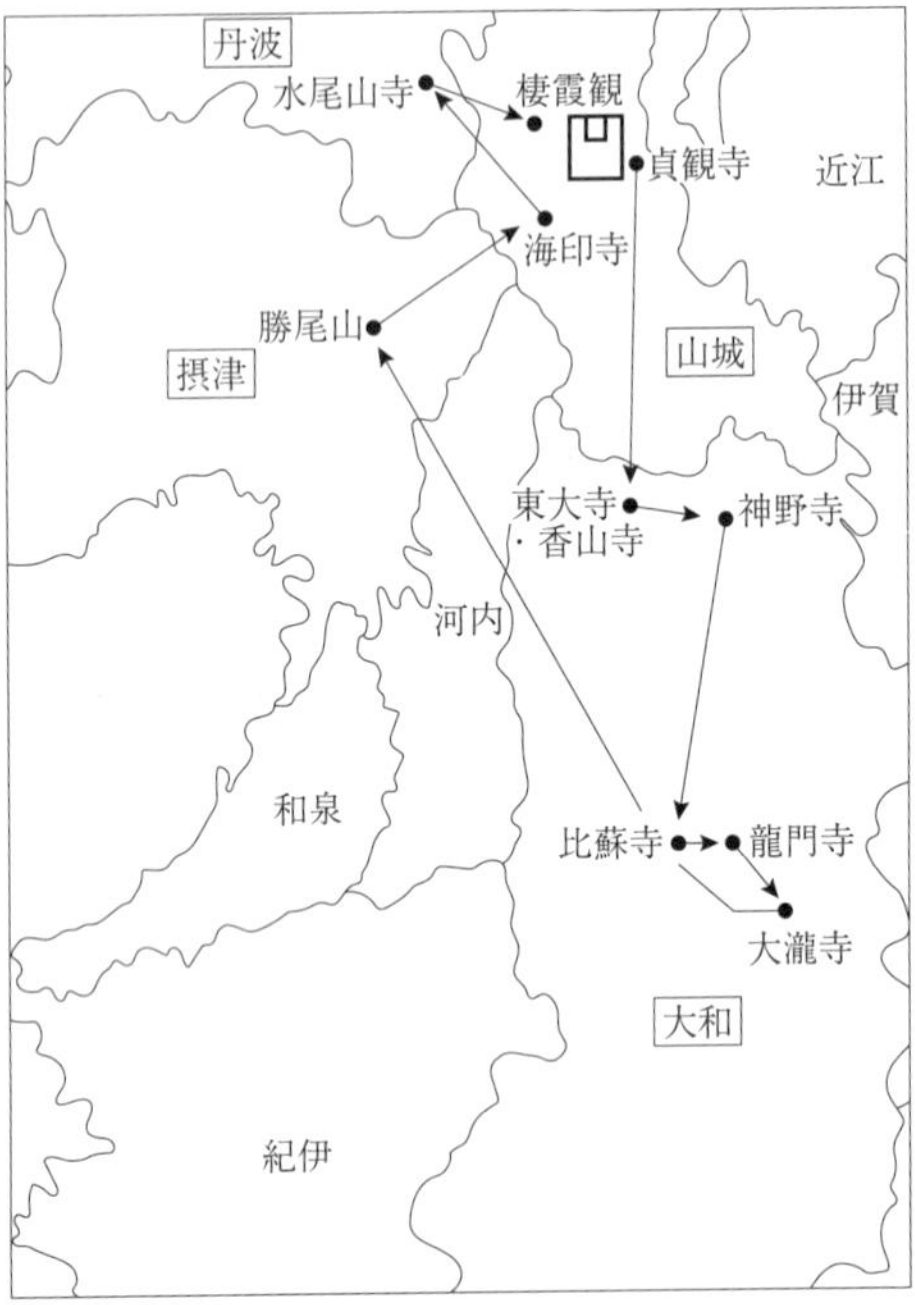

清和の巡礼

清和の崩御

出家後の清和はその年十月、参議在原行平・同藤原山蔭の二人だけを従えて、貞観寺（山城国）を皮切りに大和国（東大寺・香山寺《こうざん》・神野《かみの》寺・比蘇《ひそ》寺・龍門《りゅうもん》寺・大瀧《おおたき》寺）・摂津国（勝尾《かつお》山）の諸寺巡礼の旅に出かけ、勝尾山から山城国の海印寺に帰ったが、翌元慶四年三月、丹波国の水尾《みずのお》山寺に入っている。当寺での清和の修行は酒や酢を断ち、時には絶食を伴うという激しいものであったという。清和は水尾を終焉の地と定め、仏堂を建立することを決意、そのために同年八月、棲霞観《せいかかん》に移る。棲霞観は嵯峨（山城国）にあった左大臣源融《とおる》の別荘である。しかし程なく発病し、十一月、基経の粟田山荘（のちに寺院となり円覚寺と改める）を再び在所としたが、翌十二月四日、清和は山荘で崩御した。三十一歳の若さであった。

臨終を迎えた清和について、『三代実録』には、西方に向かって結跏趺坐《けっかふざ》し、定印《じょういん》を結んだまま往生したが、なお生きているようであったと記している。遺詔により山陵は造らず、上粟田山で火葬（京都市左京区黒谷の裏山に火葬塚があり、経塚と称される）し、生前自らが終焉の地と定めた水尾山に葬られた。『江談抄《ごうだんしょう》』には元慶四年正月二十日、内宴《ないえん》に侍していた基経が、折から水尾山寺に入っていた清和上皇を偲んで詠んだという歌が収められている（ただし、清和が入寺したのは同年三月）。

　酔うて西山を望むに仙駕遠し、微臣涙落つ　旧恩の衣

（酒に酔って西山を眺めると、上皇の乗られた車駕ははるか彼方に行く。昔上皇から賜ったこの御衣に、微臣の涙がこぼれ落ちてしまった）

基経は、かつてこの宴に侍した時に清和から賜った御衣を着ていたといい、満座感動して涙を拭う者もあったと記している。清和に対する基経の真情と至誠は、生涯変わらなかったであろう。それだけに、清和の崩御は基経に大きな衝撃を与えたに違いない。

太政大臣就任の要請

清和天皇が譲位に際して基経に、幼帝陽成の摂政を命じたことは前章で述べたが、清和はこれ以前から、基経現任の右大臣が、「摂政の職には相当せず」あるいは「職は尊くて官は賤し」として、太政大臣に就くように促していた。しかし清和の生前、基経の辞退によって実現しなかった。

元慶四年（八八〇）十二月四日、その清和が没した日、陽成（時に十三歳）は詔を下し、清和の遺志

を伝えて右大臣基経を太政大臣に任じ、「摂政の職」はこれからも一層勤仕してほしいと述べている。この任官は、左大臣源融（正二位）を追階してのもので、基経を陽成の〝良房〟に仕立てようとした（故）清和の意図がうかがわれる。

ところが基経は、太政大臣の就任要請を強く辞退する。そこで陽成はあらためて、「この職は、太上天皇（清和）の拝受せし所」（十二月十五日条）であり、自分が自由に出来るものではないと述べて従うように求めた。しかし基経は執拗に辞表を提出し、それは五度（通例は三度）に及んでいる。それればかりか自邸琵琶第《びわだい》に引き籠もってしまったために、国政は完全にストップしてしまう。ただしこの間（元慶五年正月十五日）、基経は正二位から従一位に昇叙されているが、この方は一度だけ形式的に辞退を申し出ただけで、すんなりと受け入れている。

基経が太政大臣就任を躊躇したのは、基経の置かれた立場やそれに任じられる資格を考えると、決して不思議ではない。太政大臣は本来、皇親が就任すべきポストだったからである。すでに述べたように、養父良房は天皇（清和）の外戚であるだけでなく、妻も嵯峨の娘であったから、太政大臣に就任して不思議はないが、陽成の伯父にすぎない基経にはそぐわない官職であった。その意味では基経が、陽成天皇の外祖父でないことを理由に摂政を拒否した論理と一貫しているといってよいであろう。

基経の嫌がらせ

それにしても、この時基経がとった就任要請に対する執拗な拒否は、尋常ではない。よほどの理由あってのことと思われるが、その一端は、陽成が後宮（常寧殿）に居所を移したことにあったと、わたくしは見る。

元慶四年（八八〇）十二月五日、すなわち清和上皇が没した翌日のこと、陽成は清涼殿から常寧殿《じょうねいでん》に遷御している。これ以前の元慶元年二月（即位儀を終えて三か月後）、陽成は東宮から内裏仁寿殿《じじゅうでん》に入っているが、翌二年六月から十か月間、弘徽殿《こきでん》に移御し、母の高子《たかいこ》と同殿している。清涼殿に入ったのは翌三年四月で、それ以来清涼殿が陽成の御在所となっていたが、このたびの常寧殿への遷御は、父清和の死によって気持ちが不安定になったのか、母（居所は弘徽殿）の近くにいたいというのが、その理由であった。したがって、先の基経との辞表のやり取りは、この常寧殿で行われたことになる。

　常寧殿への遷御が中宮高子の指示によるのか、陽成の希望から出たものなのか、定かではないが、時に陽成が十三歳の少年天皇であったことを考えると、他意があったとは思えない。基経もそのあたりの機微は分かっていたはずである。しかし基経は機嫌を損ね、露骨に不快感を表している。それは陽成の常寧殿遷御が

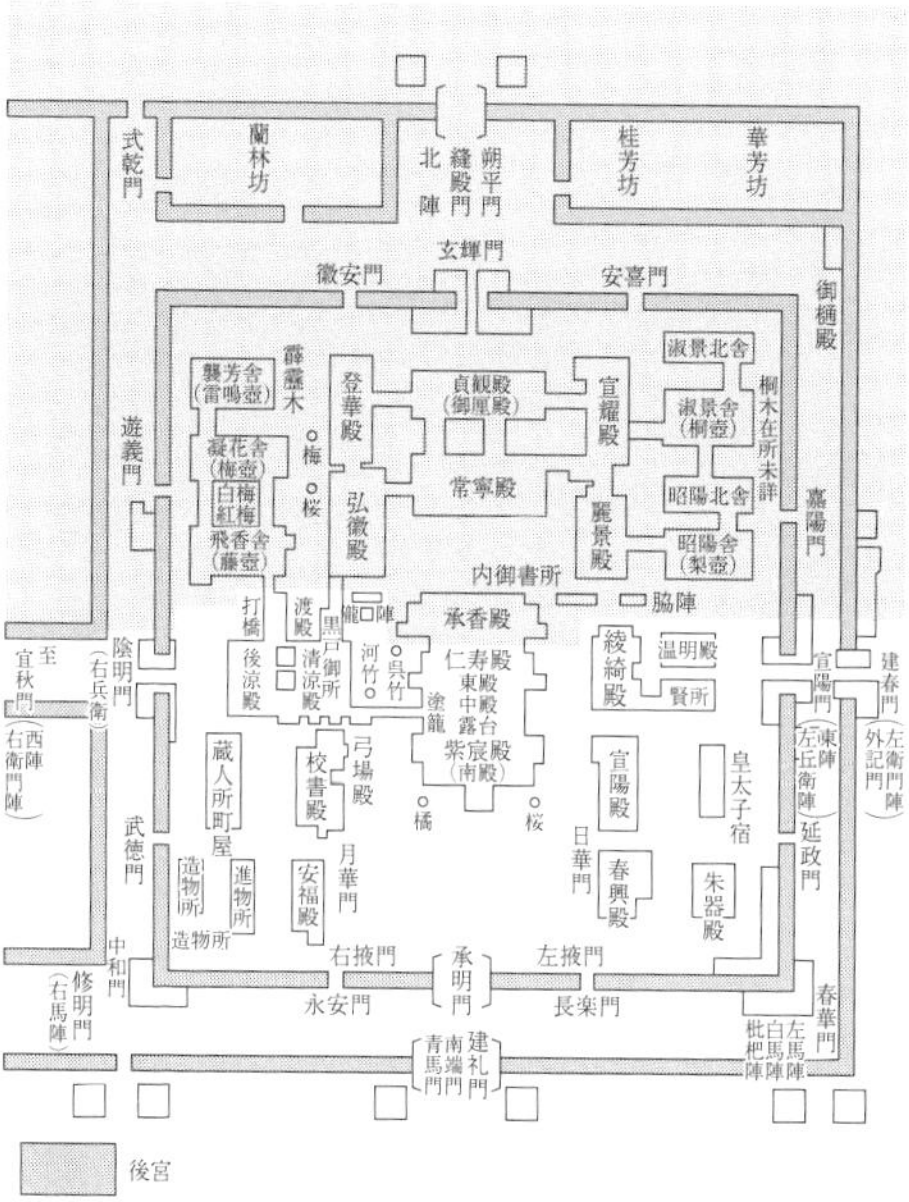

内裏図

自分の了解を得たものでなかったからである。その証拠に『三代実録』（元慶五年二月九日条）には、二か月後のこの日清涼殿に戻った陽成に、「太政大臣（基経）職に拝せられしより後、退きて里第に居り、頻りに辞表を上《たてまつ》りて事を視《み》ず。この日、入りて、帝に清涼殿に謁しき」とあり、基経は二か月ぶりに出仕し、拝謁している。明らかに陽成の遷御に不満を持っていたわけで、陽成が清涼殿へ戻ったのも、そうした基経への配慮からであったろう。

しかし、それで基経の不快感が収まったわけではなかった。

さらに二か月後の四月七日、成選短冊《じょうせんたんざく》の日、公卿全員が病いと称して列席せず、そのために奏覧の儀が流れるという事態が生じた。事情は分からないが、明かに基経の圧力による妨害である。結局二日後、大納言源多《まさる》の収拾によってなんとかその儀は行われたが、それから二週間後、四月二十五日にはまたしても基経が太政大臣の辞表（五度目）を提出している。

じつは、基経はこの頃から陽成を廃位に追い込む決意を固めていたように思われる。そのことを思わせるのが、翌元慶六年（八八二）正月二日に行われた陽成の元服儀である。

陽成の元服

この日は、前日から二尺も降り積もった大雪がなお止まず、雪が舞い散る中での儀式となった。基経は、十五歳になった陽成の加冠役を務めている。左大臣源融が私邸に引きこもったまま出仕せず、立場上、基経が加冠をするのは当然であった。結髪は大納言源多が務めている。

ところが基経は、またまた騒ぎを起こしている。陽成が元服儀を終えた二十日ほど後、正月二十五日のこと、今度はそれまで就任していた摂政についても辞表を提出し、成人となった陽成に対して、「帝の万機を親しくし給わんこと（万機は陽成自身が親裁されますように）」を要請している。

陽成の元服を機に基経が摂政の辞任を申し出たのは、これも太政大臣の辞任同様、基経にしてみれば当然の行為であった。前節で述べた通り、「幼主を保輔し、天子の政を摂行すること、忠仁公の故事の如くせよ」との詔を受けた基経は、摂政は幼年天皇を補佐するものとの明確な認識をもっていたからである。基経の論理からすれば、元服後の天皇に摂政は不要だった。これは良房にはみられなかった重要な点である。

政務のボイコット

摂政辞任のこの申し出は陽成の慰留によって、基経はいったんは引っ込めたものの、翌七年七月十二日、またまた辞表を提出、結局は自邸に籠もり、再び政務をボイコットした。それはじつに一年半にもおよび、ついに同七年十月、弁史らが基経の邸宅堀川第に行って庶務を処理するという事態にまでたちいたっている。

それにしても、成人天皇に摂政は不要という基経の明確な論理があったにせよ、摂政辞任に対する執拗なほどのこだわり、一年半にもおよぶ政務のボイコットは、基経の陽成いじめであり、嫌がらせ以外の何ものでもなかった。

基経が機嫌を損ねたのは、この時も天皇としての自覚に欠ける陽成の行為が原因である。というのも元服儀のあと、基経は摂政辞任にこだわって私邸に籠もってしまったが、その直後の元慶六年（八八二）二月二十八日、陽成は弘徽殿の前で行わせた闘鶏を見物している。闘鶏は古来中国で行われたものであるが、鶏を闘わせるという性質上、わが国では陽成朝以前、宮中で催されたという記録は数少ない。とくに内裏の後宮で観覧したというのは、おそらく陽成が初めてではないか。

陽成とともに母の高子が、この闘鶏を見たかどうか明らかでないが、当時高子の居所であった弘徽殿の前で行われたことを考えると、この催しを高子が知らなかったとは思えない。おそらく出仕しない基経に代わって、高子が許可を与えたものであろう。

基経はのち、日本紀の中から聖徳なる帝王や有名諸臣を抄出させたり（元慶六年八月二十九日条）、また光孝天皇に「年中行事障子《ねんちゅうぎょうじしょうじ》」を献進するなど、国政担当者として必要な政治理念を抱いている。そんな基経であれば、後宮において、それも闘鶏を観覧するなどもってのほかで、天皇としてあるまじき行為と考えたであろう。ましてそれを諫めるべき立場の高子が関与するなど言語道断で、基経の抱いた憤りが思われる。

高子の四十算賀

基経の怒りをさらに増幅させたのが翌三月二十七日（元慶六年）、陽成の御在所清涼殿で行われた皇太后高子の「四十算賀」である。本来は前年に行われる予定であったが、清和の諒闇中であったために延期されていたのである。「秘宴」とあるから、陽成の主催とはいえ、内々に営まれた祝宴であったが、内蔵寮《くらりょう》に命じて用意させた酒食とともに、「その献物供具は算数《かぞ》うべからず」という盛大なもので、親王公卿みなことごとく宴に侍したという。

なかでもこの日注目を集めたのが、陵王の舞いを舞った八歳の貞数《さだかず》親王であった。貞数のその舞い姿はあまりにも見事だったので、上下見る者すべてが感涙にむせび、これを舞台の下で見ていた外祖父正三位治部卿在原行平《ありわらのゆきひら》は、舞い終わった貞数を抱きかかえ、「歓躍して出《い》で」たという。つづく夜の酒宴でも陽成が貞数を召し出し、公卿が参加しての管弦は歓を極めたというから、貞数のために設けられたようなこの日の賀宴であった（『三代実録』）。

貞数は陽成の異母弟（清和の第八皇子）で、母は行平の娘在原文子である。行平は、高子と関係を噂された業平の異母兄であり、行平自身、清和上皇の有力な側近であった。そんなことから高子も陽成も、この貞数に親近感を抱いていたのであろう。歓喜勇躍して退出したという先の行平の狂喜ぶりには、高子母子が在原氏に対して、少なからず好感を持っていたことを思わせるものがある。

ただし、陽成の弟はこの貞数だけではない。貞保《さだやす》親王（同母弟）や貞辰《さだたつ》親王（異母弟）がいる。なかでも貞辰は基経の外孫（基経の娘佳珠子所生の清和天皇皇子）で、貞数よりも一歳年上の九歳である。してみれば、その貞辰をさしおき、貞数に対する高子・陽成母子のこの日の扱いぶりは、基経を無視したも同然の振る舞いであったといってよいであろう。しかも基経自身が出仕を拒否したとはいえ、不在中である。高子・陽成の行動が基経への背信行為と取られても仕方があるまい。

陽成の積極的姿勢

案の定、二十日後の四月十五日、成選位記の賜与に中納言以上の公卿たちが「障《さわ》り」と称して全員が不参したことで、儀式は中止となった。またしても基経の圧力がかかったのである。留意したいのは『三代実録』に見える陽成の動向で、そうした基経に対抗するかのように、この時期の陽成は精力的に儀式行事に臨御し、天皇としての裁断を下している。元慶七年（八八三）四月に入京した渤海国使に対する応対もその一つで、陽成は菅原道真や島田忠臣を接待役に任じて事にあたらせている。

ちなみに五月三日、陽成は豊楽院《ぶらくいん》で渤海国使に宴を賜い、また五日は例年騎射および貢馬御覧が行われる日であったが、この日は渤海国使らも招いて一緒に行事に参加させている。陽成にとってはじめての外交イベントであり、しかも基経不在の中で行われた国家行事であったから、それだけに気負い立ち、緊張感も極度に達していたに違いない。渤海国使一行は五月十二日、帰国の途に着いている。

じつはこの間、正確にいえば渤海国使が入京する前年、元慶六年（八八二）十一月、理由は明かでないが、陽成は御在所を清涼殿から綾綺殿《りょうきでん》に遷している。先の渤海国使の応対にも示されているように、元服して成人天皇になったという自覚が、政務をはじめすべてに対して積極的に取り組ませたものであろう。そんな中、基経が五度目の摂政辞表を提出したのは（元慶七年八月十二日）、策に窮した基経流のレジスタンスであったろうが、陽成（や高子）には以前ほどの効果はなかったようだ。

基経の鬱積した怒りは極限に達し、ついに爆発する。

格殺事件

元慶七年（八八三）十一月十日のこと、宮中で殺人事件が起こった。殿上に侍っていた源益《すすむ》が、突然「格殺《かくさつ》」されたというのである。殴り殺されたのである。益は源蔭《かげ》（時に散位従五位下）の息子で、母は陽成の乳母紀全子《きのまたこ》（時に従五位下）であったというから、陽成とは親しい間柄であったと思われる。

事件について『三代実録』には、「禁省の事、秘して外人知ること無し」と記すだけで、事の真相は一切伏されているが、どうやら殴り殺したのは陽成天皇であったらしい。時期は三〇〇年ほど下るが、九条兼実《かねざね》の日記『玉葉《ぎょくよう》』（承安二年十一月二十日条）に、外記清原頼業《きよはらのよりなり》が兼実との雑談の中で退位の経緯について語った話として、「陽成院の暴悪双《なら》び無く、二月祈年祭以前、自ら刀を抜き人を殺害す」と見えるから、手を下したのが陽成であったことは、おそらく間違いのない事実であろう。

動物の死穢さえ忌み嫌う当時の社会風潮において、殿上で、それも天皇が手を下したという事件に、貴族たちは驚愕し震撼したに違いない。そのために大原野祭（十一月十三日）も新嘗祭（同十六日）も停止され、建礼門前で大祓が行われている。

退位

事件はこれだけではなかった。それから六日後、馬好きの陽成が、こともあろうに禁中の空き地でひそかに馬を飼わせて、時々それを乗り回していることが基経の耳に入ったのである。自邸に引き籠もっていた基経もこの時ばかりは急遽参内し、陽成を取り巻いている「宮中庸猥《ようわい》の群小」の連中を追放している。

陽成が禁中で馬を飼っていたことも、また時にはそれを乗り回していることも、基経が知らなかったはずはない。おそらく見て見ぬふりをしていたものであろう。しかし格殺事件で宮中が動揺している最中、表沙汰になった出来事であっただけに、基経の怒りが爆発したものと思われる。

基経の殺気だった措置を見て、さすがに陽成も拱手傍観する以外に為す術はなかったであろう。明けて元慶八年（八八四）正月以降、それまでの積極的姿勢は一転し、陽成が政務や儀式に臨御し関わった形跡は殆どない。公卿だけで行われた儀礼が目立つ。そして二月四日、ついに陽成は基経に手書を送り、譲位したのであった。

『三代実録』では、病気によって退位したいという旨の陽成の手書が二度にわたって送られ、基経はその申し出に逆らいがたく、これを受けたと記している。むろん、じじつは基経によって退位に追いやられたものである。

この日、陽成は内裏の綾綺殿を出て二条院に遷っている。また皇太后の高子も、その夜、常寧殿から陽成が遷った二条院に遷御している。慌ただしい陽成の退位であった。

基経と高子

陽成に対する基経の態度を見ると、陽成に好意を抱いていたとは思えないが、清和没後における基経の一連の行動、執拗な政務のボイコットの背景には、たんに陽成嫌いといった私情だけの問題ではなく、皇太后高子（元慶六年正月七日に皇太后となる）への強い反発があったことを思わせる。夫の清和上皇没後、皇太后としての重みを増した高子は、その立場から、子の陽成に対してしだいに影響力を強め、陽成もまた高子との結びつきを深めていった。そうした高子に基経が警戒心を抱くのは当然であるが、そのあたりの事情をもう少し詳しく見ておきたい。

繰り返すことになるが、基経の摂政は清和の上皇権を踏襲したものであった。とはいえ、立場や権限が、上皇のそれとまったく同じというわけでは、むろんない。天皇との関係でいえば、上皇が天皇の父（あるいは父方の祖父）という直接的立場であったのに対して、摂政の場合は外祖父（天皇にとっては母方の祖父）という間接的なものでしかなかったからである。したがって基経が上皇権を踏襲したといっても、それは天皇の生母（国母）を介して得られた〝上皇権〟という方が、その立場をより正確に表している。良房の場合、それが娘の明子であり、基経の場合は妹の高子で、彼女たちの後見者として権勢の座を保持したのが良房や基経であった。「中台の印」を新設して国母の権威づけをはかろうとした理由である。

そうした上皇と摂政の立場の相違について、基経が明確な考え方をもっていたこと（『本朝文粋』巻四所収）は先にもふれた。

すなわち基経の認識は、幼帝を代行するのは上皇（天皇の父）もしくは皇太后（天皇の母）というものである。しかも基経の場合は陽成の伯父であるから、ミウチ関係でいえば良房（天皇の外祖父）に比して、その立場は脆弱であった。むろん自らの権勢の座が皇太后高子によって保証されることも、基経は十分に承知していた。だからこそ基経は、外祖父でないことを理由に摂政就任を拒否し（一度

高子署名

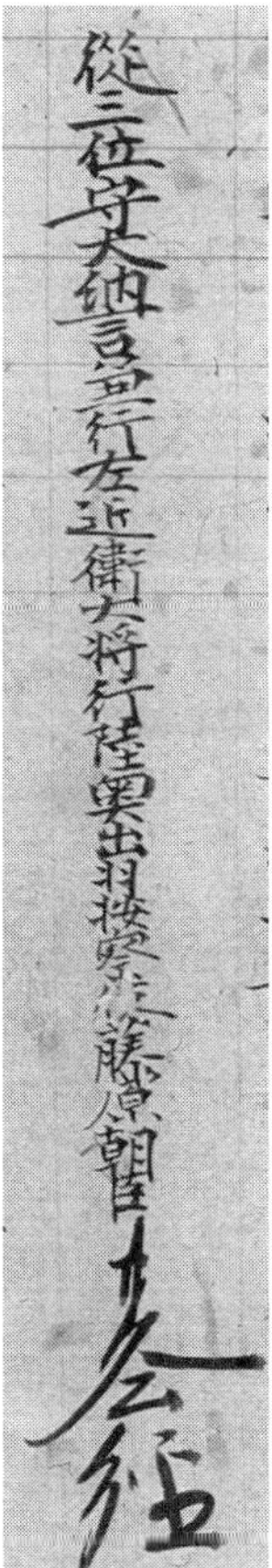

基経署名

目の上表)、それを認めない清和に対して、皇太后(高子)の下で政務を執ることを申し出たのである(同じく二度目の上表)。

その陽成が元服して成人天皇となった以上、基経の論理からすれば天皇権を代行する立場の摂政は不要であり、基経の役割は事実上終わったことになる。陽成の元服直後、基経が摂政の辞表を提出したのは、当然であった。

基経の選択

ただし、一年半にもおよんで政務をボイコットするという姑息な態度をとったのは、以前述べたように、この時すでに陽成を廃位に追い込む意図をもっていたからである。しかし基経の意に反し、元服後の陽成は積極的かつ主体的に行動する。それは国母高子も同様で、たんなる嫌がらせは通じなくなっていた。それどころか、基経を無視したような行動さえとるようになる。陽成にとって高子の存在は、基経の立場を蔑ろにするまでに重みを増していたのである。

陽成の元服後におけるそうした基経の立場を考えると、良房から譲り受けた権勢の座を保持するために基経が取るべき道は二つあった。

一つは、外祖父(基経の場合は外舅父《きゅうふ》)の立場から、妹高子を介して陽成の後見を行うこと、すなわちのちにみる関白的地位に立つことであり、二つは、陽成を退位させ、権力基盤となり得る新たな天皇を擁立すること、である。

しかし、陽成だけでなく高子との関係にも手を焼いていた基経は、この母子を捨てて後者の道を選んだ。おのずから陽成だけでなく、いかにして高子の立場を排除するかということが基経の最大の課題となった。というのは上皇の立場に相当する国母は、容易に政治に介入しかねない存在だったからである。そこで基経が取った措置は、いっさいのミウチ関係を放棄するというものであった。

3　年中行事障子

光孝天皇の擁立

さて、陽成のあとを承けて即位したのが、時康《ときやす》親王こと光孝天皇であった。元慶八年（八八四）二月四日、陽成が退位の手書を基経に送り、二条院に遷ったその日、神璽《しんじ》・宝鏡・剣などが光孝の居所であった二条宮に奉じられている。「二条院と二条宮と相去ること東行数百歩」と記されるように、両所は至近距離で、親王公卿たちは「歩行して」光孝のもとに随行したのであった（『三代実録』）。

ちなみに陽成が遷御した二条院は左京二条二坊にあり、その後陽成院と称され、天暦三年（九四九）にここで亡くなるまで陽成の御所として使用されている。

それにしても在位して八年、陽成にとって予想だにしなかった退位であろうが、それ以上に困惑したのは光孝の方ではなかったろうか。時に五十五歳の光孝が、再三辞退したのも無理はない。

翌二月五日、光孝が東宮に入御するため輿に乗ろうとしたところ、基経がわざわざ二条宮まで出迎えに来ている。しかも腰の剣をすでに外しており、それを見た本康親王や源融らも慌てて剣を外したという。基経の光孝に対する期待の大きさが表れている。逆にいえば、それだけ陽成に失望したということである。

陽成の後釜ということに関連して興味深いのは、当初基経が要請したのは、承和の変で廃太子された恒貞親王（すでに入道して恒寂と号していた）だったことである（『恒貞親王伝』）。当時六十歳であった。しかし強く辞退され、光孝に定められたというが、恒貞が基経の要請を承諾するはずは断じてない。基経もそれを承知で要請をしたに違いない。これも、光孝に登極を促すためにとった基経独特のジェスチャーであったと、わたくしは思う。

陽成の廃位を目論んだ時から、基経が擁立を構想していたのは光孝ではなかったろうか。仁明天皇と、藤原総継の娘沢子を父母とする時康（光孝天皇）は、基経と従兄弟である（基経の生母乙春と沢子は姉妹）。時康は上品で雅な風貌を持ち、性格は穏やかで謙虚寛大、一族間での評判もよかったという。ことに祖母の橘嘉智子は時康を寵愛し、遊宴などに際しては必ず主人役として招いたともいわれている。また諸芸にも秀でた文化人であったというから、学問好きの基経と通じる所があり、気心の知れた間柄ではなかったろうか。ちなみに時康は基経よりも六歳年長である。

こうしたことから考えると、陽成（高子）の扱いに手を焼いた基経は、母子を切り捨てることを決断した頃から、時康の擁立を構想していたと見て、まず間違いない。

時康の擁立について通説では、恒貞親王に打診したが断られ、そこで基経は時康親王を天皇に定めたと理解されているが、そうではあるまい。恒貞の要請は当て馬として形式的なものであり、最初から基経の本命は時康にあったと考える。

老徳を立て奉りし例

　このことに関連して興味深く思うのは、時康の擁立について『三代実録』に、「前の代に太子無き時には、かくの如き老徳を立て奉りし例在り」と見えることである。譲位を決意した陽成の詔として述べられたものである。基経の意を受けて下された詔であったのはいうまでもないが、ここにいう「例在り」というのは、称徳天皇没後、称徳と血縁関係のない、しかも当時六十二歳の光仁天皇が擁立されたことを指している。ただし、擁立に際して光仁の年齢が問題視された気配はない。当時の状況の中では、もっとも妥当な選択だったからである（瀧浪「藤原永手と百川」『日本古代宮廷社会の研究』）。

　それに比して、時康の場合は事情が異なっている。桓武以降、即位年齢は大体二十代から三十代であったが（二一三頁）、とくに清和・陽成と二代続けて九歳という幼帝であった。そのあとを承けた光孝の年齢が五十五歳というのは、さすがに貴族たちにとって違和感があったに違いない。そうした雰囲気を和らげるために基経は六十歳の恒貞に白羽の矢をたて、拒否することを承知のうえでまず恒貞に打診をし、その上で時康を擁立するというシナリオを描いたのであった。

　あと述べるように、基経が外祖父として政治的立場を保持し得る幼帝がいなかったわけではない。しかし基経は、いっさいのミウチ関係を放棄して光孝を擁立したのである（基経と光孝は従兄弟であるが、当時の社会的通念からいえばミウチ意識は薄い）。そうした私利私欲を捨てたかのように見える基経の行動に、貴族たちの反発もむしろ吸収緩和されたのではなかろうか。もっとも、これはあくまでも表向きのことであって、光孝を擁立した基経の真意は別のところにあった。そのことは、もうすぐ明らかになる。

ただし、基経による光孝の擁立がすんなりと決まったわけではない。鎌倉時代に書かれた『古事談』（説話集）には、陽成天皇退位の直後、数多くの皇親が基経の所に押しかけ、自薦したことが記されている。

基経の力量

『玉葉』（承安二年十一月二十日条）によれば、新帝の選出に公卿たちの議論が一致せず、会議が紛糾する中、参議藤原諸葛《もろくず》が剣のつかに手をかけ怒りも露わに、「新帝の擁立は太政大臣（基経）の意向に任せるべきである。もし異議を唱える者があれば、ただちに誅殺するぞ」と威嚇したので、人びとは光孝擁立に同意したと述べている。会議の場でも相当の混乱があったことを思わせる。嵯峨天皇の皇子、左大臣源融が「近き皇胤をたずねば、融らも侍るは」といって、皇位への野心をほのめかしたというのもこの時のことである。

もっとも、自薦する融に対して基経は、臣籍に降った者が即位した例はないと一蹴したというのは『大鏡』に記す話で、いかにも有りそうな気はするが、前述したように、融は貞観十八年（八七六）以来私邸に引き籠もっていたから、本当かどうか、確証はない。

いずれにせよ、混乱した事態を収拾し光孝擁立に一本化したのは、まさしく基経の力量であり、政治的手腕によるものであった。

また『玉葉』の著者である兼実は、訪ねてきた大夫外記清原頼業の語ったところとして、基経は外孫貞辰親王を推戴すると人びとが予想していたのに、老齢の光孝を選んだのは「賢の至り」であるとの称賛の言葉を書きとどめている。清和・陽成という藤原氏の外孫天皇に続き、いままた貞辰を擁立すれば、さすがに世の誹りを免れないことは基経ならずとも感じ取っていたはずである。

賢の至り

当時基経には高子所生の皇子、貞保親王（陽成天皇の同母弟）がいたし、娘の佳珠子には貞辰親王がいた（陽成天皇の異母弟）。陽成が譲位した元慶八年（八八四）、貞保は十五歳、貞辰は十一歳である。基経が望むなら外祖父（貞保の場合は外舅父）として幼帝の後見にあたること、すなわち摂政となることは意のままであったように思われるが、そうではない。貞保にせよ貞辰にせよ、陽成の弟であり、しかも幼帝であるから、基経の論理からすれば代行は上皇（陽成）もしくは皇太后（高子）がするのが当然であり、基経の関与は間接的なものにすぎなくなる。基経の立場についていえば、二人の親王を立てたのでは、陽成時代と何ら変わらないのである。すなわち基経が権勢の座を得るにはミウチ（貞保・貞辰）以外であること、しかも陽成・高子を完全に排除するためには、成人天皇でなければならなかった。それが五十五歳の時康親王こと光孝天皇を擁立した理由である。

この時陽成は十七歳、高子は四十三歳であったから、母子よりも遙かに年長の、母子とはミウチ関係の薄い光孝が立つことで、上皇として陽成がもつ家父長権はむろんのこと国母高子の立場をも、事実上無きに等しいものにしたのである。

先述の『玉葉』についていえば、そうした基経の深慮までを理解した上での頼業の称賛であったかどうか、これは疑問である。基経の時代から三百年も経った、しかも摂政・関白が制度的に定着し、それを藤原氏（北家）が独占することが常態となっていた時代であることを考えると、おそらく頼業は単純に、ミウチを立てなかった基経を「賢人」と評価したものであろう。

基経が高齢天皇を擁立することで、高子母子を排除しようと考えていたことは間違いない。高齢の天皇を立てることで、上皇権さらには皇太后権を抑制しようとしたのは、まことに巧妙な施策であった。光孝の擁立に踏み切ったのは、人の謗りを怖れてのことだけではなかった。

ミウチ関係の放棄

基経が良房路線を継承しなかったわけではない。継承したくても、基経の置かれた状況がそれをさせなかったということである。

基経はよほど陽成に懲りたものと思われる。しかもその陽成がミウチ（甥）であったことから、それがかえって基経の負い目になったように思われる。わたくしの見るところ、基経自身、日本紀の中から聖徳帝王や有名諸臣を抄出させたり（八八二年八月）、「年中行事障子」を献進するなど（後述）、国政担当者として必要な政治理念を抱いていたように思われる。そうした基経にとって幼帝の即位は、およそ理想とはかけ離れた存在だったのであろう。

基経は良房に比すればスケールは小さいが、権力の掌握に腐心した良房とは一線を画する存在であったかのように思える。しかし、それは基経の本心ではない。心底は、光孝のあとに外孫貞辰を即位させ、その上で摂政の座に就く、というのが基経の考えであったとわたくしは見ている。ただし、強引な手法を用いてまで実現しようとしなかったのが良房との違いである。

伊尹と霍光

さて、はからずも即位できた光孝が、基経に感謝し、最大限の地位と権限とを与えようとしたのはなんら不思議ではない。即位して三か月、元慶八年（八八四）五月、太政大臣について職掌があるかどうか、唐の官名では何にあたるかを調べて奏上するように命じている。下問を受けたのは菅原道真《すがわらのみちざね》・善淵永貞《よしぶちのながさだ》・浄野宮雄《きよののみやお》・中原月雄《なかはらのつきお》・大蔵善行《おおくらのよしゆき》・凡春宗《おおしのはるむね》・菅野惟肖《すがののこれかた》・忌部濬継《いんべのふかつぐ》ら八人、いずれも当代一流の学者たちであった。光孝としては、太政大臣基経の立場を明確にしようとしたのであろう。

意見は区々に分かれたが、しかし太政大臣に定まった職掌はないという点では、ほぼ一致している。そこで翌六月五日、光孝は基経に勅を与え、思いがけなくも自分を擁立してくれた基経の功績は、「古えの伊霍《いかく》よりも、乃《なんじ》が祖の淡海公（不比等）、叔父の美濃公（良房）」よりも勝っていると称賛し、自分もそれに報いたいと思うが、基経はきっと辞退して政務が停滞するのではないかと思い悩んで、太政大臣の立場で自分を補佐してもらうために、その職掌を調べさせたと述べている。基経の機嫌を損ねずに、最高の権力と立場を確保しようとする光孝の顧慮がうかがわれる。

ちなみに、その基経の功績を称えるのに伊霍を引き合いに出していることに注目されたのが、藤原克己氏である（『菅原道真』）。伊霍とは、殷時代の伊尹《いいん》と前漢時代の霍光《かくこう》の二人の政治家をいい、二人は悪行の君主を追放して国家を安泰に導いた名臣とされるが、そんな伊霍を持ち出したのは、基経が陽成を廃したことを暗に指しているという。光孝の学問好きは相当なもので、したがって光孝はむろん、基経も伊霍の故事は当然知っていたはずである。そんな伊霍に擬えて陽成の廃位を正統化された基経が、新帝光孝に好感を持ったことはいうまでもなかろう。逆にいえば、そうした基経の心底を敏感に捉える光孝だからこそ、基経によって擁立されたといえなくもない。

奏すべきこと、下すべきこと　光孝は太政大臣の職掌についての諸博士の意見を踏まえた上で、右の勅の後半において次のように述べている。

かりに職とする所なくあるべくとも、朕が耳目腹心に侍る所なれば、特に朕が憂いを分かたんとも思ほすを、今日より官庁に坐《ま》して就きて、万政を領《す》べ行い、入りては朕が躬《み》を輔《たす》け、出でては百官を総《す》ぶべし。奏すべきこと、下すべきこと、必ず先ず諮《はか》り稟《う》けよ（『三代実録』）。

関白の語はみえないが、「奏すべきこと、下すべきこと」――機務奏宣の権限、つまりのちの関白の職掌が与えられており、研究者によって指摘されるとおり、関白の実はここに始まっているといってよい。しかしわたくしが留意したいのは、光孝が基経に最大限の立場を与えようとしているにもかかわらず、それが「政《まつりごと》を摂行する」ことではなかった点である。すなわち陽成時代の摂政のそれではなかった、というより、それは有り得なかったことである。光孝が五十五歳という年齢であってみれば、天皇権を代行する役割は不要であった。

案の定、一か月後の七月六日に基経が光孝に提出した上表では、左・右大臣が朝廷の柱石として存在するのにどうして自分ごときが必要であるのか、と謙遜している。むろん本心ではない。そう言いつつ、じつは自らの立場と権限を明確にしたかったとみてよいであろう。

これに対して光孝は二日後の八日、早速勅書を送り、「一事《いちじ》諮《はか》らざれば霧を蒙るがごとし。故にその事事《ことごと》に諮《はか》り稟《う》けむことを命ず。今天をして朕の公《こう》におけるや一日も相見《あいみ》ざることなく、一事も相詢《あいと》はざるなきを知らしめむとす」と、「関白」の役割を繰り返し述べており、「摂政」の語を用いることはない。また留意されるのは、光孝はその勅書のなかで、「如何《いかん》ぞ阿衡を責むるに、労を忍び疾《しつ》を力《つと》むるをもってし」といい、基経のことを「阿衡《あこう》」と称していることである。これが後におこる事件に関わるが、ここではそのことを指摘するに留めたい。

ともあれ、こうしたやりとりから知られるのは、幼年天皇と成人天皇とでその後見者の立場の違いがあること、換言すれば摂政と関白の職掌の違いが、素朴な形ながらようやく明かとなり、光孝も基経もそのことを了解していたということである。先に述べたように陽成の元服後、つまり成人天皇となったあと、基経が摂政の辞表を提出したのも、基経にこのような認識があったからである。

基経にとって摂政に代わる最大限の立場、それは光孝の関白となることであった。即位して四か月後、元慶八年（八八四）六月、基経はその事実上の関白に任じられている。

光孝の皇子女たち

陽成・高子の排除に端を発する基経の深謀には舌を巻く。光孝を擁立することで基経に対する反発を吸収し、そのあと外孫貞辰親王を即位させた上で摂政の座に就く、というのが基経の真意であった。光孝は、そのことを当初から見抜いていた。

即位して二か月後の元慶八年（八八四）四月、光孝は自らの皇子女のうち斎宮・斎院に卜定される二人の内親王を除いて臣籍に降すことを宣言し、それから二か月後の同年六月、二十九人の皇子女すべてに源朝臣の氏姓を与え、左京一条一坊に貫付《かんぷ》している。勅には嵯峨天皇以来の例にならって国費を省くためとあるが、皇子女の皇位継承権を放棄することで、基経に権勢の座を保証したのである。天皇として驚くべき自己抑制であるが、それは外孫貞辰の擁立を秘かに目論む基経の意図を見抜いていたからである。光孝の在位中、皇太子が立てられていないのも、そのことを示している。

基経が摂政の座を放棄してまでミウチ関係の薄い、しかも高齢者の光孝を擁立したことだけを見ると、一見、基経に権勢欲がなかったかのように思える選択であるが、そうではない。それどころか、基経は自己の権勢確立のために陽成を廃位し、高子を蔑ろにして光孝を擁立したのである。そうした基経の真意を看破していた光孝もそれに応え、最大限の立場を基経に与えることで、感謝の意を表したのである。基経に対して細心の心配りを怠らなかった光孝の辛労がうかがえよう。だからこそ、両者の関係は蜜月を保つことができたといってよい。

誤算

しかし基経の誤算は、光孝が在位三年で病床に伏したことである。その時、貞辰は十四歳、元服(清和も陽成も十五歳で元服している)させた上で擁立することも不可能ではなかったろうが、依然として上皇の立場にある陽成(二〇歳)や皇太后の高子(四十六歳)の存在が、基経を躊躇させたのではなかろうか。そこで基経がやむなくとった措置が、光孝の第七皇子源定省《さだみ》の擁立である。仁和三年(八八七)八月、基経は臣下に降っていた定省を親王に復させた上、立太子ついで践祚させている。二十一歳の宇多天皇である。またしても基経はミウチの擁立を断念せざるを得なかった。

しかしこうした経緯を考えると、歳若い宇多が基経に対して、如何ほどの配慮ができたかどうか、はなはだ心許なく思われる。

話が宇多天皇の即位にまで及んでしまったが、基経に対する光孝の配慮という点でもう一つ見落せないのが、嫡男時平の元服儀である。最大限の心配りが見られるからである。

嫡男時平の元服

光孝が即位して二年後の仁和二年（八八六）正月二日、太政大臣基経の嫡男時平が十六歳になったので、その元服儀が仁寿殿で行われた。当時仁寿殿は、光孝天皇の御在所となっていた所である。これは時平の父基経の元服が、当時文徳天皇の居所となっていた東宮内殿で行われたのにならってのことであり、いうまでもなく破格の扱いであった。基経の場合、それは養父良房の政治的立場による特別扱いであったが、時平はむろん父基経の恩恵によるものである。

『三代実録』によると、光孝は自らの手に冠をとって時平に加冠し、その日時平に正五位下を授けているが、告身《こくしん》（位記）は光孝の神筆で、その告文は参議橘広相《たちばなのひろみ》が起草したものであった。また儀式で用いられた冠巾《かんきん》は、みな「服御の物（天皇が使う物）」が用いられたという。儀式が終わった後、公卿たちが内裏にあった基経の直廬《じきろ》にやって来て祝いの言葉を述べ、ここで祝宴が開かれている。

同月二十日、この日も仁寿殿で元服の祝宴が行われている。基経は仁寿殿の東庭に飯・酒・魚・菜をはじめ衣物を納めた韓櫃二十合など元服祝いの品々を並べさせているが、供御の器物は金銀で飾られ、ひときわ華美であった。管弦が奏せられ、清和上皇の第八皇子貞数親王をはじめ、四位以上の子弟十人ばかりが舞を披露し、公卿たちの宴飲は深夜にまで及んでいる。宴が終了し、光孝は時平に御衣一襲《かさね》を賜っている。

貞数親王といえば陽成の異母弟で、清涼殿で行われた高子の四十算賀において陵王の舞を舞い、その見事な舞い姿に見る者すべてが感涙にむせんだことが想起されよう。四年前のことで、当時貞数は八歳であった。貞数は時平元服祝宴の翌二十一日、帯剣を許されている。昨日の舞の際、装束に帯剣していたことにより、特に許されたもので、この時貞数は十二歳であった。

基経五十の算賀

なお、時平の元服儀の一週間ほど前、仁和元年（八八五）十二月二十五日、内殿において光孝天皇主催による基経五十の算賀が行われている。『三代実録』によれば、光孝と基経は、「席を促《ちかづ》けて談飲し、通夜歓を極め」たとあるから、終夜仲むつまじく歓楽を共にしたのであろう。光孝から基経に対して、左右馬寮の善馬五疋、夏冬の衣裳五襲をはじめ数々の贈り物があったといい、光孝がいかに基経に対して細やかな配慮を行っているかということが、痛いほどに伝わってくる。

基経五十の算賀といい、時平元服の儀といい、基経の立場の重さと権力の絶大さを示している。話を光孝朝における基経の政治姿勢に戻したい。

年中行事障子の献進

このことに関連して注目されるのが、基経によって献上された「年中行事《ねんちゅうぎょうじ》障子《しょうじ》」と呼ばれるものである。表裏に正月から十二月までの宮中の諸公事が書き上げられた障子——というより衝立《ついたて》といったほうがふさわしいが——で、清涼殿の東廂《ひがしびさし》の南、いわゆる殿上の間の上戸《かみのと》（出入り口）に向けて立てられたのである。

郵便はがき

料金受取人払郵便

山科局承認

1481

差出有効期間
平成30年11月
20日まで

6078790

（受取人）
京都市山科区
日ノ岡堤谷町1番地

㈱ミネルヴァ書房
ミネルヴァ日本評伝選編集部 行

◆以下のアンケートにお答え下さい。

＊　お求めの書店名

＿＿＿＿＿＿市区町村＿＿＿＿＿＿＿＿＿書店

＊　この本をどのようにしてお知りになりましたか？　以下の中から選び、3つまで○をお付け下さい。

A.広告（　　　　）を見て　B.店頭で見て　C.知人・友人の薦め
D.図書館で借りて　E.ミネルヴァ書房図書目録　F.ミネルヴァ通信
G.書評（　　　　）を見て　H.講演会など　I.テレビ・ラジオ
J.出版ダイジェスト　K.これから出る本　L.他の本を読んで
M.DM　N.ホームページ（　　　　　　　　）を見て
O.書店の案内で　P.その他（　　　　　　　　　）

＊新刊案内（DM）不要の方は×をつけて下さい。　□

ミネルヴァ日本評伝選愛読者カード

書　名　お買上の本のタイトルをご記入下さい。

◆上記の本に関するご感想、またはご意見・ご希望などをお書き下さい。
「ミネルヴァ通信」での採用分には図書券を贈呈いたします。

◆あなたがこの本を購入された理由に○をお付け下さい。（いくつでも可）
A.人物に興味・関心がある　B.著者のファン　C.時代に興味・関心がある
D.分野（ex. 芸術、政治）に興味・関心がある　E.評伝に興味・関心がある
F.その他（　　　　　　　　　　　　　　　　　　　　　　　　　　）

◆今後、とりあげてほしい人物・執筆してほしい著者（できればその理由も）

〒

ご住所　　　　　　　　Tel　　　（　　　　　）

年齢　　性別

お名前《ふりがな》　　　　　　歳　男・女

ご職業・学校名
（所属・専門）

Eメール

この障子については『帝王編年記』光孝天皇仁和元年（八八五）条に、次のように記されている（原漢文）。

五月廿五日、太政大臣昭宣公、年中行事障子を進めらる殿上に立つ。一年中の公事を書く。奥に服仮幷びに穢事を書く。絹の突立障子なり。今案ずるに、彼の年始めて立てられるか小野宮記に見ゆ。

仁和元年五月、太政大臣昭宣公こと藤原基経が光孝天皇に献じたもので、障子には絹が張られていたという。ちなみに二八〇条にもおよぶ表裏の事項の筆は、当初、「能書（書の上手な者）ヲ撰《えらび》テカ、サレシコトモナシ」といわれ、特定の人物に依頼することもなかったようだが、のちには三蹟《さんせき》（小野道風・藤原佐理・藤原行成）の一人、藤原行成の筆によるものが「御障子本」と呼ばれ、手本とされたようである（『師元年中行事』障子巻紙注字）。

また年中行事障子の事項は、当然のことながら書き改めや増減があった。たとえば、年始の儀である元旦の四方拝《しほうはい》は宇多天皇が始めたというから（『江談抄』）、献進以後のことであり、同じ宇多天皇時代のこととして『大鏡』には、春は祭が多いのに比して冬は行事が乏しいことを不満とした賀茂明神の託宣を受けて、賀茂の臨時祭（十一月）が始められたとある。また、『栄華物語』（玉の村菊）によれば、後一条天皇の長和五年（一〇一六）、大嘗祭に関して書き添えることがあったといい、次のように記されている。

このたびの御即位・御穢・大嘗祭などのほどの事ども、すべて数知らずめづらし、やむごとなくて年中行事の御障子にも書き添へられたる事ども、いと多くなむある。

障子の増減加除

そうした加除は、「廃セラルル行事」については、それに「点ヲカケ」（「〽」のしるしをつけること、これを合点《がってん》といった）ておく一方、「新加ノ行事」（追加行事）については「仮ニ書（き）加」えておき、「修復ノ日、本行ニ書《かき》入（れ）ラ」れたという（『師元年中行事』贉巻紙注字）。時期は下るが『中右記』寛治六年（一〇九二）十一月一日条によると、年中行事障子が古くなり、あまり見苦しいので書き改めたとある。おそらくそうした機会に項目の増減加除が行われたものであろう。

ちなみに先の『師元年中行事』（贉巻紙注字）によると、摂関家の邸内にも同様の障子が立てられたようであるが、それは十二月の公私の行事だけが「両面ニ書《かき》ツメ」られたものであったという。摂関家の家司《けいし》（家政機関）として蔵人とか命婦などが任じられているように、平安中期以降、摂関家が宮廷の縮小版となったことをよく示している。

なお、この年中行事障子はその後も新調を繰り返しながら引き継がれ、現在知られる京都御所（清涼殿の東南隅、落板敷《おちいたじき》と呼ばれる所）の障子は寛政二年（一七九〇）に書かれたものである。

宮廷政治の整備

それはともかく、基経による「年中行事障子」の献進は、九世紀の末に宮廷政治の整理が行われ、王朝政治の骨格が出来たことを示す。

四月	一日	更衣
	一日	孟夏旬
	七日	擬階奏
	八日	灌仏会
	十五日（〜七月十五日）	安居
	二十八日	駒牽
	中午の日	斎院御禊
	中酉の日	賀茂祭
五月	五日	端午節会
	五日	賀茂競馬
六月	一日〜八日	御贖物
	十一日	月次祭
	十五日前後	祇園会
	晦日	六月祓
七月	七日	乞巧奠
	十五日	于蘭盆会
	二十六日または二十八日	相撲節会
八月	十一日	定考
	十五日	石清水放生会
	十五日	仲秋観月
九月	九日	重陽
	十一日	伊勢奉幣
	十三日	十三夜月見
十月	一日	更衣
	五日	残菊宴
	五日	射場始
	上亥の日	玄猪
十一月	中卯の日	新嘗祭
	中辰の日	豊明節会
十二月	十九日〜二十一日	御仏名
	（不定）	荷前の使
	晦日	追儺
	晦日	大祓
	晦日の夜から正月	御魂祭

正月	元日	四方拝
	元日	朝賀
	元日	元日の節会
	元日	恵方請社詣
	元日〜３日	歯固
	二日	朝覲行幸
	（不定）	二宮大饗
	四日・五日	大臣大饗
	五日または六日	叙位
	七日	白馬節会
	七日	七草
	八日	女叙位
	八日〜十四日	御斎会
	十一日〜十三日	県召除目
	十四日または十六日	男踏歌
	十五日	女踏歌
	十五日	御薪
	十五日	十五日粥
	十五日	左義長
	十七日	射礼
	十八日	賭弓
	二十日または二十一日〜二十三日の子の日	内宴
	上子の日	子日宴
	上卯の日	卯杖
二月	四日	祈年祭
	十一日	列見
	十五日	涅槃会
	上申の日	春日祭
	上午の日	初午
	春分の日	彼岸会
三月	三日または三日以前、あるいは秋・冬	司召除目
	三日	曲水宴
	三日	上巳（雛祭）

平安時代の年中行事

しかし当然考えられるように、それ以前でも、このような公事《くじ》の整理、宮廷政治の整備がなされなかったわけではない。すでに奈良時代の天平勝宝七年（七五五）正月、外従五位下勲十等中臣丸連《なかとみのまるのむらじ》張弓《はりゆみ》ならびに正七位上林連佐比村《さいむら》、従八位下田辺史浄足《きよたり》らによって年中行事に関する勘奏が行われたことがあるというから（『政治要略』所収『月旧記』の佚文）、宮中における恒例公事の選定作業は早くから行われていたことがわかる。現に弘仁十二年（八二一）、嵯峨天皇の命で『内裏式』が勅撰され、清和天皇の貞観年間にも『儀式』が選定されているのは、宮廷行事の規式がつくられたことを示している。とくに後者の場合、その推進者は時の摂政藤原良房、すなわち基経の養父であった。してみれば基経による「年中行事障子」の献進は、良房にならうものであったとみるべきかも知れない。以前述べたように、基経が学問好きであったことを考えると、献進は早くから基経の構想するところであったといってよいであろう。

この基経の献進に関連して留意されるのが、光孝天皇の政治姿勢である。

旧儀の復興

光孝は陽成天皇のあとを承けて基経に擁立されたという経緯や、後述するように、臨終に際して基経と宇多天皇の手を両手にとりながら後事を託したというエピソードなどから、一般には主体性を欠く存在であったとみられている。しかし即位時には壮年であったから、清和や陽成などの幼少天皇に比して、政務への取り組みには積極的なものがあった。

たとえば即位二か月後の四月二十三日、みずから紫宸殿に出御して「諸国銓擬郡司文《せんぎぐんじもん》」（郡司の詮考に関する書類）の読奏を聴いているが、これについて『三代実録』は、長い間廃絶していたものが、

光孝天皇陵

「旧儀を尋ね検じて」この日行われたと記している。また同六月十日には「御体御卜《ごたいのみうら》（天皇の体を慎むべき日を占い奏する）読奏」の儀式を復活しているが、これについても「承和以後、是の儀停絶す。是の日旧式を尋ねて之を行」ったとする。

承和とは仁明朝（八三三〜八五〇年）のことであるが、そうした行事が事実上承和で終わったとする認識が当時あったようだ。それを光孝が復興したのは、基経による障子の献進とともに、宮廷政治におけるこの時期のもつ意味が、小さくはなかったことを示している。むろんそれらは儀礼的要素の強いもので、「旧儀の復興」をもって、ただちに天皇親政の再現とみることは出来ないが、それまでの幼少天皇にはみられない、成人天皇の政治に対する意欲がうかがわれよう。

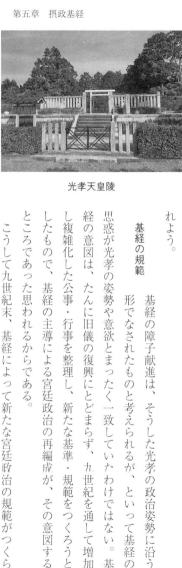

基経の規範

基経の障子献進は、そうした光孝の政治姿勢に沿う形でなされたものと考えられるが、といって基経の思惑が光孝の姿勢や意欲とまったく一致していたわけではない。基経の意図は、たんに旧儀の復興にとどまらず、九世紀を通して増加し複雑化した公事・行事を整理し、新たな基準・規範をつくろうとしたもので、基経の主導による宮廷政治の再編成が、その意図するところであった思われるからである。

こうして九世紀末、基経によって新たな宮廷政治の規範がつくられ、以後はこれにそって政治が行われた。文字通り、宮廷政治の年中行事化といってよいが、それに伴い公家社会で求められるようになったのが先例・故実《こじつ》である。それというのも政治の年中行事化のなかで必要なものは、正確な知識や正しい作法であったからで、政治＝儀礼における個人の行動が重視されるようになったことに他ならない。その際、行動のよりどころ、手本となったのが、家父長の言動や作法であった。先述来の理由からも、その際注目を集めたのが、基経の言辞や行動で、しばしば引き合いに出されている。

たとえば陽成天皇の元慶年間（八七七～八八四年）、基経は、十二月晦日の追儺《ついな》の時間が真夜中にあたり、世俗の忌もあることから、天皇の出御は必ずしも必要でないとした。これが九世紀末～十世紀にかけて、醍醐天皇の時には「前朝の故事」として儀礼化し（『西宮記』）、また基経の子右大臣忠平は承平六年（九三六）大臣大饗《たいきょう》を行った際、気分がすぐれず、「元慶八年の堀川院（基経）の例」によって廉外《れんがい》に出なかった（『西宮記』）ことなど、事例は数多い。宮廷政治を領導した基経の立場が知られよう。

ともあれ、こうして宮廷政治の骨格は九世紀末に至り、ほぼできあがった。しかし、それは政治の儀礼化を促す一方、故実作法が重んじられ、貴族社会や政治のあり方を形骸化する始まりでもあったことに留意する必要がある。

議所

九世紀末、光孝天皇と事実上の関白基経の時代は、国政審議のあり方を考えるうえでも重要である。

平安初期、公卿の合議システムが形成され、天皇が出御しない場合でも公卿会議が内裏でもたれ、国政が運営されるようになったことは、以前に述べた。わたくしはこれを「面議《めんぎ》」＝御前会議に対して「非面議」と称しているが、むろんそれが常態化した場合でも、重要政務は大臣らが紫宸殿や天皇在所に招集され、面前で審議（面議）するのが建前とされた。しかしやむをえず天皇が面議できない時、非面議の場として設けられたのが内裏の中、宜陽殿《ぎようでん》の南廂《みなみびさし》にあった「議所《ぎしょ》」である。それが光孝朝に入るや、議所にかわって陣《じんの》（仗《じょうの》）座《ざ》が盛んに用いられるようになったのである。

仗議の成立

陣（仗）とは、もともと内裏の警護にあたる左右近衛府の官人たちの詰め所で、左近衛陣は紫宸殿と宜陽殿をつなぐ紫宸殿の東北廊南面、右近衛陣は紫宸殿西南の校書殿の東廂があてられた。仁明天皇や文徳天皇が危篤に陥った時、ここが公卿たちの控え所とされたのは（『文徳実録』）、紫宸殿（内裏）に近く、緊急時に備えて待機する格好の場所であったからであろう。この陣（仗）頭に「公卿座」が設けられ、公卿すなわち「大臣以下参議以上」が参内した時の控え所とされたのも、そうした場所がらによる。

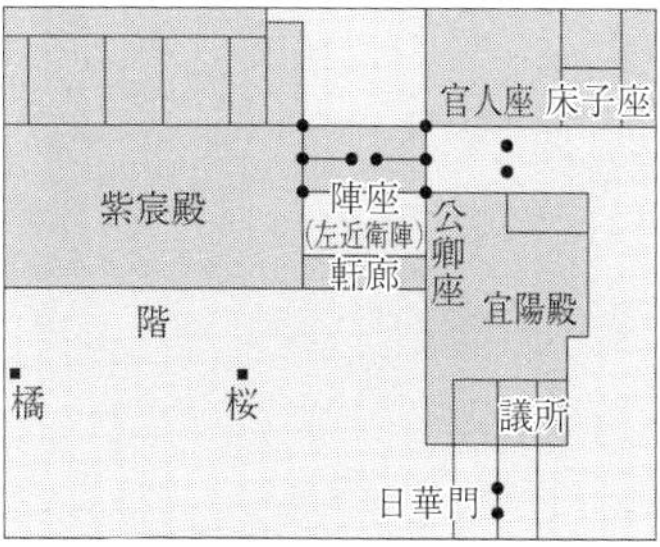

内裏の陣座・議所

ちなみに公卿座といえば、議所のある宜陽殿の西廂—正確にいえば乾（北西）の角の廂の間にも設けられたが、そのほうが「公卿本座」と呼ばれてハレ向きの場所とされ、近衛陣のそれよりも格式の高いものとされた。宜陽殿はその母屋に累代の重宝が収蔵された伝統的建物であったところから、議所が設けられ、天皇御前に準ずべき場所とされたのであろう。

それはともかく光孝天皇の時代になると、その陣（仗）頭で論奏審議がしきりに行われるようになり、明かに陣座の機能に変化の生じたことが知られる。

たとえば『三代実録』によれば、仁和元年（八八五）三月、公卿たちは左仗（陣）に集まり仁王会《にんのうえ》の行事人を定め、翌年六月には左右大臣以下がやはりここで相撲司任官の人撰について定めるなど、その一例である。右仗ではなく、左仗が多く用いられたのは、大臣たちにとって宿所にも近く、なにかと便利だったからである。

むろんこれ以前でも陣頭（陣座）が政務の場に用いられなかったわけではない。天安二年（八五八）八月、文徳天皇の葬儀のことが審議されたり、またその後数か月にわたって、外記庁で行われていた公卿聴政《ちょうせい》が近衛陣頭で行われるなどのことはあった。しかしそれはあくまでも天皇崩御時の臨時的措置であったのが、光孝天皇時代との大きな違いである。

「年中行事障子」の献進とともに、光孝朝以後、陣（仗）頭が公卿審議の場として定着し、常態化したことの意味は小さくはない。それは基経の政治姿勢に重なるものであった。

こうして王朝貴族政治の要件がはじめて備わり、それは十世紀半ばに展開する摂関政治で名実ともに確立することになる。

第六章　基経と阿衡の紛議

1　宇多の混乱

一世源氏の即位

陽成を廃位に追いやった基経の本意は、上皇陽成とその母高子が持つ政治的影響力を排除し、いずれ時期をみて外孫貞辰《さだたつ》親王を皇太子に立てることであった。基経にとって老齢天皇光孝の擁立は、陽成母子を封じ込めるための手段であった。げんに、母子の立場を事実上無きに等しいものにしている。ただし基経の誤算は、その光孝が皇太子を立てないまま在位三年で病床に伏し、重態に陥ったことであった。

仁和三年（八八七）八月、基経は死期の迫った光孝に立太子を要請する。この時光孝は後継者を指名こそしなかったが、秘かに第七皇子の源定省《さだみ》に期待していることをほのめかす。それを察知した基経は、その意を汲んで定省を推戴、朝議を一決したのである。

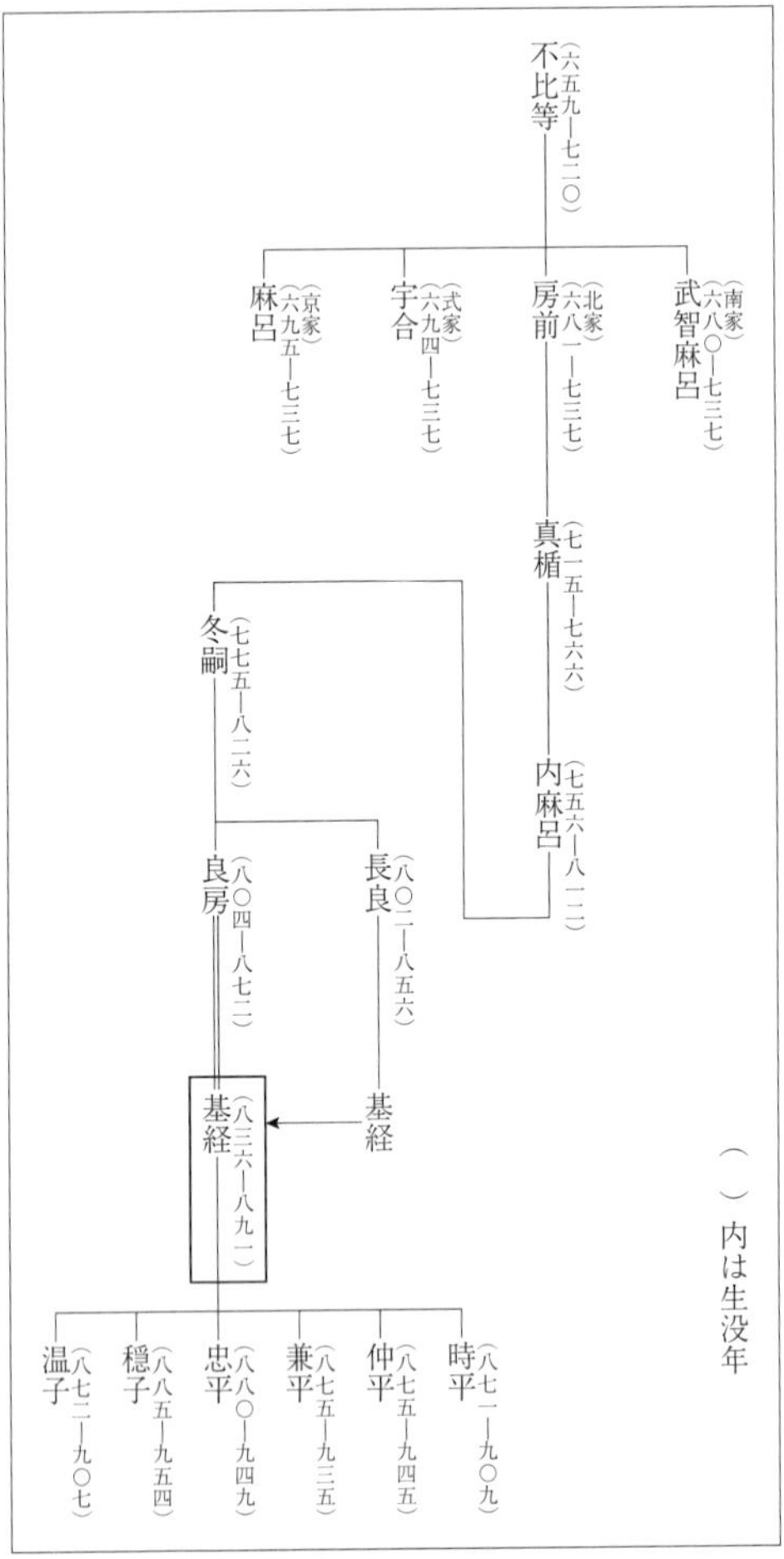

第六章で取り扱う時代（□内）

光孝は即位後、自らの皇子女すべてに源朝臣を与えて臣籍に降していた。定省もその一人であったため、基経は親王に復させて皇太子に立てたのである。しかも立太子の当日（八月二十六日）、光孝が崩御したので、翌日、定省は急遽践祚《せんそ》している。二十一歳の宇多天皇である。一度臣籍に降下した者が皇位に即くのも異例なら、立太子の翌日に践祚するのも前例のない措置であった。かつて陽成天皇の譲位に際し、皇位への野心をほのめかした嵯峨の皇子左大臣源融《とおる》に対して、基経が臣籍降下した者が即位した例はないとして一蹴したことが想起されよう。

融は陽成の即位以来、自宅に引きこもっていたが、光孝朝に入って左大臣として復帰し出仕していた。その融が定省の推挙に異議を唱えた形跡はない。すべて基経の尽力によるものであったといってよいが、こうした前代未聞の擁立が実現した背景に、基経の異母姉で当時定省の養母になっていた尚侍藤原淑子の奔走があったことも確かである。この尚侍淑子については、のちにもう一度述べることにしよう。

家人にはあらずや

宇多天皇がのちに日記（『宇多天皇御記』）に記したところによれば、このとき光孝は、左に宇多の手を、右に基経の手をとり、基経に対してわが子のように宇多を助けてほしいと頼んだという。光孝がもっとも恐れたのは、宇多と基経との不仲であったろう。二人の間に亀裂が生じた時、基経が自邸に引き籠もり政務をボイコットすることは明白であった。基経の心底を見抜いていた光孝は、この時すでに二人の関係に不安を感じていたように、わたくしには思われるが、ともあれこの光景は、宇多にとっても強烈な印象として残ったに違いない。

陽成天皇陵

なお定省の生母は班子《はんし》女王（桓武天皇の皇子仲野親王の娘）であり、基経との間に血縁関係はまったくない。

『大鏡』には、皇位についた宇多天皇が陽成院（譲位後の陽成上皇の御所）の前を通って行幸したところ、「当代（宇多）は家人にはあらずや。」（あの宇多は、かつて私の家来だった者ではないか）と陽成は怒りをあらわに語ったという話が記されている。かつて宇多が源定省と称していた即位前、陽成天皇の侍従として仕えていたことは事実で、陽成が神社に行幸した際、舞人《まいびと》を勧めたこともあるというから、あながち荒唐無稽な話というわけでもなさそうである。

ちなみに、宇多（朝）における陽成上皇の言動や振る舞いは、人びとの反感を買うことも少なくなかったようである。たとえば摂津にあった備後守藤原氏助《うじすけ》の邸宅に武装して乱入したり、京中の下人宅に馬を乗り入れるなどは、その一例である（『扶桑略記』）。宇多（朝）に対する嫌がらせだったのか、図らずも退位に追いやられた陽成が、不満の矛先を宇多に向けることで、押さえきれないやり切れなさを解消していたのかも知れない。

補佐の要請

仁和三年（八八七）十一月十七日、大極殿で即位した宇多はさっそく基経に勅書を送ってその補佐を要請し、もし基経が補佐を辞退するようなことがあれば、自分も世を捨てて山林に逃れよう、と述べている。また、のちに宇多が左大臣源融に語ったところによれば、基経に向かって、前代より〝摂政〟であったように、自分についても「父子」のように〝摂政〟として補佐してほしい、とも述べたという（以上『宇多天皇御記』）。じつは、この〝摂政〟についての宇多の認識の甘さが、基経との間に齟齬をきたす発端となる。以下、いわゆる阿衡《あこう》事件がおこる経緯を詳しく述べてみたい。

そもそも即位直後、基経に補佐を要請して四日後の十一月二十一日、宇多は基経に対して「其の万機巨細、百官己《おの》れにすべ、皆太政大臣に関《あずか》り白《もう》し、しかる後に奏下すること、一に旧事《くじ》の如くせよ」との関白の詔を下している。これが「関白」の詔の初見で、作者は宇多の侍読橘広相《たちばなのひろみ》である。前に述べたように、光孝が基経に与えた勅とほぼ同様の内容で、ここに「旧事の如くせよ」とあるのが、それのことをさす。

「摂政」と「関白」の混乱

気になるのは、宇多（側）がこの詔の表題で、「摂政太政大臣に万機を関り白す詔を賜う」といい、詔の中でも基経を「三代（清和・陽成・光孝）の摂政」であったと記していることである。基経に対して「摂政」として協力を要請したことは、前述したように宇多自身、源融に語ったところからも明かで、これをみる限り、宇多は基経に「摂政」という立場で「関白」することを求めている。換言すれば宇多は、摂政の権限とは天皇を関白す

天皇と摂政（関白）

ることである—そう理解していたようである。のちの常識—摂政とは幼年天皇に代わって政治を行う立場、関白とは成人天皇を補佐する立場—からすれば混乱しそうである。

この詔に対して閏十一月二十六日、基経から辞退の上表文が提出された。『政治要略』（巻三〇）に収めるその内容からいって、当時の慣例通りの上表文であったとみてよいが、留意しなければいけないのは、その表題が「太政大臣（基経）摂政を辞する第一表」と記されていることである。

すでに光孝時代、摂政と関白の違いを基経は明白な事実として理解していた。すなわち基経は自らの立場が宇多の摂政ではなく、関白であることを十二分に了解していたはずである。宇多が成人天皇である以上、摂政では有り得ないし、じじつ基経がその立場を求めた形跡もない。にもかかわらず基経がこの辞表に「摂政」と記したのは、宇多が詔の中で基経の立場を「摂政」としているからで、基経にしてみれば、宇多の詔の文言を反語的に用いることで、宇多の認識に反省を促す意図があったのではなかろうか。そこには基経の苛立ちすら感取される。

しかし、宇多側には基経の仕掛けた謎がまったく理解出来なかった。というのは、基経のこの辞表に対して下された勅（翌二十七日の二度目の勅）も、言葉遣いの点で前詔（一度目の詔）と何ら変わる所がなかったからである。おそらくこのようなやり取りが続いたら、それだけでもトラブルに発展する可能性は十分にあったろう。

ところが二十七日に下された二度目の勅は、それにとどまらなかった。その中に「阿衡の任」という文言が記されていたのである。

阿衡の任

繰り返すことになるが、ここでも宇多は表題で、「太政大臣関白を辞するに答える勅」という一方、本文では「（太政大臣）摂政を辞すると有り」と記しており、関白と摂政の語を宇多は同じものとして用いている。このことは起草者広相を含めて宇多側が、摂政と関白の立場なり職権の違いを、この時点でも認識していなかったことを示している。

この勅が問題になったのは、その上さらに基経の立場をいうのに、「宜《よろ》しく阿衡の任をもって卿の任と為せ」と述べているように、「阿衡の任」という語を持ち出したことにある。基経は一切の政務から手をひき、自邸に退いてしまった。

何故基経は怒ったのか。

阿衡は中国古代の宰相のことで、いわゆる三公（太政大臣・左大臣・右大臣）をさす。これ以前、前述したように光孝が勅書の中で基経のことを「阿衡」と述べていた（『三代実録』元慶八年七月八日条）。そこでは問題にならなかったこの言葉が、ここで問題になったのは、基経の家司藤原佐世らが基経に対して、「阿衡は位尊くも、職掌なし」と断じたことによる。

これを聞いて政務を放棄したというのは、基経が、自分は摂政ではなく関白であると認識する一方、関白そのものは決して閑職ではないと考えていたことを示している。この点は重要である。基経は関白を実のある重職と考えており、名誉職に甘んじる気は毛頭なかったことを物語っている。

それにしても、最初の詔に見られなかった「阿衡」の語が二度目の勅に、何故用いられたのか。思うにそれは、光孝の時、基経の立場を表すのに用いられた「阿衡」を持ち出すことで、基経に対するより大きな敬意を示そうとしたものであろう。基経に全面的に頼る宇多としては、すべて「旧事の如く」＝光孝朝にならったつもりであったのだ。そこに悪意などあろうはずはなかった。しかし宇多側は、基経の考えが理解できていなかった。

融の説得

宇多は事情がよく分からないままに、左大臣源融を通して基経を説得しようとした。しかし広相（宇多側）が、阿衡は摂政と同じ任であると弁明すればするほど、摂政にはなり得ないはずの基経側にとっては、ますます虚構で非現実的な空論としか受け取れなかったであろう。融の説得は功を奏さず、結局は基経が政務をボイコット、それはほぼ一年間も続くことになる。

それにしても基経は事件の最中、何故自分の意見を宇多に伝えなかったのか、と疑いたくもなる。その意味で良房ほどの権勢欲はなかったとしても、陰湿さは免れがたいし、スケールの大きさは感じとれない。

広相と佐世の対決

　基経が宇多に要求したのは何であったのか。

　政治改革に意欲を燃やす宇多に即位当初から危惧を抱いていた基経は、その出鼻をくじき宇多の寵臣である橘広相を失脚させることが目的であった（所功『菅原道真の実像』）とみるのが通説である。しかし、宇多を擁立した当初、少なくとも基経が宇多に対して警戒心を抱き、それを抑止しようと働きかけたという形跡はない。だいいち、そうであるならば基経が宇多を擁立するはずがない。宇多の即位は基経の尽力によって実現したことを想起すべきである。基経の脳裏には、もっと複雑な思いが絡み合っていたと思わざるをえない。

　もう少し事件の経緯を追ってみる。

　基経が政務をボイコットしたまま、その年（仁和三年）が過ぎた。しかし年が明けても宇多と基経の硬直状態は出口が見えず、国政渋滞は解消される気配がなかった。こうした事態を憂慮した左大臣源融は、事態の打開をはかるために翌仁和四年（八八八）四月、学者たちに阿衡について職掌の有無を考察させている。諮問されたのは明経博士善淵愛成《よしぶちのちかなり》・大学助教中原月雄《なかはらのつきお》・少外記紀長谷雄《きのはせお》・大内記三善清行《みよしきよゆき》・左少弁藤原佐世《すけよ》らであった。しかしいずれも佐世の解釈と同様、阿衡には典職（定まった職掌）なし、というのがその結論であった。ただしこうした解釈が出された裏には、宇多に寵愛されている橘広相に対する反感や、学者間の対立があったことは間違いない。結論は、初めから決まっていたも同然であった。

　策に窮した宇多天皇は六月、ついに佐世と広相を殿上に召して対決討論させたが、決着がつくはずもなく、基経からは阿衡について一決しなければ政務は執らない、との返答があった。そこで左大臣源融は先の勅を改めるべきであると宇多に要請、その進言にしたがって宇多はついに前勅を取り消し、「勅答を作れる人広相が阿衡を引けるは、すでに朕が本意に乖《そむ》きたるなり」という詔を下している。宇多が日記（『宇多天皇御記』）に、「朕ついに志をえず、枉《ま》げて大臣の請うに随う。濁世の事かくのごとし、長大息となすべきなり」と書き記したのは、この時のことである。

しかし、それでも基経が態度を軟化させることはなく、今度は執拗に広相の断罪を求めたようである。そこで十月に入り、左大臣源融が明法博士らに広相の罪科を答申させたところ、詐《いつわ》って詔書を作成した広相の罪は遠流に相当するという厳しい回答であった。だがこの段階で、基経の怒りが消失せていると判断した宇多は恩詔を下し（後述）、結局広相は罪を問われることはなかったという（『政治要略』）。

道真の諫言

讃岐守として任国にあった菅原道真がひそかに上京して、基経に諷諫の書を送ったのはこの間のことである。

『菅家文草』に、「家書を読みて歎ずる所あり」と題して、家人からの手紙を読んで、学者である自分が都にいなくてよかった、都で盛んに行われている議論（阿衡の紛議）に巻き込まれなくて幸せである、との詩を収めている。また、「諸詩友を憶《おも》い、兼ねて前濃州田別駕《でんべつが》（前美濃介島田忠臣のこと）に寄せ奉る」と題する詩があり、そこでは「天下の詩人、京に在ること少《まれ》なり、況んやみな阿衡を論ずるに疲れ倦《う》みたるをや」と詠んでいる。都中を沸騰させる阿衡議論に学者として煩わされないでいることに安堵するいっぽうで、讃岐に身を置く以上、口を噤まざるを得ない自身の立場に、多少の歯がゆさを抱いている様子を彷彿とさせる。

その道真を動かしたのは、基経が命じたのか、広相の問責を要求された明法博士らの行為であった。道真は上京することを決意する。

「昭宣公（基経）に奉る書」と題す基経宛ての道真書状は、「信じて諫《いさ》めざる、之《これ》を諛《ゆ》と謂う」（自分の信念に反しても諫めないのを阿諛という）という書き出しで始まり、阿衡問題の経緯に触れ、続いて「去る十月、大臣（源融）明法博士に命じて云わく、広相の当たる所の罪名を定めよ」との広相に対する引責勘問を引用した後、まず第一に「己《おの》が業」のために、第二に「大府」すなわち基経のために憂慮すると述べて、道真の持論が展開されている。広相の罪刑を徹底的に追及しようとしていると聞いた道真が、止むに止まれず上京し、基経への諫言を決断させたものと思われる。

菅原道真

道真の書状は基経を諫め、一貫して広相を擁護する内容で、その激しく一途な口調は威圧的でさえある。

広相の擁護

道真は広相を擁護する根拠を二つに絞って論を展開し、訴えている。

一つは、学者としての立場からである。すなわち阿衡の典職有無は些末な議論であり、学者ならば多少の潤色をもって作文するのが常である。広相も悪心をもって作文したのではなく、それをこのように処罰するとなれば、今後文章を作る者はみな罪科に処されることになる。作文を家業とする我が菅家も廃れるに違いない、というのである。

二つは、広相と宇多との関係からである。広相は宇多天皇擁立の最大の功労者であり、娘の義子は女御《にょうご》としてすでに宇多の皇子二人を生んでいる。この二点は「大府（基経）」でも及ぶ所ではない。近頃勢力が衰えてきた藤原氏であるが、大府の徳によって祖先の名を堕とさないでいる。それを広相のような優れた臣下を罪科に処して人びとの反感を買うことは、藤原氏にとって得策ではない。大府のために悲しむものである、と。

繰り返すことになるが、道真は阿衡の典職有無について基経に訴えたのではない。広相の断罪は世間の非難を買うだけで、基経にとって決して利のあることではないと進言し、広相を擁護したのである。

東閣の主

道真は基経よりも九歳年下である。しかも基経は政界のトップ（太政大臣）である。そうした基経に対して、道真が諫言書を認めるだけでも尋常なことではないが、その内容は威圧的であり、気迫に満ちた論調で基経を諭している。この二人の関係は年齢や立場を超えて、深い信頼と絆で結ばれていたことを思わせる。

道真の漢詩文集である『菅家文草』には、基経の「東閣」で開かれた宴に道真がしばしば招かれ、そこで詠んだ詩が収められている。

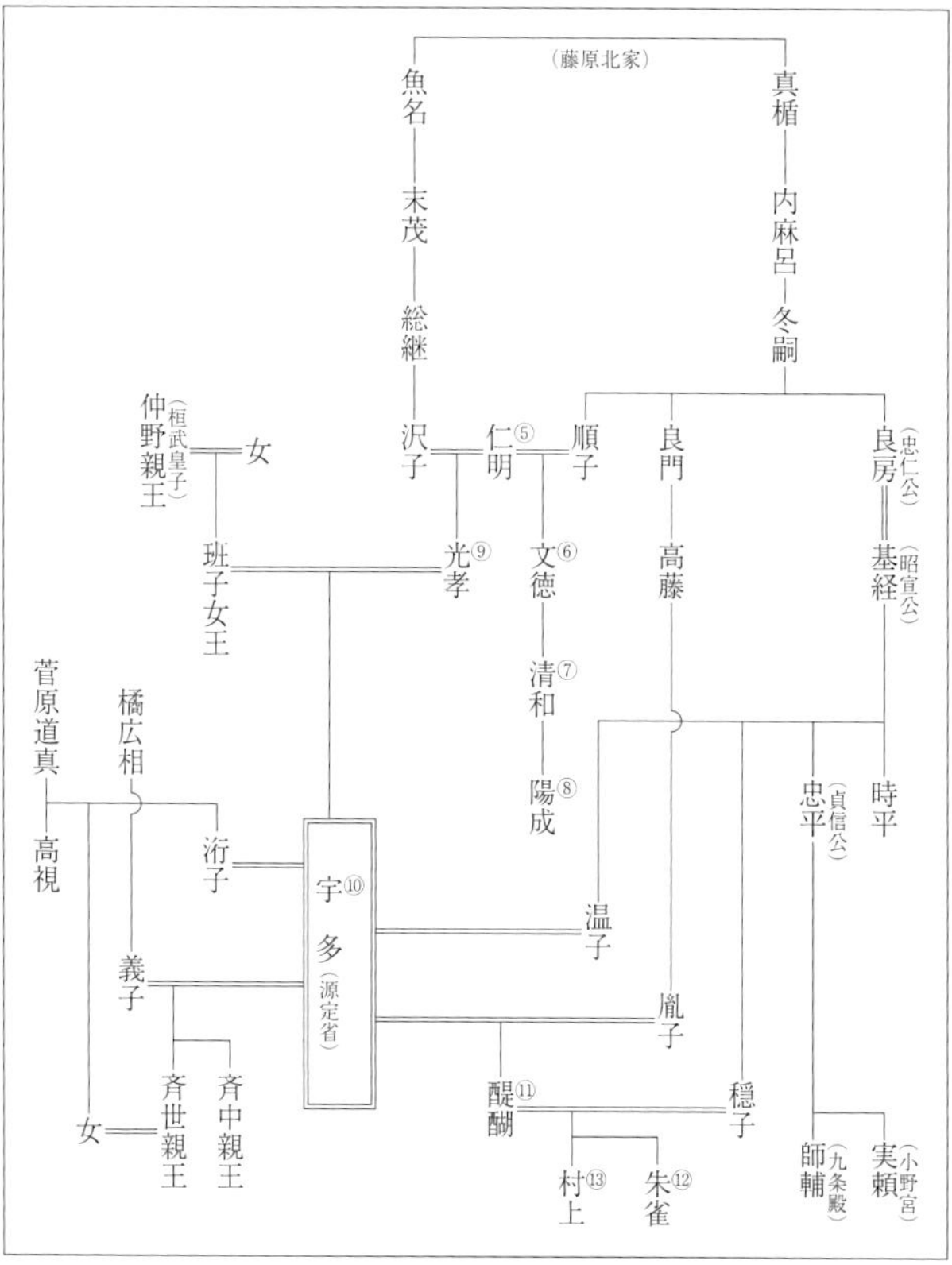

宇多の周辺（数字は桓武天皇から数えての代数）

「東閣」は基経が自邸の東に設けた書斎で、中国、前漢の宰相公孫弘《こうそんこう》が、自邸の東側に客館を設けて賢人らと政治を論じたという故事にならったものである。「東閣」での詩会に招かれた学者文人たちの中でも道真は別格扱いで、基経と道真とは特別な関係にあったことがうかがえる。仁和二年（八八六）正月、宮中で行われた内宴で、基経は「明朝の風景は何人《なんぴと》にか属さん」という白居易《はくきょい》の詩を吟じ、道真との別れを惜しんでいる（『菅家文草』）。讃岐（守）に赴任することになった道真に対して、明日からはこの風景を歌う詩人がいなくなると思うと淋しいものだ、と吟じたのだった。

道真と基経がこうした強い信頼関係で結ばれていたことを考えると、基経に諫言書を送った道真の真意が理解されよう。それまで築いてきた関係から、道真は、真心をもって進言すれば必ず意は通じる、と確信していたに違いない。「信じて諫《いさ》めざる、之《これ》を諛《ゆ》と謂う」との書き出しに、道真の詐らざる信念がうかがえる。

道真の諫言書がこのように迫力があることから、これによって阿衡問題が終息したと考えられることが多い。しかし、基経が心を動かされるということはあったにせよ、それが事件の終息にどの程度影響を及ぼしたかどうかは分からない。ただ、少なくとも基経に衝撃を与える内容であったと、わたくしは考えている（後述）。事件が急転直下終息するのは、基経の娘温子が宇多の女御として入内したことによるが、この問題を含めて、詳しくは後述することにしたい。

讃岐から阿衡事件の成り行きを見守っていた道真が、任を終えて都へ戻ってきたのは、事件もほぼ落着した寛平二年（八九〇）春のことであった。

2　摂政・関白論争

宇多の寵臣、橘広相が「阿衡」の文言を使ったことに端を発したトラブルは、落着するまでに足かけ二年を要するという長期戦となった。この間、基経はいったい宇多に何を求めていたのか。改めて考えてみたい。

基経の要求

じつは基経の本意というのは、トラブルが起こった翌年、仁和四年（八八八）六月、宇多が左大臣源融の助言にしたがって先に下した勅答を取り消し、あらためて下した勅に明らかである。その主旨は次のようなものである。

「阿衡の任を卿の任と為せ」といったことが基経を怒らせ、そのために国政が渋滞したことを述べたあと、これを打開するために学者らの勘文《かんもん》を徴したところ、「阿衡」は坐して道を論ずるだけのもので典職なしというのが一致した意見であった。そうであるなら、確かに尊い人に政務をとってもらうことは出来ないであろう（だから阿衡の語を用いたのは間違いだった）。しかし朕の本意は、基経が万政を関白し自分を教導補佐してくれることであって、そのために前勅を下したのである。それを広相が「阿衡」の語を引用したのは、朕の真意に背くものであって、基経がますます固辞するのは当然のことであった、といい、改めて「今よりのち太政大臣（基経）は衆務を輔け行い、百官を統べ、奏すべきの事、下すべきの事、先の如く諮《はか》り稟《う》けよ」、すなわち光孝時代とそっくりの立場、関白を命じている。

ながながと述べたが、ここから知られるのは、第一に、ここにきて宇多が関白あるいは基経の立場を明確にしていること、第二に、勅には記されていないが、摂政と関白の違いについても宇多が理解していること、である。基経の職掌について、以前あれほど用いていた「摂政」の語がここではまったく出てこないのが何よりの証拠である。換言すれば、光孝時代に明確になっていた概念と同じになったことがうかがえよう。これは自分の立場が関白であるとした基経の意向に従ったものといってよい。およそ一か年におよぶ基経のサボタージュの間に、さすがに宇多側もその理解に到達したのである。その意味で事態は落ち着くところに落ち着いたのであり、またその限りにおいて基経は決して不当な要求をしていたわけではない。

広相の断罪

源融の助言にしたがって改めて下された先の宇多の勅で、もう一つ目につく改作のポイントは、「阿衡」の語について、それは自分の真意に背くものであった、と広相に責任を転嫁していることとである。

この「阿衡」の語については、光孝の即位直後、基経に対して「奏すべきこと、下すべきこと」つまりのちの関白の職掌を命じた勅書のなかで、光孝が基経のことを「阿衡」と称している（『三代実録』元慶八年七月八日条）こと、宇多は基経を最大限に称賛するため、この光孝にならって二度目の勅で「阿衡」を持ち出したこと、などについては以前に述べた。

基経が怒った原因は「阿衡」の語ではなく、宇多の理解のなさにあったが、ここで見逃していけないのは、改作の勅で、宇多が「阿衡」の語は自分の本意ではなく広相がかってに用いたもの、と述べていることである。政界のトップにある基経にとって、この宇多の発言は看過できない問題であろう。天皇の寵臣とはいえ、天皇の意思に反して勅を改作したとあらば、政治家として黙っているわけにはいくまい。広相の「作誤詔書所当の罪」についての勘申が命じられている（十月十三日）のは、宇多の改作の勅が下された（六月二日）にもかかわらず、頑なに態度を変えない基経の真意が、広相の問責要求にあったことを宇多が知ったからである。

当時の一失

しかし基経という人物の不可思議さは、宇多側が自分の真意を理解しさえすれば、不満が解消するという性格の持ち主だったことである。げんに、広相の罪刑について明法博士らの答申が行われた（十月十五日）途端、基経の怒りは雲散霧消したようである。広相を憂慮する宇多に対して基経は、広相について自分は何とも思っていない、宇多の本意に背いた勅答を広相が作成したのは「当時の一失」であったと述べ、宇多を安堵させている（十月二十七日）。これによって宇多は、基経が広相の断罪をもはや要求していないことを知り、罪刑勘申が奏上されるより以前に、広相に恩詔を与え不問に付したのであった。ちなみに広相の罪は遠流《おんる》に相当し、減免規定（「名例律」）を適用しても贖銅《しょくどう》（罰金）二十斤という厳しいものであったという。

学問を好み、文人学者との交流も幅広く行っていた基経は、「阿衡」の語を用いた広相の心情なりその背景を、十分に理解していたものと考える。その意味で、広相を実際に断罪する気はなかったであろうが、立場上放置できなかったということである。しかし、そうした自分の意見や気持ちをストレートに相手に伝えないのが基経であり、その発散の手段が常にサボタージュするというのが基経流の意思表示であったように思われる。

それにしてもミウチの幼帝をあえて立てなかったばかりか、みずからの立場も摂政ではなく、それよりも権限の限定された関白にとどめるなど、基経の振るまいは、奇特と思えるほどに自己抑制的であった。しかし繰り返していうように、要求実現の手段がいつもサボタージュという行動パターンであったのが気になるところで、政治家としてのスケールは良房に遠く及ばなかったように思う。

それにしてもいささか解せないのは、急転直下事件が解決したことである。自分の意見が相手に通じると一切を水に流し、それどころか恩情をさしのべるのが基経流のやり方であった。とはいえ、ここにきて掌を返したように基経が折れたことが腑に落ちないのである。

淑子の奔走

そこでよく言われるのが、後宮の実力者であった尚侍淑子の仲介である。

淑子は基経の二歳年下の異母妹であるが、藤原氏宗と結婚したあと宮廷に出仕してしだいに存在感を増し、元慶八年（八八四）、光孝天皇が即位すると尚侍に任じられている。この間、光孝の第七皇子源定省（のちの宇多天皇）を猶子にしていたといい、宇多の即位に際しては、「龍潜（即位以前）の時の功」によって正三位から一挙に従一位に昇叙されている。宇多の即位に淑子の多大な尽力があったことをうかがわせるが、阿衡事件の解決にもまた、この淑子の奔走があったことは確かである。というのも、基経の娘温子が宇多の女御として入内することが決まった途端、基経の態度が軟化したからである。入内は、おそらく淑子の裏面工作によるものであろう。ここにはからずも基経のホンネが顔を出しているが、このことについては次節で詳述したい。

阿衡事件の裏には、宇多に寵愛された橘広相を陥れようとする学者間の陰湿な対立があったことは事実である。しかし宇多が成人であったことに加えて、ミウチ関係がなかっただけに、基経の立場について議論の生じる余地があったことも確かである。そこで基経の位置づけを明確にしようとしたことが、却って裏目に出てしまった。しかし、なによりも宇多自身が問題の本質を十分つかんでいなかったところに、事件を複雑にしたいちばんの原因があったといってよい。

しかし、こののち一時期の中断を経て摂政・関白が常置されるようになった基経の子、忠平の時には、両者の概念は明確なものとなっている。後述するように、妹穏子の生んだ幼帝朱雀の摂政となった忠平は、天皇の元服後は関白に改められている。その時期に摂政・関白の概念がほぼ出来上がっていたことを示すものであるが、宇多の阿衡事件は、概念が未成熟な段階で起こった事件に他ならない。

九世紀の初め、天皇権と上皇権の対立から薬子の変が起こったように、ミウチ関係を原理とする政治の体質が強まるなかで、阿衡の紛議もまた早晩起きるべくして起こったトラブルであった考える。

温子の入内

阿衡事件の解決にあたり、宇多の養母であり基経の妹であった淑子が基経の説得にあたったこと、その淑子の仲介によって基経の娘温子が宇多に入内した途端、急転直下事件が解決したこと、などを述べたのがこれまでの要旨である。そして、そこにはからずも顔を出した基経のホンネを垣間見たのであった。

すなわち『日本紀略』には十月六日（仁和四年）、温子の入内（更衣）が決まり、十三日に女御になったと記している（なお『日本紀略』にはこれ以前、九日条にも温子が女御になったという記事を載せている。『日本紀略』にはこの種の重複記事は珍しくなく、十三日条には、『宇多天皇御記』によれば温子は九日に女御になったとしていると注記している。九日・十三日のいずれとも判断しかねた『日本紀略』の編者は、思案の末、両日条に同様の記事を収めたものと考える）。時に温子は十七歳であった。これより二週間ほど前の九月二十二日、橘広相の娘義子は藤原胤子とともに更衣となっている。この二人は、宇多の即位前からキサキとなりすでに子女をもうけていたが、温子が彼女たちを差し置いて、ひとり女御となったことは、宇多の正妻として迎えられたことを意味する。

温子が女御になった十月十三日（『政治要略』では十五日とする）は、広相の罪刑について明法博士らに対して勘文を差し出すように命じられた日であった。そして二日後の十五日、罪名勘申が起草されたが、答申される前に恩詔があって、結局奏上されないままに広相の罪は不問に付されたのである。

こうした経緯を見ると、温子の入内（九日であったにせよ、十三日あるいは十五日であったにせよ）が広相の処罰と関係するものでなかったことは明白である。基経には断罪する気持は端からなかったのである。

ホンネは？

養父の良房とは異なり、ミウチ関係の構築については一見、淡泊であったかに思えた基経だが、これまでにも繰り返し述べてきたように、それが基経の本意だったわけではない。真意は外孫貞辰の擁立であった。光孝ついで宇多の擁立を推進したのも、すべては陽成母子の政治的立場を抹殺するためであった。しかし、その母子はなお健在であり、陽成を廃位した時から

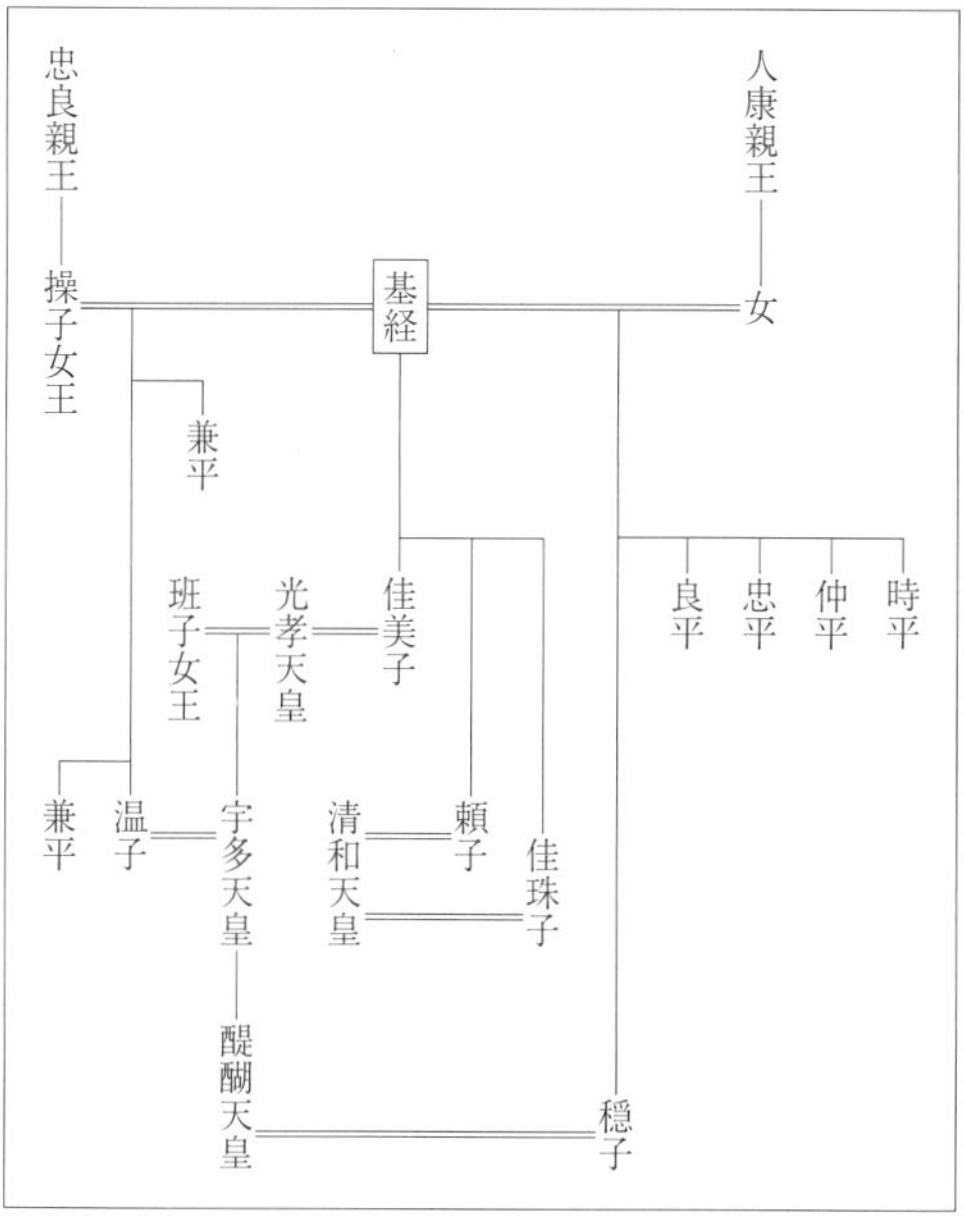

基経略系図

事態は変わっていない。阿衡事件はそうした状況のなかで起きたもので、宇多との関係は完全にこじれてしまっている。ここまでくると藤原氏一族はむろんのこと、長男時平の将来にとって得策でないことは明らかであった。

　そこで基経は宇多と妥協し婚姻関係を結ぶことを決断したのであった。

　温子の入内は、もとより基経が望むところであった。しかしそれを当初から強引に推し進めようとしたわけではない。そこが養父良房と違うところであるが、この時期、婚姻関係を進めた背景に、道真の諫言書が無関係ではなかったように思われる。道真は基経の弱点として、広相の娘が宇多の皇子を儲けていることをあげていたからである。これは「大府（基経）」でも及ばない、と。じじつ、この時まで基経には宇多との婚姻関係はなかった。

そして何よりも気がかりは、息子時平の将来であったろう。時平が宇多との政治的関係を、基経と同様に構築できるかどうか、はなはだ疑問であった。阿衡事件が起こった仁和四年（八八八）、時平は十八歳、従四位下右近衛権中将で、前年昇殿を許されたばかり、上席には多数の公卿たちがいる。時平のために宇多（二十二歳）との関係を結んでおくことが不可欠と判断したのは当然であろう。

基経は、その機会をうかがっていたと考える。そこに淑子の仲介があり、すべてが解決したのであった。その意味で、道真の諫言書が基経に与えた影響は小さくはない。

ちなみに宇多が勅答を取り消して全面的に非を認めるや、基経は娘温子を宇多の女御として入内させ矛を収めているのは、はからずも基経のホンネが顔を出している。基経が求めたのは、あくまでもミウチ関係をテコにした権勢の座であった。

壺切の剣

基経と宇多天皇との関係について、もう一つ興味を引くのが壺切の剣である。鎌倉前期の説話集（編者未詳）である『続古事談《ぞくこじだん》』（第一王道后宮第三話）に、次のような話が収められている。

東宮の御まもりにつぼきりといふ大刀は、昭宣公の大刀なり。延喜の御門《みかど》儲宮《もうけのみや》にをはしましけるにたてまつられたりけるよりつたはりて、代々の御まもりとなるなり。

ここに見える壺切の剣とは、いわば東宮の護り刀であり、昭宣公こと基経が所持していたもので、それを延喜の御門すなわち醍醐《だいご》天皇が皇太子の時に宇多天皇から贈られて以来、代々皇太子の護り刀となった、というのである。

ちなみに『宇多天皇御記』仁和五年（八八九）正月十八日条に、「太政大臣（基経）奏すと云々。昔、臣の父名剣有り。世に壺斬と伝う」とあり、それが基経の父（長良とも良房とも）から文徳天皇へ、その後文徳から基経に与えられ、今度は基経が宇多に献上したと記されている（『扶桑略記』や『西宮記』にも所載）。また、『醍醐天皇御記』延喜四年（九〇四）二月十日条にも、「吾（醍醐）又始めて太子たるの初日、帝（宇多）朕（醍醐）に御剣を賜う。名を壺切と号す」とあり、醍醐はそれにならってこの日（崇象親王の立太子の日）、崇象《むねかた》に壺切を贈ったことが知られる。

こうしたことから判断すると、少なくとも壺切という名剣が基経→宇多→醍醐→崇象に継受されていること、醍醐天皇以降、それがいわば東宮のシンボルとして献上されるようになっていったことが知られよう。遡って奈良時代、聖武天皇没後に東大寺に献納された草壁皇子の佩刀や、藤原百川の子緒嗣の元服に際して、桓武天皇がかつて百川から献上された刀を緒嗣に与えたことなどが想起される。

臣従の誓い

こうした護り刀の贈答継受について薗田香融氏は、臣従の誓いであり主従の信頼関係の証しを示すものといわれたが（「護り刀考」『伝承文化研究』一）、そうであるならば基経が宇多に壺切剣を与えたことの意味は、非常に重大であったと見なければならない。しかもその時期（仁和五年正月十八日）が、基経の娘温子が宇多に入内した三か月後、すなわち阿衡事件が解決した直後であったことを考えると、基経にとって、剣は宇多との絆の証であったと見ることができよう。ただし、『宇多天皇御記』（仁和五年正月十八日条）に記されるこの日に献上されたかどうかは明らかでないし、これによって宇多が基経に対する信頼を百パーセント回復させたかどうかは、むろん分からない。しかしいずれにせよ、こうしたところにも基経の性格を垣間見ることができる。

切り換え

基経はすでに光孝朝を通して、幼年天皇と成人天皇とで後見者としての立場・権限の違い、すなわち「摂政」と「関白」に違いがあることを了解していたが、宇多天皇方はそのことを理解していなかった、という点に着目して阿衡事件の真相を明らかにしてきた。そこで明確となったのは、摂政が天皇の父、すなわち上皇が不在の際、それに代わり、その立場を踏襲する形で登場したということである。したがって摂政の権限も、当初は上皇権そのものであった。当初の摂政、とくに良房の場合は天皇の年齢に関係なくその立場を保持し、天皇が成長しても関白に切り換えられなかったのが、そのことを端的に示している。その意味で摂政は譲位の制度がなければ登場する可能性はなかったといってよい。

こののち摂政（関白）は一時期の中断を経て、基経の子忠平の時に常置されるようになるが、その際、両者の概念は明確なものとなっている。

宇多天皇は基経没後、摂政・関白を置かず、続く醍醐天皇も父宇多の意志を承けて摂関は置かなかった。ところが延長八年（九三〇）九月、重病に陥った醍醐は朱雀天皇に譲位する。しかし、朱雀は時に八歳の幼帝であったことから、忠平が摂政となったのである。忠平は基経の四男であったが、基経の嫡男時平は延喜九年（九〇九）、三十九歳で早世しており、そのあとを承けて左大臣として廟堂の首班となり政権を掌握していた。

朱雀の生母藤原穏子《おんし》は忠平の異母妹であり、忠平は朱雀の外伯父であった。延長八年（九三〇）九月、朱雀天皇の即位と同時に忠平に対して、「幼主を保補し、政事を摂行せよ」との詔が下され、摂政に任じられている。ところが七年後の承平七年（九三七）正月、十五歳になった朱雀が元服するや、忠平は再三辞表を提出して摂政の辞任を申し出ている。その結果天慶四年（九四一）十一月、摂政辞任が認められ、改めて詔が下されている。それは、「万機巨細、百官己に総べ、皆太政大臣に関白し、然るのち奏下すること仁和の故事の如くせよ」（『日本紀略』）というもので、元服後の忠平はいわゆる関白に改められたのである。しかも、その切り換えが「仁和の故事」、すなわち光孝のときの基経の例にならったということは重要で、その時期に摂政・関白の概念がほぼ出来上がっていたことを示している。

摂政・関白の常置

それはさておき、朱雀の元服を機に摂政を辞して関白となった忠平は、天慶九年（九四六）朱雀の実弟、村上天皇が即位すると引き続き関白として政務に携わっている。時に村上は二十一歳の成人天皇だったからである。その後忠平は天暦三年（九四九）、七〇歳で没するまで十九年間にわたって摂関の地位にあった。しかも、摂政と関白の立場・概念が明確に区別されており、それが踏襲されている。ここに至って、天皇幼少時は摂政、成人後は関白という原則、いわゆる摂関の概念が定着したといってよい。

ともあれ藤原氏は、朱雀天皇の即位によって基経以来三十年近く遠ざかっていた摂関のポストを取り戻すことができたのである。『大鏡』が、藤原氏の栄華を築いたのは忠平であり、その藤原氏にとって朱雀天皇が生まれていなかったらその繁栄はなかったとしたのも、けだし至言である。

なお付言しておくと、村上天皇は忠平が亡くなったあと関白を置かずに親政を行ったが、康保四年（九六七）、村上の皇子冷泉《れいぜい》天皇が即位すると、忠平の長子、実頼《さねより》が関白となった。忠平の死去によって途絶えてから十八年ぶりに復活した関白であるが、時に冷泉は十八歳であったから、むろん実頼は摂政ではなく関白に任じられたのである。摂政と関白の立場がもはや混乱されることはない。そしてこれ以降、摂関は中断することなく置かれることになる。良房・基経時代を前期摂関時代といい、摂関が常置された実頼以後と区別する理由である。

3 「昭宣公」基経

遅れた改元

仁和三年（八八七）十一月に起きた、いわゆる阿衡事件は基経の娘温子が宇多の女御として入内することでようやく終結をみた。その翌年、仁和四年十一月に大嘗祭が行われ、年が明けた五年四月、寛平《かんぴょう》と改元された。『日本紀略』に、「天祚の後三年に及ぶ改元の例、この時始めてなり」と記すように、宇多が即位してからすでに足かけ三年がたっている。ここまで改元が遅れたのは異例である。

知られるように天皇の即位にともなって新しく年号を建てる代始改元は、新天皇に対する期待を表しているが、当時は踰年《ゆねん》改元といって、儒教的観念から前天皇の年号をただちに改めず、年を越えて改元するのを例とし、即位した翌年に改元するのが慣例となっていた。宇多の場合、阿衡事件がこの改元時期を大幅に遅らせた原因であったことは、いうまでもない。

それはともかく大嘗祭、改元と政治的手続きを終えた宇多は、ようやく新天皇としてのスタートをきることができたのであった。

じつは、宇多の即位に関してはもう一つ気になることがある。それは、この時点においてもなお宇多は「東宮」を居所として内裏に入った形跡がないことであるが、話の成り行き上、これについては後述する。まずは事件落着後の宇多の身辺について、見ておきたい。

橘広相の死

阿衡事件が宇多に大きな衝撃を与えたことは間違いないが、この間一貫して宇多に近侍していたのは腹心の広相であった。事件における広相の断罪が沙汰やみとなり、従来通り出仕を続けていたのである。その広相が亡くなった。寛平二年（八九〇）五月十六日、阿衡事件が落着して一年余りのことで、五十四歳であった。

事件をようやく乗り越えた時期であっただけに、宇多のショックは想像に余りある。宇多は翌日に勅使を広相の家に遣わし、中納言従三位を追贈、また穀倉院の絹布などを遺族に供して葬儀の費用にあてさせている。時に広相は参議正四位上兼行《ぎょう》左大弁であったから、破格の厚遇が与えられたことになる。広相に対する信頼の篤さを知るとともに、事件で詰め腹を切らせることになったという負い目もあったのであろう、広相に宇多は最大限の恩恵を施したのである。

ちなみに広相（当初博覧《ひろみ》と称した）は聖武天皇の信任を得ていた左大臣橘諸兄《たちばなのもろえ》の五世の孫で、菅原道真の父是善に師事し、陽成・光孝・宇多の三代天皇の侍読を務めている。とくに宇多からは娘義子がその女御になった関係で、格別の寵恩を受けていた。宇多はその日記のなかで広相を「朕の博士」と称している。それほど信頼を受けた広相であるが、晩年はそれが逆に広相自身を憂悶に陥らせる結果となったのであった。

基経、死す

しかし、広相が亡くなる前後から、基経もまた病に侵されていたようである。

基経が体調を崩すようになった時期について明かではないが、寛平二年（八九〇）七月、基経に腰輿《ようよ》で参内することを許されているのが手がかりとなろう。広相が没して二か月後で、当時、五十五歳という基経の年齢を考えると、破格の厚遇が与えられたというよりは、基経の体調に配慮した処遇とみるべきであろう。果たせるかな、それから三か月後の十月、基経の病気平癒を祈願して天下に大赦が行われ、また度者《どしゃ》三十人が許可されている。大赦といい、度者といい、基経の病状がただ事でなかったことが知られる。

明けて寛平三年正月、『日本紀略』に気になる記事が収められている（正月九日条）。

（宇多）天皇、太政大臣の病を労問するために堀河第に幸せんとす。然るに卒然として勅有り、これを停止す。

基経の病気見舞いのために堀河（川）第への行幸を計画した宇多が、突然にそれを取りやめたというのである。堀河第とは左京（二条南・堀川東）にあった基経の本宅である。

基経は四日後の十三日に亡くなっているから、結局、生前宇多と会う機会を失し、そのままこの世を去ったのである。

それにしても基経の見舞いを急に取りやめた宇多に、この時いったい何があったのか。その間の事情は一切明かでないが、取りやめたのは宇多というより、基経がこれを拒否したためではなかったろうか。基経お決まりの行動パターン、面会のボイコットである。宇多に対して無理難題を吹きかけてきた（基経自身の論理からすれば筋は通っていた）基経にしてみれば、瀕死の姿態を見せたくはないというのが、面会拒否の一番の理由であったように思う。そうであるならば、宇多にとって基経は、最期まで理解しがたい人物として心の奥底に刻み込まれたに違いない。

基経の行動やその仕打ちに反発心はあったにせよ、広相についで基経を失った宇多が、少なからず衝撃を受けたことは確かであろう。

十五日、宇多は勅を下して基経に正一位を贈り、越前国に封じて「昭宣《しょうせん》」の諡を賜った。養父良房の「忠仁《ちゅうじん》」にならった

堀河第址

諡の賜与である。

『日本紀略』によれば、基経はこの日、山城国宇治郡に葬られている。

基経の墓

ただし基経の墓所について、まったく問題がないわけではない。というのも、基経が山城国宇治郡に葬られたとする先述の『日本紀略』に対して、『古今和歌集』に収める歌は、宇治とは異なる別の地に埋葬されたのではないかと思わせるからである。少しややこしい話になるが、ここで基経の墓所について考えておきたい。

墓所を宇治（郡）と記載するのは『日本紀略』以外に『延喜諸陵寮式』で、基経の墓を「次宇治墓」とし、「山城国宇治郡にあり」と記す。両書の記載から、基経の墓所を山城国宇治郡とみるのが通説である。

いっぽう『古今和歌集』（八三一・八三二）に、「堀河の太政大臣、身罷《まか》りける時に、深草の山にをさめてける後に詠みける」と題する歌二首が収められている。一首は僧都《そうず》勝延の歌で、

空蟬は　殻を見つつも　なぐさめつ　深草の山　煙だにたて

（蟬でさえ抜け殻を見て慰めることが出来る。深草の山よ、せめて基経の大臣をしのぶよすがに煙でもたって欲しい）

もう一首は上野岑雄《かみつけぬのみねお》が詠んだ歌である。

深草の　野辺の桜し　心あらば　今年ばかりは　墨染めに咲け
（深草の野辺の桜よ、情あるならば、せめて今年だけは墨染めの色に咲いておくれ）

前歌の作者勝延は、『古今集目録』によると右京の人で俗姓は笠氏、天長四年（八二七）の生まれというから、この歌を詠んだ時（寛平三年・八九一年）は六十五歳であった。東大寺・延暦寺の僧侶であったことは知られているが、『古今和歌集』にこの歌一首しか見えず、詳しいことは分からない。また、基経とどのような関係にあったのかについても、不詳であるが、この十年後、延喜元年（九〇一）に勝延は没している。

後歌の作者上野岑雄についても、『古今和歌集』の中で歌はこの一首だけである。生涯や素性など一切不明で、基経との関係もまったく分からない。

それはさておき、これらの歌から基経は深草山、すなわち山城国紀伊郡深草郷（①）に葬られたとする理解がある。

しかしまた『西宮記』に、基経の嫡男時平が語った話として、先例では勅使は故人の家に遣わされ、柩の前で勅書が読み上げられるが、基経の場合は、勅使が派遣されたのは基経が没した堀河第ではなかった。柩は「先ず小野墓所」に運ばれたので、勅使もそこに行って勅書を読み上げたと見える。そうしたことから、基経は小野（②）に埋葬されたという意見もある。

②の小野（郷）（現在は京都市山科区）の所在地については、基経が没して五年後、この地に埋葬され

た醍醐天皇の生母藤原胤子の「小野陵」を、『延喜諸陵寮式』では「山城国宇治郡小野郷」と記しているから、基経が運ばれた「小野墓所」が山城国宇治郡内であったことは間違いない。先述の『日本紀略』（宇治郡に葬られたとする）の記述に合致する。したがって、基経の墓所については、大別すると紀伊郡・深草（①）と宇治郡・小野（②）の二箇所に意見が分かれるということになろう。

しかし、基経の墓が宇治（②）に営まれたことは、まず間違いない。時平が早世したあと氏長者となった基経の四男忠平が昇叙・任官された際、必ずといってよいほど「宇治御墓」に参拝しそのことを報告しているからである（三六五頁）。当時、一般に墓参りの習慣はなかったが、貴族官人が昇叙・補任された場合、親が亡くなっていれば、吉日を選んでその墓に参拝するように定められている（『西宮記』）ことを考えると、忠平が参拝した「宇治御墓」が、父の基経であったことはいうまでもない。忠平の日記『貞信公記《ていしんこうき》』にしばしば記されているように、従一位に昇叙された時も、太政大臣に任官された時も、宇治に赴きその慶事を基経の墓前に報告していたのである。

してみれば、先の和歌に詠まれた深草の墓所（①）は、どのように考えればいいのであろうか。

深草の地

これについては、奈良時代以後、葬送儀礼において一般化したとされる火葬との関係が留意される。堅田修氏によれば、火葬の場合、基経のように墓所が二箇所あることは決して珍しいことではなく、それは荼毘に付した後、火葬地とは別の場所に埋骨する風習があったからだという。すなわち基経が深草（紀伊郡）に葬られたというのは、火葬された葬地をいうのであり、『延喜式』に記す「宇治墓」

は火葬地から拾骨、改葬した本墓であったと解釈されている（「藤原道長の浄妙寺について——摂関時代寺院の一形態に関する考察」『摂関時代史の研究』）。

ちなみに天長三年（八二六）七月に没した基経の祖父冬嗣の墓所についても、『日本紀略』では「山城国愛宕郡（紀伊郡の誤りか）深草山」に葬ったとあるのに対して、『延喜諸陵寮式』では冬嗣の墓を「後宇治墓」と称し、「山城国宇治郡に在り」と記している。堅田氏の理解に従えば、冬嗣も基経も深草で火葬され、宇治に埋骨されたと考えてよい。

先述したように当時、墓参りの習慣がなかった。墓参は、実父基経に対して忠平が昇叙・任官を報告したのが先駆になったというのが一般的な理解である。むろんその場合、墓参りは火葬地ではなく本墓である。

ただし基経時代の死生観を考えると、現世に残された者にとっては灰骨が埋葬された墓（基経の場合は宇治郡小野②）より、灰と化した火葬地（同様に紀伊郡深草①）にこそ無常を感じ、哀愁が掻き立てられたのではなかろうか。

生前、基経との縁がどのようなものであったかは知る由もないが、僧都勝延と上野岑雄が深草で基経の死を悼んだ背景を以上のように考える。

極楽寺

基経の柩が安置されたという「小野の墓所」についても考えておきたい。

時平が語ったところによれば、先例では故人の邸宅に派遣されていた勅使が、基経の場合は「小野の墓所」に派遣され、柩の前で勅書が読み上げられたという。「小野の墓所」とはどういう場所であったのか。なぜ基経の柩は「小野の墓所」に安置されたのか。

これに関連することとして、わたくしは基経が創建した極楽寺《ごくらくじ》に留意したい。

極楽寺については『大鏡』ならびに『大鏡裏書』に、基経が発願するに至った経緯を記している。それによると基経が十二、三歳の頃、仁明天皇の芹川《せりかわ》行幸に供奉した際、仁明が琴を弾く爪をなくしてしまった、そこで探し出すように命じられた基経は、思案の末に、爪が出て来たところに寺を建てようと心中祈願したところ、爪を探し出したという、それが極楽寺のある場所だというのである。

むろん、これらの話がすべて史実とは思えないが、基経が極楽寺の建立を発願したことは確かである。ただし、いつ造営に着手したのか、具体的には分からない。晩年、九世紀後半であったことは間違いない。しかし基経は本尊を造るにとどまり、生前、伽藍は完成しなかった。基経没後、息子の時平が遺志をついで寺観を整え、時平没後は弟の忠平（基経の四男）が新堂の建立をはじめ造仏を行って完成させている。

所在地

問題は、その場所である。この極楽寺の所在地について参考になるのは、『延喜諸陵寮式』の記載である。藤原温子の陵を「後深草陵」とし、その四至について、「西は極楽寺を限る」と見えるからである。いうまでもなく温子は基経の娘であり、その入内が阿衡事件を終結させる糸口になったことは、以前に述べた。延喜七年（九〇七）六月に没し、深草の地に葬られたのであるが、その陵域が極楽寺に接するというのである。延喜七年といえば、異母兄の時平が亡くなる二年前だが、時平によってすでに極楽寺の寺観が整えられていたことがわかるとともに、その地に葬られたのは基経や時平との関係によるものであったことはいうまでもない。

それはさておき、極楽寺の所在地は、この温子陵の四至《しいし》の記載から、深草（山城国紀伊郡）にあったと見るのが一般的な理解である。先述した『大鏡』の逸話も、仁明天皇（陵墓が深草に営まれたところから深草帝と呼ばれる）といい、行幸した芹川（紀伊郡）といい、極楽寺が深草に創建されたことを思わせる。

問題となるのは、これに対して昌泰二年（八九九）、時平が極楽寺を定額寺《じょうがくじ》に列せられるように申請した奏上文に、「亡考昭宣公、山城国宇治郡の地を占め、極楽寺の建立を欲するの意有り」と記されていることである（菅原道真の『菅家文草』に所収）。すなわち、基経は極楽寺を宇治に建立しようとしていたというのである。基経没後八年のことで、それも嫡子時平の奏文という点で、もっとも確かな史料といえるであろう。

小野墓所と極楽寺

時平が言うように、極楽寺は宇治にあったのか、それとも「宇治郡の極楽寺」は基経の構想で終わってしまい、実際には深草に営まれたのか、議論が分かれるが、いずれにせよ、わたくしが留意したいのは「小野の墓所」との関係である。基経の柩が先例を破って「小野の墓所」に運ばれた理由は、「小野の墓所」の近辺に極楽寺（当時伽藍はほとんどなかったにせよ）があったことによるとしか、考えられないのである。このことについては、のち基経の息子の仲平や忠平が没した時、やはり勅使は私邸ではなく極楽寺や法性寺《ほっしょうじ》（忠平建立の寺院）に派遣されていることが参考になろう。

すなわち『貞信公記』によれば、基経の次男仲平が亡くなったのは天慶八年（九四五）九月五日であるが、その日の夜半、柩は極楽寺に移され、勅使を迎えている。四男忠平は四年後の天暦三年（九四九）八月、小一条第《こいちじょうだい》（もと良房の東一条邸）で没しているが、柩は翌日法性寺《ほっしょうじ》に移され、忠平の場合も勅使はこの法性寺に派遣されている。いずれも柩は、いわゆる墓寺に安置され、そこで勅使を迎えるのが慣例として定着しつつあった様子がうかがえよう。仲平や忠平の柩が、それぞれ墓寺に運ばれたのは、基経の例にならったものに違いない。

すなわち、基経の柩も極楽寺へ運ばれるべきところ、まだ未完成であったために「小野の墓所」に安置されたのではないか。極楽寺の本尊は基経の生前に完成していたというから、本尊を安置する仏堂は存在していたものと思う。「小野の墓所」は、おそらくその仏堂（極楽寺）の近辺にあったと考える。

ちなみに仲平は、極楽寺に移されて二日後、九月七日に極楽寺の東に葬送されている。また忠平の場合は法性寺に移された三日後、八月十八日に法性寺の東北に葬送されている。

こうしたことから判断すると、基経はいったん小野の墓所（宇治）に運ばれ、勅使の儀式を終えたあと、深草に運ばれて火葬され、その後宇治（小野）に埋骨されたというのが、わたくしの考えである。

その意味では、極楽寺は深草ではなく、時平のいうように（『菅家文草』）宇治に建立された可能性が高いと思われる。

年	年齢	官位	官職	宇治墓参拝
延喜８年（908）	29		1/22　参議（還任）	1/22
			2/24　春宮大夫	2/29
			8/26　左兵衛督	
			9/1　検非違使別当	9/5
延喜９年（909）	30	4/9　従三位	4/9　権中納言 氏長者	
			5/11　蔵人所別当	5/14
			9/27　右近衛大将	10/8
延喜10年（910）	31		1/13　中納言	
延喜11年（911）	32		1/13　大納言	1/21
延喜13年（913）	34	1/7　正三位		1/30
			4/15　左大将	
延喜14年（914）	35		8/25　右大臣	9/13
延喜16年（916）	37	2/28　従二位		
延長２年（924）	45	1/7　正二位		
			1/22　左大臣	2/26
延長３年（925）	46		10/21　東宮傅	11/20
延長８年（930）	51		12/17　摂政	
承平２年（932）	53	11/26　従一位		12/8
承平６年（936）	57		8/19　太政大臣	9/21
天慶４年（941）	62		11/8　関白	

忠平の宇治参拝（数字は叙位・任官・参拝の月日）

極楽寺は、基経の嫡男時平の奏上によって定額寺に列せられ、官寺としての扱いを受けるようになったことについては先に述べた。しかし、時平は延喜九年（九〇九）に急逝し、その後は弟の忠平に経営が委ねられることになる。

忠平の日記『貞信公記』には、極楽寺に関する記載が散見する。すなわち基経の供養が行なわれたり、舎利会・蓮華会・万灯会・一切経会など、さまざまな仏事や儀式行事が催行されていたことが知られる。主催者は忠平だけでなく、兄の仲平や妹の穏子なども極楽寺で父母の追善供養を行っている（京楽真帆子「平安時代の『家』と寺」『日本史研究』三四四）。藤原北家の人びとにとって、極楽寺が一族紐帯の上で大きな存在となっていたことを物語っている。

そうした極楽寺について注目されるのが、十月の恒例行事となっていた菊会《きくえ》である。

極楽寺における菊会は、わたくしの見るところ延喜七年（九〇七）十月十日に行われているのが史料上の初見である。『貞信公記』に、「同寺（極楽寺）の菊会に参向す」と見えるのがそれで、忠平が極楽寺で行われた菊会に参会したことを記しただけの簡略なものである。具体的なことは何ひとつ分からないが、主催者が当時氏長者として首班の座（従二位、左大臣）を占めていた時平であったことはいうまでもない。日記の作者忠平の同母兄である。

基経が亡くなったのは十六年前のことで、当時は未完成であった極楽寺も、時平によって定額寺に列せられ、この頃にはすでに完成していた。史料上で確認することは出来ないが、菊会は定額寺に列せられた昌泰二年（八九九）頃、時平によって始められたとわたくしは考えている。また、日記（『貞

年月日		行事	主催者
延喜7（907）	3.23	舎利会	
延喜8（908）	2.13	法事	
	4.10	舎利会	
	10.28	万灯会	
延喜9（909）	12.5	万灯会	
延喜10（910）	4.11	法事	
延喜11（911）	3.29	舎利会	
	10.30	万灯会	
延喜14（914）	9.13	諷誦	藤原　忠平
延喜18（918）	1.28	読経	
	3.9	読経	
延喜19（919）	10.6	十講会	
	8.17	読経	
	10.10	諷誦	
	12.25	算賀	厩・膳所
	12.28	算賀	太政官三局（官厨家）
延喜20（920）	10.23	法華会	
延長2（924）	2.26	諷誦	藤原　忠平
	3.8	法事	藤原穏子・慶頼王
	10.22	法華会	

年月日		行事	主催者
延長3（925）	5.6	法事	藤原　忠平
	8.7	法事	藤原　穏子
	11.20	諷誦	藤原　忠平
延長4（926）	5.27	読経	
	6.17	法事	藤原　穏子
	10.24	十講会	
延長5（927）	10.22	十講会	
承平2（932）	3.27	法事	藤原　穏子
天慶4（941）	8.26	法事	藤原　忠平
天慶8（945）	7.5	蓮華会	藤原　顕忠
	9.7	葬送	
	10.22	法事	
天暦元（947）	7.8	法事	
天徳元（957）	4.20	諷誦	藤原　安子
	12.14	算賀	
応和2（962）	7.3	蓮華会	藤原　顕忠
康保3（966）	4.7	法事	

（368頁の菊会は除く）

極楽寺の行事と主催者

信公記』）が欠りていることもあって、毎年記述があるわけではないが、それ以後、極楽寺の菊会は十月に行われる恒例の年中行事となっていたことは、間違いない。しかし、右のようにほとんどの記述が簡素である。そのことが逆に、菊会の恒例化を物語っているが、菊の花を供え、行事中に音楽を奏するのが習わしだったことだけはうかがい知ることが出来る。

　菊はいうまでもなく中国から伝来した花で、中国では九月九日の重陽の日に菊の花を飾り、菊酒を飲んで邪気を払ったことが知られている。そうした儀式がわが国に伝わったのは平安時代の初めごろ

	年月日
①	延喜七（九〇七）10・10
②	延喜八（九〇八）10・16
③	延喜九（九〇九）10・8
④	延喜十（九一〇）10・15
⑤	延喜十二（九一二）10・9
⑥	延喜十三（九一三）10・18
⑦	延喜十四（九一四）10・19
⑧	延喜十八（九一八）10・11
⑨	延喜十九（九一九）10・24
⑩	延喜二〇（九二〇）10・12
⑪	延長二（九二四）10・16
⑫	延長五（九二七）10・19
⑬	天慶元（九三八）10・21
⑭	天慶二（九三九）10・12
⑮	天慶八（九四五）10・18
⑯	天慶九（九四六）10・3
⑰	天暦二（九四八）10・19
⑱	天徳元（九五七）10・27
⑲	天徳三（九五九）10・21

極楽寺における菊会

で、以来、「観菊の宴（重陽の宴）」が宮中儀礼として催されるようになったといわれている。ただし菊会を毎年の恒例行事とするのは、宮中以外では、おそらく極楽寺だけであったろう。

ちなみに宮中での観菊の宴は本来九月に行われるべきはずであったが、『日本紀略』や『類聚国史』などを見ると、十月にも「残菊の宴」と称して菊の花を飾り、群臣たちに詩歌を詠ませ、管弦を楽しんでいることが少なくなかったようである。思うにわが国の場合、重陽の節句として菊会が催されたというよりは、むしろ菊の花を観賞したり、名残を惜しむといった花そのものに関心がもたれたのではなかろうか。菊は当時、決して一般的に普及していた花ではなく、貴重な花としてもてはやされていた。そうしたことが菊花を儀式と切り離し、観賞の対象にしていったように思われる。

十月催行の意味

わたくしが極楽寺の菊会に注目するのは、それが恒例行事になっていたというだけでなく、いずれの年も催行がすべて十月であったという点である（『貞信公記』に十九回記載がある）。九月に行われた事例は一度もない。

この事実は、藤原氏（時平）にとって、菊会は十月に行ってこそ意味をもつものであったことを思わせる。というのも、藤原氏の最大の行事である興福寺の維摩会《ゆいまえ》は毎年十月に行われており、それが極楽寺の菊会と重なるからである。それだけではない。興福寺では内麻呂を顕彰する法華会《ほっけえ》も九月末から十月初めにかけての重要な行事になっている。遠祖鎌足に対して、内麻呂はいわば近祖である。

鎌足・内麻呂それぞれの命日月にあたる十月は、藤原氏にとって祖先崇拝という重い意味をもつ。その十月に時平が菊会を行うのは、菊が秋の花であるという偶然からだけとは思えない。時平の真意は、維摩会・法華会に匹敵する行事を山城国（極楽寺、藤原北家の私寺）で恒例化するということであり、菊会は十月の行事として当初から計画的に設定されたものに違いなかった。

繰り返していうように、極楽寺は基経が発願し創建に着手した、いわゆる基経本願の寺である。氏寺興福寺（大和国）に対して、極楽寺はいわば北家の「私寺」として建立されたものであるが、その極楽寺において、しかも維摩会・法華会と重なる十月に行われる菊会は、本願基経を興福寺の鎌足・内麻呂に擬えて供養景仰された行事であることを物語っている。

平安京の〝興福寺〟

時平の構想は、菊会を極楽寺の中心的行事に位置づけ、時平流（時平の子孫）が行事を主催することによって、一族内における立場を確固たるものにしようとしたのではなかろうか。そう思うのは、『貞信公記』延長二年（九二四）十月十六日条に、「極楽寺の供菊、音楽無し。先の左閤（時平）の（御カ）遺教によって、かの御子孫行うべき故なり」と見えるからである。時平はすでに亡くなっており、菊会の主催者は氏長者忠平であったが、この年の菊会の行事では音楽が奏されなかったと、わざわざ書き記している。理由は時平の遺言があって、菊会の音楽は時平の子孫が行うべきものとされているからだというのである。遺言の具体的な内容は不詳であるが、少なくとも時平は、行事の最中の音楽は時平流が主催すべきことを厳命していたのであろう。裏を返せば、菊会の主催者が誰になろうとも、音楽の主導権を保持することで行事のイニシアティブをとり、時平子孫の地位の盤石化を図ったものと考える。

極楽寺の菊会が興福寺の維摩会・法華会と重なる十月に行われることに、違和感を覚えるかも知れない。しかし平城京が棄てられてほぼ百年がたつ。興福寺の維摩会が宮中三大会として朝廷の法事に位置づけられたとはいえ、現実には維摩会・法華会に参加しない人びとも少なくなかった。また行事に参加せず、その代わりとして費用だけを分担する公卿もいたようで（服藤早苗「摂関期における『氏』『家』」『日本古代の政治と文化』）、当時、藤原氏にとって興福寺の影響力・求心力が低下しつつあったことは確かである。そうした興福寺の退勢を考えると、氏長者である時平が極楽寺を一族柱石の寺とし、菊会を創始した事情も理解されよう。時平には極楽寺を平安京の、いわば〝興福寺〟に仕立てようとする構想があったように、わたくしには思われる。

金粟《こんぞく》の分身

菊会と維摩会・法華会との関係について、もう一つ留意されるのが天慶四年（九四一）八月二十六日、極楽寺において忠平が亡き父基経のために行った一切経《いっさいきょう》供養である。『本朝世紀』によると、参会者は重明《しげあきら》親王（醍醐天皇皇子）をはじめとする皇親、左大臣仲平や大納言実頼《さねより》など藤原一族の他、四位二十二人、五位百六十余人、六位以下多数であり、供養の一切経は五千三百五十一巻に及んだという。親族以外にも多数の参会者が集まる盛儀となったのは、むろん主催者が時の太政大臣忠平だったことによる。ちなみに陽成院（陽成上皇）は参会はしなかったが、勅使を派遣して布施を出している。

わたくしがこの経供養を留意するのは、忠平がその願文《がんもん》（文章博士兼大学頭大江維時の作）で、「我が先考昭宣公」すなわち基経について、「金粟の分身、家に在り」と記し、「本願の極楽寺において一切経五千三百五十一巻を供養」すると述べていることである。それは維摩経に登場する維摩居士《ゆいまこじ》を連想させるからである。

維摩居士は『維摩経』に登場する主人公で、本来は金粟ともいわれた如来である。居士とは在家の修行者を意味するもので、金粟（如来）は衆生救済のために居士という在俗の姿をとっているという。してみれば願文の主旨は、基経を維摩居士の分身とみなし、基経本願の極楽寺において一切経の供養を行うということになろう。

繰り返していうと、時平によって創始された菊会は、興福寺の維摩会に匹敵する行事として催行されたものである。薄れつつある鎌足・内麻呂崇拝に代わるものとして、基経景仰を唱え、強調することで一族の結束強化を促し、紐帯を図ろうとしたものといってよい。

菊会が十月に行われたことを以上のように理解する。そして、季節的に菊が供花され菊会と称されたものと考える。

なお「金粟」という言葉について付け加えておくと、中唐の詩人、李白《りはく》（七〇一年～七六二年）の詩に、「金粟如来是後身」の一句が見える（『李太白集』）。文意については意見が別れるが、要するに李白が自身を仏教習熟者であることを説明したものである。いっぽう白居易（白楽天。七七二年〜八四六年）は、寒さに堪えながら咲く菊の花を詠った「菊花」の中で、「金粟花開いて」と表現している。中国では、一般に「金粟」は木犀の別名としても知られているが、この詩の中では、菊の花を指している。

極楽寺菊会との関連からいえば、後者の白居易にも注目したい。経供養の願文の作者大江維時が、この白居易の詩を知っていたことは十分考えられるからで、願文に記した「金粟の分身」との表記には「菊花」の意味もこめられていたのではないか。極楽寺における菊会を重ね合せての表徴であったとも思われるのである。

さて、話を基経薨去時に戻そう。基経が亡くなった後の宇多の動向を見届けて、本書も終えることにしたい。

東宮から清涼殿へ

基経が自邸堀河第で亡くなったのは寛平三年（八九一）正月のことである。阿衡事件が終結してからわずか三年後で、宮廷貴族たちの間には事件で見せた基経の傲慢さが生々しく、強烈な印象として残っていたに違いない。即位早々その阿衡事件で煮え湯を飲まされた宇多天皇もその一人であり、基経の死は宇多に衝撃とは裏腹に、一種の安堵感を抱かせたように思われる。

このことに関連してわたくしが興味深く思うのは、基経の生前、宇多は一度も内裏に入った形跡がないことである。すなわち皇族に復帰して親王宣下をうけた源定省こと宇多が立太子したのは仁和三年（八八七）八月であるが、立太子したその日に父光孝が崩御したため、ただちに践祚し、十一月に即位している。

この即位儀（十一月十七日）について『日本紀略』には、辰《たつ》の一剋（午前八時過ぎ）に「東宮」の南門を出た宇多は大極殿で即位式を終えて、申《さる》の刻（午後四時頃）「東宮」に還御したと見える。また寛平元年（八八九）正月には「東宮」で踏歌《とうか》があり、三月には「東宮」で賭弓《のりゆみ》、九月には宇多が「東宮」で重陽の宴を催し、さらに一週間後、「東宮雅院」で従三位採子女王四〇歳の賀宴を行ったことが記されているから、即位以来「東宮」を在所とし、常住していたことは間違いない。

その宇多が内裏に入った。寛平三年二月十九日のことで、『日本紀略』に「帝、東宮より禁中清涼殿に遷御す」とある。基経が亡くなったのが前月（正月）であり、したがって宇多の内裏遷御が基経の死去によって実現されたことは、まず間違いない。宇多は即位して三年半余内裏に入らずに、さながら皇太子のごとく東宮を居所としていたのであった。

晴れて内裏の主

こうしたことから判断するに、宇多が内裏に入らず東宮を居所としたのは、基経に対する宇多なりの配慮であったとしか考えられない。

繰り返すことになるが、即位儀を終え内裏の主となった宇多が、それまでの居所である東宮から内裏に遷御することに、誰しも異論のあろうはずはなかった。しかし、早々に起こった阿衡事件によって苦杯を嘗めさせられ続けた宇多は、基経の機嫌をうかがい、その対応に振り回され、内裏遷御どころではなかったというのが真相ではなかろうか。基経によって擁立された宇多は、基経の同意なくし

宇多天皇

て勝手に内裏に遷御することは出来なかったろう。むろん、基経はそのことを承知で自邸に引きこもり、あえて宇多の内裏遷御を言い出そうともしなかった。

『日本紀略』によると、基経は亡くなる前年（寛平二年）の七月に腰輿に乗って参内することを許され、十月には病気平癒を祈って天下に大赦されているから、恐らくこの頃、太政官の直廬から私邸に退いたものと思われる。その間、事実上の政務運営者は天皇の宇多ではなく、関白基経であった。基経が私邸に引き籠もってしまえば、たちまちにして政務が停滞したという状況が、そのことを端的に物語っている。その意味では、基経は関白ではあるが、事実上は〝摂政〟であったといってもよいであろう。

基経が亡くなって一か月後、即位以来東宮にいた宇多は始めて内裏（清涼殿）に入っている。七月には宇多に続いて宇多の母中宮班子（光孝天皇女御）も、東宮から内裏に遷御している。即位から三年有余、晴れて内裏の主となった宇多は、ようやく基経の掣肘から脱して親政をスタートさせることが出来たのである。

ちなみに清涼殿は九世紀初め、嵯峨天皇の時にはじめて設けられている。清涼殿は内裏における天皇の居所として知られるが、平安遷都当初、天皇の居所とされたのは仁寿殿であった。清涼殿が設けられた嵯峨天皇以降、仁寿殿とこの清涼殿が居所として交互に使用されるのが慣例となったが（瀧浪「大内裏の構造と変遷」村井康彦『宮城図』解説）、右に述べたように宇多が東宮から清涼殿に入って以後、清涼殿が天皇の在所として固定する。それに伴い仁寿殿が居所として使用されることはなくなり、宮廷儀礼が行われる場となっていった。

その意味で、御在所として固定化した清涼殿は、晴れて内裏の主となった宇多の記念すべき場所となったのである。

参考文献

（紙数の関係で単行本に限らせていただいた。論文・発掘調査・報告書などについては、出来るだけ本文中に掲載させていただくことにしたが、これも紙数の都合上、割愛せざるを得なかったものが少なくない。お許しを願いたい。なお、全章に関わる書が多いので、あえて各章に分けずに列挙することにした。）

阿部猛『菅原道真』教育社、一九七九年（初版）
井上辰雄『在原業平』遊子館、二〇一〇年
井上満郎『桓武天皇』ミネルヴァ書房、二〇〇六年
今井啓一『帰化人の研究』綜藝社、一九七二年
榎村寛之『律令天皇制祭祀の研究』塙書房、一九九六年
大坪秀敏『百済王氏と古代日本』雄山閣、二〇〇八年
朧谷寿『平安王朝の葬送』思文閣出版、二〇一六年
朧谷寿・山中章編『平安京とその時代』思文閣出版、二〇〇九年
狩野直禎・西脇常記訳注『漢書郊祀志』平凡社、一九八七年
川口久雄『平安朝の漢文学』吉川弘文館、一九八一年
甲田利雄『年中行事障子文注解』続群書類従完成会、一九七六年

岸俊男『藤原仲麻呂』吉川弘文館、一九六九年
木本好信『藤原四子』ミネルヴァ書房、二〇一三年
木本好信『藤原種継』ミネルヴァ書房、二〇一五年
木本好信『藤原仲麻呂』ミネルヴァ書房、二〇一一年
倉西裕子『伴大納言絵巻の謎』勉誠出版、二〇〇九年
栗原弘『平安前期の家族と親族』校倉書房、二〇〇八年
黒板伸夫『摂関時代史論集』より川弘文館、一九六九年
黒田日出男『謎解き伴大納言絵巻』小学館、二〇〇二年
今正秀『藤原良房』山川出版社、二〇一二年
今正秀『摂関政治と菅原道真』吉川弘文館、二〇一三年
佐伯有清『伴善男』吉川弘文館、一九七〇年
坂本太郎『菅原道真』吉川弘文館、一九六三年
坂本太郎『古典と歴史』吉川弘文館、一九七二年
佐々木恵介『平安京の時代』吉川弘文館、二〇一四年
佐々木恵介『天皇と摂政・関白』講談社、二〇一一年
杉山信三『藤原氏の氏寺とその院家』吉川弘文館、一九六四年
関口力『摂関時代文化史研究』思文閣出版、二〇〇七年
千田稔『平城京の風景』文英堂、一九九七年
高木博志・山田邦和編『歴史のなかの天皇陵』思文閣出版、二〇一〇年
多川俊映『奈良興福寺』小学館、一九九〇年

瀧浪貞子『日本古代宮廷社会の研究』思文閣出版、一九九一年
瀧浪貞子『平安建都』集英社、一九九一年
瀧浪貞子『最後の女帝孝謙天皇』吉川弘文館、一九九八年
瀧浪貞子『帝王聖武 天平の勁き皇帝』講談社、二〇〇〇年
瀧浪貞子『奈良朝の政変と道鏡』吉川弘文館、二〇一三年
竹内理三『律令制と貴族政権』I・IIお茶の水書房、一九五八年
辰巳正明『悲劇の宰相長屋王』講談社メチエ、一九九四年
玉井力『平安時代の貴族と天皇』岩波書店、二〇〇〇年
角田文衛『王朝の残映』東京堂出版、一九七〇年
角田文衛『日本の後宮』学燈社、一九七三年
所功『菅原道真の実像』臨川書店、二〇〇二年
中川収『奈良朝政治政治の構造と志向』高科書店、一九九一年
野村忠夫『律令政治の諸様相』塙書房、一九六八年
橋本義彦『平安貴族』平凡社、一九八六年
林陸朗『上代政治社会の研究』吉川弘文館、一九六九年
藤木邦彦『平安王朝の政治と制度』吉川弘文館、一九九一年
春名宏昭『平城天皇』吉川弘文館、二〇〇九年
藤原克己『菅原道真』ウェッジ、二〇〇二年（初版）
古瀬奈津子『摂関政治』岩波書店、二〇一一年
保立道久『平安王朝』岩波書店、一九九六年

三橋正『平安時代の信仰と宗教儀礼』続群書類従完成会、二〇〇〇年
村井康彦『平安貴族の世界』徳間書店、一九六八年
村井康彦『王朝貴族』小学館、一九七四年
村尾次郎『桓武天皇』吉川弘文館、一九六三年
目崎徳衛『貴族社会と古典文化』吉川弘文館、一九九五年
目崎徳衛『王朝のみやび』吉川弘文館、一九七八年（初版）
安田政彦『平安時代皇親の研究』吉川弘文館、一九九八年
山下道代『陽成院』新典社、二〇〇六年
山中裕『平安時代の古記録と貴族文化』思文閣出版、一九八八年
山本信吉『摂関政治史論考』吉川弘文館、二〇〇三年
米田雄介『摂関制の成立と展開』吉川弘文館、二〇〇六年

あとがき

藤原良房・同基経といえば、人臣最初の摂政・はじめての関白となった人物であり、辣腕政治家として知られている。

じじつ良房は承和の変を奇貨として、妹順子所生の道康親王（のちの文徳天皇）の立太子を強引に実現した。さらには応天門事件を通して、名族大伴氏の勢力をそぎ、藤原氏の立場を盤石なものとしている。いっぽう基経は、その叔父良房の養子となり、幼帝陽成の摂政として良房の立場を継承する。しかし、しだいに陽成天皇の扱いに手を焼くようになり、ついには退位を画策して老齢の光孝天皇を擁立、ついで自らの手で宇多天皇を嗣立する。ところが阿衡事件では、その宇多天皇に詔書を改作させるという絶対的権力を行使したのであった。

藤原氏は、中臣鎌足が亡くなる前日（天智八年十月十五日）、天智天皇から「藤原」姓を与えれたことに始まるが、それからおよそ二五〇年、その間一族の中では、仲麻呂のように聖武天皇や光明皇后の庇護のもとに専権を振るった人物も、いなかったわけではない。しかし、その仲麻呂とて天皇の代行権を得る立場だったというのではない。その意味で平安時代前期以前、良房・基経ほど政界でビッグな立場を獲得し、絶対的権力を駆使した人物は見当たらない。しかもこの二人の存在が、以後の政治を大きく左右し、いわゆる摂関政治を開く端緒になったという点では、その果たした役割の大きさには計り知れないものがある。

わたくしが、この二人について研究してみたいと思うようになったきっかけは、『平安建都』（吉川弘文館。一九九一年）を執筆した際、その中で詳しく考察したことにある。むろん、平安時代を研究する者として、それ以前から関心を持ち、多少従来とは異なった、わたくしなりの理解と人物像とをもってはいたが、通説の域を出るほどのものではなかった。それが、調べを進めていくうちに、思いもしなかった新しい良房・基経像が現出してきたのである。

たとえば先の承和の変について、これは単に伴健岑・橘逸勢らが排斥され、旧氏族が没落したというだけではない。わたくしが注目したのは、良房と嵯峨天皇の皇后橘嘉智子の連携であった。良房の甥である道康親王の立太子はこの二人によって実現されたが、その連携は、かつて飛鳥時代、文武天皇の即位を実現した藤原不比等と持統女帝の関係を思わせるものがあったからである。端的にいえば良房自身、〝平安朝の不比等〟たろうとしていた気配がある。

詳しくは本文で解き明かしたが、二人の連携によって皇位が、仁明―恒貞（淳和天皇の皇子）という傍系から、仁明―道康という嫡系継承への切り換えに成功し、それが当初からの目的であったことを確信した時、奈良朝に貫徹した「不改常典」―嫡系相承の亡霊が蘇った感がしたものである。それは、嵯峨天皇が譲位と引き替えに定着させようとした皇位継承を覆すものに他ならなかった。皇位継承は飛鳥時代以来、父子（嫡系）相承が慣習となっていたが、嵯峨はそれがもつ危険性を回避するために非父子相承を定着させようとしていたのである。

しかし、承和の変によって単純な父子相承が復活し、しかもそれが藤原氏のミウチ関係に基づくものであっただけに、これが以後におけるキサキ制度を変質させていくことになる。そうした歴史の転換をもたらしたのが良房であり、それを基盤に立場の強化をはかったのが基経であった。こののち皇位継承は良房・基経により、藤原氏とのミウチ関係をもとに展開されることになった理由である。

こうしてみると、基経は養父良房の政治手腕や方針の忠実な継承者のようであるが、関係史料を読み直していくと、単純にそうとは断定出来ないことも明かとなった。

基経は大の学問好きであり、自らが抱く政治理念にそった国政運営を理想としていたフシがある。幼帝（清和）の後見によって権力の座を手にした良房と違い、基経にとって幼帝（陽成）の即位は、およそ理想とはかけ離れた存在であった。その結果、基経は自らその特権的な立場を捨てざるを得なくなったのである。良房路線を継承したくても、容易に実現出来る情況に恵まれなかったのである。

しかも、天皇とのトラブルがあるたびに、参内を拒否して自邸に引き籠もってしまうのが基経の常であった。基経の行動や振る舞いは、奇特とも思えるほどに自己抑制的であるが、要求手段がいつも参内拒否という行動パターンであり、政治家としてのスケールは良房に遠く及ばなかったように思う。権力の掌握に腐心した良房とは、一線を画する存在であったといえよう。

その意味で、良くも悪くも良房・基経の考察なくして平安時代も、摂関政治も論じることができないと考える。それ以来、この二人の生涯を書いてみたいと思い続けてきた。今日まで随分と時間が経ってしまったが、ようやくゴールにたどり着いた感がある。

本書の執筆に際しても、いつも心がけているように、先入観にとらわれないことを念頭に取り組んだ。古代史の常として、良房・基経について関係資料は多くないが、資料を丹念に読み込むことで、このたびも、従来には見られなかった新しい良房・基経像が浮かび上がってきた。とくに、二人のルーツである房前（不比等の息子）に遡り、北家一族の歴史の中でその生涯を位置づけることによって、通説とは異なる二人の実像を極めることができたと思っている。それだけに、手元に収集した資料と悪戦苦闘しながら取り組んだ日々は、今となっては懐かしい。

なお、系図のデジタル化や年表作成などは、京都女子大学非常勤講師木本久子氏にお世話になった。また、京都市文化財保護課馬瀬智光氏（埋蔵文化財係長）ならびに同保護課鈴木久史氏（文化財保護技師）、京都市埋蔵文化財研究所主任村井伸也氏には発掘遺跡・遺物の掲載に関してお手数を煩わせた。刊行にあたって種々ご配慮・ご尽力をいただいたミネルヴァ書房東京支社の東寿浩氏とともに、衷心よりあらためて御礼を申し上げる次第である。

二〇一六年十月

瀧浪貞子

藤原良房・基経略年譜

（木本久子作成）

天皇	和暦	西暦	良房関係事項	齢	基経関係事項	齢	社会
桓武	延暦二三	八〇四	誕生	1			
	二四	八〇五		2			12・7藤原緒嗣・菅野真道による徳政相論。
平城	大同元	八〇六		3			3・17桓武没、平城践祚。5・19賀美能（神野）親王（嵯峨）立太子。
	二	八〇七		4			10・27伊予親王の謀反が発覚する。
嵯峨	四	八〇九		6			4・1平城譲位。4・13嵯峨受禅。4・14高岳親王立太子。12・4平城、平城旧京に向かう。
	弘仁元	八一〇		7			9月薬子の変。9・13高岳親王廃太子、大伴親王

天皇	和暦	西暦	事項	年齢	一般事項
	弘仁元	八一〇			（淳和）立太子。この年、初めて賀茂斎院を置く。
	三	八一二	10・6祖父内麻呂没。	9	
	四	八一三	この年、父冬嗣、興福寺南円堂を建立。	10	
	五	八一四	4月嵯峨、閑院（父冬嗣の邸宅）に行幸。	11	
	六	八一五		12	7・13橘嘉智子、皇后となる。
	十二	八二一	この年、父冬嗣、勧学院を創設。	18	
淳和	十四	八二三	この頃、嵯峨皇女潔姫と結婚。妹順子が正良親王に入内。	20	4・16嵯峨譲位、淳和受禅。4・18正良親王（仁明）立太子。
	天長元	八二四		21	7・7平城没。
	三	八二六	1月蔵人となる。2月中判事となる。7・24父冬嗣没。	23	
	五	八二八	1・7従五位下に叙せられる。閏3・9大学頭となる。	25	

			なる。この年、娘明子誕生。				
	七	八三〇	5月春宮亮となる。11月越中権守を兼ねる。閏12月加賀守となる。	27			
	十	八三三	2月左少将となる。蔵人頭となる。3・6従五位上に叙せられる。8・14正五位下に叙せられる。11・18左中将となる。従四位下に叙せられる。	30			2・28淳和譲位、仁明受禅。2・30恒貞親王立太子。
仁明	承和元	八三四	7・9参議となる。	31			
	二	八三五	1・7従四位上に叙せられる。4・7権中納言となる。従三位に叙せられる。10・5左兵衛督となる。	32			
	三	八三六		33	誕生。	1	
	六	八三九	1・11陸奥出羽按察使となる。	36		4	

天皇	年号	西暦	事項	年齢	事項	年齢	事項
	七	八四〇	8・8中納言となる。	37		5	5・8淳和没。
	九	八四二	1・7正三位に叙せされる。7・11右大将となる。7・25大納言となる。8・11民部卿となる。	39		7	7・15嵯峨没。7月承和の変。7・23恒貞親王廃太子。8・4道康親王（文徳）立太子（良房妹順子所生）。
	十	八四三		40		8	12・22文室宮田麻呂の謀反発覚。
	嘉祥 元	八四八	1・10右大臣となる。	45		13	
	二	八四九	3・26	46		14	3・26興福寺で仁明の四十歳の算賀をおこなう。
文徳	三	八五〇	これ以前に娘明子入内。	47		15	3・21仁明没、文徳践祚。3・25惟仁親王誕生（良房娘明子所生）。11・25惟仁親王（清和）立太子。
	仁寿 元	八五一	3・10東一条第において故仁明のための法華経講読。11・7正二位に叙せられる。	48	この年、東宮内殿において元服。	16	
	二	八五二		49	1月蔵人となる。	17	

		三	八五三	2・30文武、染殿（良房邸宅）に行幸。	50		18	
	斉衡	元	八五四	8・28左大将となる。	51	1月左兵衛少将となる。10・11従五位下に叙せられる。11・2侍従となる。	19	
		二	八五五	2・17『続日本後紀』の編纂を命じられる。	52	1・15左兵衛佐となる。4・20蔵人となる。	20	
		三	八五六	6・25妻潔姫没。	53	7・3実父長良没。	21	11・25文徳、郊天祭祀をおこなう。
	天安	元	八五七	2・19太政大臣となる。4・19従一位に叙せられる。	54	3月少納言となる。左兵衛左佐となる。	22	
清和		二	八五八	8・27清和の後見をおこなう（実質上の摂政）。12・9妻潔姫の愛宕墓が、荷前使を遣わす十陵四墓の一つに定められる。	55	9・14左少将となる。10月蔵人頭となる。11・25播磨介となる。	23	8・27文徳没・清和践祚。
	貞観	二	八六〇		57	11・16正五位下に叙せられる。	25	この年、石清水八幡宮創始。
		三	八六一		58	1・8従四位下に叙せら	26	

				れる。		
五	八六三	10・21清和、良房の六十賀を祝う。	60	2・10左中将となる。5・20勅使として御霊会を監事する。	28	5・20神泉苑において御霊会がおこなわれる。
六	八六四	2・25清和、染殿に行幸し花宴をおこなう。この冬、大病を患う。	61	1・16参議となる。	29	1・1清和元服。
七	八六五	1・25親王の年料給分を改めるよう奏上。	62	1・27阿波守となる。3・28伊予守となる。	30	11月清和、はじめて内裏に入る。
八	八六六	閏3・1清和、染殿に行幸。8・19摂政となる。12月初代春日斎女に藤原須恵子（可多子）を任命する。	63	1・7従四位上に叙せられる。3・23正四位下に叙せられる。12・8従三位に叙せられる。中納言となる。12・27実妹高子、清和に入内。この頃、良房の養子となるか。	31	3・23清和、西三条第（良房弟良相の邸宅）に行幸。閏3・10応天門炎上。9・22応天門の変により、伴善男など処罰。
十	八六八		65	5・26左大将となる。	33	12月貞明親王誕生（基経妹高子所生）。
十一	八六九	8・14『続日本後紀』撰上。この年『貞観格』が	66	1・13出羽陸奥按察使となる。	34	2・1貞明（陽成）親王立太子。

	十二	八七〇	完成する。	67	1・13大納言となる。	35	
	十三	八七一	4・10准三宮となる。この年、『貞観式』が完成する。	68		36	
	十四	八七二	2・15咳病により宮中直廬から東一条第へ遷る。9・2没。12・13十陵四墓に良房の墓を加え十陵五墓とする。	69	8・25右大臣となる。正三位に叙せられる。9月実父の場合と同様に良房の喪に服す。11・29摂政となる。	37	
	十五	八七三			1・7従二位に叙せられる。11・29楽を奏し、宴を催す。	38	
陽成	十八	八七六			11・29摂政となる。	41	11・29清和譲位、陽成受禅。
	元慶元	八七七			7月摂政辞表を出すも許されず。		
	二	八七八			7・17正二位に叙せられる。11・16春日社参詣。	43	この年、出羽国において元慶の乱がおこる。
	三	八七九			10月大極殿再建により陽	44	10月清和、諸寺巡礼の旅

		成に代わって祝宴をおこなう。11・13『文徳天皇実録』撰上。		をはじめる。
四	八八〇	1・20水尾山に入った清和を偲んで歌を詠む。12・4太政大臣に任命される。12・15太政大臣辞表を提出し（以降4回）、琵琶殿に籠る。	45	12・4清和没。
五	八八一	1・15従一位に叙せられる。2・9琵琶殿に籠って以降、二か月ぶりに出仕。	46	
六	八八二	1・25摂政辞表を出すも許されず。2・1准三宮となる。8・29日本紀の中より聖徳なる帝王や有名諸臣を抄出させる。	47	1・2陽成元服。2・28陽成闘鶏を見物する。
七	八八三	7・12再び摂政辞表を出し自邸に籠る。（約一年	48	11・10宮中において殺人事件がおこる。（陽成に

天皇	年号	年	西暦	事項	年齢	一般
				半。）10月自邸において庶務を処理する。		よるものか。）
		八	八八四	6・5政務については全て基経に諮問して後奏文することとする（実質上の関白）。	49	2・4陽成譲位。2・5光孝受禅。6月29人の皇子女に源朝臣を賜姓する。
光孝	仁和	元	八八五	5・25年中行事障子を献進する。12・25光孝による基経五十の算賀。	50	
		二	八八六	1・2嫡男時平（16歳）仁寿殿において元服。	51	
宇多		三	八八七	11月関白に任命されるも辞退。次いで阿衡に任命される。これにより政務をやめ自邸に籠る（約一年）。	52	8・26定省（宇多）親王立太子。光孝没。8・27宇多践祚。
		四	八八八	6・2阿衡を停止し関白に復す。10・6娘温子入内。	54	6・1橘広相と藤原佐世に阿衡の義を対論させる。
	寛平	二	八九〇	11月病に臥す。宇多の行	55	

三	八九一	幸（見舞い）を拝辞する。 1・13没。	56

人名索引

あ行

か行

さ　行

た　行

な　行

は　行

ま　行

や　行

ら　行

わ　行

事項索引

あ　行

か　行

さ 行

た　行

な　行

《著者紹介》

瀧浪貞子（たきなみ・さだこ）

1947年　大阪府生まれ。
1971年　京都女子大学文学部卒業。
1973年　京都女子大学大学院文学研究科修士課程修了。
　　　　京都女子大学文学部助教授，同大学教授を経て，
現　在　京都女子大学名誉教授。文学博士。
　　　　専攻は日本古代史（飛鳥・奈良・平安時代）。
著　書　『日本古代宮廷社会の研究』思文閣出版，1991年。
　　　　『平安建都』集英社，1991年。
　　　　『最後の女帝　孝謙天皇』吉川弘文館，1998年。
　　　　『帝王聖武　天平の勁《つよ》き皇帝』講談社，2000年。
　　　　『女性天皇』集英社新書，2004年。
　　　　『源氏物語を読む』（編著）吉川弘文館，2008年。
　　　　『奈良朝の政変と道鏡』吉川弘文館，2013年。
　　　　ほか多数。

ミネルヴァ日本評伝選

藤原良房《ふじわらのよしふさ》・基経《もとつね》

――藤氏のはじめて摂政・関白したまう――

2017年２月10日　初版第１刷発行　〈検印省略〉

定価はカバーに
表示しています

著　者　瀧　浪　貞　子
発行者　杉　田　啓　三
印刷者　江　戸　孝　典

発行所　株式会社　ミネルヴァ書房

607-8494 京都市山科区日ノ岡堤谷町１
電話代表（075）581-5191
振替口座 01020-0-8076

共同印刷工業・新生製本

ISBN978-4-623-07940-7

Printed in Japan

刊行のことば

歴史を動かすものは人間であり、興趣に富んだ人間の動きを通じて、世の移り変わりを考えるのは、歴史に接する醍醐味である。

しかし過去の歴史学を顧みるとき、人間不在という批判さえ見られたように、歴史における人間のすがたが、必ずしも十分に描かれてきたとはいえない。二十一世紀を迎えた今、歴史の中の人物像を蘇生させようとの要請はいよいよ強く、またそのための条件もしだいに熟してきている。

この「ミネルヴァ日本評伝選」は、正確な史実に基づいて書かれるのはいうまでもないが、単に経歴の羅列にとどまらず、歴史を動かしてきたすぐれた個性をいきいきとよみがえらせたいと考える。そのためには、対象とした人物とじっくりと対話し、ときにはきびしく対決していくことも必要になるだろう。

今日の歴史学が直面している困難の一つに、研究の過度の細分化、瑣末化が挙げられる。それは緻密さを求めるが故に陥った弊害といえるが、その結果として、歴史の大きな見通しが失われ、歴史学を通しての社会への働きかけの途が閉ざされ、人々の歴史への関心を弱める危険性がある。今こそ歴史が何のためにあるのかという、基本的な課題に応える必要があろう。評伝という興味ある方法を通じて、解決の手がかりを見出せないだろうかというのも、この企画の一つのねらいである。

狭義の歴史学の研究者だけでなく、多くの分野ですぐれた業績をあげている著者たちを迎えて、従来見られなかった規模の大きな人物史の叢書として、「ミネルヴァ日本評伝選」の刊行を開始したい。

平成十五年（二〇〇三）九月

ミネルヴァ書房

ミネルヴァ日本評伝選

企画推薦
梅原　猛
ドナルド・キーン
佐伯彰一
角田文衞

監修委員
上横手雅敬
芳賀　徹

編集委員
石川九楊
伊藤之雄
猪木武徳
今谷　明
今橋映子
熊倉功夫
佐伯順子
坂本多加雄
武田佐知子
竹西寛子
西口順子
兵藤裕己
御厨　貴

上代

- *俾弥呼　古田武彦
- *日本武尊　西宮秀紀
- *仁徳天皇　若井敏明
- 雄略天皇　吉村武彦
- 継体天皇　若井敏明
- *蘇我氏四代　遠山美都男
- 推古天皇　義江明子
- 聖徳太子　仁藤敦史
- 斉明天皇　武田佐知子
- 小野妹子・毛人　大橋信弥
- *額田王　梶川信行
- 弘文天皇　遠山美都男
- 天武天皇　新川登亀男
- 持統天皇　丸山裕美子
- 阿倍比羅夫　熊田亮介
- *藤原四子　木本好信
- *柿本人麿　古橋信孝
- *元明天皇・元正天皇　渡部育子
- 聖武天皇　本郷真紹
- 光明皇后　寺崎保広
- *孝謙・称徳天皇　勝浦令子
- 藤原不比等　荒木敏夫
- 橘諸兄・奈良麻呂　遠山美都男
- 吉備真備　今津勝紀
- *藤原仲麻呂　木本好信
- 道鏡　吉川真司
- *藤原種継　木本好信
- 大伴家持　和田　萃
- *行基　吉田靖雄

平安

- *桓武天皇　井上満郎
- 嵯峨天皇　西別府元日
- 宇多天皇　古藤真平
- 醍醐天皇　石上英一
- 村上天皇　京樂真帆子
- 花山天皇　上島　享
- *三条天皇　倉本一宏
- 藤原薬子　中野渡俊治
- *藤原良房・基経　瀧浪貞子
- 菅原道真　竹居明男
- *紀貫之　神田龍身
- 源高明　所　功
- *安倍晴明　斎藤英喜
- 藤原実資　橋本義則
- *藤原道長　朧谷　寿
- *藤原伊周・隆家　倉本一宏
- 藤原定子　山本淳子
- 清少納言　三田村雅子
- 紫式部　竹西寛子
- 和泉式部　ツベタナ・クリステワ
- 大江匡房　小峯和明
- *阿弖流為　樋口知志
- 坂上田村麻呂　熊谷公男
- *源満仲・頼光　元木泰雄
- 平将門　西山良平
- 藤原純友　寺内　浩
- 最澄　吉田一彦
- 円珍　岡野浩二
- *空也　石井義長
- 奝然　上川通夫
- *源信　小原　仁
- 慶滋保胤　吉原浩人
- *後白河天皇　美川　圭
- 式子内親王　奥野陽子
- 建礼門院　生形貴重
- *藤原秀衡　入間田宣夫
- 平時子・時忠　元木泰雄
- 平維盛　根井　浄
- 守覚法親王　阿部泰郎
- 藤原隆信・信実　山本陽子

鎌倉

- 源頼朝　川合　康
- *源義経　近藤好和
- 源実朝　神田龍身
- *九条兼実　加納重文
- 九条道家　上横手雅敬
- 北条時政　野口　実
- 熊谷直実　佐伯真一
- *北条政子　関　幸彦
- 北条義時　岡田清一
- 曾我十郎・五郎　杉橋隆夫
- 北条時頼　山本隆志
- 北条時宗　近藤成一
- 安達泰盛　山陰加春夫
- 平頼綱　細川重男
- 竹崎季長　堀本一繁
- 西行　光田和伸
- 鴨長明　浅見和彦
- 藤原定家　赤瀬信吾
- *京極為兼　今谷　明
- *兼好　島内裕子
- 重源　横内裕人
- *運慶　根立研介
- 快慶　井上一稔
- 法然　今堀太逸
- 慈円　大隅和雄
- 明恵　西山　厚
- *親鸞　末木文美士

恵信尼・覚信尼　西口順子
覚如　今井雅晴
＊道元　船岡誠
叡尊　細川涼一
＊忍性　松尾剛次
＊日蓮　佐藤弘夫
一遍　蒲池勢至
夢窓疎石　原田正俊
＊宗峰妙超　竹貫元勝

南北朝・室町

後醍醐天皇　上横手雅敬
＊護良親王　新井孝重
＊赤松氏五代　渡邊大門
＊北畠親房　岡野友彦
楠正成　兵藤裕己
＊新田義貞　山本隆志
＊光厳天皇　深津睦夫
足利尊氏　市沢哲
＊足利直義　亀田俊和
佐々木道誉　下坂守
円観・文観　田中貴子
足利義詮　早島大祐
足利義満　川嶋將生
足利義持　吉田賢司
足利義教　横井清
大内義弘　平瀬直樹
伏見宮貞成親王　松薗斉
＊山名宗全　山本隆志
細川勝元・政元　古野貢
足利成氏　阿部能久
世阿弥　西野春雄
雪舟等楊　河合正朝
宗祇　鶴崎裕雄
＊満済　森茂暁
一休宗純　原田正俊
蓮如　岡村喜史

戦国・織豊

北条早雲　家永遵嗣
北条氏政　黒田基樹
大内義隆　藤井崇
斎藤氏三代　木下聡
＊毛利元就　岸田裕之
＊毛利輝元　光成準治
＊今川義元　小和田哲男
六角氏五代　村井祐樹
＊武田信玄　笹本正治
＊武田勝頼　笹本正治
＊真田氏三代　笹本正治
＊三好長慶　天野忠幸
＊宇喜多直家・秀家　渡邊大門
＊上杉謙信　矢田俊文
島津義久・義弘　福島金治
＊長宗我部元親・盛親　平井上総
吉田兼倶　西山克
山科言継　松薗斉
＊雪村周継　赤澤英二
正親町天皇・後陽成天皇　神田裕理
足利義輝・義昭　山田康弘
織田信長　三鬼清一郎
豊臣秀吉　藤井讓治
＊北政所おね　田端泰子
＊淀殿　福田千鶴
前田利家　東四柳史明
＊黒田如水　小和田哲男
＊蒲生氏郷　藤田達生
＊細川ガラシャ　田端泰子
伊達政宗　伊藤喜良
＊支倉常長　田中英道
＊長谷川等伯　宮島新一
顕如　神田千里
教如　安藤弥

江戸

＊徳川家康　笠谷和比古
＊徳川家光　野村玄
徳川吉宗　横田冬彦
＊後水尾天皇　久保貴子
光格天皇　藤田覚
崇伝　杣田善雄
＊春日局　福田千鶴
宮本武蔵　渡邊大門
＊池田光政　倉地克直
保科正之　八木清治
シャクシャイン　岩崎奈緒子
＊田沼意次　藤田覚
＊二宮尊徳　小林惟司
末次平蔵　岡美穂子
＊高田屋嘉兵衛　生田美智子
＊林羅山　鈴木健一
吉野太夫　渡辺憲司
中江藤樹　辻本雅史
＊山崎闇斎　澤井啓一
山鹿素行　前田勉
＊北村季吟　島内景二
伊藤仁斎　澤井啓一
貝原益軒　辻本雅史
松尾芭蕉　楠元六男
＊ケンペル　B・M・ボダルト＝ベイリー
新井白石　大川真
荻生徂徠　柴田純
＊雨森芳洲　上田正昭
石田梅岩　高野秀晴
白隠慧鶴　芳澤勝弘
前野良沢　松田清
平賀源内　石上敏
本居宣長　田尻祐一郎
杉田玄白　吉田忠
木村蒹葭堂　有坂道子
＊大田南畝　沓掛良彦
菅江真澄　赤坂憲雄
＊鶴屋南北　諏訪春雄
良寛　阿部龍一
＊山東京伝　佐藤至子
＊滝沢馬琴　高田衛
平田篤胤　山下久夫
国友一貫斎　太田浩司
シーボルト　宮坂正英
本阿弥光悦　岡佳子
小堀遠州　中村利則
狩野探幽・山雪　山下善也
尾形光琳・乾山　河野元昭
＊二代目市川團十郎　田口章子
伊藤若冲　狩野博幸
鈴木春信　小林忠
＊佐竹曙山　成瀬不二雄
葛飾北斎　岸文和
酒井抱一　玉蟲敏子
孝明天皇　青山忠正
＊和宮　辻ミチ子
徳川慶喜　大庭邦彦
島津斉彬　原口泉
横井小楠　沖田行司
＊古賀謹一郎　小野寺龍太
＊永井尚志　高村直助
＊岩瀬忠震　小野寺龍太
＊栗本鋤雲　小野寺龍太

大村益次郎　竹本知行
河合継之助　小川和也
西郷隆盛　家近良樹
*塚本明毅　塚本　学
*月　性　海原　徹
*吉田松陰　海原　徹
*高杉晋作　海原　徹
久坂玄瑞　一坂太郎
ペリー　遠藤泰生
ハリス　福岡万里子
オールコック　佐野真由子
アーネスト・サトウ　奈良岡聰智
緒方洪庵　米田該典

近代

*明治天皇　伊藤之雄
*大正天皇　F・R・ディキンソン
*昭憲皇太后・貞明皇后　小田部雄次
大久保利通　三谷太一郎
山県有朋　鳥海　靖
木戸孝允　落合弘樹
井上　馨　伊藤之雄
*松方正義　室山義正
北垣国道　小林丈広
板垣退助　小川原正道
長与専斎　笠原英彦

大隈重信　五百旗頭薫
伊藤博文　坂本一登
井上　毅　大石　眞
*井上　勝　老川慶喜
*桂　太郎　小林道彦
*渡邉洪基　瀧井一博
*乃木希典　佐々木英昭
星　亨　小林道彦
林　董　奈良岡聰智
*児玉源太郎　小林道彦
*高宗・閔妃　木村　幹
山本権兵衛　室山義正
*金子堅太郎　松村正義
高橋是清　鈴木俊夫
小村寿太郎　簑原俊洋
*犬養　毅　小林惟司
*加藤高明　櫻井良樹
牧野伸顕　小宮一夫
田中義一　黒沢文貴
内田康哉　高橋勝浩
石井菊次郎　廣部　泉
平沼騏一郎　堀田慎一郎
*鈴木貫太郎　小堀桂一郎
宇垣一成　北岡伸一
*宮崎滔天　榎本泰子
*浜口雄幸　川田　稔
幣原喜重郎　西田敏宏
関　一　玉井金五
水野広徳　片山慶隆

広田弘毅　井上寿一
安重根　上垣外憲一
*グルー　廣部　泉
*永田鉄山　森　靖夫
東條英機　牛村　圭
今村　均　前田雅之
蒋介石　劉　岸偉
石原莞爾　山室信一
木戸幸一　波多野澄雄
*岩崎弥太郎　武田晴人
伊藤忠兵衛　末永國紀
五代友厚　田付茉莉子
大倉喜八郎　村上勝彦
*安田善次郎　由井常彦
渋沢栄一　武田晴人
益田　孝　鈴木邦夫
山辺丈夫　宮本又郎
武藤山治　阿部武司・桑原哲也
池田成彬　松浦正孝
西原亀三　森川正則
小林一三　橋爪紳也
大倉恒吉　石川健次郎
大原孫三郎　猪木武徳
*河竹黙阿弥　今尾哲也
イザベラ・バード　加納孝代
*林　忠正　木々康子
*森　鷗外　小堀桂一郎
*二葉亭四迷　ヨコタ村上孝之

*夏目漱石　佐々木英昭
徳富蘆花　半藤英明
巌谷小波　千葉信胤
樋口一葉　佐伯順子
*島崎藤村　十川信介
泉　鏡花　東郷克美
上田　敏　小林　茂
*有島武郎　亀井俊介
永井荷風　川本三郎
北原白秋　平石典子
菊池　寛　山本芳明
芥川龍之介　髙橋龍夫
*宮沢賢治　千葉一幹
高浜虚子　坪内稔典
与謝野晶子　佐伯順子
*種田山頭火　村上　護
*斎藤茂吉　品田悦一
*高村光太郎　湯原かの子
石川啄木　先崎彰容
萩原朔太郎　エリス俊子
*原阿佐緒　秋山佐和子
*狩野芳崖・高橋由一　古田　亮
*小堀鞆音　小堀桂一郎
竹内栖鳳　北澤憲昭
黒田清輝　高階秀爾
中村不折　石川九楊
横山大観　高階秀爾
*橋本関雪　西原大輔

小出楢重　芳賀　徹
土田麦僊　天野一夫
岸田劉生　北澤憲昭
*山田耕筰　後藤暢子
松旭斎天勝　川添　裕
中山みき　鎌田東二
佐田介石　谷川　穣
*ニコライ　中村健之介
出口なお・王仁三郎　川村邦光
島地黙雷　阪本是丸
*新島　襄　太田雄三
新島八重　佐伯順子
木下広次　冨岡　勝
海老名弾正　西田　毅
嘉納治五郎　クリストファー・スピルマン
柏木義円　片野真佐子
津田梅子　田中智子
*澤柳政太郎　新田義之
河口慧海　高山龍三
山室軍平　室田保夫
大谷光瑞　白須淨眞
*久米邦武　髙田誠二
フェノロサ　伊藤　豊
井上哲次郎　井ノ口哲也
三宅雪嶺　長妻三佐雄
*岡倉天心　木下長宏
志賀重昂　中野目徹
徳富蘇峰　杉原志啓

*竹越与三郎 西田 毅
内藤湖南・桑原隲蔵 礪波 護
*廣池千九郎 橋本富太郎
岩村 透 今橋映子
*西田幾多郎 大橋良介
*金沢庄三郎 石川遼子
柳田国男 鶴見太郎
厨川白村 張 競
天野貞祐 貝塚茂樹
大川周明 山内昌之
西田直二郎 林 淳
折口信夫 斎藤英喜
シュタイン 瀧井一博
*西 周 清水多吉
*福澤諭吉 平山 洋
成島柳北 山田俊治
福地桜痴 山田俊治
島田三郎 武藤秀太郎
田口卯吉 鈴木栄樹
*陸 羯南 松田宏一郎
黒岩涙香 奥 武則
長谷川如是閑 織田健志
*吉野作造 田澤晴子
山川 均 米原 謙
*岩波茂雄 十重田裕一
*北 一輝 岡本幸治
*穂積重遠 大村敦志
中野正剛 吉田則昭

*満川亀太郎 福家崇洋
エドモンド・モレル 林田治男
*北里柴三郎 福田眞人
高峰譲吉 木村昌人
田辺朔郎 秋元せき
*南方熊楠 飯倉照平
石原 純 金子 務
*辰野金吾 河上眞理・清水重敦
*七代目小川治兵衛 尼崎博正
ブルーノ・タウト 北村昌史

現代

昭和天皇 御厨 貴
高松宮宣仁親王 後藤致人
*李方子 小田部雄次
吉田 茂 中西 寛
マッカーサー 柴山 太
石橋湛山 増田 弘
重光 葵 武田知己
市川房枝 村井良太
*池田勇人 藤井信幸
高野 実 篠田 徹
和田博雄 庄司俊作
朴正熙 木村 幹
田中角栄 新川敏光

竹下 登 真渕 勝
*松永安左エ門 橘川武郎
鮎川義介 井口治夫
*出光佐三 橘川武郎
松下幸之助 米倉誠一郎
渋沢敬三 井上 潤
*本田宗一郎 伊丹敬之
井深 大 武田 徹
*佐治敬三 小玉 武
幸田家の人々 金井景子
*正宗白鳥 大嶋 仁
大佛次郎 福島行一
*川端康成 大久保喬樹
*薩摩治郎八 小林 茂
坂口安吾 千葉一幹
太宰 治 安藤 宏
松本清張 杉原志啓
安部公房 鳥羽耕史
*三島由紀夫 島内景二
井上ひさし 成田龍一
R・H・ブライス 菅原克也
柳 宗悦 熊倉功夫
バーナード・リーチ 鈴木禎宏
イサム・ノグチ 酒井忠康
熊谷守一 古川秀昭

川端龍子 岡部昌幸
藤田嗣治 林 洋子
*井上有一 海上雅臣
*手塚治虫 竹内オサム
古賀政男 藍川由美
*吉田 正 金子 勇
武満 徹 船山 隆
*八代目坂東三津五郎 田口章子
*力道山 岡村正史
*西田天香 宮田昌明
安倍能成 中根隆行
サンソム夫妻 平川祐弘・牧野陽子
和辻哲郎 小坂国継
矢代幸雄 稲賀繁美
石田幹之助 岡本さえ
*平泉 澄 若井敏明
*早川孝太郎 須藤 功
安岡正篤 片山杜秀
島田謹二 小林信行
田中美知太郎 川久保剛
前嶋信次 杉田英明
唐木順三 澤村修治
保田與重郎 谷崎昭男
*福田恆存 川久保剛
井筒俊彦 安藤礼二
佐々木惣一 伊藤孝夫
小泉信三 都倉武之
*瀧川幸辰 伊藤孝夫

矢内原忠雄 等松春夫
式場隆三郎 服部 正
*フランク・ロイド・ライト 大久保美春
*中谷宇吉郎 杉山滋郎
大宅壮一 有馬 学
今西錦司 山極寿一
清水幾太郎 庄司武史

*は既刊
二〇一七年二月現在